U0741081

刑事诉讼法

（第五版）

王新清　甄贞　高通　编著

中国人民大学出版社

·北京·

出版说明

　　教材建设工作是整个高职高专教育教学工作的重要组成部分。改革开放以来，在各级教育行政部门、学校和有关出版社的共同努力下，各地已出版了一批高职高专教育教材。但从整体上看，具有高职高专教育特色的教材极其匮乏，不少院校尚在借用本科或中专教材，教材建设仍落后于高职高专教育的发展需要。为此，1999 年教育部组织制定了《高职高专教育基础课程教学基本要求》（以下简称《基本要求》）和《高职高专教育专业人才培养目标及规格》（以下简称《培养规格》），通过推荐、招标及遴选，组织了一批学术水平高、教学经验丰富、实践能力强的教师，成立了"教育部高职高专规划教材"编写队伍，并在有关出版社的积极配合下，推出一批"教育部高职高专规划教材"。

　　"教育部高职高专规划教材"计划出版 500 种，用 5 年左右时间完成。出版后的教材将覆盖高职高专教育的基础课程和主干专业课程。计划先用 2～3 年的时间，在继承原有高职、高专和成人高等学校教材建设成果的基础上，充分汲取近几年来各类学校在探索培养技术应用型专门人才方面取得的成功经验，解决好新形势下高职高专教育教材的有无问题；然后再用 2～3 年的时间，在《新世纪高职高专教育人才培养模式和教学内容体系改革与建设项目计划》立项研究的基础上，通过研究、改革和建设，推出一大批教育部高职高专教育教材，从而形成优化配套的高职高专教育教材体系。

　　"教育部高职高专规划教材"是按照《基本要求》和《培养规格》的要求，充分汲取高职、高专和成人高等学校在探索培养技术应用型专门人才方面取得的成功经验和教学成果编写而成的，适用于高等职业学校、高等专科学校、成人高校及本科院校举办的二级职业技术学院和民办高校。

教育部高等教育司

总　序

曾　宪　义

　　中国是一个具有悠久历史和灿烂文化的国度。在数千年传承不辍的中国传统文化中，尚法、重法的精神一直占有重要的位置。中国古代虽然被看成是崇尚"礼治"的社会、"人治"的世界，如《礼记·礼运》所说："圣人之所以治人七情，修十义，讲信修睦，尚辞让，去争夺，舍礼何以治之?"但从《法经》到《唐律疏议》、《大清律例》等数十部成文法典的存在，充分说明了成文制定法在中国古代社会中的突出地位，只不过这些成文法所体现出的精神旨趣与现代法律文明有较大不同而已。时至20世纪初叶，随着西风东渐，中国社会开始由古代文化文明和传统社会体制向近现代文明过渡，建立健全的、符合现代理性精神的法律文化体系方成为现代社会的共识。正因为如此，近代以来在西方和东方各主要国家里，伴随着社会变革的潮起潮落，法律改革运动也一直呈方兴未艾之势。

　　法律的进步和法律的完善，一方面取决于社会的客观条件和客观需要，另一方面也取决于法学研究的深入和法律教育的发展。而法治观念的普及、法治素质的培养则有赖于法学教育和法学人才的培养。

　　中国古代社会素有法律研究和法学教育的传统。先秦时期，百家争鸣，商鞅、韩非好"刑名之学"。逮至秦汉，律学滥觞。秦朝"以吏为师"。中国传统律学的勃兴始自汉代。自一代硕儒董仲舒开"引经注律"之先河，律学遂成为一门显学。南齐崔祖思曰："汉末治律有家，子孙并世其业，聚徒授课，至数百人。"(《南齐书·崔祖思传》)东汉以后，律学不限于律文的语义注释和儒经考据，领域拓展至法典名词术语和编纂体例。西晋张斐、杜预将中国古代律学发挥到私家注律之空前高度——"张律、杜律"为国家认可，具有法律效力。魏晋以后，律家流派纷呈，至唐而集大成。《唐律疏议》之"疏议"为传统中国律学之完备结晶。自宋至元，律学渐至衰落，直至清末西方外来法律文化的传入。

　　中国近代意义上的法学教育和法学研究，肇始于一个世纪以前的清代末年。清光绪二十一年（1895年）开办的天津北洋大学堂，首开法科并招收学生。是谓"开一代风气之先"，为中国最早的近代法学教育结构。三年后，中国近代著名启蒙思想家、戊戌维新运动著名领袖、自号"饮冰室主人"的梁启超先生在《湘报》发表宏文《论中国宜讲求法律之学》，号召国人重视法学、发明法学、讲求法学。数年之后，清政府被迫变法修律、实施"新政"。以修订法律大臣沈家本、伍廷芳为首的一批有识之士，艰难地在固有体制中运作推行变法修律，同时不忘培植法治之基——引介法学译著、倡导法学研究、开展法学教育。20世纪初，中国最早设立的三所大学——北洋大学堂、京师大学堂、山西大学堂均开设法科或法律学科目，以期"端正方向、培养通才"。1906年，应修订法律大臣沈家本、伍廷芳之奏请，清政府在京师正式设立专门的法律教育机构——京师法律学堂。次年，另一所专门法律教育机构——隶属清政府学部的京师法政学堂亦正式开科招生。

自清末以降，在外族入侵、民族危亡的紧急关头，中国人民上下求索，寻求实现民族独立和民主政治的发展道路。客观言之，政治社会变迁和长期社会动荡导致了法律建设的荒废、法律文化进步的中断。新中国成立以来，民主法制建设在艰难中曲折前进。以党的十一届三中全会的召开为标志，中国社会开始从政治阵痛中苏醒，以理性的目光重新审视人治传统，转换思路进入法制轨道。中国的法学研究和法律教育事业迎来了春天。

回顾20年来的法律建设，中国的法学教育事业取得了辉煌的成就。首先，社会主义法治理念确立并深入人心。中国法学界摆脱了"法律虚无主义"和苏联法学模式的消极影响，建设社会主义法治国家已成为国家民族的共识。1999年，第九届全国人民代表大会第二次会议通过的宪法修正案第一次确认"依法治国"的国家治理模式和"建设社会主义法治国家"的宏伟目标，从而为法学教育事业的发展奠定了稳固的思想基础和法律基石。其次，法学研究不断深入，法律科学渐成体系。老中青法学家组成一个前后相继、以帮带进的学术群体，基础法学、部门法学和国际法学形成较为成熟的理论体系和学术框架，边缘法学渐次成型。1997年，国家教育主管部门调整原有专业目录，决定从1999年起法学类本科只设一个单一的法学专业，按一个专业招生，研究生专业目录新定为10个二级学科（含军事法学），从而使法学学科的布局更加科学和合理。同时，确定了法学专业本科教学的14门核心课程，加上其他必修和辅修课程，形成一个传统与更新并重、基本适应国家和社会需要的教学体系。最后，法学教育规模迅速扩大，层次日趋全面，结构日臻合理。据初步统计，目前中国有300余所普通高等院校设置了法律院系和法律专业，在校学生达6万余人。除本科生外，在国内一些重点大学和全国的知名法律院系，法学硕士研究生和博士研究生已成为培养重点。高职高专法律教育日益受到教育主管部门的重视，成为高等法学教育的重要组成部分。

高职高专教育是社会经济发展和高新技术发展的必然结果，是促进经济、社会发展和劳动就业的重要途径。作为高等教育的一个重要组成部分，高职高专教育对于调整教育结构、广开成才之路、促进义务教育的普及、提高教育整体效益、全面落实教育方针、增进教育与经济的紧密结合，具有重要作用。加强法律教育，除了建设一流的法学院之外，还需要实现多元化模式和拓展多角度的渠道。高职高专法律教育是高等法学教育不可或缺的重要组成部分。高职高专法律教育，培养目标应当是"基础理论知识适度、技术应用能力强、知识面宽、素质高的专门人才"。换言之，即适应社会需要的应用型人才。因此，高职高专法律教育的专业设置、办学模式和办学思想都应当主动适应区域经济和社会发展的需要。高职高专法律教育的落实，对于我国目前法治观念的普及、群体法律意识的提高以及正在进行的司法制度改革均具有非同寻常的意义。

鉴于高职高专法律教育与高等院校法律本科教育的差异，高职高专法律教育教学科目的设置、教学体系的安排以及教学层次的选定均体现了培养目标的不同。但从目前看来，不少高职高专院校法律教育借用法律本科或中专教材，教材建设滞后于高职高专法律教育的发展需要。我们编写并出版这套适合高职高专教育的专门教材，期望能够既照顾到高职高专的教学层次，又能满足"高水准"、"高质量"的要求。本套教材约请全国各高等院校、科研机构的优秀学者参加，形成颇具实力的学术阵容。在编写这套教材时，我们吸收了改革开放以来我国法学界的最新研究成果，密切关注国内外学术发展动态，力争使教材基点立足于法学前沿。为了适应高职高专教学的实际需要，我们将教材定位于"应用性"层次，强调了高职高专法学教育培养应用能力的特色。

我们期冀，经过组织者、编写者和出版者的不断努力，高职高专法学系列教材能以"高质量、高水准、应用性强"的特色满足莘莘学子的求知渴望，为中国的法学教育和法治建设略尽绵薄之力。

是为序。

第五版修订说明

2012 年 3 月 14 日，第十一届全国人民代表大会第五次会议通过了《全国人民代表大会关于修改〈中华人民共和国刑事诉讼法〉的决定》（以下简称"刑事诉讼法修改决定"），这是我国法治建设进程中的一件大事。这次"刑事诉讼法修改决定"共有 111 条，对此前刑事诉讼法规定的"辩护制度"、"证据制度"、"强制措施"、"侦查措施"、"审判程序"和"执行程序"等内容，作了较大的修改和补充。特别是增加了"第五编特别程序"，使我国的刑事诉讼法从结构到内容都得到了完善。

在刑事诉讼法修改过程中，本书作者通过各种途径积极参与，为我国刑事诉讼法的进一步完善献计献策。在"刑事诉讼法修改决定"颁布后，我们即着手对本教材进行修订，于 2012 年 7 月出版了本教材的第四版。然而，自 2012 年 10 月以来，最高人民法院、最高人民检察院、公安部、司法部等部门，根据新修订的刑事诉讼法，制定（修订）了新的司法解释和部门规章，为了及时把这些新的规范性文件的内容吸收进教材，我们又对第四版进行了修订。中国人民大学出版社编辑牛晋芳博士非常关心教材的修订工作，多次与我们商议本版的修订事宜。在此，我代表甄贞教授和高通博士向中国人民大学出版社以及牛晋芳博士表示感谢。

在本书修订过程中，高通博士先对全书进行了修订，然后由我对全书进行了统改定稿。考虑到新的司法解释、部门规章内容较多，为了不过多增加本教材的篇幅，我们没有把大量的司法解释、部门规章的内容放入教材，希望同学们在学习时，根据授课教师的安排，查阅相关司法解释、部门规章的内容。

本版撰稿人及其分工如下：

王新清（法学博士，中国青年政治学院常务副院长、教授，中国人民大学法学院兼职博士生导师）：第一、二、三、六、七、八、十四章；

甄贞（法学博士，北京市人民检察院副检察长，中国人民大学法学院兼职博士生导师）：第四、五、九、十、十一、十二、十三、十五、十六、十七、十八、十九章；

高通（法学博士，南开大学法学院讲师）：第二十章。

由于时间仓促，水平有限，谬误之处在所难免，敬请读者和各位同仁批评指正。

王新清

2014 年 5 月 27 日

目 录

第一章　刑事诉讼法概述

【本章引例】

2012 年 3 月，甲市某公司要建"风华"商场，与 A 建筑公司签订了建筑安装工程承包合同。合同约定 A 建筑公司为总承包公司，它可以将该工程中的土建、水暖电安装分包给其他公司。同年 4 月，A 公司与乙市的 B 公司签订了土建部分分包合同，约定 B 公司负责该项工程土建部分的施工，该部分工程预算为 1 000 万元。在 B 公司施工 3 个月后，A 公司认为 B 公司的施工质量存在问题，提出解除合同。B 公司认为施工质量不存在问题，不同意解除合同。双方发生纠纷后，A 公司派人强行将 B 公司的机械设备拖出工地。在无法继续履行合同的情况下，B 公司被迫答应与 A 公司结算。在结算过程中，A 公司认为 B 公司应当退回工程预付款 100 万元，B 公司仅同意退回 50 万元。在双方无法达成一致意见的情况下，B 公司撤回乙市，并拒绝与 A 公司继续谈判。在这种情况下，A 公司为了维护自己的利益，尽快收回 100 万元工程预付款，向甲市公安局报案，谎称 B 公司法定代表人刘某犯有诈骗罪，希望甲市公安局立案侦查，同时 A 公司提出，如果公安局帮忙追回了 100 万元，他们愿意拿出 20 万元赞助给公安局。甲市公安局一位马局长欣然同意，派人到乙市拘留了刘某，并向刘某说明，如果退回 100 万元，公安局马上放人。公安局的要求被刘某拒绝。20 天后，公安局提请检察院批准逮捕刘某，被检察院拒绝。检察院认为，此案不是一起刑事案件，而是经济纠纷，刘某没有犯诈骗罪，公安局就此案进行刑事诉讼是错误的。

【本章学习目标】

通过本章的学习，应当掌握如下内容：

1. 诉讼的概念和特征；
2. 刑事诉讼的概念、特点；
3. 刑事诉讼与民事诉讼、行政诉讼的关系；
4. 刑事诉讼法的概念；
5. 刑事诉讼法的宗旨和任务。

第一节　刑事诉讼

刑事诉讼是由"刑事"和"诉讼"两个词构成的。"刑事"是指那些具有社会危害性、触犯了国家的刑法、应当受刑罚处罚的案件或事件。"刑事"实际上是"刑事案件"的简称。"刑事案件"的具体内涵，刑法学讲得很清楚，我们这里不再赘述。下面主要谈谈诉讼的内容。

一、诉讼的概念和特征

诉讼一词，是由"诉"和"讼"两个字构成的。"诉"是由一个"言"字和一个"斥"字所组成，从字面意思上讲，"诉"指"言辞斥责"。"讼"是由一个"言"字和一个"公"字组成，字面意思是指"向公家讲述一些事情，希望能够得到公家的支持或帮助"。古时候，公家就是"官府"的代名词。"向公家讲述一些事情"实际是向"官府"讲述一些事情。在法律文件中，"诉"字具有"告诉"、"告发"和"控告"的意思；"讼"字具有"争曲直于官府"的内容。

在元朝以前，中国古代的法律文件，在涉及诉讼等司法活动时，不是曰"诉"就是曰"讼"，很少将"诉"、"讼"两个字连用。如《论语·颜渊》记载孔子说："听讼，吾犹人也，必也使无讼乎。"这里的"听讼"意思是审判案件，即进行诉讼活动。"讼"即"诉讼"。元朝的著名法律《大元通制》将"诉"与"讼"连用，出现了"诉讼"一词。从那时起，"诉讼"一词广泛应用于法律文件和司法实践中。

从现代法学意义上讲，诉讼是一种重要的法律现象，它是指国家的司法机关在原告、被告等当事人和其他诉讼参与人的参加下，依照法律的规定处理各种案件的活动。由于案件涉及不同的法律部门，可以将其分为刑事案件、民事案件和行政案件，所以诉讼也相应地被分为刑事诉讼、民事诉讼和行政诉讼。

按照马克思主义的法学理论，诉讼有以下特征：

第一，诉讼是人类社会中的一种法律现象，它不是从来就有的，也不是永恒存在的，它是阶级社会的产物。它伴随阶级、国家和法律的产生而产生，随着阶级、国家和法律的消亡而消亡。诉讼是一种法律现象，但它可以能动地为法律服务。它的功能之一是在一定范围内强行地实施法律。

第二，诉讼活动是国家实现司法权的活动。国家的权力有很多种，司法权是其中重要的一种。国家的司法权都是通过一个又一个诉讼活动来体现的。没有诉讼，就无法实现国家的司法权。诉讼活动在不同的国家有不同的表现形式，但有一点是共同的，即诉讼都由国家的司法机关主持进行，都服从、服务于国家所需要的社会秩序。所以，从另一个方面说，诉讼是国家行使统治权的日常性的体现。

第三，诉讼的直接目的是解决公民之间，法人（其他组织）之间，公民、法人（其他组织）、国家相互之间发生的法律纠纷。因此，每一个诉讼活动除了有国家的司法机关参加外，还必须有有关的公民、法人（其他组织）参加。

第四，诉讼是一种复合性的活动。诉讼所处理的法律纠纷，是最尖锐、最激烈的社会矛盾，为了使纠纷的处理实现公平的目标，照顾各个方面的合法权益，其方式、方法必须细化、复杂化、程序化、规范化。因此，诉讼就不可能是一个单一的活动，它由一系列活动构成。国家为了保证每一项活动的公平、公正，都要用法律为各项活动规定一个标准或守则。因而，诉讼又是法定的，是按照法律规定的方式、方法和步骤进行的。

二、刑事诉讼的概念

刑事诉讼是一种重要的诉讼活动。根据我国的法律规定和司法实践，刑事诉讼是指国家的司法机关在当事人和其他诉讼参与人的参加下，依照刑事法律的规定，揭露犯罪，证实犯罪，确定犯罪嫌疑人、被告人罪责的有无和大小，并对犯了罪的人追究刑事责任的活动。

从上述定义里我们可以看出，刑事诉讼是与"犯罪"、"刑罚"紧密联系的活动，是国家同犯罪做斗争的唯一方式。社会上有犯罪现象，是刑事诉讼存在的理由；犯罪案件的发生是刑事诉讼开始的前提。只有通过刑事诉讼，才可以查明案件事实，确定犯罪嫌疑人、被告人是否应当承担刑事责任，是否应当对他们判处刑罚。没有刑事诉讼，一边是犯罪，一边是写在刑法中的"刑罚"，两者不能进行有机的结合，刑罚不能发挥其应有的作用，刑法成为一纸空文，社会秩序就会发生混乱。所以，刑事诉讼是把"犯罪"和"刑罚"紧密联结在一起的纽带。

三、刑事诉讼与民事诉讼、行政诉讼的区别

刑事诉讼、民事诉讼和行政诉讼是三种不同类型的诉讼。民事诉讼是人民法院在双方当事人及其他诉讼参与人的参加下，依照法定程序审理和解决平等民事主体之间发生的人身纠纷、财产纠纷等民事纠纷案件和其他案件的活动，以及由此产生的各种法律关系的总和。行政诉讼是指公民、法人或者其他组织认为行政机关的具体行政行为侵犯其合法权益，依照法定程序向人民法院起诉，人民法院在当事人及其他诉讼参与人的参加下，对具体行政行为进行审理并作出裁决的活动。这三种诉讼有下述重要的区别。

（一）刑事诉讼、民事诉讼、行政诉讼有不同的任务

根据民事诉讼法、行政诉讼法的规定，民事诉讼的直接任务是解决地位平等的主体之间在人身关系、财产关系等方面所发生的纠纷；行政诉讼是解决行政行为相对人因不服行政机关具体的行政行为而发生的纠纷。刑事诉讼所解决的是犯罪人的刑事责任问题。刑事诉讼的直接任务是揭露犯罪、证实犯罪、惩罚犯罪，保障无罪的人不受刑事追究，尊重和保障人权，保护公民的人身权利、财产权利、民主权利和其他权利。

（二）参加刑事诉讼、民事诉讼、行政诉讼的国家机关不同

根据刑事诉讼法的规定，参加刑事诉讼的国家机关，除了人民法院外，还有人民检察院、公安机关、国家安全机关、监狱等，它们在刑事诉讼中都依法享有一定的权力。而根据民事诉讼法、行政诉讼法的规定，在这两种诉讼中，参加诉讼的国家机关只有人民法院，没有其他的国家机关。司法实践中，有的国家机关从形式上看是参加了诉讼，例如，公安机关被某公民起诉，要求法院撤销它的某个行政决定，但是，这种参

加诉讼的国家机关并不行使国家赋予的权力，不是以司法机关的身份而是以当事人的身份出现在诉讼中。

（三）刑事诉讼、民事诉讼、行政诉讼的构成内容不同

由于刑事诉讼、民事诉讼和行政诉讼有不同的任务，所以它们的构成内容也是不同的。刑事诉讼的任务繁重，它的构成比较复杂。根据我国刑事诉讼法的规定，刑事案件分为自诉案件和公诉案件。刑事诉讼相应分为自诉案件的诉讼和公诉案件的诉讼。自诉案件的诉讼由三个阶段构成，即立案（起诉和受理）、审判和执行。公诉案件的诉讼由五个阶段构成，它们是立案、侦查、提起公诉、审判和执行。而民事诉讼、行政诉讼的构成内容相对简单一点，它们都只由三个诉讼阶段构成，即立案（起诉和受理）、审判、执行。

（四）刑事诉讼、民事诉讼和行政诉讼依据的法律不同

刑事诉讼解决的实体问题是犯罪和刑罚问题，即在一个具体的案件中，犯罪嫌疑人、被告人的行为是否构成犯罪，应不应当承担刑事责任。因此，刑事诉讼依据的法律是刑法和刑事诉讼法。而民事诉讼所依据的法律是规定财产关系、人身关系等内容的民商法、经济法和民事诉讼法等法律。行政诉讼所依据的实体法是调整行政关系的行政法，程序法是行政诉讼法。

第二节　刑事诉讼法

一、刑事诉讼法的概念

刑事诉讼法是我国一个重要的部门法，也是任何国家都不能或缺的法律。所谓刑事诉讼法，是指国家按照统治阶级的意志制定或者认可的，司法机关、当事人及其他诉讼参与人进行刑事诉讼活动必须遵守的行为规范的总称。各个国家的刑事诉讼法不论有多么大的不同，一般来说都有以下内容：第一，刑事诉讼的基本原则和制度；第二，参加诉讼的国家机关及其职责、权限；第三，当事人和其他诉讼参与人的种类及诉讼权利和诉讼义务；第四，刑事诉讼的阶段以及每个阶段上应当遵守的方式、方法和步骤；第五，收集、运用证据的原则、规则和制度以及查明案件事实的方式、方法；第六，对诉讼活动的监督以及对当事人权利进行救济的方式、方法等。

刑事诉讼法有广义和狭义之分。广义上的刑事诉讼法是指所有规定刑事诉讼活动的法律规范的总称。例如，《中华人民共和国宪法》（简称《宪法》）第135条规定的"人民法院、人民检察院和公安机关办理刑事案件，应当分工负责，互相配合，互相制约，以保证准确有效地执行法律"，是关于刑事诉讼的规定，因此它就是广义上的刑事诉讼法。除了《宪法》外，《中华人民共和国刑法》（简称《刑法》）、《中华人民共和国律师法》（简称《律师法》）、《中华人民共和国人民法院组织法》（简称《人民法院组织法》）、《中华人民共和国人民检察院组织法》（简称《人民检察院组织法》）等法律中，也有广义上的刑事诉讼法条文。狭义上的刑事诉讼法是指国家制定的关于刑事诉讼的系统的法律文件，例如，1979年7月1日第五届全国人民代表大会第二次会议通过、1996年和2012年两次修改的《中华人民共和国刑事诉讼法》（简称《刑事诉讼法》）就是狭义上的刑事诉讼法。我们通常讲的刑事诉讼法，一般是指广义上的刑事诉讼法。

刑事诉讼和刑事诉讼法是两个不同的概念。刑事诉讼是一种活动，刑事诉讼法是一种法律。进行刑事诉讼活动，要遵守刑事诉讼法。刑事诉讼法来源于对刑事诉讼活动经验的总结，同时又规范刑事诉讼活动。

二、刑事诉讼法与相邻部门法的关系

（一）刑事诉讼法与刑法的关系

刑法是关于犯罪和刑罚的法律，刑事诉讼法是关于如何去揭露犯罪、证实犯罪、惩罚犯罪分子以及保护当事人等诉讼参与人合法权益的法律。两者之间既有明显的区别，又有密切的联系。

1. 刑事诉讼法与刑法的区别。

刑事诉讼法与刑法的区别，主要在两者的内容和性质上。刑法的内容是关于何种行为构成犯罪以及对犯罪给予何种刑罚；刑事诉讼法的内容是关于通过什么方式、方法和步骤去认定犯罪、惩罚犯罪。就处理具体的刑事案件而言，刑法解决的是"实体问题"，故通常被称为"实体法"；刑事诉讼法解决的是"程序问题"，故通常被称为"程序法"。

2. 刑事诉讼法与刑法的联系。

关于刑法和刑事诉讼法的关系，古今中外的名人有过很多精彩的论述。马克思曾指出：实体法具有本身特有的必要的诉讼形式。审判程序和法律二者之间的联系如此密切，就像植物的外形和植物的联系、动物的外形和血肉的联系一样。审判程序和法律应该具有同样的精神，因为审判程序只是法律的生命形式，因而也是法律的内部生命的表现。清朝末年的沈家本也曾说过："法律一道，因时制宜，大致以刑法为体，以诉讼法为用，体不完无以标立法之宗旨，用不备无以收行法之实功。二者相因，不容偏废。"

我们认为，刑事诉讼法与刑法的联系，主要表现在以下两个方面：

第一，刑事诉讼法与刑法在性质上是相互依存的。只有刑法而没有刑事诉讼法，刑法就无法贯彻实施，就等于一纸空文，发挥不了它应有的作用。要使刑法发挥效力，必须通过刑事诉讼法。因为只有依照刑事诉讼法进行刑事诉讼，才能准确查明案件事实，正确适用刑法。同样，如果没有刑法，刑事诉讼就会成为无目的、无意义的活动，刑事诉讼法也就失去了存在的必要。因为没有刑法，什么是犯罪、哪些行为构成犯罪、如何对犯罪处以刑罚等问题就没有了答案，刑事诉讼就没有了标准。

第二，刑法与刑事诉讼法在内容上是相辅相成的。对于处理刑事案件来说，刑法和刑事诉讼法如车之两轮、鸟之两翼，一个都不能少。正因为这样，它们的很多具体规定是相辅相成的。例如，刑法规定，我国的刑罚有五种主刑和三种附加刑；刑事诉讼法就规定了五种主刑和三种附加刑的执行方法。再例如，我国《刑法》第 36 条规定，由于犯罪行为而使被害人遭受经济损失的，对犯罪分子除依法给予刑事处罚外，还根据情况判处赔偿经济损失。为了贯彻《刑法》的这条规定，《刑事诉讼法》第 99 条至第 102 条便规定了附带民事诉讼制度，从程序上保证被害人能够通过刑事诉讼获得赔偿。这样的例子还可以举出很多。

（二）刑事诉讼法与民事诉讼法的关系

刑事诉讼法与民事诉讼法统称"诉讼法"，它们有密切的关系。刑事诉讼法和民事诉讼法都是程序法，二者的性质相同。因此，它们有很多原则和制度是相同的。例如，刑事诉讼法和民事诉讼法都有"以事实为根据、以法律为准绳原则"、"公开审判原则"、"两审终审原则"、"使用本民族语言文字进行诉讼原则"、"回避制度"等。但是，刑事诉讼法和民事诉讼法毕竟是两个不同的法律，它们也有很多区别。首先，刑事诉讼法和民事诉讼法有不同的任务。刑事诉讼法的任务是从程序上保证准确、及时地查明犯罪事实，正确应用法律，惩罚犯罪分子，保障无罪的人不受刑事追究。民事诉讼法的任务是保证人民法院查明事实，分清是非，正确适用法律，及时审理民事案件。其次，刑事诉讼法和民事诉讼法内容不同。刑事诉讼法规定了处理刑事案件的原则、制度、方式、方法和步骤，民事诉讼法规定了处理民事案件的原则、制度、方式、方法和步骤。

第三节　刑事诉讼法的立法宗旨、根据和任务

一、刑事诉讼法的立法宗旨和根据

我国《刑事诉讼法》第 1 条规定："为了保证刑法的正确实施，惩罚犯罪，保护人民，保障国家安全和社会公共安全，维护社会主义社会秩序，根据宪法，制定本法。"这条规定明确了刑事诉讼法的立法宗旨和根据。

刑事诉讼法的立法宗旨也即刑事诉讼法的目的，它指制定和实施刑事诉讼法的出发点和追求的目标。明确了刑事诉讼法的立法宗旨，就等于明确了制定和实施刑事诉讼法的方向。

法律是有阶级性的，不同国家刑事诉讼法的立法宗旨是不同的。根据我国刑事诉讼法的规定，我国刑事诉讼法的立法宗旨包括以下四项内容：

第一，保证刑法的正确实施。

如前所述，刑法是实体法，刑事诉讼法是程序法，刑法规定了什么是犯罪以及对犯罪处以何种刑罚。刑法的正确实施，对于打击犯罪、保护人民、维护国家安全和社会秩序是非常必要的。但是，刑法是不能自行实施的，它必须通过刑事诉讼活动实施。刑事诉讼法是规范刑事诉讼的法律，因而它就有了保证刑法正确实施的目的。保证刑法的正确实施是刑事诉讼法的核心与灵魂。

第二，惩罚犯罪，保护人民。

刑事诉讼法是规定查明刑事案件事实、追究犯罪嫌疑人和被告人刑事责任的方式、方法和步骤的法律。因此，惩罚犯罪、保护人民也是它的目的。刑事诉讼法的这个目的，一方面是通过保证刑法的正确实施来实现，另一方面是通过刑事诉讼法自身来实现。刑事诉讼法除了对刑法有依附性外，还有自身独立的价值，尤其在保护人民方面，更是刑法所不能取代的。刑事诉讼法对立案、侦查、提起公诉及采取强制措施规定了严格的条件，这能够保证无辜的人不受刑事追究，防止打击犯罪的扩大化，最大限度地保护公民的合法权益。这是对人民最具体、最直接的保护。惩罚犯罪和保护人民在刑事诉讼中是同等重要的，二者是辩证统一的，不可偏废。

第三，保障国家安全和社会公共安全。

打击犯罪的最终目的是保障国家安全和社会公共安全。在阶级社会，犯罪侵害的客

体，首先是法律所保护的社会关系。而社会关系中最重要的，是国家安全和社会公共安全。马克思曾经说过，犯罪——孤立的个人反对统治关系的斗争，和法一样，也不是随心所欲地产生的。相反地，犯罪和现行的统治都产生于相同的条件。同样，也就是那些把法和法律看作是某种独立存在的一般意志的统治的幻想家才会把犯罪看成单纯是对法和法律的破坏。因此，以打击犯罪为己任的刑事诉讼法必然有保障国家安全和社会公共安全的宗旨。

第四，维护社会主义社会秩序。

任何一个法律，都有维护社会秩序的宗旨。我国刑事诉讼法是社会主义性质的法律，维护的当然是社会主义的社会秩序。刑事诉讼法维护社会秩序的功能，不仅通过打击犯罪体现，在进行刑事诉讼过程中同样也有所体现。例如，刑事诉讼中，司法机关根据情况可以对犯罪嫌疑人、被告人采取强制措施，剥夺或者限制那些有重新犯罪可能的犯罪嫌疑人、被告人的人身自由，使他们不致再重新犯罪，这就是维护社会主义社会秩序。

我国刑事诉讼法的立法根据是宪法。宪法是国家的根本大法，是其他一切法律的母法。宪法为其他法律的制定、实施确定了原则，对其他法律的主要内容作了规定。任何法律尤其是部门法的制定，都要根据宪法进行。刑事诉讼法也是重要的部门法，它的立法根据当然是宪法。

二、刑事诉讼法的任务

《刑事诉讼法》第 2 条规定："中华人民共和国刑事诉讼法的任务，是保证准确、及时地查明犯罪事实，正确应用法律，惩罚犯罪分子，保障无罪的人不受刑事追究，教育公民自觉遵守法律，积极同犯罪行为作斗争，维护社会主义法制，尊重和保障人权，保护公民的人身权利、财产权利、民主权利和其他权利，保障社会主义建设事业的顺利进行。"根据此规定，我国刑事诉讼法的任务有以下几个：

（1）保证准确及时地查明犯罪事实，正确应用法律。

"查明犯罪事实并在此基础上应用法律"，是处理刑事案件的前提和要求。能否"准确及时地查明犯罪事实，正确应用法律"，关系到刑事诉讼的公正和效率。刑事诉讼法是规定追究犯罪的方式、方法和步骤的法律，它设计的各种程序应当以"公正、效率"为价值目标。因此，"保证准确及时地查明犯罪事实，正确应用法律"就应当是刑事诉讼法的首要任务。

（2）惩罚犯罪分子，保障无罪的人不受刑事追究。

作为规定追究犯罪的方式、方法和步骤的法律，刑事诉讼法的任务之一应当是惩罚犯罪分子。由于刑事案件的复杂性，在惩罚犯罪的过程中，可能会出现一些错误，殃及无辜。因此，在惩罚犯罪的同时，保障无罪的人不受刑事追究也应当是刑事诉讼法的任务。惩罚犯罪分子，保障无罪的人不受刑事追究，是辩证的统一。惩罚了真正的犯罪分子，就可以保障无罪的人不受刑事追究；同样，在刑事诉讼中真正保障了无罪的人不受刑事追究，就可以惩罚到真正的犯罪分子。

（3）教育公民自觉遵守法律，积极同犯罪行为做斗争。

国家颁布刑法、刑事诉讼法，开展刑事诉讼，是为了减少犯罪并最终消灭犯罪。为了实现这个目的，仅仅惩罚犯了罪的人是不够的，还必须唤起公民自觉遵守法律的意识，使之不仅不去触犯刑法，而且积极同犯罪行为做斗争。我国刑事诉讼法规定的一些程序，就充分体现了这个任务。比如，公开审判制度的设立，就有教育群众的重大作用。法庭审判时，允许群众旁听，将犯罪及其造成的危害公之于众，引起广大公民对犯罪的愤恨和对被害人的同情，激发公民同犯罪做斗争的主动性。

（4）维护社会主义法制，尊重和保障人权，保护公民的人身权利、财产权利、民主权利和其他权利，保障社会主义建设事业的顺利进行。

【引例评析】

在本案中，A公司与B公司之间的纠纷属于一起经济合同纠纷。处理这个纠纷可以通过双方协商，也可以向人民法院提起民事诉讼。公安机关是具有侦查职能的行政机关，有行政执法权，也有依照刑事诉讼法的规定对刑事案件进行侦查的权力。但是，公安机关没有处理经济纠纷案件的权力，公安部曾三令五申，严禁各级公安机关插手处理经济纠纷。A公司为一己私利，谎称B公司法定代表人犯有诈骗罪，属于诬告陷害。公安机关本来很容易辨别本案的性质，但因受"20万元赞助款"的诱惑，放弃了原则，扮起了滥用权力替A公司"讨债"的荒唐角色，使一起不该进入刑事诉讼的案件进入了刑事诉讼，侵犯了公民的合法权益，损害了公安机关的形象。这个案例说明，刑事诉讼和民事诉讼有很大的区别，如果在司法实践中不作区分，将带来严重的危害。

【本章小结】

诉讼是指公安、司法机关在当事人和其他诉讼参与人的参加下，依照法律规定的程序处理各种案件的活动。诉讼是人类社会特有的法律现象，是实现国家司法权的活动，诉讼的直接目的是为了纠纷的最终解决，诉讼是由一系列法定的程序性活动所组成。

根据诉讼所解决问题的性质或者案件的不同性质，诉讼主要分为刑事诉讼、民事诉讼和行政诉讼。刑事诉讼是指国家的公安、司法机关在当事人和其他诉讼参与人的参加下，依照刑事法律的规定，揭露犯罪，证实犯罪，确定犯罪嫌疑人、被告人罪责的有无和大小，并追究犯罪人刑事责任的活动。

刑事诉讼、民事诉讼和行政诉讼都是最终解决纠纷的司法方式，有许多共同的原则和相近的制度、程序，但这三种诉讼也存在明显区别。

我国刑事诉讼法是根据宪法，为保证刑法的正确实施，惩罚犯罪，保障人权，保护国家安全和社会公共安全，维护社会主义社会秩序而制定的。刑事诉讼法的任务由《刑事诉讼法》第2条明确规定。

【练习题】

一 名词解释

诉讼　刑事诉讼　刑事诉讼法

二、思考题

1. 诉讼的特征是什么？
2. 为什么说刑事诉讼是把"犯罪"与"刑罚"结合起来的纽带？
3. 刑事诉讼法的任务是什么？
4. 刑事诉讼法的立法宗旨是什么？

第二章 刑事诉讼中的司法机关和 诉讼参与人

【本章引例】

2011 年，某法院审理由检察院提起公诉的邱某（女）重伤害案。参加法庭审判的除合议庭组成人员外，还有公诉人黄某、被告人邱某及其辩护人王某、附带民事诉讼原告路某（女）及其代理人张某和其他诉讼参与人。在整个法庭审理中，审判长一直将附带民事诉讼原告路某称为"自诉人"，公诉人多次提出纠正，但该审判长觉得这是小事情，"怎么顺口怎么叫"，一直未能改口。公诉人一气之下竟然要退出法庭：法庭上有自诉人，还要我公诉人做什么？审判长的这种错误也使旁听的人产生疑问：本案是自诉案件还是公诉案件？

【本章学习目标】

通过本章的学习，应当掌握如下内容：

1. 人民法院的性质、组织体系，在刑事诉讼中的任务、地位；
2. 人民检察院的性质、组织体系，在刑事诉讼中的任务、地位；
3. 公安机关的性质、组织体系，在刑事诉讼中的任务、地位；
4. 当事人范围，各当事人的地位；
5. 其他诉讼参与人的范围及地位。

第一节 刑事诉讼中的国家机关

一、刑事诉讼中的国家机关概述

在我国，刑事诉讼中的国家机关包括司法机关和行使侦查权的行政机关。

什么是刑事诉讼中的"司法机关"？我国的学者对此多有不同的见解。有的学者认为，司法机关是"行使国家司法权的国家机关"。我国的司法机关，通常是指行使审判权的人民法院和行使检察权的人民检察院。从广义上理解，除人民法院和人民检察院以外，还包括对刑事案件行使侦查权的公安机关、国家安全机关以及对罪犯行使刑罚执行权的监狱。

也有的学者将公安机关排除在司法机关之外，在谈到刑事诉讼中的国家机关时，将公安机关与司法机关并列称为"公安司法机关"。

我们认为，公安机关、国家安全机关和监狱属于行政机关，编在各级人民政府的序列之内，它们虽然参加刑事诉讼，享有法律赋予的刑事侦查权，但仍然处于行政机关的法律地位。

刑事诉讼中的国家机关，有人民法院、人民检察院、公安机关、国家安全机关、监狱。此外，对于现役军人实施的犯罪行为，由军队内部的保卫部门负责侦查，由军队的检察院提起公诉，由军队的法院审判。这样，在我国，参加刑事诉讼的国家机关有六个，根据它们在刑事诉讼中所起的作用，我们可以将它们分为三种：第一，行使审判权的法院；第二，行使公诉权的检察院；第三，行使侦查权的公安机关、国家安全机关、监狱和军队内部的保卫部门。检察院在行使公诉权的同时，也对部分刑事案件行使侦查权，因此，刑事诉讼中的侦查机关也包括人民检察院。

二、刑事诉讼中的人民法院

根据宪法的规定，人民法院是我国的审判机关，代表国家行使审判权。

我国的法院由三个部分组成，即最高人民法院、地方各级人民法院和专门法院。

最高人民法院是国家的最高审判机关。最高人民法院除了依法审判案件外，还依法对地方各级人民法院和专门法院行使审判监督权，对审判工作中如何应用法律的问题作有普遍约束力的司法解释。

地方各级人民法院由三级人民法院组成，包括：设在各省、自治区、直辖市的高级人民法院；设在省辖市、地区、自治州和盟的中级人民法院；设在县、自治县、县级市、市辖区和旗的基层人民法院。

专门法院是设在特殊部门的法院。我国目前的专门法院有军事法院、铁路运输法院和海事法院。军事法院由三级组成，中国人民解放军军事法院是全军最高的军事审判机关，其地位相当于地方各级人民法院中的高级人民法院，它受最高人民法院的审判监督。各大军区的军事法院相当于地方人民法院中的中级人民法院，它受中国人民解放军军事法院的审判监督。各集团军或相当于这一级的军事单位也设军事法院，其地位相当于地方人民法院中的基层人民法院。铁路运输法院分两级设置。各铁路局设铁路运输中级法院，其地位相当于地方法院中的中级人民法院，其上级法院是它所在省、自治区、直辖市的高级人民法院。各铁路分局也设铁路运输法院，其地位相当于地方法院中的基层人民法院。各海事法院设在港口城市，其地位相当于中级人民法院，其上一级法院是所在省、自治区、直辖市的高级人民法院。海事法院只审判海事案件和海商案件，不审判刑事案件。

根据宪法的规定，法院系统内上下级之间的关系是监督与被监督的关系，而不是领导与被领导的关系。这种关系表现在刑事诉讼中有两个方面的内容：第一，就具体案件的审判而言，上级法院不能对下级法院发布指示或命令；上级法院如果发现下级法院审判的案件有错误，应当通过法定的程序和法定的方式予以纠正。第二，下级法院在审判案件时，没有必要也不能向上级法院请示，自己有权力、有义务独立审判；对于上级法院就具体案件的意见，下级法院只能作为参考，没有义务接受。

人民法院是最重要的刑事诉讼主体，处于最重要的诉讼地位。其原因是：第一，人民法院在诉讼中行使审判职能，最终决定案件的诉讼结果和犯罪嫌疑人、被告人的命运。第二，与人民检察院、公安机关和其他参加诉讼的国家机关相比较，人民法院参加处理的刑事案件的数量是最多的。公安机关只侦查部分刑事案件，人民检察院只参加公诉案件的诉讼。只有人民法院，既要参加公诉案件的诉讼，又要参加自诉案件的诉讼。第三，在审判阶段，参加诉讼的人民检察院、当事人和其他诉讼参与人，都是在人民法院主持和指挥下进行诉讼的，他们的诉讼行为都要受审判权的约束。

三、刑事诉讼中的人民检察院

根据宪法的规定，检察院是专门的法律监督机关，代表国家行使检察权。检察权的概念起源于苏联，本质上是一种对宪法和法律的遵守及正确实施监督以保证国家法制统一的权力。我国自新中国成立初期引进检察权的概念后，宪法一直把检察权定位为法律监督权。检察权在刑事诉讼中，主要表现为批准逮捕权、对检察院直接受理案件的侦查权、提起公诉和支持公诉以及对其他司法机关进行的刑事诉讼实行法律监督的权力。

我国的检察机关由最高人民检察院、地方各级人民检察院和专门检察院三部分组成。最高人民检察院是最高的法律监督机关。地方各级人民检察院也由三级组成，与地方人民法院对应设置，凡有一个地方人民法院，就有一个地方人民检察院与之对应。专门检察院有军事检察院和铁路运输检察院。军事检察院与军事法院对应设置，铁路运输检察院也与铁路运输法院对应设置。

我国检察机关系统内的上下级检察院之间，是一种领导与被领导的关系。在刑事诉讼中，上级检察院可以对下级检察院发布指示和命令，也可以撤销下级检察院的错误决定；下级检察院对于上级检察院的指示和命令，有义务接受。

人民检察院在刑事诉讼中的地位仅次于人民法院，在公诉案件的诉讼过程中起着承上启下的作用。人民检察院参加所有刑事公诉案件的诉讼，它所进行的审查起诉活动，既是对侦查工作的审查和认可，又能够引起刑事审判的开始。没有检察院的诉讼活动，就没有人民法院对刑事公诉案件的审判，也不可能打击严重的刑事犯罪分子。

四、刑事诉讼中的公安机关

我国的公安机关是维护社会秩序、保障公共安全的专门机关。从整体上来讲，公安机关是行政机关，各级公安机关是各级政府的组成部分。公安机关的主要任务是：第一，防范和打击各种刑事犯罪活动；第二，行使治安行政管理权；第三，保障公民权利，维护社会秩序。我国的公安机关由中央公安机关、地方各级公安机关和专业公安机关三部分组成。中央公安机关是指公安部。根据《中华人民共和国国务院组织法》及其他有关规定，公安部是国务院的一个职能部门，通过国务院对全国人民代表大会及其常委会负责，领导和管理全国的公安工作。地方公安机关由三级组成，即：省级公安机关，包括省、自治区公安厅和直辖市公安局；地级公安机关，包括省辖市、地区、自治州等相当于这一级行政区划所设立的公安机关；县级公安机关，包括县、自治县、县级市、旗和市辖区公安机关。专业公安机关是指经国务院批准，在国家有关部门内设立的专门从事一定范围内公安业务的公安机关。专业公安机关既是有关部门的组成部分，又是中央公安机关的派驻机构，行使中央公安机关授予的相应职权。目前，我国的专业公安机构有铁路公安机关、交通公安机关、民航公安机关、林业公安机关和海关公安机关五种。

我国的公安机关实行"统一领导、分级管理、条块结合、以块为主"的领导体制。各级公安机关在同级政府的领导下工作，同时也受上级公安机关的领导和指挥。

根据我国刑事诉讼法的规定，公安机关是主要的刑事案件的侦查机关，它在刑事诉讼中有权侦破案件，对犯罪嫌疑人、被告人执行逮捕，拘留犯罪嫌疑人，对犯罪嫌疑人进行预审，还有权执行和参与执行一部分刑事判决。因此，公安机关在刑事诉讼中具有广泛的权力，属于控诉一方。

公安机关的侦查工作是公诉案件诉讼的基础性工作。没有侦查，犯罪嫌疑人不能归案，诉讼需要的证据不能收集，对犯罪人的起诉和审判就会成为一句空话，整个诉讼也不可能进行下去。

五、参加刑事诉讼的其他国家机关

根据我国刑事诉讼法的有关规定，除了法院、检察院和公安机关外，国家安全机关、监狱和军队的保卫部门也有权参加刑事诉讼，它们在刑事诉讼中都属于侦查机关。国家安全机关负责侦查危害国家安全的刑事案件，军队的保卫部门对现役军人犯罪的刑事案件行使侦查权，监狱负责侦查罪犯在监狱内犯罪的案件。这些机关在侦查刑事案件时，享有与公安机关相同的职权。

第二节　刑事诉讼中的当事人

一、刑事诉讼当事人概述

《刑事诉讼法》第 106 条第 2 项规定，当事人是指被害人、自诉人、犯罪嫌疑人、被告人、附带民事诉讼的原告人和被告人。这项规定，明确了我国刑事诉讼当事人的范围。但是，这个规定并没有从理论上给刑事诉讼当事人下一个定义。根据刑事诉讼法的规定，我们认为，刑事诉讼中的当事人，是指在刑事诉讼中处于原告或者被告地位，并且同案件事实和诉讼结果有利害关系的诉讼参与人。

从以上关于刑事诉讼当事人的定义中我们可以知道，当事人具有两个限定条件：第一，当事人处于原告或者被告的地位，处于冲突的两极，在诉讼中有明确的立场，不是处于中间人的地位。第二，每一个当事人都与案件事实和诉讼结果有利害关系。他们不是被指控实施了与犯罪有关的侵害行为，应当承担责任，就是因为犯罪事实的发生而受到了侵害。案件诉讼的结果，关系到他们权利的予夺。因此，当事人在诉讼中都是维护自己的利益，以自己的名义参加诉讼，是控诉职能或者辩护职能的承担者。

二、被害人

被害人是遭受犯罪行为侵害的人，既包括有生命的自然人，也包括无生命的单位。在我国，没有生命的尸体和未出生的胎儿，法律不认为它们是被害人。

刑事诉讼中的被害人是一个含义广泛的概念，他的诉讼身份和地位不是单一的，在不同案件的诉讼中，被害人有不同的诉讼身份和地位。在自诉案件的诉讼中，被害人如果参加诉讼，他的诉讼身份是自诉人。在公诉案件的诉讼中，如果犯罪嫌疑人、被告人的犯罪行为给被害人造成了经济损失，而且被害人提起了附带民事诉讼，则被害人的诉讼身份是附带民事诉讼的原告；在公诉案件的诉讼中，如果被害人没有提起附带民事诉讼，这时他参加诉讼的身份是公诉被害人。

公诉被害人即公诉案件的被害人，是指公诉案件中直接遭受犯罪行为的侵害且没有提起附带民事诉讼的公民和单位。根据《刑事诉讼法》第106条的规定，公诉被害人也是当事人，享有法律赋予当事人的绝大部分权利，承担当事人的义务。

公诉被害人是遭受犯罪行为侵害的人，他们与案件事实和处理结果有切身的利害关系。因此，被害人参加诉讼的目的，是保护其合法权益。他们在诉讼中有明显的倾向性，主张追究犯罪，希望法院对被告人定罪量刑。公诉被害人在诉讼中属于控诉一方，行使控诉职能。但是，由于案件属于公诉案件，控告犯罪的主要工作由检察院承担，公诉被害人就不是控诉职能的主要承担者，他们的诉讼活动对于诉讼的开始、进行和结局，没有直接的影响，侦查、起诉和审判并不因为其控告行为而开始，也不因为其不控告犯罪而不开始或不进行。公诉被害人还是案件事实的知情人，其陈述是证据的一个来源。

为了使公诉被害人有充分的能力维护他们的合法权益，我国刑事诉讼法赋予了他们广泛的诉讼权利，主要有：遭受犯罪行为侵害后，有权向公安司法机关控告或报案；对公安司法机关的不立案决定有申请复议的权利；在审查起诉阶段，有权向检察机关发表控诉意见；对于检察机关作出的不起诉决定，有权提出申诉；有权出席法庭，参加法庭调查和法庭辩论，行使当事人在法庭上享有的一切权利；对于一审法院作出的判决、裁定有异议的，有权向检察机关提出抗诉的要求，且在整个刑事诉讼中公诉被害人都有要求公安司法人员及鉴定人、翻译人员回避的权利；公诉被害人有证据证明对被告人侵犯自己人身、财产权利的行为应当依法追究刑事责任，而公安机关或者检察机关不予追究的，有权直接向法院提起诉讼。

公诉被害人和自诉人是两类不同诉讼程序中的当事人，他们有共同的特点，都是处于控诉地位，而且他们的身份有可能互相转化。当公诉被害人根据《刑事诉讼法》第204条第3项的规定向人民法院提起自诉并被受理后，即转化成为自诉人；同样，当人民法院在审理自诉案件后，如果认为该案件应当由公安机关侦查、检察机关公诉，则将案件转给检察机关后，自诉人中的大部分就成为公诉被害人。

三、自诉人

自诉是与公诉相对应的控诉形式。它是指被害人或者他的法定代理人、近亲属以自己的名义，直接到人民法院对刑事被告人提起诉讼，要求人民法院追究被告人刑事责任的活动和方式。我国刑事诉讼法在控告犯罪的方式上，采取"自诉与公诉并存，并且以公诉为主、以自诉为辅"的制度。人民法院每年审判的刑事案件，大约有1/5是自诉案件。

由于控告犯罪的方式不同，我国刑事诉讼有两种不同类型的诉讼程序，即公诉案件的诉讼程序和自诉案件的诉讼程序。公诉案件的诉讼程序包括立案、侦查、起诉、审判和执行五个诉讼阶段。自诉案件的诉讼程序包括立案（起诉与受理）、审判和执行三个诉讼阶段。

自诉人是自诉案件的原告人，指那些以个人名义直接向人民法院提起控诉，要求追究被告人刑事责任的公民。根据《刑事诉讼法》第 112 条的规定，有权提起自诉的公民，除了被害人外，还有被害人的法定代理人、近亲属。但是，被害人的法定代理人、近亲属提起自诉，是在被害人死亡的情况下。被害人如果没有死亡，即使没有诉讼行为能力，他也是自诉人，自诉就不能以他的法定代理人、近亲属的名义提起，因为被害人尽管没有诉讼行为能力，但仍具有诉讼权利能力，仍然具有当事人的资格。此时，提起自诉的法定代理人、近亲属是他的诉讼代理人。在被害人死亡的情况下，被害人不具有权利能力和行为能力，失去了充任当事人的资格，自诉人是提起自诉的法定代理人或者近亲属。

自诉人是自诉案件中的一方当事人，他们的诉讼行为对于自诉案件诉讼程序有直接的影响。自诉案件的开始，有赖于自诉人提起自诉。自诉人对自诉案件诉讼程序的进行和诉讼结果也有直接的影响。如果自诉人在诉讼中与被告人和解，或者撤回自诉，只要和解和撤诉行为符合法律规定，诉讼就不再进行。因此，自诉人是刑事诉讼中重要的诉讼主体。

自诉人是重要的当事人，在诉讼中享有广泛的诉讼权利，承担相应的诉讼义务。自诉人享有的诉讼权利主要有：申请回避的权利，提起自诉的权利，撤回自诉的权利，与被告人和解的权利，请求人民法院调解的权利，委托诉讼代理人的权利，得到有关诉讼的通知及诉讼文书的权利，参加法庭审判的权利，向被告人、证人、鉴定人发问的权利，法庭辩论的权利，申请新的证人出庭作证的权利，申请重新鉴定的权利，上诉的权利，等等。自诉人承担的义务主要有：提出证据证明自己的诉讼主张、遵守法庭规则等。

四、犯罪嫌疑人、被告人

在我国 1996 年《刑事诉讼法》修改前，刑事诉讼中处于被追究刑事责任地位的公民和单位通称为"被告人"，没有犯罪嫌疑人和被告人的区分。1996 年 3 月 17 日第八届全国人民代表大会第四次会议通过的《全国人民代表大会关于修改〈中华人民共和国刑事诉讼法〉的决定》第 34 条规定，向人民法院提起公诉前，原被告人的称谓修改为犯罪嫌疑人。

根据现行刑事诉讼法的规定，犯罪嫌疑人是指在公诉案件的诉讼程序中，因有犯罪嫌疑而被公安机关、检察机关立案进行侦查、审查起诉的公民或者单位。

被告人是指被自诉人或者检察机关起诉犯有某种罪行，并经法院决定对其进行审判的公民和单位。根据不同的标准，我们可以对被告人进行不同的分类。首先，根据诉讼案件性质的不同，我们可以将被告人分为公诉案件的被告人和自诉案件的被告人。公诉案件的被告人和自诉案件的被告人都是刑事被告人，具有相同的诉讼地位，享有大体相同的诉讼权利，承担类似的诉讼义务。但是，由于公诉案件和自诉案件的诉讼方式存在一些差异，两种被告人在参加诉讼的方式上也有不同。自诉案件的被告人可以和自诉人和解，也有权对自诉人提起反诉。公诉案件的被告人就不具备这两项权利。在一般情况下，公诉被告人人身自由受到的限制要大于自诉被告人。公诉被告人是由犯罪嫌疑人转化过来的，他们在成为被告人之前，已经历了侦查、审查起诉两个诉讼阶段，人身自由多已受到了较长时间的剥夺或者限制，在审判过程中其人身自由一般仍然要受到剥夺或限制。因此，就人权保障来说，强调对公诉被告人的人权保障更具有意义。其次，根据被告人是否具有个人自由意志，我们将被告人分为自然被告人和单位被告人。自然被告人具有个人意志，他有诉讼行为能力，能够自己实施诉讼行为。我国刑事诉讼法规定的被告人的权利、义务及参加诉讼的行为方式，都是以自然被告人为依据的。《刑事诉讼法》无论修改前还是修改后，都没有就单位被告人参加诉讼的特殊问题，诸如谁代表单位被告人应诉、对单位被告人要不要采取强制措施以及如何采取强制措施等，作出规定。单位被告人如何参加诉讼，在我国是一个亟待立法解决的课题。在司法实践中，《最高人民法院关于适用〈中华人民共和国刑事诉讼法〉的解释》，就单位犯罪案件的审理程序作出了一些规定，这为法院审判单位犯罪的案件提供了依据。

如何看待犯罪嫌疑人、被告人的诉讼地位，是刑事诉讼法的一个基本问题。中外历史上，曾经出现了两个著名的理论，一个是有罪推定理论，另一个是无罪推定理论。有罪推定理论因其漠视和践踏人权，已经被现代各国刑事诉讼法所抛弃。无罪推定理论目前仍然被多数国家奉为经典，并以此为基础设定他们的诉讼模式及诉讼制度。但是，无罪推定理论已经暴露出它的不合理的一面。首先，对于已有相当证据证明有犯罪嫌疑的犯罪嫌疑人、被告人硬性推定为"无罪"，从逻辑上讲是难以成立的。其次，在这一理论指导下，近几十年来，西方刑事诉讼法强调对被告人的人权保护有些过头，反过来损害了被害人的利益，使得明明有罪的被告人逃脱了法律的制裁。长此下去，刑事诉讼将走向反面，逐渐减弱甚至丧失其打击犯罪的功能。

我国在 1996 年修改《刑事诉讼法》时，其指导思想之一就是加强对当事人尤其是犯罪嫌疑人、被告人的权利保护。《刑事诉讼法》第 12 条规定："未经人民法院依法判决，对任何人都不得确定有罪。"这条规定，吸收了无罪推定原则的合理因素，但又没有照搬无罪推定原则。

我国《刑事诉讼法》第 12 条的规定，符合犯罪嫌疑人、被告人的实际情况和刑事诉讼规律。犯罪嫌疑人、被告人是刑事诉讼的"中心人物"，是主要的诉讼主体，刑事诉讼的主要活动都是围绕他们进行的。犯罪嫌疑人、被告人在刑事诉讼中，是有一定的证据证明犯了罪但又没有最终被证明是有罪的人，他们既不同于一般的公民，又不同于服刑的罪犯，在诉讼期间的身份及社会地位处于一种暂时不确定的状态。随着刑事诉讼的进行，他们的身份就会确定下来，根据司法实践经验，他们中的多数人会被确定有罪，而少数人会被宣告无罪，恢复原来的身份。根据犯罪嫌疑人、被告人的这种具体情况，刑事诉讼法一方面应当根据诉讼的需要，限制或剥夺他们的人身自由，另一方面应当赋予他们一些一般公民所没有的权利，如以辩护权为核心的诉讼权利，使其有抗衡控诉的能力，加强对他们权利的保护。将犯罪嫌疑人、被告人推定为无罪有些牵强，但是，不把他们当做罪犯看待，不仅从逻辑上讲得通，而且从人权保障的角度来看，也是必要和充分的。我国《刑事诉讼法》的这条规定，既吸收了无罪推定的合理因素，又避免了无罪推定的消极影响，能够为中国人所接受。

犯罪嫌疑人、被告人享有广泛的权利，承担相应的义务。犯罪嫌疑人享有的权利有：自行辩护权和委托辩护权；对司法机关及其工作人员侵犯其合法权益及人格侮辱行为的控告权；申请侦查人员、检察人员回避的权利；对侦查人员、检察人员与案件无关的讯问的拒绝回答权；被羁押的犯罪嫌疑人有申请取保候审的权利；对"酌定不起诉"有申诉的权利等。犯罪嫌疑人承担的义务有：如实回答侦查人员、检察人员对案件事实的讯问；不得伪造、隐匿和毁灭证据。被告人在刑事诉讼中享有的权利主要有：自行辩护权和委托辩护权；对司法机关及其工作人员侵犯其合法权益及人格侮辱行为的控告权；申请审判人员、书记员、鉴定人、翻译人员回避的权利；申请法院排除非法证据的权利；得到诉讼文书的权利；上诉的权利；参加法庭调查和法庭辩论的权利；申请新的证人出庭及重新鉴定、勘验的权利；申请调取新的证据的权利等。被告人承担的义务主要有：遵守法庭秩序的义务；如实陈述案情，不得伪造证据、毁灭证据；执行司法机关在诉讼中作出的各种决定等。

五、附带民事诉讼当事人

附带民事诉讼当事人，包括附带民事诉讼的原告和被告。附带民事诉讼原告是附带民事诉讼的一方当事人，是指向司法机关提起附带民事诉讼，要求附带民事诉讼被告赔偿其因犯罪行为而遭受的经济损失的公民或单位。根据我国刑事诉讼法和《最高人民法院关于适用〈中华人民共和国刑事诉讼法〉的解释》的规定，附带民事诉讼原告一般是遭受经济损失的被害人（公民、法人和其他组织），在被害人已经死亡的情况下，被害人的近亲属亦可作为附带民事诉讼的原告。无民事行为能力或者限制民事行为能力的被害人的法定代理人，可以代理被害人提起附带民事诉讼。

附带民事诉讼的被告是指对犯罪行为造成的经济损失负有赔偿责任并被司法机关通知应诉的公民、法人或其他组织。附带民事诉讼的被告一般是刑事被告，但也可以是下列一些人：第一，没有被追究刑事责任的共同致害人；第二，未成年刑事被告人的监护人；第三，共同犯罪案件中，案件审结前已死亡的被告人的遗产继承人；第四，其他对刑事被告人的犯罪行为依法应当承担民事赔偿责任的单位和个人。

第三节　其他诉讼参与人

诉讼参与人是一个比当事人更为广泛的概念，它指在刑事诉讼中，除了参加诉讼的国家机关工作人员以外的，依法参加诉讼、享有一定权利、承担一定义务的公民和单位。根据《刑事诉讼法》第106条第4项的规定，诉讼参与人是指当事人、法定代理人、诉讼代理人、辩护人、证人、鉴定人和翻译人员。其他诉讼参与人是指除了当事人以外的诉讼参与人。

其他诉讼参与人与当事人是两类不同的诉讼参与人。他们的区别主要有：第一，两者与案件事实和诉讼结果的关系不同。当事人与案件事实和诉讼结果有切身的利害关系，而其他诉讼参与人不论与案件事实还是诉讼结果都没有切身的利害关系。第二，参加诉讼的目的不同。当事人参加诉讼的目的是维护自身的合法权益，而其他诉讼参与人参加诉讼，并不是为了维护自身的合法权益，而是基于诉讼程序上的原因。第三，在诉讼中的地位不同。当事人在刑事诉讼中处于重要的诉讼地位，是重要的诉讼主体，他们的诉讼行为对案件的诉讼程序有直接的影响。而其他诉讼参与人的诉讼行为对案件诉讼程序一般没有直接的影响。

其他诉讼参与人包括法定代理人、诉讼代理人、辩护人、证人、鉴定人和翻译人员。

法定代理人是指依照法律规定有权代理当事人进行一定诉讼行为的人，一般包括被代理人的父母、养父母、监护人和负有保护责任的机关、团体的代表。根据法律的有关规定，法定代理发生在被代理人没有诉讼行为能力或者限制诉讼行为能力的情况下。有完全诉讼行为能力的当事人，没有法定代理人。只有那些没有诉讼行为能力或者限制诉讼行为能力的当事人，才有法定代理人。

诉讼代理人是指受公诉案件的被害人及其法定代理人或者近亲属、自诉案件的自诉人及其法定代理人委托代为参加诉讼的人，以及受附带民事诉讼的当事人及其法定代理人委托代为参加诉讼的人。

辩护人是指因接受犯罪嫌疑人、被告人委托或者法律援助机构的指派而参加诉讼，为犯罪嫌疑人、被告人进行辩护的人。

证人是指因了解案件事实而被公安司法机关通知在诉讼程序中作证的当事人以外的公民。

鉴定人是指受公安司法机关指派或者聘请对案件中的专门问题进行科学鉴别的专家。

翻译人员是指在诉讼中进行语言文字或者动作、手势翻译工作的人。

【引例评析】

本案中的审判长犯了一个不该犯的常识性错误。本案是一起重伤害案件，诉讼是由检察机关提起的，当然是一起公诉案件。公诉案件的诉讼中没有自诉人。路某是被害人，但她在刑事诉讼中提起了附带民事诉讼，她的身份是"附带民事诉讼原告"，不是自诉人。当然，公诉人声言退出法庭，也有些小题大做。可见，诉讼参与人的称谓是严格的，稍有错误就会影响诉讼的顺利进行；同时，提高司法人员的素质是顺利进行刑事诉讼的基本要求。

【本章小结】

刑事诉讼中的专门机关是依法在刑事诉讼中承担一定诉讼职能的国家机关。在我国，主要的专门机关是公安机关、人民检察院和人民法院，此外还有国家安全机关、军队保卫部门和监狱。

人民法院是我国的审判机关。我国人民法院由最高人民法院、地方各级人民法院和专门人民法院三个部分组成。

人民检察院是专门的法律监督机关。人民检察院由最高人民检察院、地方各级人民检察院和专门人民检察院组成。人民检察院对刑事诉讼的法律监督贯穿于刑事诉讼的全过程，在各个诉讼阶段都依法定方式行使法律监督职权。

公安机关是我国治安保卫机关，是各级人民政府的组成部分。公安机关由中央公安机关、地方各级公安机关和专业公安机关三部分组成。公安机关在刑事诉讼中的主要职责是：刑事立案、侦查和对部分刑罚的执行。

刑事诉讼参与人，是除专门机关工作人员以外的所有依法参加刑事诉讼活动、享有诉讼权利、承担诉讼义务的人。诉讼参与人分为当事人和其他诉讼参与人。当事人是指在刑事诉讼中处于控告或者被告地位，同案件事实和诉讼结果有利害关系的诉讼参与人。其范围包括：被害人、自诉人、犯罪嫌疑人、被告人、附带民事诉讼当事人。

其他诉讼参与人是除了当事人以外的所有诉讼参与人。他们与刑事案件没有直接的利害关系，不独立执行诉讼职能，是为了保障刑事诉讼的顺利进行而参与诉讼的；在诉讼中享有相应的诉讼权利，承担诉讼义务。其范围包括：法定代理人、诉讼代理人、辩护人、证人、鉴定人和翻译人员。

◈【练习题】

一、名词解释

当事人 诉讼参与人 其他诉讼参与人 附带民事诉讼当事人 鉴定人 证人 自诉人 被害人 辩护人

二、思考题

1. 试述人民法院的性质和诉讼地位。
2. 试述人民检察院监督检察权实现的方式。
3. 试述犯罪嫌疑人、被告人的诉讼地位。
4. 被害人有哪些诉讼身份？
5. 试述当事人与其他诉讼参与人的区别。

三、案例分析题

方某是刑事被告人李某的保证人。被告人李某被取保候审期间逃匿，方某明知李某藏匿地点，却拒绝向司法机关提供该地点。

问题：

有关机关应当对方某采取以下哪些措施？

A. 依照刑法规定追究方某刑事责任。

B. 没收方某为李某缴纳的保证金。

C. 因李某同时是附带民事被告人，故应将方某也列为该附带民事诉讼的被告人。

D. 方某应对李某之附带民事诉讼的赔偿责任承担连带赔偿责任。

分析要点提示：

保证人在刑事诉讼中也是诉讼参与人，并因此享有一定的权利，承担一定的义务。根据刑事诉讼法的规定，保证人应当履行如下义务：（1）监督被保证人遵守《刑事诉讼法》第69条的规定；（2）发现被保证人可能发生或者已经发生违反前述规定的行为，应当及时向执行机关报告。保证人未及时报告的，可对保证人处以罚款，构成犯罪的，依法追究其刑事责任。另外，根据相关司法解释的规定，如果保证人与被保证人串通，协助被保证人逃匿，以及明知被保证人藏匿地点而拒绝向司法机关提供的，对保证人应当依照刑法有关规定追究刑事责任。

第三章 刑事诉讼的基本原则

【本章引例】

某公司职员公寓304房间住了5位工人。2012年3月，连续发生了三起财物被盗事件。其中工人李某损失最为严重，失窃现金3 000元。当地派出所民警孙某与邹某来公寓查看后，认为是内部人员所为，但由于没有证据，不能确定哪个工人是犯罪嫌疑人。孙某对李某说："你注意一下，如果发现谁有嫌疑，马上告诉我。"从此以后，李某便留意同宿舍其他人的行动。经过一段时间的观察，发现工人刘某嫌疑最大，李某便暗中监视刘某的行动。2012年4月13日上午，李某发现刘某趁宿舍无人之机溜回公寓，便到公寓门口等候，同时给民警孙某拨了电话。孙某指示李某，在刘某出来时，先搜搜他的身上，如果有偷来的东西，再告诉他。不一会儿，刘某从公寓出来，李某上去搜查，果然发现刘某身上确有偷来的2 000元现金，随即将刘某扭送派出所。对李某的行为，有人赞赏，说是见义勇为，应该表扬。但也有人反对，认为孙某、李某违背了刑事诉讼法规定的基本原则。

【本章学习目标】

通过本章的学习，应当掌握如下内容：

1. 刑事诉讼基本原则的概念、意义；
2. 依照法定情形不追究刑事责任原则；
3. 未经法院依法判决不得对任何人确定有罪的原则。

第一节 刑事诉讼基本原则概述

一、刑事诉讼基本原则的概念和意义

刑事诉讼的基本原则，是指人民法院、人民检察院、公安机关以及诉讼参与人进行刑事诉讼时必须遵守的基本行为准则。

刑事诉讼的基本原则，反映了我国刑事诉讼法的基本内容和特征。它对于指导司法机关的诉讼活动，保证诉讼的顺利进行，实现刑事诉讼法的任务，有下述重要意义。

（一）有利于在实践中贯彻和掌握刑事诉讼法的各项制度和程序

我国刑事诉讼基本原则，是对我国刑事诉讼重要问题的概括和总结，刑事诉讼法关于具体程序和活动的规定，是基本原则的具体化。因此，领会了刑事诉讼基本原则的精神，就便于理解有关具体程序、具体活动法律规定的立法原意，便于掌握刑事诉讼的具体制度和程序。

（二）便于解决刑事诉讼中出现的新问题

1979 年颁布的《刑事诉讼法》，是新中国成立以来第一部系统的刑事诉讼法律文件。它虽然经过 1996 年和 2012 年的两次修正，但仍不是一个十分完备的刑事诉讼法典。由于条文数量还不是太多，一些应该规定的问题没有规定，而且存在着条文与条文之间不太协调的现象，在司法实践中肯定会出现无法用具体法律条文进行解决的新问题，存在需要适用法律时无法用具体条文加以解决的矛盾。这时，遵守刑事诉讼基本原则所规定的精神，就能够在一定程度上解决这些矛盾。

（三）便于总结经验、进一步完善刑事诉讼法

如前所述，我国的刑事诉讼法并非十分完备，司法实践中必然会遇到新情况和新问题。有了刑事诉讼基本原则，就便于司法人员本着基本原则的精神创制一些具体的经验。这些实践经验一方面可以促使司法工作规范化和科学化，另一方面可以检验刑事诉讼法条文的优劣，为立法机关修改刑事诉讼法提供重要依据，促进刑事诉讼法的进一步完善。

二、我国刑事诉讼基本原则的体系

我国刑事诉讼的基本原则，是由《宪法》、《刑事诉讼法》、《人民法院组织法》和《人民检察院组织法》规定的。

宪法是国家的根本大法，它规定了刑事诉讼的基本原则，体现了国家对刑事诉讼的重视，表明了国家对刑事诉讼中重大问题的基本态度。现代各国的宪法一般都要对刑事诉讼的基本原则作出规定，这些规定具有政治意义和理论意义，其作用是刑事诉讼法难以企及的。我国宪法规定的刑事诉讼基本原则主要有以下几个方面：第一，依靠群众原则（《宪法》第 27 条）；第二，独立行使审判权、检察权原则（《宪法》第 126 条、第 131 条）；第三，对一切公民在适用法律上一律平等的原则（《宪法》第 33 条）；第四，审判公开原则（《宪法》第 125 条）；第五，被告人、犯罪嫌疑人有权获得辩护原则（《宪法》第 125 条）；第六，有权使用本民族语言文字进行诉讼原则（《宪法》第 134 条）；第七，公、检、法三机关分工负责、互相配合、互相制约原则（《宪法》第 135 条）。

我国的人民法院组织法和人民检察院组织法，从法院、检察院工作方面入手，也规定了一些刑事诉讼的基本原则，如独立行使审判权、检察权原则等。

刑事诉讼法是关于刑事诉讼的方式、方法、手段、步骤的法律规范的总称。我国的刑事诉讼法从诉讼的性质、司法机关的职能以及具体进行刑事诉讼活动的工作需要出发，对刑事诉讼的基本原则作出了系统而全面的规定。与宪法、法院组织法、检察院组织法相比较，它对刑事诉讼基本原则的规定，数量多，内容具体。从法律条文看，《刑事诉讼法》第 3 条至第 17 条，都是关于刑事诉讼基本原则的规定，它规定的刑事诉讼基本原则，除上述几项外，还有以下几个：第一，侦查权、检察权、审判权由专门机关行使原则；第二，严格遵守法定程序原则；第三，以事实为根据、以法律为准绳原则；第四，人民检察院对刑事诉讼实行法律监督原则；第五，两审终审原则；第六，未经法院判决，对任何人都不得确定有罪原则；第七，保障诉讼参与人诉讼权利原则；第八，依照法定情形不予追究刑事责任原则；第九，追究外国人犯罪适用我国刑事诉讼法原则；第十，与外国司法机关相互请求司法协助原则。

我国宪法和法律规定的刑事诉讼基本原则，其来源主要有两个：一是在总结我国刑事诉讼实践经验基础上产生的，这部分原则突出反映了我国刑事诉讼的特点，具有鲜明的中国特色。比如，依靠群众原则，公、检、法三机关分工负责、互相配合、互相制约原则。二是通过吸收国外成功的诉讼法律和实践经验，结合我国的司法实际情况，对国外已有的刑事诉讼基本原则赋予新的内容而产生的。这些原则有：独立行使审判权、检察权原则；对一切公民在适用法律上一律平等原则；未经法院判决，对任何人都不得确定有罪原则。

第二节　侦查权、检察权和审判权由专门机关依法行使

一、该项原则的法律依据和基本内容

我国《刑事诉讼法》第3条规定："对刑事案件的侦查、拘留、执行逮捕、预审，由公安机关负责。检察、批准逮捕、检察机关直接受理的案件的侦查、提起公诉，由人民检察院负责。审判由人民法院负责。除法律特别规定的以外，其他任何机关、团体和个人都无权行使这些权力。人民法院、人民检察院和公安机关进行刑事诉讼，必须严格遵守本法和其他法律的有关规定。"这条规定，是"侦查权、检察权、审判权由专门机关行使原则"的法律依据。该原则主要包括下述内容。

（一）公、检、法三机关分别行使国家的侦查权、检察权和审判权

侦查权是指收集证据，揭露和证实犯罪，查获犯罪嫌疑人，实施必要的强制性措施的权力。侦查活动的内容极为广泛，侦查（在这里实质上是指侦破案件）、拘留、执行逮捕和预审，是侦查工作的最主要和最集中的体现。根据《刑事诉讼法》第3条、第4条的规定，侦查权主要由公安机关、检察机关和国家安全机关行使。三机关在行使侦查权时是有分工的。检察机关只对贪污贿赂犯罪，国家工作人员的渎职犯罪，国家机关工作人员利用职权实施的非法拘禁、刑讯逼供、报复陷害、非法搜查等侵犯公民人身权利的犯罪以及侵犯公民民主权利的犯罪案件行使侦查权。国家安全机关只对危害国家安全的刑事案件行使侦查权。除此之外的其他案件，则由公安机关行使侦查权。

检察权是指对法律的执行与遵守进行专门监督的权力。从理论上讲，检察权的内容极为广泛，它包括对刑事法律、民事法律、行政法律的执行与遵守实行监督。我国宪法、法律对检察权规定得最多、最详细的部分，是对刑事法律的执行与遵守进行专门的法律监督。因而，在刑事诉讼活动中，检察权的活动范围也是很广泛的，但最主要的活动表现为批准逮捕，对直接受理的案件进行侦查，提起公诉，以及对公安机关、法院等机关的诉讼活动实行法律监督。根据《刑事诉讼法》第3条第1款的规定，检察权只能由人民检察院行使。

审判权是指对案件进行审理并作出裁判的权力。审判权是一种最主要的司法权力，它决定着诉讼当事人的命运和诉讼的结局。根据《刑事诉讼法》第3条第1款的规定，审判权只能由人民法院行使。

因此，公、检、法三机关在刑事诉讼中应当各负其责，各司其职，在行使权能方面不能包办代替。

（二）公、检、法三机关以外的其他任何机关、团体和个人，都无权行使侦查权、检察权和审判权

办理刑事案件，追究犯罪嫌疑人、被告人的刑事责任，既是一项十分重要的工作，又是一项科学的工作。说其重要，是因为它不仅关系到被追究公民的名誉、财产、人身自由和生命，而且关系到社会秩序的稳定、社会主义现代化建设事业及广大人民的共同利益。说其科学，是因为刑事诉讼中的侦查、起诉和审判需要运用辩证唯物主义的原理和法律规则去认识案件事实，运用严密的逻辑思维和丰富的法律知识及其他社会知识去处理刑事纠纷。这样的工作只能让专门的司法机关去做，这样的权力只能交给公、检、法机关去行使。否则，就会造成混乱，公民的合法权益就不能得到应有的保障。

除公、检、法机关以外，我国法律还对其他机关行使司法权作了特别规定。《刑事诉讼法》第290条规定："军队保卫部门对军队内部发生的刑事案件行使侦查权。对罪犯在监狱内犯罪的案件由监狱进行侦查。"

除了公、检、法机关及法律特别规定的以外，其他任何机关、团体和个人都无权行使这些权力。这里讲的"其他任何机关"，是指法律赋予了侦查权、司法权的机关以外的各级各类国家机关，包括中央和地方的权力机关、行政机关等。这里讲的"团体"，包括各政党、群众组织和社会团体。这里讲的"个人"，是指一切公民，包括党和国家领导人以及普通公民。某些国家机关、社会团体及公民，虽然在国家政治生活中具有重要的地位，享有一定的权力，但由于法律没有赋予其侦查权、司法权，故不能擅自拘人、捕人、搜查、扣押，更不能对被告人定罪量刑。如果"其他任何机关、团体和个人"行使了上述权力，则属于违法甚至犯罪行为，依法应当追究他们的法律责任。

（三）公、检、法机关行使侦查权、起诉权和审判权，必须遵守法定程序

所谓法定程序，是指法律规定的有关诉讼的工作方式、方法和步骤的总称。

刑事诉讼程序是由刑事诉讼法和其他有关法律规定的。这里讲的其他法律包括《宪法》、《人民法院组织法》和《人民检察院组织法》中有关刑事诉讼的法律条文，以及全国人民代表大会常务委员会关于刑事诉讼程序的有关规定。公、检、法机关在刑事诉讼中行使任何权力，都必须遵守法律的规定。例如，刑事诉讼法规定，逮捕犯罪嫌疑人、被告人必须由人民检察院批准或者决定，或者由人民法院决定，由公安机关执行。没有人民法院的决定，没有人民检察院的批准或者决定，公安机关就不能行使逮捕的权力。再如，刑事诉讼法规定，第一审公诉案件的法庭审判程序由五个阶段构成，它们依次是宣布开庭、法庭调查、法庭辩论、被告人最后陈述、评议和宣判。人民法院在行使审判权，对具体案件进行审理时，必须依次进行上述五个方面的工作，不能减少或者省略。

公、检、法三机关在刑事诉讼中享有广泛的权力，它们的活动决定诉讼的进程，也决定着当事人的命运。因此，司法机关在刑事诉讼中必须遵守刑事诉讼法的规定。只有这样，才能准确、及时地惩罚犯罪分子，保护公民的合法权益。

我国刑事诉讼法规定的法定程序，是司法实践工作经验的总结，是对刑事诉讼活动科学分析后得出的结论。因此，司法机关在办理刑事案件时遵守法定程序，就等于按照科学的操作规程工作，就能保证准确、及时地查获犯罪嫌疑人，惩罚犯罪分子，保障无罪的人不受刑事追究。

公安司法机关在追究犯罪嫌疑人、被告人刑事责任的同时，自身也要遵守法律的规定，受法律的约束，这充分体现了我国刑事诉讼法的民主性和先进性。我国刑事诉讼法要求公安司法机关依法办案，把公安司法机关的刑事诉讼活动纳入法治轨道，这样就能实现对公安司法机关的有效监督，最大限度地防止冤、假、错案的发生。

二、刑事诉讼中实行这项原则的重要意义

首先，侦查权、检察权、审判权由专门机关行使，能够维护正常的社会秩序，保证法律的统一和正确实施。侦查权、检察权和审判权由专门机关行使，明确了公、检、法机关在刑事诉讼中的职责权限，一旦出现刑事案件，公、检、法机关依法开展工作，就能保证及时受理并处理案件，防止推诿、拖延。同时，还能避免其他机关、团体和个人插手刑事诉讼而造成侦查权、司法权行使的混乱。此外，公、检、法机关作为行使司法职权的专门机关，熟悉法律，有丰富的司法经验，具备正确执法的条件，因而能够保证刑事法律得到统一的贯彻执行。

其次，侦查权、检察权、审判权由专门机关行使，能够保护公民的人身自由及其他合法权益免受非法侵犯。

第三节　人民法院、人民检察院独立行使职权

一、人民法院、人民检察院独立行使职权原则的法律依据及意义

我国《宪法》第126条及《人民法院组织法》第4条规定："人民法院依照法律规定独立行使审判权，不受行政机关、社会团体和个人的干涉。"《宪法》第131条规定："人民检察院依照法律规定独立行使检察权，不受行政机关、社会团体和个人的干涉。"《人民检察院组织法》第9条也有类似规定。《刑事诉讼法》第5条规定："人民法院依照法律规定独立行使审判权，人民检察院依照法律规定独立行使检察权，不受行政机关、社会团体和个人的干涉。"上述规定，是人民法院、人民检察院依法独立行使职权原则的法律依据。

在我国刑事诉讼中确立人民法院、人民检察院独立行使职权原则，具有极为重要的意义。

在中国漫长的封建社会，司法行政不分，行政长官一直兼理司法。新中国成立前夕，中国共产党领导的各革命根据地，由于客观条件的制约，行政权、审判权、检察权划分得不十分清楚，行政官员兼任司法官员的情况十分常见。正因为如此，新中国成立后最初的一段时间，行政机关、社会组织和个人非法干涉审判、检察工作的现象还比较严重，成为干扰社会主义法制建设、影响刑事法律正确实施的重要因素。在刑事诉讼中确立独立行使

审判权、检察权原则,对于克服上述不良现象,建立科学的刑事诉讼结构,提高办理刑事案件的质量,具有重要作用。

确立人民法院、人民检察院独立行使职权原则,是贯彻刑事诉讼其他原则所必需的。只有真正使法院独立行使审判权,检察院独立行使检察权,才能使侦查权、检察权、审判权由专门机关行使的原则落到实处,才能在刑事诉讼中排除一切干扰,做到以事实为根据,以法律为准绳,对一切公民在适用法律上一律平等。

二、人民法院、人民检察院独立行使职权原则的基本内容

人民法院、人民检察院独立行使职权原则包括以下几方面内容:

(1) 人民法院、人民检察院依照法律规定,独立地对刑事案件行使审判权、检察权,不受行政机关、社会团体和个人的干涉。这段话包括两层意思:第一,人民法院、人民检察院办理具体刑事案件,除了服从法律以外,不服从任何行政机关、社会团体和个人的指示和命令;第二,任何行政机关、社会团体和个人不仅不得参与人民法院、人民检察院处理刑事案件的活动,而且不得干涉人民法院、人民检察院对具体刑事案件的审判和检察。

应当明确,这里所说的"干涉",是于法无据的干预活动。比如,以领导身份对审判人员施加压力,为被告人开脱罪责等。人民代表大会依照宪法和法律对法院、检察院的审判、检察工作实行的监督,公安机关依照法律规定对检察院检察工作实行制约,则不属于"干涉"的范畴。

(2) 按照我国现行法律的规定,独立行使审判权、检察权的主体主要是法院、检察院,而不是法官、检察官。也就是说,是法院独立行使审判权,检察院独立行使检察权。因此,法院院长和审判委员会,检察院检察长和检察委员会,依照法律规定的职权讨论案件,对案件处理工作作决定、发指示,不是干涉独立行使审判权、检察权的行为,而是贯彻民主集中制原则,是保证独立行使审判权、检察权原则得以实现的重要条件。

(3) 我国现行法律规定的独立行使审判权、检察权,与西方国家法律规定的司法独立是有原则区别的。西方资本主义国家的司法独立,是指司法权独立,它是相对于立法权、行政权而言的,是资本主义"三权分立"原则的组成部分,是资本主义国家政治制度的主要内容。我国法律规定的独立行使审判权、检察权,不是说审判权、检察权与立法权、行政权相鼎立,而是指法院、检察院行使审判权、检察权时不受非法干涉。它是一种司法工作原则,而非一项政治原则。我国是社会主义国家,实行议行合一的政治制度。人民法院、人民检察院由同级的权力机关产生,对其负责,受其监督,而不是与权力机关分权制衡。

第四节 依靠群众

一、依靠群众原则的法律依据及基本含义

我国《刑事诉讼法》第 6 条规定,人民法院、人民检察院和公安机关进行刑事诉讼,

必须依靠群众。这是依靠群众原则的法律依据。

公安司法机关进行刑事诉讼必须依靠群众，是指公安司法机关在刑事诉讼中，要坚持群众路线和群众观点，注意借助群众的智慧和力量，采取向群众进行调查研究等工作方法，完成刑事诉讼法规定的任务。

二、公安司法机关依靠群众的必要性和可行性

依靠群众进行刑事诉讼，是我们国家的性质决定的。我国《宪法》第 27 条第 2 款明确规定：一切国家机关和国家工作人员必须依靠人民的支持，经常保持同人民的密切联系，倾听人民的意见和建议，接受人民的监督，努力为人民服务。

依靠群众进行刑事诉讼，是刑事诉讼工作自身的需要。揭露犯罪、证实犯罪、惩罚犯罪分子，是一项十分艰巨、复杂的工作。犯罪嫌疑人混迹于社会中，侦查机关要将他们从广大群众中分辨出来，的确是一件不容易的事情。但是，正是由于犯罪嫌疑人生活于群众中，其实行的犯罪行为及犯罪前后的可疑举动，必然难逃群众的耳目。只要坚持依靠群众，深入群众调查研究，就有利于发现犯罪线索，取得犯罪证据，尽快查清案件事实。同时，在刑事诉讼中依靠群众，倾听群众意见，接受群众监督，还有利于正确适用法律，保证定罪准确，量刑适当。

犯罪行为危害国家利益，侵犯公民的合法权益，破坏社会安定和正常的社会秩序，人民群众对此是深恶痛绝的。公安司法机关进行刑事诉讼，打击犯罪，完全符合人民的利益和要求，因此必然能够获得人民的支持和拥护。公安司法机关依靠群众进行刑事诉讼，就具备了现实可行性。

三、正确理解和贯彻执行依靠群众的原则

正确理解和贯彻执行依靠群众原则，必须注意以下几个问题。

（一）要具有相信群众的观念，学会做群众工作的方法

公安司法人员深入群众，要根据被调查者的具体情况，采取相应的方法和策略。对于有思想顾虑的证人或其他知情人，要做耐心的思想工作；如果调查事关被调查者的隐私，应当注意保守秘密；对于群众提供的情况，应当采取分析的态度，善于去粗取精、去伪存真，既不能完全不信，亦不能盲目相信。

（二）严格依法办事，在刑事诉讼中妥善处理依靠群众与进行专门工作的关系

只有严格依法办事，才能取信于民，得到他们的支持。公安司法机关如果有法不依，执法不严，就会损害其在群众心目中的地位和威信，最终会失去人民的拥护。公安司法机关是刑事诉讼的主体，他们享有广泛的职权，最重要的刑事诉讼活动是他们依法进行的一系列专门工作，如立案、侦查、提起公诉、审判、执行及在诉讼中采取一系列的强制措施等。在刑事诉讼中依靠群众，绝不意味着让群众代替公安司法机关去进行这些活动，也不意味着把公安司法机关的职权交给群众行使，而是要把公安司法机关的专门性工作和依靠群众巧妙结合起来，既要保证侦查权、检察权、审判权由公、检、法机关行使，又要发挥群众参与、监督刑事诉讼的主动性、积极性，保障公安司法机关少犯错误，提高办案质量。

第五节　以事实为根据，以法律为准绳

一、以事实为根据、以法律为准绳原则的法律依据及基本含义

《刑事诉讼法》第 6 条规定："人民法院、人民检察院和公安机关进行刑事诉讼……必须以事实为根据，以法律为准绳。"这是以事实为根据、以法律为准绳原则的法律依据。

在刑事诉讼中以事实为根据，是指公安司法机关不论作出什么样的决定，采取什么样的措施，不论是解决实体问题，还是解决程序问题，都必须以查证属实的证据和凭借这些证据认定的案件事实为基础，而不能以主观想象、推测和查无实据的"设想"、议论作为根据。

在刑事诉讼中以法律为准绳，是指必须以刑法、刑事诉讼法和其他法律的有关规定作为定罪量刑和处理案件的标准，而不能以某领导的态度、某个人的言论或者其他东西作为标准，也不能由公安司法机关及其工作人员随心所欲地处理刑事诉讼中的实体问题和程序问题。公安司法机关及其工作人员应当根据已查明的案件事实，用刑法的规定作尺度，犯罪嫌疑人、被告人的行为构成犯罪的，就认定为有罪，不构成犯罪的，就不能追究其刑事责任，构成此种犯罪的，就定此种罪名，而不能混淆罪与非罪、此罪与彼罪的界限，更不能乱定罪名，滥施刑罚。解决程序问题，应以刑事诉讼法的规定为标准。

就刑事诉讼而言，以事实为根据、以法律为准绳，如鸟之两翼、车之两轮，缺一不可。如果不以事实为根据，不查明案件的客观事实，就根本不可能正确适用法律，更谈不上以法律为准绳。如果不以法律为准绳，就无法按照法律规定的条件去取证，去认定案件事实，因而也无法查明事实真相。即使查清了案件事实，也不能正确处理案件，完成刑事诉讼法的任务。

二、贯彻执行这一原则的意义

查明案件事实真相，正确适用法律，是公安司法机关进行刑事诉讼的两个基本任务，也是对公安司法机关和诉讼参与人进行刑事诉讼的基本要求。它贯穿于刑事诉讼活动的全部过程，是检查和评判办案质量高低的标准。因而，坚持了以事实为根据、以法律为准绳，就等于抓住了刑事诉讼的关键问题，为实现刑事诉讼法的任务创造了最基本的条件。

在司法实践中，出现"枉"或"纵"的原因不外乎有两个：或是没有查明案情，或是没有正确适用法律。坚持这个原则，就可以杜绝"枉"、"纵"现象的发生，提高公安司法机关办理刑事案件的质量。

第六节　对一切公民在适用法律上一律平等

一、对一切公民在适用法律上一律平等原则的法律依据

对一切公民在适用法律上一律平等原则的法律依据，是我国《宪法》第 5 条、第 33 条和《刑事诉讼法》第 6 条。《宪法》第 33 条第 2 款规定："中华人民共和国公民在法律

面前一律平等。"其第 5 条第 4 款规定："任何组织或者个人都不得有超越宪法和法律的特权。"为了在刑事诉讼中贯彻宪法规定的"公民在法律面前一律平等"，《刑事诉讼法》第 6 条规定："对于一切公民，在适用法律上一律平等，在法律面前，不允许有任何特权。"我国宪法和法律规定的这条原则，是在批判吸收资产阶级启蒙思想家提出的"法律面前人人平等"原则基础上，结合我国的司法实践经验，根据人民的意志确立的。

二、对一切公民在适用法律上一律平等原则的基本含义

这一原则的基本含义是：公安司法机关在办理刑事案件时，不受民族、种族、性别、职业、社会出身、宗教信仰、受教育程度、财产状况、居住期限等因素的影响，对一切公民的合法权益都应依法给予保护，对一切公民的违法犯罪行为，都应依法予以追究，在法律面前，不允许有任何特权。在司法实践中，实施犯罪行为的人是多种多样的，有党和国家的高级干部，也有平民百姓。不论行为人是谁，只要其行为构成犯罪，都应依法追究其刑事责任。不能因为他地位高、功劳大而不予追究或重罪轻判，也不能因为他是平民百姓而轻罪重判；不能因为他地位高、功劳大而给予他更多的诉讼权利，也不能因为他地位低而限制他依法享有诉讼权利。同样，受犯罪行为侵害的公民也是多种多样的，有国家高级干部，也有一般公民。不论受害人是谁，法律都应当对侵害他的犯罪者予以惩办。不能因为受害人地位高而对犯罪者重惩快办，也不能因为受害人地位低而对犯罪者轻惩慢办。

对一切公民在适用法律上一律平等，同在法律规定的范围内区别对待并不矛盾。在法律范围内区别对待，是依照犯罪事实等情况，根据法律的规定进行的。例如，把主犯同从犯、胁从犯区别对待等。这种区别对待所依据的事实，主要是犯罪的情况以及犯罪分子犯罪前后的表现，它们属于刑法规定的影响量刑的情节，区别对待的标准是法律，区别对待的目的是更好地实现刑罚的目的。所以，在法律范围内区别对待，正是执行了在适用法律上一律平等的原则。因当事人地位不同而区别对待，是不符合法律平等原则的。

三、实行这项原则的意义

对一切公民在适用法律上一律平等，符合我国法律的社会主义性质，它对于正确进行刑事诉讼有极其重要的意义。首先，在刑事诉讼中贯彻实行这项原则，有利于反对和防止特权。其次，实行这项原则，有利于广泛调动人民群众建设社会主义民主和法治的积极性。它一方面可提高司法机关的威信，维护社会主义法治的尊严；另一方面还可密切党群关系，使党内、政府内特权思想、特权行为大大减少。

第七节　分工负责、互相配合、互相制约

一、分工负责、互相配合、互相制约原则的法律依据

我国《宪法》第 135 条规定："人民法院、人民检察院和公安机关办理刑事案件，应当分工负责，互相配合，互相制约，以保证准确有效地执行法律。"我国《刑事诉讼法》第 7 条也作了同样的规定。这两个法律条文就是"分工负责、互相配合、互相制约原则"

的法律依据。

二、分工负责、互相配合、互相制约原则的含义

根据宪法和法律的规定，该原则的全称是"公、检、法三机关在刑事诉讼中分工负责，互相配合，互相制约"。

公、检、法三机关分工负责，是指公安机关、检察机关和人民法院，根据法律规定的职权，各负其责，各尽其职，严格按照分工进行刑事诉讼活动，不允许互相代替，也不允许超越各自的职责权限。根据我国《刑事诉讼法》第 3 条第 1 款的规定，公安机关的职权是侦查、拘留、预审和执行逮捕。检察机关的职权是检察、批准逮捕、检察机关直接受理案件的侦查、提起公诉。人民法院的职权是审判。

公、检、法三机关互相配合，是指公安机关、检察机关和人民法院在办理刑事案件时，在各负其责的基础上，通力协作，互相支持，以便顺利完成查明案件事实、惩罚犯罪分子、保障无罪的人不受刑事追究的任务。公、检、法三机关不能互相扯皮，人为设置障碍，抵消力量。公、检、法三机关互相配合，广泛体现在刑事诉讼立法和司法实践中。公安机关对刑事案件进行侦查，在查清案件事实，收集到了充分、确实的证据，把犯罪嫌疑人抓获归案后，将案件移送给检察机关提起公诉，其本身就是对检察机关审查起诉工作的配合；检察机关对公安机关侦查终结、移送起诉的案件审查后，认为犯罪嫌疑人的犯罪事实清楚，证据确实、充分，依法应当追究其刑事责任的，制作起诉书，向人民法院提起公诉，也是对公安机关和人民法院工作的配合。此外，公安机关对检察机关退回补充侦查的案件，在法定期间内侦查完毕，并将补充侦查得来的证据材料移送检察机关，也是对审查起诉工作的配合；检察机关在法庭上举出证据证明被告人的行为构成犯罪，充分论证被告人应当承担刑事责任，也是对法院审判工作的配合。人民法院、人民检察院在刑事诉讼中，认为需要逮捕被告人、犯罪嫌疑人，作出逮捕决定，公安机关在接到法院、检察院的逮捕决定书后，及时将被告人、犯罪嫌疑人抓获归案，也是对法院、检察院工作的配合。

公、检、法三机关相互制约，是指公安机关、检察机关和人民法院的工作互为条件，并且依照法律规定的职权和程序，对其他机关作出的有关决定提出异议，要求其纠正错误或者重新作出决定。制约的本来含义，是指一事物的存在与变化以另一事物的存在和变化为条件。根据刑事诉讼活动的规律，公、检、法三机关的互相制约，体现在"静态"和"动态"两个方面。从"静态"方面讲，公、检、法三机关的工作互为条件，后一个机关的工作，要受前一个机关工作的限制，并在它的基础上进行。例如，检察机关的审查起诉要以侦查终结为条件，案件没有侦查终结，就不能开展审查起诉工作；公诉案件的审判要以侦查终结和审查起诉为条件，不抓获犯罪嫌疑人，没有收集到充分、确实的证据，没有对犯罪嫌疑人提起公诉，人民法院就无法对案件进行审判。此外，审判也只能就被起诉的被告人及起诉的案件事实来进行，不能超出起诉的人和事的范围。反过来，侦查工作也要以审查起诉和审判为条件。公安机关侦查终结移送起诉的案件，是公安机关认为犯罪嫌疑人有罪且需要追究刑事责任的案件，诉讼的发展是否按公安机关的认识进行，取决于审查起诉和审判工作；同样，检察机关对案件提起公诉，是因为检察机关认为犯罪嫌疑人的行为构成犯罪，依法需要判处刑罚，诉讼的发展是否符合检察机关的意愿，也取决于法院的审判工作。从"动态"的方面讲，公安、检察或法院依法可以对其他机关的决定提出异

议，以便及时纠正诉讼中的错误。例如，根据《刑事诉讼法》第175条的规定，公安机关认为人民检察院作出的不起诉决定有错误的，可以要求检察机关复议，意见不被接受时，可以向上一级检察院提请复核；根据《刑事诉讼法》第217条的规定，地方各级人民检察院认为本级人民法院第一审的判决、裁定确有错误的时候，有权向上一级人民法院提出抗诉。这些都是前一机关对后一机关的制约。后一机关对前一机关同样也可以制约。例如，根据《刑事诉讼法》第173条的规定，人民检察院对于公安机关移送起诉的案件进行审查后，认为犯罪嫌疑人有该法第15条规定的不应追究刑事责任的情形之一的，作出不起诉决定，就是对公安机关"移送起诉"的决定进行了纠正；根据《刑事诉讼法》第195条的规定，人民法院对检察机关提起公诉的案件审判后，对于证据不足，不能认定被告人有罪的，应当作出证据不足、指控的犯罪不能成立的无罪判决，这也是对检察机关提起公诉中出现的错误的纠正。

公、检、法三机关分工负责，互相配合，互相制约，是一个有机的统一体。分工负责是互相配合、互相制约的基础和前提，没有分工，就谈不上配合和制约。互相配合、互相制约是相辅相成、辩证统一的两个方面。相互配合便于协调工作，相互制约有利于避免和纠正错误，二者不可偏废。

三、贯彻执行分工负责、互相配合、互相制约原则的目的和意义

公、检、法三机关分工负责、互相配合、互相制约不是目的，而是实现准确、有效执行法律这一目的的手段。分工负责，互相配合，互相制约，是刑事诉讼中公、检、法三机关处理相互关系的准绳。贯彻执行这项原则，有极其重要的意义：首先，可以保证正确适用法律，顺利完成刑事诉讼法的任务。其次，可以避免、减少错案，防止任何一个公安司法机关滥用法律规定的权力。

第八节　人民检察院依法对刑事诉讼实行法律监督

一、人民检察院对刑事诉讼实行法律监督原则的法律依据

我国《宪法》第129条规定："中华人民共和国人民检察院是国家的法律监督机关。"《刑事诉讼法》第8条规定："人民检察院依法对刑事诉讼实行法律监督。"《人民检察院组织法》除了在第1条有与《宪法》第129条相同的规定外，还在第5条对各级人民检察院规定了三项刑事诉讼法律监督职权。这些职权是：第一，对公安机关侦查的案件，进行审查，决定是否逮捕、起诉；对于公安机关的侦查活动是否合法，实行监督。第二，对于刑事案件提起公诉，支持公诉；对于人民法院的审判活动是否合法，实行监督。第三，对于刑事案件判决、裁定的执行和监狱、看守所的活动是否合法，实行监督。这些规定，都是检察机关对刑事诉讼实行法律监督原则的法律依据。

二、检察机关对刑事诉讼实行法律监督原则的内容

根据我国刑事诉讼法的规定，检察机关对刑事诉讼实行法律监督，主要包括下述三个

方面的内容。

（一）对公安机关的立案侦查活动实行监督

对公安机关立案活动实行法律监督，是 1996 年修改刑事诉讼法时增加的内容，2012 年刑事诉讼法修改时未作改动。根据刑事诉讼法的规定，人民检察院认为公安机关对应当立案侦查的案件而不立案侦查的，或者被害人认为公安机关对于应当立案侦查的案件而不立案侦查，向人民检察院提出的，检察机关应当要求公安机关说明不立案的理由。检察机关认为公安机关不立案理由不能成立的，应当通知公安机关立案，公安机关接到通知后应当立案。

检察机关对公安机关的侦查活动进行法律监督，主要是通过审查批捕和审查起诉的方式。检察机关对于公安机关提请批准逮捕的犯罪嫌疑人，经过审查，不符合逮捕条件的，应当作出不批准逮捕的决定，防止公安机关滥用逮捕权。检察机关在对公安机关侦查终结移送起诉的案件进行审查时，一项重要的内容就是审查侦查活动是否合法，并对不合法的侦查行为以不起诉决定等措施予以纠正。

（二）对人民法院的审判实行监督

检察机关对人民法院的审判实行监督，主要包括两个方面：第一，对审判活动实行监督。我国《刑事诉讼法》第 203 条规定："人民检察院发现人民法院审理案件违反法律规定的诉讼程序，有权向人民法院提出纠正意见。"人民法院进行任何审判活动，都必须遵守法律规定的诉讼程序，任何不遵守法律规定的诉讼程序的活动，都是违法的活动，检察机关都有权监督。第二，对人民法院作出的判决、裁定实行监督。检察机关对人民法院作出的判决、裁定实行监督，其方式是提起抗诉。检察机关的抗诉分为两种：一是二审程序中的抗诉，二是审判监督程序中的抗诉。前者是针对一审法院作出的还未发生法律效力的判决、裁定提出的，后者是针对已经发生法律效力但在认定事实或适用法律上确有错误的判决、裁定作出的。

（三）对执行活动实行监督

我国《刑事诉讼法》第 265 条规定："人民检察院对执行机关执行刑罚的活动是否合法实行监督。如果发现有违法的情况，应当通知执行机关纠正。"我国刑事诉讼法规定的"执行刑罚的活动"可以分为两个方面：其一是把刑事判决、裁定所确定的内容付诸实施，其二是解决执行中涉及的刑罚变更问题。对这两个方面，检察机关均有法律监督权。比如，人民法院在执行死刑判决时，同级检察院有权派员临场监督；人民检察院认为暂予监外执行不当时，有权向决定或者批准暂予监外执行的机关提出书面意见，决定或者批准暂予监外执行的机关接到检察机关的书面意见后，应当立即对该决定进行重新核查；人民检察院认为人民法院减刑、假释的决定不当，有权向人民法院提出书面纠正意见，人民法院在收到人民检察院的书面纠正意见后，应当在一个月内重新组成合议庭进行审理，作出最终裁定。

三、检察机关对刑事诉讼实行法律监督原则的意义

（一）保障各公安司法机关依法进行刑事诉讼

刑事诉讼活动是一个系统工程，从立案到执行，前后一共有五个诉讼阶段。参加刑事诉讼的国家机关，除人民检察院外，还有公安机关、国家安全机关、人民法院和监狱等，

这些机关都有一定的职权。规定检察机关对刑事诉讼实行法律监督原则，目的在于让检察机关对其他国家机关的诉讼活动进行检查、督促，保障它们都能依法办事，使刑事诉讼协调有序地进行下去。

（二）保障诉讼参与人依法享有诉讼权利

诉讼参与人特别是诉讼参与人中的当事人，虽然也是诉讼的主体，但他们往往要在公安司法机关指挥下进行诉讼，公安司法机关能否依法诉讼，直接关系到他们的合法权益能否得到有效保护。检察机关依法监督其他国家机关的诉讼活动，从另一个方面来讲，也是维护诉讼参与人的合法权益，保障他们的诉讼权利得以实现。

（三）维护国家法制的尊严

刑事诉讼活动是我国社会主义法制的重要组成部分，刑事诉讼的质量代表着国家法制建设的水平。检察机关依法监督刑事诉讼，保障刑事诉讼依法有序进行，防止出现错案，就是维护国家法制的尊严。

第九节　使用本民族语言文字进行诉讼

一、使用本民族语言文字进行诉讼原则的法律依据和基本内容

我国《宪法》第 134 条规定："各民族公民都有用本民族语言文字进行诉讼的权利。人民法院和人民检察院对于不通晓当地通用的语言文字的诉讼参与人，应当为他们翻译。在少数民族聚居或者多民族共同居住的地区，应当用当地通用的语言进行审理；起诉书、判决书、布告和其他文书应当根据实际需要使用当地通用的一种或者几种文字。"我国《刑事诉讼法》第 9 条对此也有类似的规定。这些条文是各民族公民有权使用本民族语言文字进行诉讼原则的法律依据。

根据上述法律规定，各民族公民有权使用本民族语言文字进行诉讼的原则，包括以下三方面内容：

（1）各民族公民都有用本民族语言文字进行诉讼的权利，不论他是作为当事人还是作为其他诉讼参与人。各民族公民都有权用本民族的语言回答公安司法人员的询（讯）问，在法庭上发表意见，用本民族文字书写证人证言、鉴定意见、上诉书、申诉书及其他诉讼文书。

（2）如果诉讼参与人不通晓当地通用的语言文字，人民法院、人民检察院和公安机关有义务指定或者聘请翻译人员为他们翻译。这条规定不仅适用于我国公民，而且适用于参加诉讼的外国人（无国籍人）。

（3）在少数民族聚居区或者多民族共同居住的地区，对案件的审理，应当用当地通用的语言进行；起诉书、判决书、布告及其他诉讼文书，应当使用当地通用的一种或几种文字；对于不通晓当地通用文字的诉讼参与人，在有条件的情况下，向他送达的诉讼文书，应当用他所通晓的文字，或者聘请翻译人员，向他翻译诉讼文书的内容。

用本民族的语言文字进行诉讼，是各民族公民依法享有的诉讼权利，公安司法机关不仅不能随便予以剥夺，而且有义务为各民族公民享有这项诉讼权利创造条件，提供保障。从司法实践来看，各民族公民能否切实享有这项诉讼权利，关键在于公安司法机关是否能

够履行法律规定的义务。为了保证这条原则得以贯彻实施，在少数民族聚居区或多民族共同居住的地区，各级各类公安司法机关应当不断培养或吸收一定的通晓当地通用语言文字的少数民族司法干部或专职翻译人员。

二、公民有权用本民族语言文字进行诉讼原则的意义

我国是个多民族的社会主义国家，各民族在国家中的政治地位、法律地位一律平等，各民族公民都有使用和发展本民族语言文字的权利。有权用本民族语言文字进行诉讼，是各民族公民政治、法律地位平等在刑事诉讼中的体现。贯彻实行这个原则，对于巩固民族团结，保证刑事诉讼顺利进行，有如下重要意义：

（1）贯彻实行这项原则，有助于切实维护各民族诉讼参与人的合法权益。

（2）贯彻实行这项原则，有助于司法机关准确、及时查明案件事实。

（3）贯彻实行这项原则，有利于对各民族群众进行法制教育。

第十节 犯罪嫌疑人和被告人有权获得辩护

一、犯罪嫌疑人和被告人有权获得辩护原则的法律依据

我国《宪法》第125条规定：被告人有权获得辩护。我国《刑事诉讼法》为了贯彻实行这一宪法性的原则，不仅在第11条明确规定"被告人有权获得辩护"，而且规定"人民法院有义务保证被告人获得辩护"。这些规定，就是犯罪嫌疑人和被告人有权获得辩护原则的法律依据。

在我国宪法和法律中确立"犯罪嫌疑人和被告人有权获得辩护原则"，是由我们国家的性质决定的。我国是人民民主专政的社会主义国家，公民享有广泛的权利和自由。犯罪嫌疑人和被告人是具有"特殊地位"的公民，为了维护他们的合法权益，国家宪法、法律赋予他们辩护权，以保障他们能反驳不实的指控，保护他们在刑事诉讼中所享有的合法权益。

二、犯罪嫌疑人和被告人有权获得辩护原则的基本内容

（一）犯罪嫌疑人、被告人在刑事诉讼中依法享有辩护权

辩护权是犯罪嫌疑人、被告人针对控诉进行申辩，通过提出相应的事实和证明材料等手段，说明自己无罪、罪轻或者有应当从轻、减轻、免除处罚的情节，以维护自己合法权益的权利。辩护权是犯罪嫌疑人、被告人所享有的最基本、最重要的诉讼权利。犯罪嫌疑人、被告人所享有的其他诉讼权利，都以辩护权为核心。辩护权是宪法和法律专门赋予犯罪嫌疑人、被告人的权利。因此，刑事诉讼中的所有犯罪嫌疑人、被告人，不论他是涉嫌危害国家安全的犯罪还是普通犯罪，不论案件性质严重程度如何，都依法享有这项权利。

根据刑事诉讼法的规定，犯罪嫌疑人、被告人的辩护权，可以自己行使，也可以授予律师、亲友、监护人行使，犯罪嫌疑人、被告人可以在任何诉讼阶段为自己辩护，

其本人及其近亲属、法定代理人所委托的辩护人可以在侦查、审查起诉和审判阶段为他们辩护。

（二）公安司法机关有义务保障犯罪嫌疑人和被告人行使辩护权

公安机关和检察机关在侦查和审查起诉阶段有义务保障犯罪嫌疑人行使辩护权。为此，它们应当做到：第一，保障犯罪嫌疑人行使自行辩护权。即公安、检察机关应当告知犯罪嫌疑人有自行辩护的权利，并应当依法给予他们自行辩护的机会和时间，并认真听取其申辩意见。第二，告知犯罪嫌疑人有权委托辩护人。在侦查机关第一次讯问或者对犯罪嫌疑人采取强制措施时，侦查机关就应当告知犯罪嫌疑人有权委托律师辩护；检察机关自收到移送审查起诉的案件材料之日起三日以内，应当告知犯罪嫌疑人有权委托辩护人。第三，通知法律援助机构为符合法定情形的犯罪嫌疑人指派律师担任辩护人。人民法院在审判阶段保障被告人行使辩护权，主要表现为：第一，告知被告人享有辩护权。第二，依法在开庭前十日将起诉书副本送达被告人，使其有充足的时间为辩护做准备。第三，通知法律援助机构为符合法定情形的被告人指派律师担任辩护人。第四，认真听取并慎重研究被告人及其辩护人的意见，采纳正确的辩护意见。

三、犯罪嫌疑人和被告人有权获得辩护原则的意义

贯彻实行犯罪嫌疑人和被告人有权获得辩护的原则，可以防止审判人员、检察人员和侦查人员的主观片面性，保障公安司法机关客观全面地查明案件事实，正确适用法律，准确惩罚犯罪，保障无罪的人不受刑事追究。因此，这项原则有利于提高办案质量，保护犯罪嫌疑人、被告人的合法权益，体现社会主义刑事诉讼的公平、公正和民主精神。

第十一节　未经人民法院依法判决，不得确定有罪

一、该项原则的法律依据及基本含义

我国《刑事诉讼法》第12条规定："未经人民法院依法判决，对任何人都不得确定有罪。"这条规定，就是"未经法院依法判决，不得确定有罪"原则的法律依据。

根据我国刑事诉讼法的这条规定，我们认为"未经人民法院依法判决，不得确定有罪"原则有下述两点基本含义。

（一）只有人民法院才有确定被告人有罪的权力

在我国，参加刑事诉讼的机关有公安机关、检察机关和人民法院。公安机关和检察机关在刑事诉讼中行使侦查权和检察权，属于控诉一方，在刑事诉讼中承担控诉职能。人民法院行使审判权，承担审判职能。在刑事诉讼中，控诉与辩护、控诉方和被告人（犯罪嫌疑人）相对立，审判居于二者中间，既不属于控诉一方，也不属于辩护一方。在这种情况下，最终确定被告人（犯罪嫌疑人）有罪的任务，只能由人民法院来承担，否则就会使被告人（犯罪嫌疑人）处于极为不利的地位，其合法权益就无法得到保护。

公安机关、检察机关在刑事诉讼中行使侦查权和检察权，随着诉讼的开始和进行，它们要作出各种各样的决定，比如立案决定，拘留、逮捕决定，提起公诉决定。这些决定往

往建立在公安、检察机关认为犯罪嫌疑人的行为构成犯罪的基础上。但是，我们应当明确，这里的"认为犯罪嫌疑人有罪"不是最终确定犯罪嫌疑人有罪，而是一种刑事诉讼中的暂时认定。犯罪嫌疑人、被告人是否被确定为有罪，并不取决于公安、检察机关的"认定"，而是取决于人民法院的审判。人民法院可以否决公安、检察机关的"认定"。即使犯罪嫌疑人、被告人真的有罪，在人民法院依法判决其有罪之前，公安、检察机关"认定"的法律效力，也只能是确定其"犯罪嫌疑人（被告人）"的地位，而不是确定其罪犯的法律地位。

（二）在人民法院确定被告人有罪的判决、裁定发生法律效力之前，不能把犯罪嫌疑人、被告人当做罪犯看待

在刑事诉讼中，犯罪嫌疑人、被告人是被追究刑事责任的对象。因为有一定证据证明他们犯了罪，所以被怀疑是犯了罪的人，他们因此也与一般公民有所差别。但是，在诉讼过程中，由于还未经过生效判决、裁定确定他们是有罪的人，所以不能把他们当做罪犯看待，而只应把他们作为特殊的公民。一方面根据诉讼需要，限制或暂时剥夺他们一定的人身自由权；另一方面要依法赋予他们诉讼权利，即以辩护权为核心的诉讼权利，以便让他们反驳错误的控诉；同时，国家还应保护其合法权益不受侵犯。任何把犯罪嫌疑人、被告人当做罪犯看待的想法和做法，都将严重侵犯公民的合法权益，损害刑事司法的公平和公正。在刑事诉讼中不把犯罪嫌疑人、被告人当做罪犯看待，不仅允许他们充分行使诉讼权利，而且应由控诉方承担证明犯罪嫌疑人、被告人有罪的责任。在没有确实、充分的证据证明被告人有罪的情况下，法院只能作出被告人无罪的判决。犯罪嫌疑人、被告人在一般情况下没有证明自己有罪或无罪的责任，但有说明自己无罪、罪轻的权利。

二、贯彻实行该项原则的意义

1996 年 3 月 17 日，中华人民共和国第八届全国人民代表大会第四次会议通过的《全国人民代表大会关于修改〈中华人民共和国刑事诉讼法〉的决定》，把"未经人民法院依法判决，对任何人都不得确定有罪"规定为刑事诉讼的基本原则，具有重大的理论意义和实践意义。在中外刑事诉讼历史上，关于对犯罪嫌疑人、被告人地位的认识，有"有罪推定"和"无罪推定"两种理论。"有罪推定"理论是一种封建的、专制的理论观点，早已被社会所抛弃。"无罪推定"虽然有其合理因素和进步意义，但由于它把犯罪嫌疑人、被告人硬性推定为无罪，有其局限性，难以为我国司法实践所接受，因为既然推定是无罪的人，在刑事诉讼中又要对犯罪嫌疑人、被告人采取强制措施，这种冲突和矛盾的事实是无法解释的。我国规定"未经人民法院依法判决，不得确定任何人有罪"的原则，既最大限度地吸收了"无罪推定"理论的合理因素和进步意义，又避免了它本身存在的不可克服的局限性，是一种实事求是的哲学观。这项原则的确立，标志着我国刑事诉讼理论已逐渐成熟，反映了我国刑事诉讼开始尊重人权、保护人权。

在司法实践中贯彻实行这项原则，有以下意义：

第一，有利于充分保护犯罪嫌疑人、被告人的诉讼权利，保护他们的合法权益不受非法侵犯。

第二，有助于加强诉讼中的民主建设，保证刑事诉讼公平、公正地进行，防止出现冤、假、错案。

第三，有助于防止司法机关滥用职权，保障司法机关依法办案。这对于加强我国的民主、法制建设，具有不可估量的作用。

第十二节　保障诉讼参与人的诉讼权利

一、保障诉讼参与人诉讼权利原则的法律依据

《刑事诉讼法》第 14 条规定："人民法院、人民检察院和公安机关应当保障犯罪嫌疑人、被告人和其他诉讼参与人依法享有的辩护权和其他诉讼权利。诉讼参与人对于审判人员、检察人员和侦查人员侵犯公民诉讼权利和人身侮辱的行为，有权提出控告。"这条规定是保障诉讼参与人诉讼权利原则的法律依据。

根据《刑事诉讼法》第 106 条的规定，诉讼参与人是指当事人、法定代理人、诉讼代理人、辩护人、证人、鉴定人和翻译人员。这些人员是除司法人员以外的参加诉讼的人员。这些人员中，有的与诉讼结果有切身的利害关系，如当事人；有的则与诉讼结果无利害关系，如证人、鉴定人、翻译人员等。前者参加诉讼是为了保护他们的合法权益；后者参加诉讼，是履行法律规定的义务或执行一定的职务。因此，赋予并切实保障诉讼参与人的诉讼权利，是保护公民合法权益，准确及时打击犯罪分子，保证刑事诉讼活动顺利进行的需要。

二、保障诉讼参与人诉讼权利原则的内容

根据《刑事诉讼法》第 14 条的规定，保障诉讼参与人诉讼权利原则有以下几点内容：

（1）公安机关、检察机关和人民法院，对犯罪嫌疑人、被告人和其他诉讼参与人依法享有的辩护权和其他诉讼权利，都应给予保障，不允许侵犯或者剥夺。我国刑事诉讼法根据诉讼参与人在诉讼中的不同地位，赋予他们不同的诉讼权利，这些权利是他们参与诉讼时所必须具有的。如果这些权利得不到保障，诉讼活动便不能顺利进行。

公、检、法三机关保障诉讼参与人的诉讼权利，表现在：首先应当告知诉讼参与人享有哪些诉讼权利及每一诉讼权利的意义；其次要为他们行使诉讼权利创造一定的条件，不能剥夺、限制诉讼参与人依法享有的诉讼权利。

（2）赋予诉讼参与人控告权。根据法律规定，诉讼参与人对于侵犯其诉讼权利的行为以及人身侮辱的行为有权提出控告。这是依法行使诉讼权利的救济性措施，它可以有效防止审判人员、检察人员或侦查人员侵犯其合法的诉讼权利。

三、贯彻实行保障诉讼参与人诉讼权利原则的意义

保障诉讼参与人诉讼权利原则，贯穿于刑事诉讼的整个过程，无论在哪一诉讼阶段，无论是哪一个司法机关，都必须切实贯彻执行。实行这条原则，可以为诉讼参与人参加诉讼提供必要的条件，从而保障所有诉讼参与人的合法权益不受侵犯，同时又有助于司法机关正确、文明地进行刑事诉讼。

第十三节　依照法定情形不予追究刑事责任

一、依照法定情形不予追究刑事责任原则的法律依据

《刑事诉讼法》第15条规定："有下列情形之一的，不追究刑事责任，已经追究的，应当撤销案件，或者不起诉，或者终止审理，或者宣告无罪：（一）情节显著轻微、危害不大，不认为是犯罪的；（二）犯罪已过追诉时效期限的；（三）经特赦令免除刑罚的；（四）依照刑法告诉才处理的犯罪，没有告诉或者撤回告诉的；（五）犯罪嫌疑人、被告人死亡的；（六）其他法律规定免予追究刑事责任的。"这条规定，就是依照法定情形不予追究刑事责任原则（即依法不追诉原则）的法律依据。

二、依法不追诉原则的内容

依法不追诉原则的要求是：刑事案件只要存在《刑事诉讼法》第15条规定的六种情形中的任何一种，就不能追究犯罪嫌疑人、被告人的刑事责任。

（一）依法不追诉的情形

依法不追诉的情形有下列六种。

1. 情节显著轻微、危害不大，不认为是犯罪的。

这种情况指的是犯罪嫌疑人、被告人的行为虽然违法，也具有社会危害性，但由于行为人的行为情节显著轻微、危害不大，尚未达到犯罪的严重程度，所以不追究其刑事责任。

2. 犯罪已过追诉时效期限的。

一般来说，只要行为人的行为构成犯罪，就应当追究其刑事责任。但实际生活是复杂的，有的犯罪分子犯罪后，经过几年、几十年没有被追诉，本人也未再犯新罪，如果再对其追诉，既不利于社会的安定团结，也不利于司法机关集中精力打击现行的犯罪活动，同时还与我国刑罚的目的不相符。因此，我国《刑法》第87条至第89条规定了追诉时效制度。按照这些条文规定，追诉时效的期限是：法定最高刑为不满5年有期徒刑的，经过5年；法定最高刑为5年以上不满10年有期徒刑的，经过10年；法定最高刑10年以上有期徒刑的，经过15年；法定最高刑为无期徒刑、死刑的，经过20年。20年以后认为必须追究的，须报请最高人民检察院核准。

3. 经特赦令免除刑罚的。

特赦是一种赦免制度，它是对于受罪刑宣告的特定犯罪人免除刑罚的制度。特赦是在审判后的执行期间宣告，在罪刑宣告前一般不能实行特赦。新中国成立后实行的七次赦免，都是这样的。因此，受特赦令赦免的罪犯，都已经受到过刑事追究，没有或正在受刑事追究的犯罪嫌疑人、被告人，一般不是特赦的对象。所以，这一规定的含义是：受到特赦令免除刑罚的犯罪分子，不论其刑罚已执行一部分或是完全没有执行，都等同于刑罚执行完毕，以后无论何时，都不能因为没有执行或没有执行完原判刑罚，再次对其进行刑事追诉，包括不能通过审判监督程序对裁判作不利于被特赦人的变更。

4. 依照刑法告诉才处理的犯罪，没有告诉或者撤回告诉的。

我国刑法规定的某些犯罪，如尚未引起严重后果的侮辱罪、诽谤罪，暴力干涉婚姻自

由罪，虐待罪和侵占罪，是情节轻微、危害不很严重的犯罪。这些犯罪属于人民内部矛盾范畴，所以刑法把这些犯罪确定为"告诉才处理"的犯罪，即把受害人的告诉作为追究犯罪分子刑事责任的条件。但是，上述犯罪案件中，被害人因受强制、威吓而无法告诉，人民检察院或被害人近亲属"告诉"的，司法机关应当予以处理。

5. 犯罪嫌疑人、被告人死亡的。

犯罪嫌疑人、被告人死亡的刑事案件，包括两种情况：其一是犯罪嫌疑人、被告人的行为确已构成犯罪；其二是犯罪嫌疑人、被告人的行为没有构成犯罪。前者因为犯罪嫌疑人、被告人死亡，刑事责任的承担者消失，无法追究其刑事责任。后者因为犯罪嫌疑人、被告人的行为原本就没有犯罪，自应不追究刑事责任。

6. 其他法律规定免予追究刑事责任的。

某些犯罪会随形势、时间等的变化而变化。如果在《刑法》、《刑事诉讼法》颁布后制定的法律中，取消了原来的某种罪或对原来的罪规定免予追究刑事责任，司法机关应当遵守这些法律的规定，不予追诉。

（二）依法不追诉的处理办法

根据刑事诉讼法的规定，刑事案件只要具备上述情况之一的，司法机关应当分别情况，采取适当的不追诉措施，予以处理。

（1）刑事诉讼开始前已经发现案件具有上述六种情形之一的，不应立案受理，应不追究行为人的刑事责任。这种处理办法对公、检、法三机关都适用。按照有关管辖的规定，公、检、法三机关都直接受理一部分刑事案件，在掌握立案标准时，都应遵守《刑事诉讼法》第15条的规定。

（2）在立案受理后的诉讼过程中，发现案件具有上述六种情形之一的，应当采取一定的措施终止诉讼，不再继续追究犯罪嫌疑人或被告人的刑事责任。这些终止诉讼的措施，根据刑事诉讼阶段的不同而不同。在侦查阶段，主持侦查工作的公安机关、检察机关发现案件具有上述六种情形之一的，应当撤销案件。撤销案件是指撤销原来的立案决定和对犯罪嫌疑人采取的强制措施，终止案件的诉讼程序。在审查起诉阶段，人民检察院发现案件具有上述六种情形之一，应当作出不起诉的决定。不起诉决定是审查起诉阶段终止诉讼的唯一措施。在审判阶段，人民法院可以根据不同情形采取不同的措施。对于具有上述规定第一种情形的案件，应当作出判决，宣告无罪；对于告诉才处理的犯罪案件，被害人撤回告诉的，可以用准许撤诉的裁定结案；对于具有其他情形的案件，可以用裁定终止审理。需要说明的是，上述六种法定情形不论在哪个诉讼阶段上发现，都应由正在主持该阶段诉讼的司法机关依法采取终止诉讼的措施，不应把案件再往其他司法机关移送。

三、贯彻执行依法不追诉原则的意义

实行这项原则，是正确进行刑事诉讼的前提。我国的刑事诉讼程序是从立案开始的，而这个原则为正确立案提供了基本依据。此外，这项原则可以保障国家追诉权得到统一正确的行使，防止把那些无罪的或者虽然有罪但已不能追究刑事责任的人作为刑事追究的对象，控制追诉范围，保障依法不应受到刑事追究的人不被追诉和定罪。

第十四节　追究外国人刑事责任适用我国刑事诉讼法

一、追究外国人刑事责任适用我国刑事诉讼法原则的法律依据和内容

《刑事诉讼法》第16条规定："对于外国人犯罪应当追究刑事责任的，适用本法的规定。对于享有外交特权和豁免权的外国人犯罪应当追究刑事责任的，通过外交途径解决。"这条规定是追究外国人刑事责任适用我国刑事诉讼法原则的法律依据。

根据上述法律的规定，追究外国人刑事责任适用我国刑事诉讼法原则，包括下述两方面内容。

（一）按照我国刑事诉讼法，追究外国人犯罪的刑事责任

外国人犯罪，包括在我国领域内的犯罪和在我国领域外对我国国家和公民的犯罪。凡在我国领域内的外国人，都应遵守我国的法律规定。对于违反我国刑法从而构成犯罪的，应当依照我国刑法、刑事诉讼法的规定处理。在我国领域外的外国人（包括无国籍人），也应尊重我国法律，不得蓄意做出危害我国国家和公民的行为。如果处于我国领域外的外国人对我国国家和公民实施犯罪行为，依照我国刑法规定应当追究其刑事责任的，也应适用我国刑事诉讼法。

对外国人犯罪适用我国刑事诉讼法，是指依照我国刑事诉讼法规定的原则、制度和程序处理案件。在这个问题上，不能有半点含糊。这里要特别注意以下几个问题：第一，对上述两类外国人犯罪的案件，我国公安司法机关享有管辖权，不能把这类案件的管辖权无缘无故地让给外国司法机关。对于应负刑事责任但身在我国领域之外的外国人，应当采取适当措施使其接受我国的起诉、审判。第二，凡由我国公安司法机关受理的外国人犯罪的案件，一律按照我国刑事诉讼法规定的原则、制度和程序进行，绝不能适用外国的诉讼原则、制度和程序。第三，外国犯罪嫌疑人、被告人委托律师辩护，只能委托我国律师，不允许外国律师在我国从事辩护业务。

（二）对于享有外交特权和豁免权的外国人犯罪，应当追究刑事责任的，通过外交途径解决

对于外国人犯罪而且需要追究其刑事责任的案件，一般应当适用我国刑事诉讼法。但是，为了保证某些从事外交工作的外国人执行职务，按照国际惯例和对等原则，我国法律授予某些外国人享有外交特权和豁免权。根据《中华人民共和国外交特权与豁免权条例》的规定，下列外交人员享有外交特权和豁免权：来中国访问的外国国家元首、政府首脑、外交部长及其他具有同等身份的官员；按照中国已加入的有关国际公约和中国与有关国际组织签订的协议而享有外交特权与豁免的外国代表、联合国及其专门机构的官员和专家以及联合国及其专门机构驻中国代表机构的人员；各国驻中国使领馆的外交代表、使领馆行政技术人员及其配偶和未成年子女；途经中国的外国驻第三国的外交代表和与其共同生活的配偶及未成年子女；持中国外交签证或者持有外交护照（仅限互免签证的国家）来中国的外国官员；经我国政府同意给予特权与豁免权的其他来中国访问的外国人士；等等。

对于享有外交特权和豁免的外国人犯罪案件，不能由人民法院、人民检察院和公安机

关按照我国刑事诉讼法立案追诉和审判，而是应当由外事部门通过外交途径解决。

二、贯彻实行追究外国人刑事责任适用我国刑事诉讼法原则的意义

处理外国人犯罪案件，是个重大而且复杂的问题，它一方面涉及我国主权，另一方面涉及与国际组织和外国的关系。确立追究外国人犯罪的刑事责任适用我国刑事诉讼法的原则，一方面能体现我国的司法主权，保护我国国家和公民的利益不受侵犯，维护我国的法律尊严；另一方面还可以妥善处理我国与外国的关系，防止因处理刑事案件给外交工作造成障碍。

第十五节　刑事司法协助

一、刑事司法协助原则的法律依据及意义

我国《刑事诉讼法》第 17 条规定："根据中华人民共和国缔结或者参加的国际条约，或者按照互惠原则，我国司法机关和外国司法机关可以相互请求刑事司法协助。"这条规定就是刑事司法协助原则的法律依据。

刑事司法协助原则，是 1996 年 3 月 17 日第八届全国人民代表大会第四次会议通过的《全国人民代表大会关于修改〈中华人民共和国刑事诉讼法〉的决定》第 9 条所规定的。这条规定适应了改革开放条件下刑事诉讼的新形势，总结了改革开放以来我国开展刑事司法协助的经验，不论在理论上还是在实践上，均具有重要的意义。

随着改革开放的深入进行，国际交往越来越多，中国人出境、外国人入境人数大量增加。在这种情况下，中国涉外刑事案件、外国涉中刑事案件以及根据中国缔结或者参加的国际条约所规定的中国有义务管辖的国际犯罪案件也会大幅度上升。关起国门进行刑事诉讼，是无法处理上述刑事案件的，同时也不利于扩大我国司法机关与国际的交流与合作。因此，开展刑事司法协助，是改革开放条件下刑事诉讼的实际需要，它有利于打击犯罪，扩大国际交往，促进改革开放大业的深入进行。

二、刑事司法协助原则的基本内容

刑事司法协助，是指不同国家的司法机关之间，根据本国缔结或者参加的国际条约或者互惠原则，为对方代为一定的刑事诉讼行为或与刑事诉讼有关的行为。我国刑事诉讼法规定的刑事司法协助，包括我国司法机关请求外国司法机关提供的和外国司法机关请求我国司法机关提供的两种情况。

不同国家的司法机关互相请求刑事司法协助有三种根据：一是两国之间缔结的刑事司法协助条约。这是目前最普遍的一种刑事司法协助根据。二是两国共同参加的刑事司法协助的多边国际条约。三是两国间建立起来的在刑事司法协助问题上的互惠关系。这种情况是指在双方既未签订刑事司法协助条约，又未共同参加国际条约的情况下，司法实践中形成的一种协助惯例。这种惯例通常是一国司法机关为他国司法机关代为一定刑事诉讼行为，作为互惠，他国司法机关也承诺今后为对方代为一定的刑事诉讼行为。

　　刑事司法协助的范围，往往受制于国与国之间缔结或者参加的国际条约，或者受制于互惠的先例。因此，不同国家之间刑事司法协助的内容也各不相同。但是，从广义的刑事司法协助观点看来，刑事司法协助行为一般有以下几个方面：

　　第一，代为送达刑事司法文书。即被请求国司法机关根据与请求国缔结或共同参加的国际条约，或者互惠原则，应请求国司法机关的请求，将请求国司法机关制作的刑事司法文书，送交在被请求国领域内的被请求国公民、请求国公民或第三国公民。

　　第二，代为调查取证。代为调查取证是指被请求国司法机关依照与请求国签订或共同参加的国际条约和互惠原则，根据请求国司法机关的请求，代请求国司法机关进行听取当事人的陈述，询问证人和鉴定人，进行鉴定、检查或司法勘验，以及其他收集证据的活动。

　　第三，通过引渡或其他方式互相遣送犯罪嫌疑人、刑事被告人。需要指出的是，我们这里讲的刑事司法协助是国与国之间进行的，不包括区际刑事司法协助。

【引例评析】

　　孙某和李某的行为是违法的。首先，李某搜查刘某的身体，违反了《刑事诉讼法》第3条规定的职权原则。本案是一起盗窃案件，因盗窃财物的数额在当时属于巨大，已经构成了盗窃罪。对本案的侦查，应当由公安机关进行，不应当让被害人自己进行。搜查是一种侦查行为。《刑事诉讼法》第136条规定，进行搜查，必须向被搜查人出示搜查证。可见，搜查是非常严肃的事情，非执行职务的司法人员不得为之。其次，孙某指示李某搜查刘某的身体，也不符合刑事诉讼法规定的"依靠群众原则"的精神。根据"依靠群众原则"的要求，司法机关在进行刑事诉讼时，要虚心听取群众的意见，接受群众的监督，到群众中调查研究，收集证据。但是，不得将专门机关的工作交给群众去做。搜查是一项专门的调查工作，本身亦带有强制性。如果任何人都可以进行搜查，公民的人身权利、财产权利就无法得到保障。

【本章小结】

　　本章主要阐述了我国刑事诉讼基本原则体系以及确立基本原则的意义，并分别介绍了基本原则体系内各基本原则的法律依据、内容和意义。刑事诉讼的基本原则是人民法院、人民检察院、公安机关和诉讼参与人进行刑事诉讼或参与刑事诉讼时必须遵守的基本行为准则。刑事诉讼基本原则的体系由以下原则构成：依靠群众原则；独立行使审判权、检察权原则；对一切公民在适用法律上一律平等的原则；被告人（犯罪嫌疑人）有权获得辩护原则；使用本民族语言文字进行诉讼原则；公、检、法三机关分工负责、互相配合、互相制约原则；侦查权、检察权、审判权由专门机关行使的原则；严格遵守法律程序的原则；以事实为根据、以法律为准绳的原则；人民检察院依法对刑事诉讼实行法律监督的原则；未经人民法院依法判决不得确定有罪的原则；保障诉讼参与人的诉讼权利的原则；依照法定情形不予追究刑事责任的原则；追究外国人刑事责任适用我国刑事诉讼法的原则；刑事司法协助原则。

　　学习并掌握本章介绍的基本原则，不仅有利于把握我国刑事诉讼法的内在精神和宗旨，且对学生掌握刑事诉讼具体的制度和程序具有很重要的作用。

【练习题】

一、名词解释
刑事诉讼基本原则

二、思考题

1. 试述我国公、检、法三机关在刑事诉讼中的关系。
2. 试述"无罪推定"与"未经人民法院依法判决不得确定有罪原则"的关系。
3. 人民检察院如何对刑事诉讼实行监督？
4. 简述犯罪嫌疑人和被告人有权获得辩护的原则。
5. 简述依法不予追究刑事责任的法定情形。

第四章　管　辖

【本章引例】

【本章引例】

某村有谷某和陈某两个农民，某日因琐事发生争吵，继而互相殴打，谷某致陈某头部轻伤。两天后，陈某在去医院的途中与谷某相遇，陈某先动手打谷某，谷某也动手打陈某（双方均未受明显伤害），殴打中，谷某趁机强行抢走陈某的手表一块（价值人民币300元）。一个月后，陈某伤愈出院，向所在县法院提起自诉，要求法院以伤害罪和抢劫罪判处谷某刑罚，并要求谷某赔偿经济损失3 000元。法院经对陈某的自诉进行了审查，作出不受理决定，并将案件移送县公安局，同时告知陈某与县公安局联系。

【本章学习目标】

通过本章的学习，应当掌握如下内容：

1. 管辖的概念和意义；
2. 确立管辖的原则；
3. 各专门机关立案管辖分工；
4. 审判管辖中级别管辖、地区管辖和专门管辖的有关规定。

第一节　管辖概述

一、管辖的概念

刑事诉讼中的管辖，是指公安司法机关依法在受理刑事案件方面的职权范围上的分工。我国刑事诉讼中的管辖，是指人民法院、人民检察院和公安机关依照法律规定立案受理刑事案件以及人民法院系统内审判第一审刑事案件的权限分工制度。

管辖是刑事诉讼活动中首先要解决的问题，因为刑事诉讼程序是从立案活动开始，哪类刑事案件应当由哪一个机关立案受理以及哪一级、哪一地区的法院对此案件享有管辖权即成为最先要解决的问题。刑事诉讼中的管辖，实质上就是公安司法机关在受理刑事案件方面的权限划分。公安司法机关受理刑事案件的范围，称为管辖范围。公安司法机关在一定范围内受理刑事案件的职权，称为管辖权。对不属于自己管辖的案件，则无权受理。

二、确定管辖的原则

刑事诉讼中的管辖，一般是根据刑事案件的性质、情节轻重、复杂程度、发生地点、影响大小等不同特点和司法机关在刑事诉讼中的职责确定的。确立管辖的原则如下所述。

（一）依法管辖的原则

根据改革开放以来犯罪情况所发生的变化，新类型犯罪案件的增多，以及刑事执法环境的改善和司法实践积累的经验等情况，刑事诉讼法对公、检、法三机关案件管辖的分工作了重新划分与调整，这不仅进一步明确了公、检、法三机关在刑事诉讼中的职责、权限，而且对各机关在受理刑事案件中管什么、如何管作出了具体规定，为司法机关依法管辖提供了法律依据。

（二）准确及时的原则

刑事诉讼法关于刑事案件管辖的规定，充分考虑到要适应各机关的性质和职权，均衡各机关的工作负担，以利于它们有效地履行各自的职责，充分发挥它们的职能作用，保证办案质量，提高办案效率。

（三）便利诉讼的原则

刑事诉讼法关于管辖的规定，有利于司法机关调查核实证据，保证办案质量；有利于诉讼参与人参加诉讼，节省财力和时间；有利于群众旁听案件，接受群众对审判工作的监督，从而扩大办案的社会效果。

（四）维护合法权益的原则

为防止告状无门，保障当事人等诉讼参与人的诉讼权利，刑事诉讼法还从维护公民合法权益的角度出发，将被害人有证据证明对被告人侵犯自己人身、财产权利的行为依法应当追究刑事责任，而公安机关或者人民检察院不予追究被告人刑事责任的案件，划归自诉案件的范畴，要求人民法院依法受理，既体现了法律对公民合法权益的尊重和维护，也加重了人民法院的责任。

（五）原则性与灵活性相结合的原则

为了适应刑事案件复杂性的特点，以及办案实际工作的需要，刑事案件的管辖，除了要有明确的原则性规定以外，还应有一定的灵活性。例如，《刑事诉讼法》第23条关于上下级人民法院的变通管辖、第26条关于地区管辖中可以由上级人民法院指定管辖的规定，都体现了在依法管辖的前提下，仍需贯彻原则性与灵活性相结合的原则，以利于处理管辖中的争议和例外情况。

三、管辖的意义与分类

（一）管辖的意义

管辖是刑事诉讼中的一项重要的诉讼制度，明确、合理地确定刑事案件的管辖，对于保证刑事诉讼活动的顺利进行以及刑事诉讼任务的实现，具有十分重要的意义。管辖的意义在于：

（1）刑事案件管辖的规定，可以使公、检、法机关明确各自受理刑事案件的权限和职责，这样既有利于它们依法行使自己的职权，防止在受理案件上互相争执或推诿，又有利于增强它们的责任感，充分发挥它们的积极、主动精神和职能作用，从而做到各司其职，各尽其责。

（2）明确各司法机关的案件管辖范围，便于机关、团体、企事业单位和公民个人按照管辖范围向公、检、法机关控告、检举犯罪。这不仅有利于单位和公民行使控告和检举的权利，充分发挥人民群众同犯罪作斗争的积极性，而且可以保证刑事诉讼活动及时、有效地进行。

（3）正确、合理地确定刑事案件的管辖，有助于诉讼活动的顺利进行，保证案件得到正确、及时的处理。

（二）管辖的分类

根据我国刑事诉讼法的规定，刑事诉讼中的管辖包括两方面的内容：一是人民法院、人民检察院和公安机关各自直接受理刑事案件的职权范围；二是人民法院审判第一审刑事案件的职权范围。前者是解决人民法院、人民检察院和公安机关之间在直接受理刑事案件上的权限划分问题，称立案管辖或职能管辖；后者是解决各级人民法院之间、同级人民法院之间以及普通人民法院与专门人民法院之间，在审判第一审刑事案件上的权限划分问题，称审判管辖。审判管辖又分为级别管辖、地区管辖、指定管辖和专门管辖。

第二节　立案管辖

刑事诉讼中的立案管辖，在诉讼理论上又称职能管辖或部门管辖，是指人民法院、人民检察院和公安机关各自直接受理刑事案件的职权范围，也就是人民法院、人民检察院和公安机关之间，在直接受理刑事案件范围上的权限划分。立案管辖所要解决的是哪类刑事案件应当由公安司法机关中的哪一个机关立案受理的问题。具体地讲，也就是确定哪些刑事案件不需要经过侦查，而由人民法院直接受理审判；哪些刑事案件由人民检察院直接受理，立案侦查；哪些刑事案件由公安机关立案侦查。立案管辖主要是根据公安司法机关在刑事诉讼中的职责分工以及刑事案件的性质、案情轻重、复杂程度等不同情况确定的。

《刑事诉讼法》第18条对人民法院、人民检察院和公安机关的立案管辖范围，作了概括性的规定。为了便于在实际工作中应用执行这一法律规定，最高人民法院、最高人民检察院、公安部、国家安全部、司法部和全国人民代表大会常务委员会法制工作委员会联合对刑事案件的立案管辖作出了更为具体的规定。

一、公安机关直接受理的刑事案件

《刑事诉讼法》第18条第1款规定："刑事案件的侦查由公安机关进行，法律另有规定的除外。"这一规定概括了公安机关受理刑事案件的范围：除法律另有明确规定外，所有刑事案件由公安机关负责侦查。在刑事诉讼中，公安机关是刑事案件的主要侦查机关，绝大多数案件由公安机关负责立案侦查。

法律的除外规定是指：

（1）《刑事诉讼法》第18条第3款规定的由人民法院直接受理的案件。

（2）《刑事诉讼法》第 18 条第 2 款规定的人民检察院自行侦查的刑事案件。

（3）《刑事诉讼法》第 4 条规定："国家安全机关依照法律规定，办理危害国家安全的刑事案件，行使与公安机关相同的职权。"

（4）《刑事诉讼法》第 290 条规定："军队保卫部门对军队内部发生的刑事案件行使侦查权。对罪犯在监狱内犯罪的案件由监狱进行侦查。军队保卫部门、监狱办理刑事案件，适用本法的有关规定。"

公安机关是国家的治安保卫机关，具有同犯罪做斗争的丰富经验和必要的专门侦查手段。因此，法律把绝大多数需要侦查的刑事案件交由公安机关立案侦查，是与公安机关的性质、职能和办案条件相适应的；同时，也是完全符合同犯罪做斗争的需要的。

二、人民检察院直接受理的刑事案件

《刑事诉讼法》第 18 条第 2 款规定："贪污贿赂犯罪，国家工作人员的渎职犯罪，国家机关工作人员利用职权实施的非法拘禁、刑讯逼供、报复陷害、非法搜查的侵犯公民人身权利的犯罪以及侵犯公民民主权利的犯罪，由人民检察院立案侦查。对于国家机关工作人员利用职权实施的其他重大的犯罪案件，需要由人民检察院直接受理的时候，经省级以上人民检察院决定，可以由人民检察院立案侦查。"1997 年《刑法》将渎职罪的主体由国家工作人员修改为国家机关工作人员。此外，依据 2002 年《全国人民代表大会常务委员会关于＜中华人民共和国刑法＞第九章渎职罪主体适用问题的解释》的规定，在依照法律、法规规定行使国家行政管理职权的组织中从事公务的人员，或者在受国家机关委托代表国家机关行使职权的组织中从事公务的人员，或者虽未列入国家机关人员编制但在国家机关中从事公务的人员，在代表国家机关行使职权时，有渎职行为构成犯罪的，依照刑法规定的渎职罪追究刑事责任。

从上述法律规定中可以看出，人民检察院直接立案侦查的案件，主要是下述三类犯罪案件。

（一）贪污贿赂犯罪案件

这是指《刑法》分则第八章规定的贪污贿赂及其他章中明确规定依照第八章定罪处罚的犯罪案件，包括国家工作人员贪污案，贿赂案，挪用救灾、抢险等款物案，挪用公款案，巨额财产来源不明案，隐瞒不报境外存款案，私分国有资产案，私分罚没财物案等，以及其他章节中明确规定按照《刑法》分则第八章贪污贿赂罪的规定定罪处罚的犯罪。

（二）国家工作人员的渎职犯罪

《刑法》分则第九章规定的有关渎职犯罪，包括国家工作人员的滥用职权案，玩忽职守案，故意泄露国家秘密案，徇私枉法案，徇私舞弊案，私放在押的犯罪嫌疑人、被告人或者罪犯案，等等。另外，《刑法》分则第四章第 248 条规定的监管人员殴打、体罚、虐待被监管人案，由人民检察院管辖。

（三）国家机关工作人员利用职权实施的侵犯公民人身权利和民主权利的犯罪

这主要是指国家机关工作人员利用职权实施的非法拘禁案、非法搜查案、刑讯逼供案、暴力取证案、虐待被监管人案、报复陷害破坏选举案等。

除上述三类犯罪案件外，《刑事诉讼法》第 18 条第 2 款还规定了"国家机关工作人员利用职权实施的其他重大的犯罪案件"，也可以由人民检察院立案侦查。对此应理解为：只有极个别的国家机关工作人员利用职权实施的其他重大犯罪案件，确实不宜由公安机关立案侦查，必须由人民检察院直接管辖的，经省级以上人民检察院决定，才可以由人民检察院立案侦查。对于司法实践中有案不立、有罪不究、以罚代刑等问题，人民检察院应当根据《刑事诉讼法》第111条的规定，通知公安机关立案侦查。《刑事诉讼法》第18条第2款的上述规定应属于检察机关直接受案方面的弹性规定，但必须在具体执行中严格掌握，这里仅应理解为人民检察院根据法律监督职权对个案的监督条款，不宜作任意扩大解释。

由人民检察院直接受理的上述刑事案件，其犯罪主体限于国家工作人员，而且属于国家工作人员职务上的犯罪或者利用职务上的便利进行的犯罪。人民检察院是国家的法律监督机关，对国家工作人员是否遵守法律负有特殊的监督责任。所以，法律规定这些与国家工作人员职务有关的犯罪案件，由人民检察院立案侦查，是同人民检察院的性质及法定职责相适应的。

三、人民法院直接受理的刑事案件

由人民法院直接受理的刑事案件，是指刑事案件不需要经过公安机关或者人民检察院立案侦查，不通过人民检察院提起公诉，而由人民法院对当事人提起的诉讼直接立案和审判。这类刑事案件，在刑事诉讼中称为自诉案件。《刑事诉讼法》第18条第3款规定："自诉案件，由人民法院直接受理。"这一规定清楚地表明，人民法院直接受理的刑事案件，只限于自诉案件。所谓自诉案件，是指由被害人本人或者其近亲属向人民法院起诉的案件。根据《刑事诉讼法》第204条的规定，自诉案件包括下列三类案件。

(一) 告诉才处理的案件

所谓告诉才处理，是指只有经被害人或其法定代理人告诉人民法院才立案受理。根据我国刑法的规定，告诉才处理的案件共有四种，即：《刑法》第246条第1款规定的侮辱、诽谤案，第257条第1款规定的暴力干涉婚姻自由案，第260条第1款规定的虐待案和第270条规定的侵占他人财物案。这四种案件，犯罪情节轻微、案情都比较简单，不需要侦查即可查清案件事实，所以适宜由人民法院直接受理。需特别说明的是，依照《刑事诉讼法》第112条的规定，告诉才处理的案件，如果被害人死亡或者丧失行为能力，他的法定代理人、近亲属有权向人民法院起诉，人民法院应当依法受理。

(二) 被害人有证据证明的轻微刑事案件

此类案件有两个特征：一是属轻微的刑事案件，即案件性质和情节轻微；二是被害人有相应的证据证明自己的指控。根据有关司法解释的规定，这类案件主要包括：(1) 故意伤害案 (轻伤)；(2) 重婚案；(3) 遗弃案；(4) 侵犯通信自由案；(5) 非法侵入住宅案；(6) 生产、销售伪劣商品案 (严重危害社会秩序和国家利益的除外)；(7) 侵犯知识产权案 (严重危害社会秩序和国家利益的除外)；(8) 属于《刑法》分则第四章、第五章规定的，对被告人可以判处三年有期徒刑以下刑罚的其他轻微刑事案件。

这类案件不仅案情比较轻微，而且事实明显，被告人明确，被害人有能力证明案件真实情况，不需要动用侦查机关的力量去侦查，只需采用一般的调查方法就可以查明案件事实，所以也适宜由人民法院直接受理。

（三）被害人有证据证明对被告人侵犯自己人身、财产权利的行为应当依法追究刑事责任，且有证据证明曾经提出控告而公安机关或者人民检察院不予追究被告人刑事责任的案件

这类案件从性质上说属于公诉案件范围，之所以称为自诉案件，是因为公安机关、检察机关不把它们作为刑事案件进行追究。这属于由公诉案件转化过来的自诉案件。成立这类案件，必须具备三个条件：一是被害人（单位）有证据证明；二是被告人侵犯了自己人身、财产权利，应当追究被告人刑事责任的；三是公安机关或者人民检察院不予追究，并已经作出书面决定的。刑事诉讼法规定这类自诉案件，是为了加强对公安、检察机关立案管辖工作的制约，维护被害人的合法权益，解决司法实践中存在的"告状难"的问题。

上述由被害人起诉的案件，由人民法院直接受理，并可以进行调解（《刑事诉讼法》第204条第3项规定的案件除外）。有无证据证明，是否属于不需要侦查的轻微刑事案件，应由人民法院根据立案标准予以确认。这么做既可以简化诉讼程序，避免诉讼的拖延，减轻群众的讼累，又有利于案件的解决和处理。

四、关于执行立案管辖的几个问题

（1）刑事诉讼法关于立案管辖的规定，明确划分了人民法院、人民检察院和公安机关各自直接受理刑事案件的职权范围，司法机关在办案工作中必须严格执行，既不能越权受理不属于自己管辖的案件，也不能放弃职守把属于自己管辖的案件推出不管。对于违反立案管辖规定，人民检察院已经提起公诉，人民法院在审判阶段才发现的案件，人民法院应当建议人民检察院撤回起诉。人民法院不应当对违反管辖规定的案件开庭审判。但是，为了及时、有效地与犯罪作斗争，便利和保护人民群众行使控告、检举的权利，各司法机关对于控告、检举和犯罪人的自首，不管是否属于自己管辖，都应当接受，不得互相推诿。对于不属于自己管辖的，应当移送有管辖权的司法机关处理；对于不属于自己管辖而又必须采取紧急措施的，应当先采取紧急措施，然后再移送有管辖权的公安司法机关。属于上述自诉的八类案件，被害人直接向人民法院起诉的，人民法院应当依法受理，对其中证据不足、可由公安机关受理的，应当将案件移送公安机关立案侦查。被害人向公安机关控告的，公安机关应当受理。

（2）需要进行侦查的案件，如果一案涉及几个罪名，按立案管辖的规定，该哪个机关管辖就由哪个机关管辖，先立案的机关发现案件应属其他机关管辖的，应依法移送有管辖权的机关。对此，有关公安司法机关必须相互配合，主动移交案件材料。

（3）公安机关或人民检察院在侦查过程中，如果发现犯罪嫌疑人还犯有属于人民法院直接受理的罪行时，应分别情况进行处理。对于属于告诉才处理的案件，可以告知被害人向人民法院直接提起诉讼；对于属于人民法院可以受理的其他类型自诉案件，可以立案进行侦查，然后在人民检察院提起公诉时，随同公诉案件移送人民法院，由人民法院合并审理。

（4）人民法院在审理自诉案件过程中，如果发现被告人还犯有必须由人民检察院提起公诉的罪行时，则应将新发现的罪另案移送有管辖权的公安机关或者人民检察院处理。

（5）公安机关侦查刑事案件涉及人民检察院管辖的贪污贿赂案件时，应当将贪污贿赂案件移送人民检察院；人民检察院侦查贪污贿赂案件涉及公安机关管辖的刑事案件时，应当将属于公安机关管辖的刑事案件移送公安机关。如果案件需要合并侦查，可以将数案交给一个机关去侦查。并案侦查时，如果涉嫌主罪属于公安机关管辖，则由公安机关为主侦查，人民检察院予以配合；如果涉嫌主罪属于人民检察院管辖，则由人民检察院为主侦查，公安机关予以配合。

第三节 审判管辖

刑事诉讼中的审判管辖，是指人民法院审判第一审刑事案件的职权范围，包括各级人民法院之间、同级人民法院之间以及普通人民法院与专门人民法院之间，在审判第一审刑事案件上的权限划分。从诉讼的角度讲，审判管辖所要解决的是某个刑事案件由哪个人民法院作为第一审进行审判的问题。

立案管辖与审判管辖之间的关系因公诉案件和自诉案件而有所不同。对于自诉案件，人民法院的立案管辖和审判管辖是重合的，都是审判权的具体落实。对于公诉案件，则是侦查权、起诉权、审判权相互关系的直接反映，具体表现为：

第一，公安、检察机关的立案管辖和法院的审判管辖是依刑事诉讼活动的先后次序而发生于不同的诉讼阶段。立案管辖是司法机关在受理案件上的第一次分工；审判管辖则是案件进入审判阶段后的第二次分工。

第二，立案管辖并不必然导致审判管辖，因为有的案件经过侦查或审查起诉阶段即告终结，并不进入其后的审判程序，当然也就不产生审判管辖的问题。

第三，刑事诉讼法关于划分人民法院的级别管辖、地区管辖以及专门管辖的原则和标准，应当同样适用于公安机关和检察机关，即公安、检察机关各自系统内部在立案侦查上的权限划分，既要与人民法院的级别管辖、地区管辖和专门管辖相互对应，又不失灵活性，以适应侦查活动自身的特点。

根据《刑事诉讼法》第172条的规定，人民检察院决定起诉的案件，应当按照审判管辖的规定，向所在地的同级同种类人民法院提起公诉。所以，人民检察院提起公诉的案件，应当与各级人民法院管辖审理的案件范围相适应。因此，明确了审判管辖，也就相应地确定了提起公诉的检察机关。

根据我国《人民法院组织法》的规定，人民法院除设有最高人民法院作为国家的最高审判机关外，还设有地方各级人民法院和军事法院等专门人民法院。地方各级人民法院又分为基层人民法院、中级人民法院和高级人民法院。与人民法院的设置相适应，刑事案件的审判管辖分为级别管辖、地区管辖、指定管辖和专门管辖。

一、级别管辖

级别管辖，是指各级人民法院审判第一审刑事案件的职权范围。级别管辖所解决的是各级人民法院之间在审判第一审刑事案件上的权限分工问题。

我国刑事诉讼法划分级别管辖的主要依据是：案件的性质；罪行的轻重程度和可能判处的刑罚；案件涉及面和社会影响的大小；各级人民法院在审判体系中的地位、职责和条件等。

(一) 法律对级别管辖的一般性规定

刑事诉讼法对各级人民法院管辖的第一审刑事案件，作了下述明确的规定。

1. 基层人民法院管辖的第一审刑事案件。

《刑事诉讼法》第19条规定："基层人民法院管辖第一审普通刑事案件，但是依照本法由上级人民法院管辖的除外。"可见，基层人民法院是普通刑事案件第一审的基本审级，普通刑事案件的第一审原则上由基层人民法院管辖。基层人民法院分布地区广，数量也最多，最接近犯罪地，也最接近人民群众，因此，把绝大多数的普通刑事案件划归它管辖，既便于法院就地审理案件，便于诉讼参与人就近参加诉讼活动，有利于审判工作的顺利进行和及时、正确地处理案件；又便于群众参加旁听案件的审判，有利于充分发挥审判活动的教育作用。

2. 中级人民法院管辖的第一审刑事案件。

《刑事诉讼法》第20条规定，中级人民法院管辖下列第一审刑事案件：（1）危害国家安全、恐怖活动案件；（2）可能判处无期徒刑、死刑的案件。这两类刑事案件，属于性质严重、危害极大、案情重大复杂或者影响较大的案件，因此，必须更加慎重。同时，处理这两类案件，无论在案件事实的认定上还是在适用法律上，难度也往往比较大，这就需要法律、政策水平更高、业务能力更强的司法工作人员。由中级人民法院为这类案件的第一审法院，是适宜的，也是必要的，有利于保证案件的正确处理。

中级人民法院是基层人民法院的上一级法院，刑事诉讼法既然将基层人民法院作为普通刑事案件的第一审法院，中级人民法院也就必然成为普通刑事案件的第二审法院。所以，中级人民法院还有审判监督的任务。因此，划归中级人民法院管辖的第一审刑事案件，不宜过多，应只限于上述两类刑事案件。

关于《刑事诉讼法》第20条中所规定的"可能判处无期徒刑、死刑的案件"，可能在检察院和法院之间因认识不同而产生分歧。在司法实践中，人民检察院对侦查终结的案件进行审查后，认为被告人的犯罪事实已经查清，证据确实、充分，并可能判处无期徒刑、死刑时，向中级人民法院提起公诉，中级人民法院受理后，认为不够判处无期徒刑、死刑而应判处其他刑罚或者应作其他处理时，一般不再将案件交由基层人民法院审理，而仍由中级人民法院审判，以利于案件的及时处理。基层人民法院受理的公诉案件，认为可能判处无期徒刑、死刑的，合议庭应当报请院长决定后，移送中级人民法院审判。中级人民法院对于基层人民法院报请移送的这类案件，应当分别情形作出不同处理：认为不够判处无期徒刑、死刑的案件，决定不予受理；认为可能判处无期徒刑、死刑的案件，决定同意接受移送。

3. 高级人民法院管辖的第一审刑事案件。

《刑事诉讼法》第21条规定："高级人民法院管辖的第一审刑事案件，是全省（自治区、直辖市）性的重大刑事案件。"高级人民法院是地方各级人民法院中最高一级的法院，也是一个省（自治区、直辖市）的最高一级的审判机关，它的主要任务是审判对中级人民法院裁判的上诉、抗诉案件，复核死刑案件，核准死刑缓期二年执行的案件，以及监督全省（自治区、直辖市）的下级人民法院的审判工作。所以，高级人民法院管辖的第一审刑事案件不宜过宽。况且，高级人民法院管辖第一审刑事案件的多少，又直接关系着最高人民法院第二审的负荷。法律规定高级人民法院只管辖为数极少的全省（自治区、直辖市）性的重大刑事案件，如此既可以保证这种重大案件的正确处理，又有利于它全面行使自己的职权，用更多的力量来监督、指导下级人民法院的审判工作。

4. 最高人民法院管辖的第一审刑事案件。

《刑事诉讼法》第22条规定："最高人民法院管辖的第一审刑事案件，是全国性的重大刑事案件。"

最高人民法院是全国的最高审判机关，除核准死刑案件外，由最高人民法院作为第一审审判的刑事案件，只应当是极个别的、在全国范围内具有重大影响的、性质及情节都特别严重的刑事案件。只有这样，才有利于它集中主要精力监督、指导全国人民法院的审判工作。

（二）法律对级别管辖的变通性规定

以上是刑事诉讼法关于各级人民法院第一审刑事案件管辖范围的规定，人民法院受理和审判刑事案件，必须遵照执行。但是，刑事案件的情况十分复杂，人民法院的审判工作由于主、客观因素的影响，也可能遇到这样那样难于解决的问题。所以，为了适应审判实践中可能出现的某种特殊情况的需要，保证案件的正确、及时处理，级别管辖还必须有一定的灵活性。为此，《刑事诉讼法》第23条又规定："上级人民法院在必要的时候，可以审判下级人民法院管辖的第一审刑事案件；下级人民法院认为案情重大、复杂需要由上级人民法院审判的第一审刑事案件，可以请求移送上一级人民法院审判。"这是法律对级别管辖所作的变通性的规定。对于这一规定，应当注意如下问题：

（1）上级人民法院审判下级人民法院管辖的第一审刑事案件，可以由上级人民法院依职权自行决定，但只能"在必要的时候"对个别案件适用。

（2）上级人民法院认为有必要审理下级人民法院管辖的第一审刑事案件时，应当向下级人民法院下达改变管辖决定书，并书面通知同级人民检察院，被告人被羁押的，通知应送到羁押场所和当事人。

（3）下级人民法院对自己管辖的第一审刑事案件，请求移送上一级人民法院审判的，只能是案情重大、复杂的刑事案件，并且只有在其请求得到上一级人民法院同意时，才能移送。

（4）下级人民法院请求移送上一级人民法院审判的第一审刑事案件，应当在案件审理期限届满15日以前书面请求移送。上级人民法院应当在接到移送申请10日以内作出决定。不同意移送的，应当向下级人民法院下达不同意移送决定书，由该下级人民法院依法审判；同意移送的，向该下级人民法院下达同意移送决定书，并书面通知与上级法院同级的人民检察院，该下级人民法院应当通知其同级人民检察院和当事人，并将全部案卷材料退回同级人民检察院。

一人犯有数罪或者共同犯罪的案件，应当合并一案审理，但如果其罪行分别属于不同级别的人民法院管辖时，应采取就高不就低的办法，即只要其中一罪或者一人属于上级人民法院管辖，全案就都由上级人民法院管辖。

二、地区管辖

地区管辖，是指同级人民法院之间在审判第一审刑事案件上的权限划分。

（一）犯罪地法院管辖

《刑事诉讼法》第24条规定："刑事案件由犯罪地的人民法院管辖。如果由被告人居住地的人民法院审判更为适宜的，可以由被告人居住地的人民法院管辖。"这一规定表明，在我国，确定刑事案件地区管辖的依据有两个，即：犯罪地和被告人居住地。但两者在地区管辖中的地位并不是并列的，而是以犯罪地作为确定地区管辖的基本原则，被告人居住地作为确定地区管辖的辅助性原则。

刑事案件原则上应由犯罪地的人民法院管辖。这里所说的犯罪地，包括犯罪预备地、犯罪行为实施地、犯罪结果地以及销赃地等。法律规定刑事案件原则上由犯罪地的人民法院管辖的主要理由是：

（1）犯罪地一般是罪证最集中存在的地方，案件由犯罪地人民法院管辖，便于及时地、全面地收集和审查核实证据，有利于迅速查明案情；

（2）犯罪地是当事人、证人所在的地方，由犯罪地的人民法院审判，便于他们就近参加诉讼活动，有利于审判工作的顺利进行；

（3）案件既然在犯罪地发生，当地群众自然关心案件的处理，由犯罪地人民法院审判，更能有效地发挥审判的法制教育作用，而且有利于群众对法院审判工作的监督；

（4）案件由犯罪地人民法院审判，便于人民法院系统地掌握和研究当地刑事案件发生的情况和规律，及时提出防范的建议，加强社会治安的综合治理，预防和减少犯罪的发生。

（二）被告人居住地法院管辖

刑事案件如果由被告人居住地的人民法院审判更为适宜的，可以由被告人居住地的人民法院管辖。单位犯罪的刑事案件由犯罪地的人民法院管辖。如果由被告人单位所在地或者注册地的人民法院管辖更为适宜的，则由其所在地或注册地法院管辖。这是法律和司法解释对地区管辖所作的一项辅助性的规定。这里所说的被告人居住地，包括被告人的户籍所在地、居所地、经常居住地、工作或学习所在地。至于什么是"更为适宜的"，这要根据案件和被告人的具体情况来决定。例如，案件发生在两个地区交界的地方，犯罪地的管辖境界不明确，致使犯罪地的管辖法院难于确定的；被告人在居住地民愤更大，当地群众强烈要求在其居住地审判的，等等，适宜由被告人居住地的人民法院管辖。

（三）优先管辖和移送管辖

在司法实践中，经常会遇到被告人在几个人民法院的辖区内实施犯罪行为的案件，因而就可能出现几个犯罪地的人民法院都有管辖权的复杂情况，那么，案件究竟应由哪个人民法院审判呢？为了解决这个问题，《刑事诉讼法》第 25 条明确规定："几个同级人民法院都有权管辖的案件，由最初受理的人民法院审判。在必要的时候，可以移送主要犯罪地的人民法院审判。"对这种案件，法律规定由最初受理的人民法院审判，主要是为了避免人民法院之间发生管辖争议而拖延案件的审判，同时，也由于最初受理的人民法院对案件往往已进行了一些工作，由它进行审判，有利于及时审结案件。但是，为了适应各种案件的复杂情况，法律又规定，在必要的时候，最初受理的人民法院可以将案件移送主要犯罪地的人民法院审判。至于在什么情况下才能认为是"必要的时候"，一般应从是否更有利于发挥审判活动的教育作用等方面来确定。

（四）特殊情况的管辖

刑事案件的错综复杂，使得有些案件尚不能完全适用上述地区管辖的法律规定，有关司法解释对这些情况有特别规定：

（1）对罪犯在服刑期间发现漏罪及又犯新罪的，按如下方式处理：

第一，发现正在服刑的罪犯在判决宣告前还有其他犯罪没有受到审判的，由原审地人民法院管辖；如果罪犯服刑地或者犯罪地的人民法院管辖更为适宜的，可以由罪犯服刑地或者犯罪地的人民法院管辖。

第二，正在服刑的罪犯在服刑期间又犯罪的，由服刑地人民法院管辖。

第三，正在服刑的罪犯在逃脱期间的犯罪，由服刑地的人民法院管辖。但是，如果是在犯罪地捕获并发现其在脱逃期间的犯罪的，由犯罪地人民法院管辖。

（2）对于国际犯罪和涉外犯罪，按照我国法律和我国所承担条约义务的范围行使刑事管辖权，涉及地区管辖的，按如下方式处理：

第一，对于我国缔结或者参加的国际条约所规定的犯罪，我国具有刑事管辖权的案件，由被告人被抓获地的人民法院管辖。

第二，在中国领域外的中国船舶内的犯罪，由犯罪发生后该船舶最初停泊的中国口岸所在地的人民法院管辖。

第三，在中国领域外的中国航空器内的犯罪，由犯罪发生后该航空器在中国最初降落地的人民法院管辖。

第四，中国公民在驻外的中国使领馆内的犯罪，由该公民主管单位所在地或者他的原户籍所在地的人民法院管辖。

第五，在国际列车上发生的刑事案件的管辖，按照中国与相关国家签订的有关管辖协定执行。没有协定的，由犯罪发生后列车最初停靠的中国车站所在地或者目的地的铁路运输法院管辖。

（3）刑事自诉案件的自诉人、被告人一方或者双方是在港、澳、台居住的中国公民或者单位的，由犯罪地的基层人民法院审判。港、澳、台同胞告诉的，应当出示港、澳、台居民身份证、回乡证或者其他能证明本人身份的证件。

（4）中国公民在中华人民共和国领域外的犯罪，由该公民入境地或离境前的长期（一年以上）居住地或者原户籍所在地人民法院管辖；被害人是中国公民的，也可由被害人离境前居住地的人民法管辖。

（5）外国人在中华人民共和国领域外对中华人民共和国国家或者公民犯罪，依照我国刑法应受处罚的，由该外国人入境地、入境后居住地或者被害公民离境前居住地的人民法院管辖。

参考案例4—1

孙某2011年因为盗窃罪被判处有期徒刑两年，被送进甲省乙地监狱服刑。在监狱服刑期间，监狱方面接到与孙某同屋的其他罪犯检举，揭发孙某在闲聊时声称他于三年前在他的家乡甲省丙地杀过人。监狱工作人员到孙某的家乡向当地的公安机关调查，确认孙某就是三年前在该地因泄私愤报复杀害村民钱某一家六口的重大犯罪嫌疑人。由于该案在当地的影响极为恶劣，丙地的公安机关立即派人到乙地与乙地的监狱协商将孙某带回丙地审判。乙地的监狱机关将这一情况通知了原审的人民法院。乙地法院接到上述通知后经研究认为，作为孙某盗窃罪的原审法院，应该由乙地的法院对孙某的犯罪实施管辖权。丙地的公安机关认为，孙某杀人犯罪行为地在丙地，且该案在当地影响极为恶劣，只有将孙某带回原籍审判才能起到震慑犯罪分子的作用，故坚决要求将孙某带回丙地审判。双方协商不成引起争执。

参考案例4—1涉及的是发现正在服刑的罪犯在判决宣告以前所犯的其他罪行所引起

的人民法院管辖权冲突的协调问题。司法实践中确定案件的管辖权，应该依照下面的方法：首先应该确定案件是否是属于《最高人民法院关于适用〈中华人民共和国刑事诉讼法〉的解释》（简称《解释》）第4条至第11条规定的特殊案件。如果是的话，就依照上述规定确定管辖法院。如果该案件不属于所规定的特殊案件，就依照《刑事诉讼法》第24条的规定，确定犯罪地的人民法院或在更为适宜的情况下确认被告人居住地人民法院审判该案件。如果依照上述的方法出现了几个同级人民法院都有管辖权的情况，应该依据《刑事诉讼法》第25条的规定确定最初受理的人民法院审判，或者再由上述的几个同级的人民法院协商处理。如果协商不成，则需要由共同的上级人民法院依据《刑事诉讼法》第26条的规定指定管辖。

据此，参考案例4—1应根据《解释》第11条的规定，确定由丙地人民法院管辖。这是因为孙某在判决宣告之前所犯的杀人罪行十分恶劣，并在当地有很大的影响，由原犯罪地甲省丙地的人民法院进行审理可以更好地震慑犯罪分子，以达到更好的社会效果。

三、指定管辖

《刑事诉讼法》第26条规定："上级人民法院可以指定下级人民法院审判管辖不明的案件，也可以指定下级人民法院将案件移送其他人民法院审判。"法律的这一规定表明，有些刑事案件的地区管辖是根据上级人民法院的指定而确定的，这在诉讼理论上称为指定管辖，是相对法定管辖而言的。指定管辖一般适用于两类刑事案件：

（1）地区管辖不明的刑事案件。例如，刑事案件发生在两个或两个以上地区的交界处，犯罪地属于哪个人民法院管辖的地区不明确，在这种情况下，应由上级人民法院指定某一个下级人民法院审判，这样就可以避免案件无人管辖或者因管辖争议而延误案件的处理。

（2）由于各种原因，原来有管辖权的法院不适宜或者不能审判的刑事案件。例如，有管辖权的人民法院因案件涉及本院院长需要回避，不宜行使管辖权。为了排除干扰，保证审判活动的顺利进行，上级人民法院可以指定下级人民法院将其管辖的某一案件移送其他人民法院审判，以保证案件能够得到正确、及时的处理。

上级人民法院指定管辖的，应当在开庭审判前将指定管辖决定书分别送达被指定管辖的人民法院及其他有关的人民法院。原受理案件的人民法院，在收到上级人民法院指定其他法院管辖决定书后，不再行使管辖权。对于公诉案件，应书面通知提起公诉的人民检察院，并将全部案卷材料退回，同时书面通知当事人；对于自诉案件，应当将全部案卷材料移送被指定管辖的人民法院，并书面通知当事人。

四、专门管辖

专门管辖，是指专门人民法院之间，以及专门人民法院与普通人民法院之间，在受理第一审刑事案件权限范围上的分工。专门管辖能够进一步明确各专门人民法院审判刑事案件的职权范围，它解决的是哪些刑事案件应当由哪些专门人民法院审判的问题。

根据《人民法院组织法》的规定，我国设立军事法院等专门人民法院。目前已建立的受理刑事案件的专门人民法院有军事法院、铁路运输法院。专门人民法院的设置是按照各种专门业务机构的组织体系建立起来的审判机关，是我国人民法院组织体系的重要组成部分。

《刑事诉讼法》第 27 条规定："专门人民法院案件的管辖另行规定。"在司法实践中，根据有关规定，军事法院管辖的刑事案件，主要是军人犯罪的案件。军队文职人员、非现役工勤人员、在编职工、由军队管理的离退休人员，以及执行军事任务的预备役人员和其他人员，按照军人确定管辖。列入中国人民武装警察部队序列的公安边防、消防、警卫部队人员犯罪的，由地方法院管辖。

司法实践中，存在军队和地方互涉案件的管辖权争议问题，应该依据相关的司法解释，分别不同情况处理：

第一，现役军人（含军内在编职工，下同）和非军人共同犯罪的，分别由军事法院和地方人民法院管辖；涉及国家军事秘密的，全案由军事法院管辖。

第二，由地方人民法院或者军事法院以外的其他专门法院管辖下列案件：

（1）非军人、随军家属在部队营区犯罪的；

（2）军人在办理退役手续后犯罪的；

（3）现役军人入伍前犯罪的（需与服役期内犯罪一并审判的除外）；

（4）退役军人在服役期内犯罪的（犯军人违反职责罪的除外）。

铁路运输法院管辖的刑事案件，主要是铁路运输系统公安机关负责侦破的刑事案件，如危害和破坏铁路交通和安全设施的犯罪案件，在火车上发生的犯罪案件，铁路职工违反规章制度、玩忽职守造成严重后果的犯罪案件等。

【引例评析】

法院的做法是正确的。在本案中，被告人谷某实施了两个侵害行为，分别构成伤害罪和抢劫罪。对后者法院无直接受理权。司法实践中，对于一人犯数罪的案件，为了实行并罚，司法机关一般是作并案处理。在数罪中既有公诉案件又有自诉案件的情况下，一般是将整个案件移送给对公诉案件有职能管辖权的司法机关，首先受理法院不对自诉案件立案。对谷某的抢劫案，县公安局有管辖权，故应将此案移送给县公安局立案侦查。

【本章小结】

管辖解决的是各专门机关在受理刑事案件方面的分工问题。它是依据刑事案件的性质、犯罪情节、复杂程度、发生地点、影响大小等不同特点和各专门机关在刑事诉讼中的职责而确定的。刑事诉讼中管辖包括两个方面的内容：一是人民法院、人民检察院和公安机关各自直接受理刑事案件的职权范围；二是人民法院审判第一审刑事案件的职权范围。前者称为立案管辖或职能管辖；后者称审判管辖。审判管辖又分为级别管辖、地区管辖、指定管辖和专门管辖。

明确、合理地规定刑事案件的管辖，使公、检、法机关明确各自受理刑事案件的权限和职责，使其各司其职，各尽其责，对保证刑事诉讼活动的顺利进行以及刑事诉讼任务的实现具有十分重要的意义。司法机关应严格依法管辖，既不相互推诿，也不越俎代庖。

◈ 【练习题】

■ 一、名词解释

管辖　级别管辖　指定管辖　专门管辖

■ 二、思考题

1. 简述管辖的概念及意义。

2. 简述立案管辖的概念及人民法院、人民检察院、公安机关的立案管辖范围。

3. 立案管辖和审判管辖的相互关系是怎样的？

4. 地区管辖的概念及原则是什么？

■ 三、案例分析题

山川市中级人民法院受理本市人民检察院提起公诉的侯某、韦某抢劫案后，认为不需要判处无期徒刑以上刑罚。

问题：

山川市中级人民法院应当作出下列哪种处理？说明理由。

A. 开庭审理，不再交基层人民法院审理。

B. 交犯罪地基层人民法院审判。

C. 指定其他基层人民法院管辖。

D. 退回该市人民检察院，由检察院向基层人民法院提起公诉。

分析要点提示：

人民检察院对侦查终结的案件进行审查后认为可能判处无期徒刑、死刑的，向中级人民法院提起公诉。中级人民法院受理后，认为不够判处无期徒刑、死刑的，一般不再将案件交由基层人民法院审理，仍由中级人民法院审判。

第五章 回 避

【本章引例】

甲是某县工商银行支行的出纳员，他利用职务之便，采取伪造单据等手段，贪污公款35 872元。案发后，由该县人民检察院立案查处。检察长乙主动提出回避此案，因为甲是其子。经该院检察委员会决定，同意乙回避。县检察院依法逮捕了甲。

【本章学习目标】

通过本章的学习，应当掌握如下内容：

1. 回避的概念和意义；
2. 回避的种类；
3. 回避的理由；
4. 回避适用的人员；
5. 回避的程序。

第一节 回避的概念和意义

一、回避的概念

刑事诉讼中的回避，是指法律规定的与案件当事人或者案件有利害关系或其他关系的侦查人员、检察人员、审判人员及其他人员，为了避免可能影响公正处理案件的情况发生，不得在本案诉讼中履行职务的制度。

二、回避的意义

回避是一项重要的诉讼制度，为当今世界各国普遍采用，对刑事诉讼的进行具有重要的意义。

（一）回避制度是刑事诉讼公正进行的制度保障

实行回避制度，可以有效地避免司法人员因与本案有利害关系或其他关系而可能产生的弄虚作假、徇私舞弊、故意偏袒等不公正的现象，从而使案件能够得到客观、公正的处理。

（二）回避制度有利于当事人诉讼权利的行使和接受案件处理结果

申请回避是当事人的一项诉讼权利，它使当事人能够积极参加诉讼活动，充分行使其诉讼权利，推动诉讼活动的顺利和公正进行。而且，实行回避制度，增强了当事人对司法机关及司法人员的信任，也有利于当事人接受案件处理的结果，便于对案件处理的执行。

（三）回避制度有利于维护公安司法机关的权威

实行回避制度，同案件或案件当事人有利害关系及其他关系的司法人员不在本案诉讼中履行职务，这就能使公安司法机关及其工作人员在刑事诉讼中处于公正无私的中立地位，也使得当事人更加信赖公安司法机关及其工作人员。因而回避制度显然有利于维护公安司法机关在诉讼中的权威地位，使公安司法机关对案件的处理更有权威性。

第二节　回避的种类、理由和适用的人员

一、回避的种类

根据刑事诉讼法及有关司法解释的规定，回避有三种，即：自行回避、申请回避和决定回避。

自行回避是指侦查人员、检察人员、审判人员以及其他人员，在刑事诉讼过程中，如果遇有法律规定的应当回避的情形，认为自己不应当参与案件的处理时，主动提出的回避。

申请回避是指案件的当事人及其法定代理人、辩护人、诉讼代理人，如果认为处理案件的侦查人员、检察人员、审判人员以及其他人员具有法律规定的应当回避的情形时，有权向司法机关提出申请，要求他们回避。

决定回避，是指根据有关司法解释和部门规章的规定，应当回避的人员，本人没有自行回避，当事人和他们的法定代理人、辩护人、诉讼代理人也没有申请其回避的，有权决定的负责人或者审判、检察委员会作出决定，指令有关人员回避。

二、回避的理由

回避的理由也就是法律规定的应当回避的具体情形。根据《刑事诉讼法》第28条和第29条的规定，回避的理由如下所述。

（一）是本案的当事人或者是当事人的近亲属的

是本案的当事人，意味着办案人员同案件的处理结果有利害关系，如果其参与案件的处理，就可能影响案件的公正处理。根据有关司法解释，近亲属指与当事人有直系血亲、三代以内旁系血亲及姻亲关系。办案人员是当事人的近亲属的，就有可能偏袒其亲属，也会影响案件的处理。

（二）本人或者他的近亲属和本案有利害关系的

办案人员本人或者他的近亲属和本案有利害关系，意味着案件的处理结果将会对办案人员本人或者其近亲属产生影响，因此在这种情况下也不应当参与案件的处理。

（三）担任过本案的证人、鉴定人、辩护人、诉讼代理人、翻译人员的

证人、鉴定人、辩护人、诉讼代理人、翻译人员由于其诉讼地位和职能，已经参与了本案的诉讼活动，因而对案件事实和案件应当如何处理已经有了一定的看法，如果其再担任侦查人员、检察人员、审判人员，可能"先入为主"，在思想认识上产生主观片面性，难以客观公正地处理案件，因此应当回避。

（四）与本案的诉讼代理人、辩护人有夫妻、父母、子女或者同胞兄弟姐妹关系的

为防止诉讼代理人、辩护人利用自己与办案人员的亲属关系而接受或办理当事人的委托事项，或为当事人向办案人员请托，从而影响办案人员客观公正地处理案件，因此这类办案人员有必要回避。

（五）与本案当事人有其他关系，可能影响公正处理案件的

这里说的其他关系，是指上述三种情形之外的某种关系，比如办案人员与本案当事人现在或曾经是邻居、同学、同事、师生等关系，或者有个人之间的恩怨，等等。办案人员由于与当事人存在这类关系而可能影响案件公正处理的，应当回避。

（六）接受当事人及其委托的人的请客送礼，或者违反规定会见当事人及其委托的人的

司法人员代表国家进行刑事诉讼，应当严格依照法律，公正无私地处理案件，特别是不能与一方当事人有不正当的关系。司法人员接受当事人及其委托的人的请客送礼，或者违反规定会见当事人及其委托的人的，就可能使案件得不到公正处理，甚至出现徇私枉法等严重的违法现象，还会给公安司法机关的威信带来极为不良的影响。因此，《刑事诉讼法》1996年修改时增加了此项规定，即司法人员有上述行为的，除应当依法追究法律责任外，当事人及其法定代理人有权要求他们回避。

（七）参加过本案侦查、起诉、审判的有关司法人员以及在一个审判程序中参与过本案审判工作的合议庭组成人员

根据最高人民法院的司法解释，参加过本案侦查、起诉的侦查人员、检察人员，如果调至人民法院工作，不得担任本案的审判人员；凡在一个审判程序中参与过本案审判工作的合议庭组成人员，不得再参与本案其他程序的审判。在刑事诉讼中，侦查人员、检察人员、审判人员都依据其承担的诉讼职能进行相应的诉讼活动，这种职能的划分有利于客观、公正地查清案件事实，具有科学性。如果没有这种职能的划分，司法人员既是侦查人员，又是检察人员，还是审判人员，那么案件处理就显然难以客观、公正地进行。参加过本案侦查、起诉的侦查人员、检察人员如果调至法院工作，其对案件已经有了一定的认识，为了防止认识上先入为主和事实上的职能不分，这类司法人员不得担任本案的审判人员；同样，在一个审判程序参与过本案审判工作的工作人员，也不得再参与本案其他程序如二审和再审的审判。但是，发回重新审判的案件，在第一审人民法院作出裁判后又进入第二审程序或者死刑复核程序的，原第二审程序或者死刑复核程序中的合议庭组成人员不受上述限制。

另外，2000年1月31日《最高人民法院关于审判人员严格执行回避制度的若干规定》第2条规定，对于审判人员具有下列情形之一的，当事人及其法定代理人有权要求回避，但应当提供相关证据材料：（1）未经批准，私下会见本案一方当事人及其代理人、辩护人的；（2）为本案当事人推荐、介绍代理人、辩护人，或者为律师、其他人员介绍办理该案件的；（3）接受本案当事人及其委托的人的财物、其他利益，或者要求当事人及其委托的人报销费用的；（4）接受本案当事人及其委托的人的宴请，或者参加由其支付费用的

各项活动的；（5）向本案当事人及其委托的人借款、借用交通工具、通讯工具或者其他物品，或者接受当事人及其委托的人在购买商品、装修住房以及其他方面给予的好处的。

三、回避适用的人员

回避适用的人员，也就是回避适用的对象。根据《刑事诉讼法》第28条和第31条的规定，在刑事诉讼中适用回避的人员包括如下几类。

（一）审判人员

这里的审判人员应当作广义理解，不仅包括直接审理本案的审判员、助理审判员和人民陪审员，还应当包括对本案参与讨论、审查和作出处理决定的法院院长、副院长、庭长、副庭长以及审判委员会的成员。

（二）检察人员

这里的检察人员不仅包括直接负责案件的审查批准逮捕、审查决定起诉、出庭支持公诉的检察人员，还应当包括对本案参与讨论、审查和作出处理决定的检察长、副检察长以及检察委员会的委员。

（三）侦查人员

这里的侦查人员不仅包括直接负责案件侦查的公安人员和检察人员，也应当包括对本案参与讨论和作出处理决定的公安机关负责人与检察机关的检察长、副检察长以及检察委员会的委员。

（四）书记员

包括在侦查、起诉、审判阶段担任记录工作的书记员。

（五）翻译人员

包括在侦查、起诉、审判阶段担任翻译工作的人员。

（六）鉴定人

在刑事诉讼中就某个专门问题提供鉴定意见的人员。

第三节　回避的程序

一、回避的提起

根据提起回避的主体不同，回避的提起包括回避的提出和回避的申请。

（一）回避的提出

回避的提出，是指在刑事诉讼中司法人员自己提出不在诉讼中履行职务。审判人员、检察人员、侦查人员及其他人员，如果具有法律规定应当回避的情形，需要自行回避的，可以口头或者书面提出，并且说明理由；口头提出的，应当记录在案。

（二）回避的申请

回避的申请是指当事人及其法定代理人、辩护人、诉讼代理人提出申请，要求有关人员回避。审判人员、检察人员、侦查人员及其他人员，如果具有法律规定应当回避的情形，当事人及其法定代理人、辩护人、诉讼代理人有权申请他们回避。申请回避是当事人及其法定代理人、辩护人、诉讼代理人依法享有的重要的诉讼权利，他们有权依法行使，公安司法机关有义务依法予以保障。《刑事诉讼法》第185条规定，人民法院开庭的时候，审判长要告知当事人有权对合议庭组成人员、书记员、公诉人、鉴定人和翻译人员申请回避。

根据上述规定的立法精神，在侦查、起诉阶段中，侦查人员、检察人员也应当告知当事人及其法定代理人、辩护人、诉讼代理人有权申请回避。

当事人及其法定代理人、辩护人、诉讼代理人申请有关人员回避的，可以口头或者书面提出，并且说明理由；口头提出的，应当记录在案。

当事人及其法定代理人、辩护人、诉讼代理人根据《刑事诉讼法》第29条及《最高人民法院关于审判人员严格执行回避制度的若干规定》第2条的规定提出回避申请的，应当提供相关证据材料。

二、回避的审查决定

回避应当由法律规定的组织或者人员依法进行审查，并且作出是否回避的决定。根据刑事诉讼法的规定，侦查人员、检察人员、审判人员的回避，应当分别由公安机关负责人、检察长、法院院长决定；法院院长的回避，由本院审判委员会决定；检察长和公安机关负责人的回避，由同级人民检察院检察委员会决定；书记员、翻译人员、鉴定人的回避，应当根据其所处诉讼阶段分别由法院院长、检察长、公安机关负责人决定。根据有关司法解释的规定，侦查人员的回避以及侦查过程中鉴定人、记录人、翻译人员的回避，由县级以上公安机关负责人决定，县级以上公安机关负责人的回避，由同级人民检察院检察委员会决定；检察长的回避，由检察委员会讨论决定，检察委员会讨论检察长回避问题时，由副检察长主持，检察长不得参加；审判委员会讨论院长回避问题时，由副院长主持，院长不得参加。

公安司法等人员应当回避的，如果本人没有自行回避，当事人及其法定代理人、辩护人、诉讼代理人也没有申请其回避的，法院院长、检察长、公安机关负责人或者审判委员会、检察委员会应当决定其回避。

一般来讲，需要回避的人员在有关人员或者组织作出是否回避的决定前，就应当暂停参与本案，以保证诉讼活动的公正进行。但是，根据刑事诉讼法及有关司法解释、部门规章的规定，对侦查人员的回避作出决定前或者复议期间，侦查人员不能停止对案件的侦查。这是侦查工作的性质所决定的。

司法机关对当事人及其法定代理人、辩护人、诉讼代理人的回避申请进行审查或者调查，符合法律规定回避条件的，应当作出回避决定；不符合法律规定回避条件的，应当驳回申请。

参考案例5—1

王某是某公安机关的法医，在一起刑事案件的法庭审理中，人民法院聘请王某担任该案鉴定人。本案的被告人提出王某与本案有利害关系，申请回避。依照刑事诉讼法的有关规定，谁有权对王某是否需要回避作出决定？对这一问题的判断，首先涉及是由法院作出回避的决定还是王某所在单位公安机关作出决定的问题。对于这一问题，根据刑事诉讼法的规定，应由法院而不是公安机关作出决定。另外，根据有关司法解释的规定，对书记员、翻译人员、鉴定人员的回避问题由人民法院院长决定，而不由审判长决定。因此，本案中关于王某的回避，应当由本院院长决定。

三、对驳回申请的复议

刑事诉讼法规定，对驳回申请回避的决定，当事人及其法定代理人、辩护人、诉讼代理人可以申请复议一次。这是对当事人及其法定代理人、辩护人、诉讼代理人申请回避诉讼权利的充分保障。

根据《公安机关办理刑事案件程序规定》，公安机关作出驳回申请回避的决定后，应当告知当事人及其法定代理人，如不服本决定，可以在收到驳回申请回避决定书后五日内向原决定机关申请复议一次；当事人及其法定代理人对驳回申请回避的决定不服申请复议的，决定机关应当在五日以内作出复议决定并书面通知申请人。

根据最高人民法院的司法解释，被决定回避的人员对决定有异议的，可以在恢复庭审前申请复议一次；被驳回回避申请的当事人及其法定代理人对决定有异议的，可以当庭申请复议一次。另外，不属于《刑事诉讼法》第 28 条和第 29 条所列情形的回避申请，即不属于法律规定回避情形的，由法院当庭驳回，并不得申请复议。

【引例评析】

乙作为人民检察院检察长，应当自行回避，且检察长的回避应当由同级人民检察院检察委员会决定。根据我国《刑事诉讼法》第 28 条的规定："审判人员、检察人员、侦查人员有下列情形之一的，应当自行回避，当事人及其法定代理人也有权要求他们回避：（一）是本案的当事人或者是当事人的近亲属的……"由此，乙是本案当事人甲的近亲属，作为检察人员，应该自行回避；又据《刑事诉讼法》第 30 条规定，检察长应当由本人民检察院检察委员会决定是否回避。

【本章小结】

回避是一项重要的诉讼制度，已为当今世界各国所普遍采用，对刑事诉讼具有重要的意义。回避制度是刑事诉讼公正进行的制度保障，有利于当事人诉讼权利的行使和接受案件处理结果；有利于维护司法机关的权威。回避有三种，即自行回避、申请回避和决定回避。回避的理由也就是法律和有关司法解释所规定的应当回避的具体情形。刑事诉讼中适用回避的人员包括：侦查人员、检察人员、审判人员、书记员、翻译人员、鉴定人。侦查人员、检察人员、审判人员的回避，应当分别由公安机关负责人、检察长、法院院长决定；院长的回避，由本院审判委员会决定；检察长和公安机关负责人的回避，由同级人民检察院检察委员会决定；书记员、翻译人员、鉴定人的回避，应当根据其所处诉讼阶段分别由法院院长、检察长、公安机关负责人决定。

【练习题】

一、名词解释

回避　自行回避　申请回避

二、思考题

1. 应当回避的理由有哪些？
2. 回避适用于哪些人员？
3. 回避由谁来决定？

三、案例分析题

刘丽（女）与张梅（女）发生争吵，继而相互厮打，刘丽凭强壮的身体将张梅衣服扯下，致其全身裸露，并进行侮辱谩骂，时间长达20多分钟，致众多人围观。第二天张梅以侮辱罪对刘丽提起自诉。某区人民法院于受理案件后第10天开庭审判。法庭开庭审理时，刘丽以某一审判员与张梅是近亲属为由，要求该审判员回避。

问题：

对刘丽的回避申请，合议庭应当如何处理？

A. 合议庭决定休庭，由审判长决定并告知刘丽。

B. 合议庭决定休庭，向本院院长汇报，由院长决定并告知刘丽。

C. 法庭应当庭驳回，并不得申请复议。

D. 法庭对此申请可以不予理睬，继续开庭。

分析要点提示：

对审判人员依法提出回避是当事人享有的一项基本诉讼权利。根据刑事诉讼法的规定，对审判人员的回避，应当由本院院长决定。

第六章 辩护与代理

【本章引例】

于之，男，1980年2月出生，A县某中学学生。1998年4月，于之在春游时结识了本校学生阴某（女，1985年8月出生），二人开始"交朋友"。1998年7月30日，阴某到于之家玩，双方自愿发生了两性关系。此后的一个月内，二人又多次发生两性关系（阴某均系自愿）。1998年9月，阴某父母发现此事，随即向公安机关告发，公安机关以奸淫幼女罪将于之逮捕。在审判期间，于之委托许律师作为辩护人，并要求许律师为其作无罪辩护，理由是于、阴二人是朋友，并且每次发生两性关系都系双方自愿，被告人并未使用暴力或暴力威胁等违背阴某意志的方法。于之的父亲（A县副县长）也多次找到许律师，希望许律师为其子作无罪辩护。

许律师经过调查了解到，于之与阴某发生性关系前已经知道阴某的出生年月日，根据刑法规定，明知女方不满14周岁而与之发生性关系的，不论女方是否系自愿，均以强奸罪论。被告人声称的不构成犯罪的理由不能成立，作无罪辩护不符合法律与事实。尽管许律师反复对于之及其父亲进行法制教育，于氏父子仍然坚持他们的观点。许律师提出请他们更换辩护人，他们又不同意。在这种情况下，许律师作了从轻辩护，于之为自己作了无罪辩护。

【本章学习目标】

通过本章的学习，应当掌握如下内容：

1. 辩护、代理的概念和种类；
2. 辩护人、诉讼代理人的权利和义务；
3. 辩护人的范围、地位和责任；
4. 律师在侦查阶段为犯罪嫌疑人辩护的内容。

第一节 辩护的概念和种类

一、刑事辩护的概念和意义

辩护是指犯罪嫌疑人、被告人及其辩护人为了反驳控诉，根据事实和法律，提出有利于犯罪嫌疑人、被告人的证据材料，论证犯罪嫌疑人、被告人无罪、罪轻或者应当减轻、免除处罚的诉讼活动。法律关于辩护活动的规定，构成辩护制度。

辩护是犯罪嫌疑人、被告人实现辩护权及其他诉讼权利的基本方式。它能够反驳错误和不实的控告，防止公安司法机关及其工作人员出现主观片面性。

辩护是与控诉相对应的一种诉讼活动。辩护随着控诉的出现而出现，以控诉为自己存在的前提，与控诉活动相始终。辩护活动不论是犯罪嫌疑人、被告人实施的，还是辩护人实施的，都根源于法律赋予犯罪嫌疑人、辩护人的辩护权。如果没有关于辩护制度的法律规定，就不会有辩护的诉讼活动。此外，如果法律对辩护制度规定得不尽完善，辩护就不能充分开展，辩护活动就难以实现其应有的功能。

刑事辩护是现代刑事诉讼必须具备的一种诉讼制度，它的出现，表明刑事诉讼加强了对犯罪嫌疑人、被告人诉讼权利的保护，增进了刑事诉讼的民主气氛，可以有效防止公安司法机关及其工作人员的独断专横。辩护的意义可以概括为以下几点：

第一，辩护可以充分保护犯罪嫌疑人、被告人的合法权益。在刑事诉讼中，犯罪嫌疑人、被告人是被追究刑事责任的人，处于"防御"的地位。如果没有辩护，其诉讼权益就得不到保障。设立了辩护制度，犯罪嫌疑人、被告人不仅可以自行辩护，还可以委托律师、亲友辩护，改变他们完全处于被动地位的不合理状况。通过辩护，错误的控诉会受到反驳，犯罪嫌疑人、被告人的权利将受到尊重，法院在审判时也会听到与控诉方不同的意见，有助于作出正确的裁判。可见，有了辩护，诉讼中侵犯犯罪嫌疑人、被告人诉讼权利的行为将会减少，错误的控诉将会得到纠正，错误的裁判将会降到最低的限度，犯罪嫌疑人、被告人的合法权益就会得到比较全面的保护。

第二，辩护有助于公安司法机关全面查明案件事实，正确适用法律。全面查明案件事实，正确适用法律，是刑事诉讼追求的目的之一。通过辩护，犯罪嫌疑人、被告人及其辩护人，提出证明犯罪嫌疑人、被告人无罪、罪轻，或者具有减轻、免除处罚情节的事实材料，可以从有利于犯罪嫌疑人、被告人方面，向公安司法机关证明案件事实，防止公安司法机关仅从控诉的角度掌握案件事实和证据，避免在查明案件事实方面出现片面性；通过辩护，犯罪嫌疑人、被告人及其辩护人可以从法律上说明犯罪嫌疑人、被告人无罪、罪轻，或者应当对他们减轻、免除处罚，可以使公安司法机关听到有利于犯罪嫌疑人、被告人的意见，做到兼听则明，有助于正确适用法律。

第三，辩护有助于建立公平、民主的诉讼体制。在刑事诉讼中，国家的司法权力是强大的，并且处于支配的地位。但是，如果没有当事人的权利，司法权得不到制约，诉讼可能出现专横，诉讼的结果也不会公平。辩护的出现和有效进行，可以使得刑事诉讼形成控、辩、审三种基本的诉讼职能互相制约，防止出现司法专制。此外，通过辩护的进行，以辩护权为核心的当事人的诉讼权利将会得到实现，诉讼中的民主将会得到加强。

二、刑事辩护的种类

依照辩护活动产生的根据不同，我国刑事诉讼法将其分为自行辩护、委托辩护和指派辩护。

（一）自行辩护及其优缺点

自行辩护，是指犯罪嫌疑人、被告人为自己所作的申辩活动，这种辩护直接根源于宪法和刑事诉讼法授予犯罪嫌疑人、被告人的辩护权。

自行辩护作为一种实现辩护权的方式，有以下优点：

第一，自行辩护是一种最为主动的辩护。自行辩护是犯罪嫌疑人、被告人自己为自己所作的辩护，就辩护主体而言，其辩护的主观愿望最为强烈，只要有机会和条件，他们都要尽其所能进行申辩。

第二，可以进行自行辩护的时间最长。根据我国刑事诉讼法的规定，当一个公民被确定为犯罪嫌疑人后，在侦查人员第一次讯问时，就有权为自己辩护。这种辩护活动可以持续到刑事诉讼活动结束。

第三，自行辩护可以举出一些有利于犯罪嫌疑人、被告人的事实、情节和证据。犯罪嫌疑人、被告人对于自己是否犯罪是最为清楚的。如果他没有犯罪，或者犯罪较轻，或者案件中有一些有利于他的事实情节，他们都会在自行辩护中主动讲出来。

犯罪嫌疑人、被告人自行辩护也有其局限性，主要表现在以下几个方面：

（1）犯罪嫌疑人、被告人虽然是案件的当事者，但并非对整个案件事实都能说清楚。比如对于一些完全错误的控告，犯罪嫌疑人、被告人不是犯罪分子，他并不知道事实真相，也不知道为什么把罪责加在自己身上。对于行为是犯罪嫌疑人、被告人所为的案件，有的问题犯罪嫌疑人、被告人可以讲清楚，如事实情节方面，但有的要涉及专门知识或是属于适用法律方面的问题，犯罪嫌疑人、被告人则难以讲清。此外，犯罪嫌疑人、被告人在侦破、预审期间，对公安机关收集的物证、书证、证人证言、被害人陈述、鉴定意见、勘验笔录等证据材料一无所知或知之甚少。这种情况下，犯罪嫌疑人、被告人很难进行有效的辩护。

（2）犯罪嫌疑人、被告人是直接当事者，案件的结局与其有切身的利害关系，因此其一般会产生各种异常的心理状态，比如，有的犯罪嫌疑人、被告人由于监押时间长，产生绝望、恐惧等不正常的心理状态，听天由命放弃辩解；有的基于痛悔心情，听任司法机关处理，消极等待；有的为了减轻、开脱其同伙的罪责，把别人做的事情揽在自己身上。这些情况下，犯罪嫌疑人、被告人也不能很好地行使辩护权。

（3）大多数犯罪嫌疑人、被告人不懂法律或不熟悉法律，缺乏对有关罪名、情节、量刑等方面的法律知识，很难从法律上提出证明自己无罪、罪轻或免除刑事责任的申辩意见。

（4）犯罪嫌疑人、被告人处于被追究刑事责任的地位，故在诉讼中被采取强制措施而被限制、剥夺了人身自由，从而失去了收集证据的条件，这就使犯罪嫌疑人、被告人证明自己无罪、罪轻的主观愿望因受客观条件的限制而难以实现，其辩护也显得软弱无力。

（二）委托辩护及有关的法律规定

委托辩护是指由犯罪嫌疑人、被告人或其法定代理人、监护人、近亲属与可以充当辩护人的公民或律师订立委托协议，有关公民或者律师根据该协议而进行的辩护活动。委托辩护产生的根据，是犯罪嫌疑人、被告人或其法定代理人的委托授权，而非法律的直接规定。

我国刑事诉讼法就委托辩护作了充分的法律规定：

（1）关于委托辩护的时间。根据我国《刑事诉讼法》第33条的规定，犯罪嫌疑人在侦查和审查起诉阶段，都有权委托辩护人。被告人有权随时委托辩护人。

（2）关于委托辩护人的范围和数量。《刑事诉讼法》第32条规定，犯罪嫌疑人、被告人可以委托一至二人为自己辩护。在侦查阶段，只能委托律师为犯罪嫌疑人辩护。在审查起诉和审判阶段，委托辩护人可以是律师，也可以是人民团体或犯罪嫌疑人、被告人所在单位推荐的人，还可以是犯罪嫌疑人、被告人的监护人、亲友。

（3）公安、司法机关在委托辩护方面，对犯罪嫌疑人、被告人承担一定的义务。根据《刑事诉讼法》第33条的规定，这些义务主要是告知和提供便利的义务。对于犯罪嫌疑人、被告人享有的委托辩护权，公、检、法机关在不同的诉讼阶段，均负有告知的义务；对于在押的犯罪嫌疑人、被告人提出的委托辩护人的要求，法院、检察院和公安机关应当及时转达，为委托辩护提供便利。

（三）指派辩护及其法定情形

指派辩护是指由法律援助机构指派的辩护人为犯罪嫌疑人、被告人进行的辩护活动。根据我国刑事诉讼法的规定，指派辩护存在于侦查、审查起诉和审判三个阶段，对于具有法定情形的犯罪嫌疑人、被告人，公安机关、检察院和法院都有义务通知法律援助机构为犯罪嫌疑人、被告人指派辩护人。指派的辩护人均由律师担任。

根据《刑事诉讼法》第34条、第267条的规定，指派辩护有以下四种法定情形：

第一，犯罪嫌疑人、被告人因经济困难或者其他原因没有委托辩护人，本人及其近亲属向法律援助机构提出申请的。根据相关司法解释，"犯罪嫌疑人、被告人因经济困难或者其他原因没有委托辩护人的"，主要包括如下几种情况：（1）符合当地政府规定的经济困难标准的；（2）本人确无经济来源，其家庭经济状况无法查明的；（3）本人确无经济来源，其家属经多次劝说仍不愿为其承担辩护律师费用的；（4）共同犯罪案件中，其他被告人已委托辩护人的；（5）具有外国国籍的；（6）案件有重大社会影响的；等等。对符合法律援助条件的，法律援助机构应当指派律师为其提供辩护。

第二，犯罪嫌疑人、被告人是盲、聋、哑人，或者是尚未完全丧失辨认或者控制自己行为能力的精神病人，没有委托辩护人的。犯罪嫌疑人、被告人是盲、聋、哑或者尚未完全丧失辨认或者控制自己行为能力的精神病人，因其生理上的缺陷或者精神上的障碍，他们认识事物和表达思想的能力与正常人相比，一般会弱一些，这可能导致在庭审中对证据的识别以至辩护都存在障碍，因而应当由辩护律师维护他的合法权利。对于这种情况，法院、检察院和公安机关应当通知法律援助机构指派律师为其提供辩护。该规定适用于侦查、审查起诉和审判阶段，义务主体包括人民法院、人民检察院、公安机关和法律援助机构。

第三，犯罪嫌疑人、被告人可能被判处无期徒刑、死刑，没有委托辩护人的。"犯罪嫌疑人、被告人可能被判处无期徒刑、死刑"的案件，是非常严重的刑事案件，犯罪嫌疑人、被告人如果没有委托辩护人，法官可能听不到全面的辩护意见，犯罪嫌疑人、被告人的合法权益就难以得到全面的维护。为了保证这类案件判决的正确性，法院、检察院和公安机关应当通知法律援助机构指派律师为其提供辩护。

第四，犯罪嫌疑人、被告人是未成年人，没有委托辩护人的。未成年的犯罪嫌疑人、被告人，由于身心发育不全，没有健全的成年人那样的辩护能力，如果没有辩护人的帮助，他们难以实现辩护，合法权益也可能得不到有效的保障。所以，法院、检察院和公安机关应当通知法律援助机构指派律师为他们辩护。

刑事诉讼法规定的指派辩护，其实质是免费为一些特殊的犯罪嫌疑人、被告人提供辩护律师。司法实践中，有的犯罪嫌疑人、被告人拒绝法律援助机构指派的律师为其提供辩护。在这种情况下，公安、司法机关应当询问拒绝的原因。如果犯罪嫌疑人、被告人有误解的，应当向他解释清楚，说明指派辩护的意义。如果犯罪嫌疑人、被告人拒绝的原因是想自己委托辩护人的，公安、司法机关应当允许，而不再为其指派。如果犯罪嫌疑人、被告人在听了解释后仍然坚持拒绝指派的辩护人为其提供辩护的，公安、司法机关应当记录在案。但是，犯罪嫌疑人、被告人如果是盲、聋、哑人，或者是尚未完全丧失辨认、控制自己行为能力的精神病人、未成年人的，或者是可能被判处无期徒刑、死刑的，需另行委托辩护人，或者由法律援助机构另行指派辩护人。

第二节　辩护人的范围

一、辩护人的概念

《刑事诉讼法》第11条规定，被告人有权获得辩护。第32条规定："犯罪嫌疑人、被告人除自己行使辩护权以外，还可以委托一至二人作为辩护人。下列的人可以被委托为辩护人：（一）律师；（二）人民团体或者犯罪嫌疑人、被告人所在单位推荐的人；（三）犯罪嫌疑人、被告人的监护人、亲友。正在被执行刑罚或者依法被剥夺、限制人身自由的人，不得担任辩护人。"根据这些法律规定，在我国刑事诉讼中，辩护的主体有犯罪嫌疑人、被告人和辩护人。所谓辩护人，是指在刑事诉讼中，根据犯罪嫌疑人、被告人或者他们的法定代理人、监护人、近亲属的委托，或者根据法律援助机构的指派，为犯罪嫌疑人、被告人进行辩护的人。辩护人包括律师和没有律师身份的其他公民。犯罪嫌疑人、被告人尽管也可以进行辩护，但他们不属于辩护人。

二、辩护律师

律师辩护是指律师担任辩护人为犯罪嫌疑人、被告人进行的辩护，辩护律师是以律师身份担任的辩护人。《中华人民共和国律师法》（简称《律师法》）第2条规定，律师是指依法取得律师执业证书，接受委托或者指定，为当事人提供法律服务的执业人员。律师担任辩护人为犯罪嫌疑人、被告人进行辩护，是其一项主要的业务。与其他几种可以充当辩护人的人相比较，律师是最理想的辩护人。而犯罪嫌疑人、被告人自行辩护和律师以外的其他公民的辩护在实践中常常带一定的局限性。

律师之所以是最理想的辩护人，是因为他的辩护有以下优点：

（1）律师具有丰富的法律专业知识和辩护实践经验。律师一般都受过法律专业训练，取得了执业资格，又在实际工作中积累了一定的办案经验，对与各种案件相关的法律条文和犯罪嫌疑人、被告人的各项诉讼权利比较熟悉，对事实是否清楚、证据是否确实、充分，对案件如何定性量刑往往看得比较准，辩护中能抓住关键问题，根据案情采取比较切实可行的措施，在维护犯罪嫌疑人、被告人合法权益方面，比犯罪嫌疑人、被告人自行辩护和其他公民辩护更能起到有效的作用。

（2）辩护律师具有其他辩护人所没有的广泛的诉讼权利，如有权到法院查阅本案的卷宗材料，有权与在押的犯罪嫌疑人、被告人会见和通信，有权向有关单位和个人进行调查，这样就有条件了解大量的案件信息，对犯罪事实是否清楚，证据是否确实、充分，适用法律是否恰当等，有一个总体和全面的把握，从而能切实维护犯罪嫌疑人、被告人的合法权益。

（3）律师出庭辩护，是依法履行职务的正当业务活动。而且，《律师法》明确规定，"律师执业受法律保护"，"律师担任诉讼代理人或者辩护人的，其辩论或者辩护的权利依法受到保障"。因而，律师辩护时没有思想顾虑，可以充分发挥辩护的作用。

（4）律师都归属于某个律师事务所，他们对于承办的疑难案件一般都邀请同行进行集体讨论，这样可以集思广益，取长补短，防止或减少漏辩、错辩，从而保证辩护工作的质量。

三、担任辩护人的其他公民

非律师辩护是指没有律师身份的其他公民为犯罪嫌疑人、被告人提供的辩护。根据刑事诉讼法的规定，可以作为辩护人的其他公民有：人民团体或者犯罪嫌疑人、被告人所在单位推荐的公民和犯罪嫌疑人、被告人的监护人、亲友。我国目前已经有了20多万人的律师队伍，为什么还允许不是律师的其他公民辩护呢？中国的律师尽管已有20多万人，但与中国的总人数相比，还显得较少，而且分布非常不均匀，主要集中在大城市和一些经济较为发达的中等城市，广大的中、小城市和农村，律师的人数非常少。允许非律师的其他公民为犯罪嫌疑人、被告人提供辩护，可以弥补律师数量上的不足。此外，人民团体或者犯罪嫌疑人、被告人所在单位推荐的人作辩护人，也有一定的好处。有些案件涉及一些专业知识，由人民团体（例如一些学术团体）或者犯罪嫌疑人、被告人所在的单位推荐的人作辩护人，可以从专业知识方面发表一些辩护意见。犯罪嫌疑人、被告人的监护人、亲友是犯罪嫌疑人、被告人最信任的人，犯罪嫌疑人、被告人可能最希望他们担任辩护人。所以，法律也将他们纳入辩护人的范围之内。

律师以外的公民担任辩护人有他们的优势，比如，可能较易取得犯罪嫌疑人、被告人的信任。但也有他们的局限性，这主要表现在以下几个方面：

（1）他们一般缺乏法律知识，办案经验不足，难以把握辩护的重点；

（2）不具有法定的调查取证、会见在押犯罪嫌疑人和被告人、阅卷的权利，因而对案情的了解会有很大的局限性；

（3）犯罪嫌疑人、被告人的亲友、监护人以及与犯罪嫌疑人、被告人有其他关系的公民，由于与犯罪嫌疑人、被告人关系密切，可能因受感情上的影响而使辩护意见偏激；

（4）有些人存在某些思想顾虑，往往因害怕受株连而不肯出庭辩护，即使出庭，也怕被说是"包庇罪犯"而顾虑重重，不敢据理力争。

四、不能担任辩护人的公民

刑事诉讼法不仅规定了哪些人可以接受委托担任辩护人，也规定了哪些人不能接受委托担任辩护人。依照刑事诉讼法的规定，下列人员不能担任辩护人。

（一）正在被执行刑罚的人

"正在被执行刑罚的人"是指被生效的法院判决、裁定确定为罪犯，正在接受刑事处罚的人。这些人是犯了罪的人，没有资格在庄严的法庭上依法为他人辩护。正在被执行刑罚的人包括自由刑执行后正在执行剥夺政治权利刑罚的人，但被剥夺政治权利的人是被告人的近亲属或监护人的除外。根据最高人民法院的司法解释，被宣告缓刑的人也不得担任辩护人。这里的被宣告缓刑的人，是指缓刑宣告后正在缓刑考验期内的人。此外，处于假释考验期间的人也不得担任辩护人。

（二）依法被剥夺、限制人身自由的人

"依法被剥夺、限制人身自由的人"中，除了被判自由刑正在执行的外，还包括：刑事诉讼中被采取了取保候审、监视居住、拘留、逮捕等强制措施的人；依法被行政拘留的人；被法院采取了司法拘留的人。这些人被剥夺或者被限制了人身自由，失去了辩护的客观条件，所以不得充当辩护人。

在司法实践中，除了上述两种人员以外，下列人员一般也不得担任辩护人：

（1）无行为能力或者限制行为能力的人；

（2）人民法院、人民检察院、公安机关、国家安全机关和监狱的现职工作人员；

（3）人民陪审员；

（4）与本案的审理结果有利害关系的人；

（5）外国人或者无国籍的人。

上述第（2）种至第（5）种人员如果是犯罪嫌疑人、被告人的监护人、近亲属，由犯罪嫌疑人、被告人委托担任辩护人的，可以准许。

第三节　辩护人的诉讼地位和责任

一、辩护人的诉讼地位

根据《刑事诉讼法》第 106 条第 4 项的规定，辩护人是一种诉讼参与人。辩护人参加诉讼与诉讼代理人不同，他不是在委托人授权范围内进行诉讼活动，而是可以根据事实和法律的规定，独立自主地发表辩护意见。因此，辩护人是刑事诉讼中具有独立诉讼地位的诉讼参与人。

辩护人和刑事诉讼中的犯罪嫌疑人、被告人是一种被委托与委托、服务与被服务的关系。根据《刑事诉讼法》第 35 条的规定，辩护人并不受命于犯罪嫌疑人、被告人。辩护人应当维护犯罪嫌疑人、被告人的诉讼权利和其他合法权益，但他不论是提出犯罪嫌疑人、被告人无罪、罪轻或者减轻、免除其刑事责任的材料，还是发表论证犯罪嫌疑人、被告人无罪、罪轻或者减轻、免除其刑事责任的意见，法律均要求他根据事实和法律，而不要求他必须接受犯罪嫌疑人、被告人的意见。因此，我们可以说，辩护人并不是犯罪嫌疑人、被告人的"传声筒"和"代言人"。辩护人完全可以根据自己对事实和法律的理解，发表独立自主的辩护意见，不受犯罪嫌疑人、被告人意志的左右。此外，辩护人维护的是犯罪嫌疑人、被告人的诉讼权利和其他合法权益，而不是他们的所有利益。凡是依照法律规定应当限制或者剥夺的权利，辩护人均不应当予以维护。

辩护人和审判人员都是法律专业人员，他们在诉讼中的关系是一种配合与制约的关系。辩护人和审判人员参加诉讼的目的是一致的，都希望案件得到公正处理，法律得到正

确实施，被告人的合法权益得到有效维护。但是，辩护人和审判人员的诉讼地位又是不同的。在审判过程中，审判人员主持诉讼的进行，辩护人要听从审判人员的指挥。审判人员在诉讼中行使的是审判职能，律师在诉讼中行使的是辩护职能。在刑事诉讼中，律师站在维护被告人合法权益的立场上发表辩护意见，不受审判人员意志的左右。他们的辩护既可以提醒审判人员在判决时注意保护被告人的合法权益，保证裁判的公正，又可以制约审判人员可能发生的侵犯被告人合法权益的行为。因此，辩护人的辩护活动是对审判人员的配合与制约。

辩护人和公诉人的关系，是一种相互对抗与制约的关系。公诉人在刑事诉讼中属于控诉一方，承担控诉职能，他们的诉讼活动主要围绕着控诉犯罪嫌疑人、被告人的行为构成犯罪而展开，其诉讼的直接目的是要求法院对被告人定罪量刑；辩护人在刑事诉讼中属于辩护一方，承担辩护职能，他们的诉讼活动围绕着维护被告人的合法权益而展开，根据事实和法律，或论证被告人不是犯罪人，或说明被告人罪轻，有减轻、免除处罚的情节，其诉讼的直接目的，是求得一个有利于被告人的判决或裁定。因此，公诉人与辩护人的关系是"对抗性"的，在刑事诉讼中往往要发生激烈的论战。但是，辩护人和公诉人的关系有对立，也有统一。他们统一于一个刑事诉讼中，其前提是案件得到公正的处理，双方的辩论都要在事实和法律的基础上进行。没有这样一个统一关系，对立是毫无意义的。

二、辩护人的权利和义务

辩护人作为一种重要的诉讼参与人，他们也享有诉讼权利，承担诉讼义务。

辩护人享有的诉讼权利，主要有如下几项：

（1）依据事实和法律独立辩护。根据《刑事诉讼法》第35条的规定，辩护人有权根据事实和法律辩护，不受审判机关及其工作人员、公诉机关及其工作人员的干涉，也不受委托人意志的约束。

（2）与犯罪嫌疑人、被告人会见和通信的权利。根据《刑事诉讼法》第37条的规定，辩护律师可以同在押的犯罪嫌疑人会见和通信，其他辩护人经法院、检察机关许可，也可以同在押的犯罪嫌疑人、被告人会见和通信。在侦查阶段，如果案件属于危害国家安全犯罪、恐怖活动犯罪、特别重大贿赂犯罪，辩护律师会见在押的犯罪嫌疑人的，需要经过侦查机关许可。辩护人有权随时同未关押的犯罪嫌疑人、被告人会见和通信。

（3）查阅案卷材料的权利。根据《刑事诉讼法》第38条的规定，辩护律师自检察机关对案件审查起诉之日起，可以查阅、摘抄、复制本案的案卷材料。其他辩护人经检察院、法院许可，也可以查阅、摘抄、复制上述材料。

（4）调查收集证据的权利。根据《刑事诉讼法》第41条的规定，辩护律师经证人或者其他有关单位和个人同意，可以向他们收集与本案有关的材料；经人民检察院或者人民法院许可，并且经被害人或者其近亲属、被害人提供的证人同意，可以向他们收集与本案有关的材料。

（5）申请收集、调取证据或者申请通知证人出庭作证的权利。根据《刑事诉讼法》第39条、第41条的规定，辩护律师可以申请人民检察院、人民法院收集、调取证据，也可以申请人民法院通知证人出庭作证。

（6）在适当时间获得起诉书副本和开庭通知的权利。根据《刑事诉讼法》第182条的规定，在开庭十日以前，人民法院应当将起诉书副本送达辩护人；在开庭三日以前，人民法院应当将开庭的通知书送达辩护人。

（7）参加法庭调查的权利。根据《刑事诉讼法》第185条至第187条、第189条和第190条的规定，辩护人有权参加法庭调查。经审判长许可，辩护人可以向被告人、证人、鉴定人发问；有权向法庭出示物证；有权对在法庭上出示、宣读的证据发表意见；有权申请通知新的证人到庭、调取新的物证；申请重新鉴定或者勘验。

（8）向公安、司法机关表达和提出辩护意见的权利。根据《刑事诉讼法》第159条、第170条的规定，辩护律师在侦查阶段和起诉阶段，有权向侦查、审查起诉人员口头表达辩护意见，也有权提交书面的辩护意见；根据《刑事诉讼法》第193条的规定，在法庭上，经审判长许可，辩护人可以对证据和案件情况发表意见，并有权同公诉人、自诉人、被害人及他们的诉讼代理人进行辩论。

（9）对非法诉讼行为的申诉和控告权。根据《刑事诉讼法》第14条的规定，作为诉讼参与人之一的辩护人，对于审判人员、检察人员和侦查人员侵犯公民诉讼权利和人身侮辱的行为，有权提出控告。根据《刑事诉讼法》第47条的规定，辩护人如果认为公安机关、人民检察院、人民法院及其工作人员阻碍其依法行使诉讼权利的，有权向同级或者上一级人民检察院申诉或者控告。

（10）拒绝辩护的权利。根据《律师法》第32条第2款的规定，委托人利用律师提供的服务从事违法活动，或者向律师隐瞒重要事实的，辩护律师有权拒绝辩护。

（11）保密的权利。根据《刑事诉讼法》第46条的规定，辩护律师对在执业活动中知悉的委托人的有关情况和信息，有权予以保密。但是，辩护律师如果发现委托人或者其他人准备或正在实施危害国家安全、公共安全以及严重危害他人人身安全的犯罪的，应当及时告知司法机关。

除了上述法定的权利外，辩护人可以经过犯罪嫌疑人、被告人的授权，取得一些犯罪嫌疑人、被告人享有的诉讼权利，如上诉权等。

《刑事诉讼法》对辩护人的诉讼义务规定的内容不多，正面作出规定的仅有第42条，其规定了三项义务：第一，不得帮助犯罪嫌疑人、被告人隐匿、毁灭、伪造证据或者串供；第二，不得威胁、引诱证人作伪证；第三，不得进行其他干扰司法机关诉讼活动的行为。辩护人是诉讼参与人，法律规定的诉讼参与人的义务，也应当是辩护人的诉讼义务。律师法以及有关律师管理的行政规章规定的辩护律师应当遵守的规定，也应当是辩护律师的义务。例如，《律师法》第40条规定，律师不应当违反规定会见法官、检察官，这也是辩护律师在刑事诉讼中应当遵守的义务。

律师违背上述义务，应当被追究法律责任。

三、辩护人的责任

《刑事诉讼法》第35条规定，辩护人的责任是根据事实和法律，提出犯罪嫌疑人、被告人无罪、罪轻或者减轻、免除其刑事责任的材料和意见，维护犯罪嫌疑人、被告人的诉讼权利和其他合法权益。《律师法》第31条也对律师的辩护责任作了基本相同的规定。根据这两条法律的规定，辩护人的责任是：根据事实和法律，提出证明犯罪嫌疑人、被告人无罪、罪轻或者减轻、免除其刑事责任的材料和意见，维护犯罪嫌疑人、被告人的包括诉讼权利在内的合法权益。

辩护人的辩护责任也是辩护人辩护的任务，它本身包含下述三个层次的内容。

（一）确立维护犯罪嫌疑人、被告人诉讼权利和其他合法权益的辩护目的

辩护人辩护的目的是维护犯罪嫌疑人、被告人的诉讼权利和其他合法权益。合法权益是指法律所保护的一切权利和利益，理论上包括诉讼权利。犯罪嫌疑人、被告人尽管是被追究刑事责任的人，也有应当保护的合法权益，比如，犯罪嫌疑人、被告人的人格尊严、姓名权、健康权以及根据刑事诉讼法享有的诉讼权利，都是应当保护的。任何人侵犯或非法剥夺他们的合法权益，都是非法的。辩护人参加诉讼就在于保护犯罪嫌疑人、被告人的合法权益免受侵犯。但是，我们应当清楚地知道，辩护人维护的是犯罪嫌疑人、被告人的合法权益，对于因其犯罪而依法应当限制或剥夺的公民权利，比如诉讼过程中应当采取强制措施而限制或剥夺的人身自由权，则不应维护。因此，辩护人不是犯罪嫌疑人、被告人一切利益的维护者，而仅是其合法权益的维护者。在诉讼过程中，辩护人从其承担的责任出发，应当提出有利于犯罪嫌疑人、被告人合法权益的材料和意见，原则上不得实施任何不利于犯罪嫌疑人、被告人的行为。

（二）坚持"以事实为依据，以法律为准绳"的辩护准则

辩护人为犯罪嫌疑人、被告人进行辩护的准则，是以客观事实为根据，以法律为准绳。辩护人在诉讼中发表辩护意见，应当尊重查证属实的证据和已经查明的案件事实，不能凭空想象。司法实践中，由于对案件事实的认识和对法律理解的差异，犯罪嫌疑人、被告人与辩护律师之间，对如何进行辩护，会有不同的观点，在这种情况下，辩护人不必强求与犯罪嫌疑人、被告人辩护意见一致，可以根据自己对事实的认识和对法律的理解，独立自主地发表辩护意见。

（三）立足于法律规定的方式实施辩护

辩护人辩护的基本方式，是提出犯罪嫌疑人、被告人无罪、罪轻或减轻、免除其刑事责任的材料和意见。提出犯罪嫌疑人、被告人无罪、罪轻或者减轻、免除其刑事责任的材料，是指提出能够证明犯罪嫌疑人、被告人无罪、罪轻或减轻、免除其刑事责任的事实、情节和证据；提出证明犯罪嫌疑人、被告人无罪、罪轻或减轻、免除其刑事责任的意见，是指根据事实、证据和法律，论证犯罪嫌疑人、被告人无罪、罪轻或应当对犯罪嫌疑人、被告人作减轻、免除其刑事责任的处理。提出材料和提出意见二者不可分割，也不可偏废。

在1996年我国对《刑事诉讼法》进行修改之前，由于刑事诉讼法奉行"职权主义"精神，法庭调查基本上是由法官运用审问的方式来进行，控诉证据和辩护证据也由法官来出示，控诉方和辩护方在这个阶段上几乎没有什么对抗。在那种情况下，辩护人在法庭上的辩护，基本上是读一个系统的辩护词，律师辩护的方式，往往局限于提出一个"论证被告人无罪、罪轻或者应当减轻、免除其刑事责任"的意见。根据现行《刑事诉讼法》第186条至第193条的规定，我国刑事诉讼吸收了"当事人主义诉讼"的合理因素，改变了以前的审判方式，法庭调查和法庭辩论不再有明显的界限，法庭调查在某种程度上实行了控辩双方的"对抗"，查明案件事实的工作，主要依靠控诉方、辩护方通过举证、发问、质证来完成。因而，1996年以后辩护人开展辩护的工作方式，就不能仅仅是发表一个辩护词，而应当注意通过质证的方式，审核控诉方举出的证据是否确实、充分；通过举证的方式，提出有利于犯罪嫌疑人、被告人的事实材料和证据；通过关注诉讼程序是否依法运行，保护犯罪嫌疑人、被告人的诉讼权利。

需要特别说明的是，刑事诉讼法所规定的辩护人的责任，是辩护人对犯罪嫌疑人、被告人承担的责任，而不是辩护人对公安、司法机关承担的责任。如果辩护人在刑事诉讼中没有提出证明犯罪嫌疑人、被告人无罪、罪轻或者减轻、免除其刑事责任的材料，公安、司法机关也不能因此作出不利于犯罪嫌疑人、被告人的裁判和决定。

由于诉讼阶段不同，辩护人履行责任的具体内容也是不同的。在审判阶段，辩护人履行责任最为充分，上述三个层次的责任内容都会有所体现。而在侦查和审查起诉阶段，辩护人履行责任的内容则比较简单。根据《刑事诉讼法》第36条的规定，辩护律师在侦查阶段的工作，主要有下列几种：通过以解答法律咨询为主，为犯罪嫌疑人提供法律帮助；通过代理申诉、控告和申请变更强制措施，维护犯罪嫌疑人的诉讼权利和其他合法权益；通过向侦查机关了解犯罪嫌疑人涉嫌的罪名和案件有关情况，从保护犯罪嫌疑人合法权益的立场出发，就如何处理案件发表意见。我国刑事诉讼法虽然没有就审查起诉阶段辩护律师的工作内容作出规定，但根据司法实际情况，辩护律师在这个阶段的工作，与侦查阶段是大体相同的。

第四节　刑事诉讼代理

一、刑事诉讼代理的概念

《刑事诉讼法》第44条规定："公诉案件的被害人及其法定代理人或者近亲属，附带民事诉讼的当事人及其法定代理人，自案件移送审查起诉之日起，有权委托诉讼代理人。自诉案件的自诉人及其法定代理人，附带民事诉讼的当事人及其法定代理人，有权随时委托诉讼代理人。"

根据刑事诉讼法的规定，刑事诉讼代理，是指除了犯罪嫌疑人、被告人以外的当事人或者他们的近亲属、法定代理人，与法律允许担任诉讼代理人的人订立协议，由他们代理这些当事人实施刑事诉讼行为的一种制度。从《刑事诉讼法》第44条的规定来看，刑事诉讼代理包括自诉人的代理、公诉被害人的代理和附带民事诉讼当事人的代理三种。

在刑事诉讼的代理中，只有委托代理而没有指定代理。委托人可以是当事人，也可以是他们的法定代理人。在特殊情况下，还可以是当事人的近亲属。被委托人也就是诉讼代理人，可以是律师，也可以是当事人的监护人、亲友，还可以是人民团体、有关单位推荐的公民。但是，正在被执行刑罚或者依法被剥夺、限制人身自由的人以及未成年人，不得作诉讼代理人。

刑事诉讼法对委托诉讼代理人的时间及人数作了规定。在公诉案件中，被害人及其法定代理人或者近亲属，附带民事诉讼当事人及其法定代理人，可以在案件移送审查起诉之日起，委托诉讼代理人。在自诉案件中，自诉人及其法定代理人，附带民事诉讼当事人及其法定代理人，可以随时委托诉讼代理人。一个当事人可以委托一人至二人为诉讼代理人。

在刑事诉讼中，犯罪嫌疑人、被告人因为必须亲自参加刑事诉讼，故不得委托诉讼代理人代理诉讼。为了保护他们的合法权益，法律允许其委托辩护人，人民法院在必要的时候还为他们通知法律援助机构指派辩护人。但是，当犯罪嫌疑人、被告人同时也是附带民事诉讼的被告人时，在委托辩护人的同时，还可以委托诉讼代理人。

二、诉讼代理人的权利和义务

诉讼代理人的权利，是指诉讼代理人在代理刑事诉讼过程中，可以做什么行为或者不做什么行为的许可。诉讼代理人的义务，是指诉讼代理人在代理刑事诉讼的过程中应当做什么行为或者不做什么行为的约束。

诉讼代理人是受委托代理有关当事人进行刑事诉讼活动的人，他们一要遵守法律的规定，二要在委托人授权的范围内进行活动。从理论上讲，诉讼代理人的权利和义务包括法定的权利和义务、约定的权利和义务。

法定的权利和义务，是指法律直接规定的诉讼代理人的权利和义务。我国《刑事诉讼法》第一编第四章"辩护与代理"并没有规定诉讼代理人的权利和义务，诉讼代理人的法定权利和义务，散见于《律师法》和《刑事诉讼法》其他章节的规定。

诉讼代理人的法定权利有：第一，代理律师可以查阅与本案有关的案卷材料（《律师法》第 34 条）；第二，代理律师可以调查收集证据（《律师法》第 35 条）；第三，代理律师在发现委托的事项违法、委托人利用律师提供的服务从事违法活动或者委托人向律师隐瞒事实时，可以拒绝代理（《律师法》第 32 条）；第四，在审查起诉阶段，被害人的诉讼代理人可以向人民检察院发表代理意见（《刑事诉讼法》第 170 条）；第五，诉讼代理人在法庭上经审判长许可，可以向被告人、证人、鉴定人发问（《刑事诉讼法》第 186 条、第 189 条）；第六，诉讼代理人有权申请通知新的证人到庭，调取新的物证，申请重新鉴定或者勘验（《刑事诉讼法》第 192 条）；第七，诉讼代理人有权对证据和案件情况发表意见（《刑事诉讼法》第 193 条）；第八，诉讼代理人有法庭辩论的权利（《刑事诉讼法》第 193 条）。

诉讼代理人的法定义务主要有：第一，代理律师无正当理由不得拒绝代理（《律师法》第 32 条）；第二，诉讼代理人应当遵守法庭秩序（《刑事诉讼法》第 194 条）等。

约定的权利和义务，是指在委托人与诉讼代理人达成委托代理的协议时，双方协商一致确定的诉讼代理人的权利和义务。这些权利、义务，一般载于委托人与诉讼代理人或其所在单位（主要指律师事务所）签订的协议，以及委托人出具的授权委托书。因为这些权利和义务具有"合意性"，所以不同的案件中代理人的权利是不同的。例如，如果自诉人把撤诉的权利授予诉讼代理人，他就可以在诉讼中实施撤诉行为。

【引例评析】

在本案中，许律师的做法是正确的。根据我国刑法的规定，于之明知阴某未满 14 周岁而与之发生性关系，已经构成强奸罪，应当受到法律的惩处。在这种情况下，根据刑事诉讼法和律师法对律师辩护责任的规定，许律师不能做无罪辩护，只能做从轻或者减轻辩护。于之及其父亲对许律师的要求没有法律根据。我国《刑事诉讼法》第 35 条规定辩护人的责任是根据事实和法律辩护，这奠定了辩护人在刑事诉讼中独立发表辩护意见的地位。因此，辩护人和被告人都是独立的辩护主体，可以发表意见不一致的辩护意见。许律师这样做，既没有违反辩护律师的责任，同时也维护了被告人于之的合法权益。

【本章小结】

辩护和代理是刑事诉讼中的重要制度，它们对于保护当事人的合法权益、防止司法专横有很重要的意义。本章主要论述了辩护、代理的概念、种类，辩护的方式，辩护人、诉讼代理人的权利和义务，讲述了辩护人的范围和责任，分析了律师在侦查阶段为犯罪嫌疑人辩护的内容。

辩护制度的设立，有利于促进公安、司法机关正确处理案件，防止办案人员主观片面、独断专横，做到兼听则明，以避免冤假错案的发生。辩护制度作为现代法治国家法律制度的重要组成部分，反映了一国诉讼制度和司法机关执法的民主性和公正性程度，对促进司法公正、保障诉讼民主有着十分重要的意义。

【练习题】

一、名词解释
辩护　指派辩护　自行辩护　刑事诉讼代理

二、思考题
1. 律师辩护的优点是什么？
2. 试述辩护律师的诉讼地位。
3. 哪些人不能充当辩护人？
4. 在刑事诉讼中，哪些人可以委托律师代理？

三、案例分析题
小石因收受他人贿赂被人民检察院立案侦查，因数额巨大，可能判处 10 年有期徒刑以上刑罚而被关押。在人民检察院对此案审查起诉期间，小石委托他的童年好友吴某作为他的辩护人。吴某是一所大学哲学系的副教授，接受委托后，他向人民检察院提出要同小石会见。

问题：
下列说法哪些是正确的？
A. 人民检察院应当拒绝吴某的申请。
B. 人民检察院可以拒绝吴某的申请。
C. 人民检察院不能拒绝吴某的申请。
D. 人民检察院可以同意吴某的申请，但在其与小石会见时应派员在场。

分析要点提示：
律师作为辩护人参加诉讼可享有调查取证、会见在押犯罪嫌疑人和被告人以及阅卷的权利，而其他辩护人一般不享有这些权利，未经许可不得会见在押的犯罪嫌疑人。

第七章 证 据

【本章引例】

某年 3 月 6 日晚，某市某区发生一起凶杀案。被害人是区人民武装部甲的岳父、妻子和女儿。犯罪分子杀人后纵火焚尸未果。公安机关在现场勘查时，收集到了一把带血的斧子，经查斧子是被害人家的。杀人犯同时取走了被害人家中的现金和存折，共计金额6 000 元。甲的妻子、女儿各自戴的进口手表及甲的岳父衣服口袋里的钱都没有被拿走。公安机关在侦查中先后排除了两个嫌疑人，最后，一个小学老师反映，他在案发当天傍晚5 点左右看见甲身穿黄色绒衣。从现场烧残的衣物中找到了一件袖头已被烧坏、前襟布满大量喷溅状血迹的黄色绒衣，这样，甲作案的嫌疑就产生了。

公安机关以甲为中心进行了一系列侦查活动，收集到下列几方面证据。

一是关于作案时间的证据：（1）证人乙证明，案发当日晚 6 点 35 分左右，看见甲从其岳父家走出，并与乙说了两句话；（2）被害人的单位和邻居证明，三个被害人是 5 点钟下班，6 点前先后到甲岳父家的；（3）甲所在单位同事证明，甲当日晚 7 点 10 分到单位值夜班，白天没有上班。

二是关于作案手段的证据：（1）经鉴定发现，在现场发现的带血的斧子上有甲的血指纹、掌纹；（2）根据死者伤口形状认定，斧子是杀人凶器；（3）甲的指甲里有人血残迹，经鉴定与三被害人血型相同；（4）甲当日穿的棉裤、黄色绒衣上有大量喷溅状血迹。

三是关于没有其他人进入犯罪现场的证据。现场勘查发现，作案现场为一单独宅院，当天下了小雨，院里除了甲与三被害人的新鲜脚印外，没有别人的新鲜脚印。

四是关于犯罪结果的证据：（1）经对三被害人尸体检验，证实三被害人皆因斧子砍、砸而亡；（2）在甲的单位办公桌抽屉里发现了其岳父的存折，内存 5 700 元。

五是关于犯罪后心理态度的证据：（1）甲在被捕前曾向公安机关说，3 月 6 日晚 6 点多钟他从其岳父家里出来，到区第三商店买了 5 个刮脸刀片，然后到单位值夜班了。（2）区第三商店值班经理证明，该商店 3 月 6 日晚 6 点准时关门，甲 6 点多钟不可能到商店买刮脸刀片。

六是关于犯罪动机的证据：（1）某商店工作人员反映，近一年多来，甲与该店出纳员刘某来往频繁，有通奸嫌疑。（2）在甲给刘某的信中以及甲的日记中，流露出怨恨其妻、女、岳父并伺机杀死他们与刘某结婚的犯罪动机。（3）经找出纳员刘某谈话，刘某称甲多次引诱她，二人最终发展成情人关系。刘打胎一次，身体受到伤害，一直逼甲与她结婚。

由于被告人甲在被捕前后除向公安机关讲了一些假话外，拒不交代自己所犯的罪行，被害人已经死亡，更无其他人目睹案件事实，本案没有直接证据可资利用，法院经过反复研究，认为本案间接证据确实、充分，足以认定被告人犯有杀人罪，因而判处被告人死刑，立即执行。

【本章学习目标】

通过本章的学习，应当掌握如下内容：

1. 证据的概念和特征；
2. 证据的分类；
3. 犯罪嫌疑人、被告人供述和辩解的特点；
4. 证明责任和举证责任；
5. 运用证据的原则。

第一节　证据的概念和分类

一、证据的概念与属性

刑事诉讼法对证据的概念以及表现形式作了规定，根据这些规定，所谓证据是指那些通过一定的形式表现出来，能够证明案件事实的材料。

证据是认定案件事实的客观依据，没有证据就无法认定案件事实，更无法追究犯罪嫌疑人的刑事责任，对被告人定罪量刑。因此，在刑事诉讼中，证据是极其重要的，没有证据，刑事诉讼活动既不能开始，也无法进行。

证据之所以能够证明案件事实，之所以在刑事诉讼中有如此重要的作用，是因为它具有证明力，即根据证据能够查清以前发生且司法人员并不知晓的案件事实。证据之所以有证明力，是因为它具有下述两种属性。

（一）客观性

证据的客观性是指证据都是客观存在的，不是主观想象和捏造的。它不以人们的意志为转移。如被告人用匕首杀死了人，作为证据的匕首就是客观存在的，不因为司法人员认为有就有，也不因为司法人员认为无就无。相反，一切未经证实的猜想、判断，就不是客观存在的，不能作为证据。

证据的客观性包括以下内容：其一，证据的存在及表现形式是人们看得见、摸得着的；其二，证据所反映或包含的内容是真实可靠和确凿无疑的。

强调证据具有客观性，有助于揭示案件的事实真相，防止公安司法人员凭主观臆断或想象办案而出现主观片面性。

（二）关联性

证据的关联性是指作为证据的客观事实都与案件事实有着一定的关系，不是毫不相干的。证据的关联性也是客观存在的，不是人为臆造的。

司法实践中，证据的关联性表现为正、反两个方面。正方面的关联性表现为肯定犯罪事实发生或肯定某人是犯罪人。这种情况下，作为证据的客观事实本身就是案件事实的组成部分。比如，证人亲眼看见被告人开枪杀人的事实，就是案件事实的主要组成部分；犯罪分子使用的凶器以及在犯罪现场留下脚印的事实，就是犯罪事实的组成部分。反方面的关联表现为否定犯罪事实发生或否定某人是犯罪人。在这种情况下，作为证据的客观事实与案件事实的联系有时不很明显，有时是有条件的，极易为人们所忽视。比如，甲男与乙女二人通奸。某日晚乙女宿于甲男处，因一氧化碳中毒死亡，甲男怕承担责任，暴露奸情，将乙女尸体扔到距其住处 10 千米的小河里。案发后甲男被捕。乙女一氧化碳中毒之事实掩盖于二人通奸、甲男移尸等事实中，极易被人们忽视。再如，某地发生抢劫案，公安机关怀疑是有抢劫前科的工人甲所为，但工人甲在发案之时在单位上班，无作案时间。"工人甲在单位上班"的事实与发生抢劫案的事实本来毫无关系，但当公安人员将工人甲列为犯罪嫌疑人时，它们之间才有联系。因此，"工人甲在单位上班"的事实（证据）只有在工人甲被作为犯罪嫌疑人或被告人的条件下，才与案件事实发生联系。

二、证据的分类

司法实践中，各个证据的内容及证明作用是不同的。为了对证据作深入分析，便于司法人员正确运用，学者们从不同的角度，依据一定标准，对证据进行划分。这种划分虽属学理性的，但对司法实践有很重要的指导意义。

国内外学者们对证据的分类是多种多样的，但下述四种对刑事司法实践有重要的指导意义。

（一）有罪证据与无罪证据

划分有罪证据和无罪证据的标准是：证据所证明的案件事实是肯定犯罪还是否定犯罪。有罪证据是指证明犯罪事实发生或犯罪嫌疑人、被告人有罪的证据；无罪证据是指证明犯罪事实没有发生或者犯罪嫌疑人、被告人没有犯罪的证据。

将证据划分为有罪证据与无罪证据，其目的在于提醒公安司法人员全面收集和运用证据，不能只重视有罪证据而忽视无罪证据，或者相反。只有全面收集有罪证据和无罪证据，加以分析和甄别，才能保证办案的客观与公正。

有罪证据与无罪证据的分类，在刑事诉讼法中已有反映。《刑事诉讼法》第 50 条规定，审判人员、检察人员、侦查人员必须依照法定程序，收集能够证实犯罪嫌疑人、被告人有罪或者无罪、犯罪情节轻重的各种证据。这条规定，对于防止收集证据的片面性，有很重要的意义。

（二）原始证据与传来证据

1. 划分的标准及意义。

划分原始证据与传来证据的标准是：证据是否直接来源于案件事实。原始证据是指那些直接来源于案件事实的证据，也称"第一手的材料或事实"。原始证据是案件事实（行为）直接造成的，它以由案件事实直接作用的物质或人脑的反映为表现形式。譬如：盗窃犯在现场撬砸钱柜留下的痕迹；贪污犯在伪造的账单上留下的笔迹；强奸案件中被害妇女身上留下的犯罪嫌疑人、被告人的精液和毛发；等等。传来证据是指那些间接来源于案件事实的证据，通常称"第二手或第二手以上之材料或事实"，例如，物证的复制品、照片、书证的副本、未亲自感受案件事实发生而听他人传说的证人提供的证人证言等。

将证据划分为原始证据与传来证据，其意义在于使司法人员充分了解证据与案件事实的联系有直接和间接之分，从而正确把握原始证据与传来证据的特点与作用，慎重使用传来证据。

2. 传来证据的特点与作用。

传来证据不是直接来源于案件事实，因此传来证据不是案件事实对物质或人的头脑造成的直接影响或者直接结果，它是对"直接影响"或者"直接结果"的转述、传抄或者复制。以杀人案件为例，被告人甲用菜刀砍死了被害人乙，菜刀上的血迹、现场的血迹、被害人的尸体以及尸体上的伤痕、目击者的证言等都是被告人甲的杀人行为直接造成的结果或影响，它们都是原始证据。而对现场尸体、血迹拍下的照片，听到目击者讲述被告人甲杀人过程的人所作的证言等，都非被告人甲的杀人行为直接造成的，而是对被告人甲杀人造成的直接影响或结果的转述或复制。

因此，传来证据不是直接来源于案件事实，而是来源于原始证据。

从传来证据的形成过程可以看出，传来证据与案件事实之间没有直接的联系，其间至少存在一个转述、传抄或者复制的环节，正是这些环节的存在，使得传来证据的可靠性不如原始证据。因此，国外的刑事诉讼法通过制定"传闻证据排除规则"，来限制司法人员对传闻证据的使用。我国刑事诉讼法并无相关的规定，即法律和理论上不排除使用传来证据。不论传来证据与案件事实之间存在多少环节，只要查证属实，在一定条件下也可作为定案的根据。

从司法实际情况看，传来证据在认定案件事实方面，有下列几点作用：（1）通过传来证据可以找到原始证据；（2）根据传来证据审查判断原始证据；（3）在不可能获得原始证据的情况下，可以作为定案根据认定案件事实。

由于传来证据的可靠性一般不如原始证据，司法实践中，应当尽力去收集原始证据，在确实无法找到原始证据的情况下，才可用传来证据定案。《最高人民法院关于适用〈中华人民共和国刑事诉讼法〉的解释》第70条第1款规定："据以定案的物证应当是原物。原物不便搬运，不易保存，依法应当由有关部门保管、处理，或者依法应当返还的，可以拍摄、制作足以反映原物外形和特征的照片、录像、复制品。"在运用传来证据定案时，要特别谨慎，经审查确属真实，才可使用。该条第2、第3款同时规定：物证的照片、录像、复制品，不能反映原物的外形和特征的，不得作为定案的根据。物证的照片、录像、复制品，经与原物核对无误、经鉴定为真实或者以其他方法确认为真实的，可以作为定案的根据。

（三）直接证据与间接证据

1. 划分的标准及意义。

划分直接证据和间接证据的标准是：证据与案件主要事实之间的关系。这里的案件主要事实是指犯罪嫌疑人、被告人是谁，以及他是否实施了被指控的犯罪。直接证据是指那些能够单独说明案件主要事实的证据，或者说直接证据是那些通过它就可以使人们了解到犯罪嫌疑人、被告人是谁以及他是否实施了被指控的犯罪的证据。例如，犯罪嫌疑人、被告人对自己犯罪所作的供述；与犯罪分子有过面对面接触的被害人指认某人犯罪的陈述；目睹犯罪发生全过程的证人提供的某些证人证言；等等。间接证据是那些不能单独说明案件主要事实，而需要与其他证据结合才能说明案件主要事实的证据。譬如，犯罪现场留下的凶器、脚印、血迹、尸体，某人家中放置的赃物，等等，都不能单独说明犯罪嫌疑人、被告人是谁以及他们实施了什么性质的犯罪。

将证据划分为直接证据和间接证据，其目的主要在于让公安司法人员清楚认识间接证据的特点、作用，以便使他们学会在无法收集到直接证据的情况下，完全运用间接证据认定案件事实。

2. 间接证据的特点与作用。

间接证据不能单独证明案件主要事实，仅凭单个的间接证据无法对是否有犯罪事实发生和犯罪行为人是谁下结论。但是，间接证据可以证明案件事实的某一环节、某一侧面和某一点。因此，把一定数量的间接证据集合起来，不仅能证明案件的主要事实，而且能证明全部的案件事实。这就是间接证据的特点。

在司法实践中，间接证据对于收集证据、审查判断证据以及认定案件事实，都有重要的作用：

首先，间接证据是侦破案件的向导。司法实践中的侦查活动往往从一具尸体、一滩血迹、一行脚印等间接证据入手，这些间接证据引导侦查人员查明案件事实真相。

其次，间接证据可以鉴别直接证据的真伪。

最后，在收集不到直接证据的情况下，可以完全依靠间接证据认定犯罪。

3. 完全运用间接证据认定犯罪的规则。

由于每一个间接证据虽然不能证明案件的主要事实，但却能证明案件事实的某一点、某一环节或某一侧面，因此，完全运用间接证据认定犯罪，需要经过一个复杂的推理过程。为保证完全运用间接证据认定犯罪的正确性，根据司法实践经验，司法人员必须遵守以下规则：[①]

（1）案件事实的各个环节、各个点以及各个侧面都应有相应的间接证据，用以定案的间接证据必须是真实可靠、确凿无疑的；

（2）每个间接证据与案件事实之间都存在客观联系，而且有证据证明确有这种联系；

（3）用以定案的间接证据之间以及间接证据与案件事实之间协调一致，没有矛盾，或者有矛盾也能合理排除的；

（4）间接证据能够形成一个完整的证明体系，根据这个体系，只能对案件事实得出一个唯一结论。

（四）言词证据与实物证据

划分言词证据与实物证据的标准是证据的表现形式。凡是表现为物品或者痕迹的证据，是实物证据。如物证、书证都是实物证据。勘验、检查笔录虽是司法人员在勘验、检查现场时人为制作的，但由于它是对现场勘查情况的机械性记述，不含有人的主观因素，因此也属实物证据。实物证据系"哑巴证据"，其与案件事实的联系不是一目了然的，因而容易被人伪造，在收集它们的时候也可能出现收集错误。

言词证据是指表现为人的叙述的证据，包括：证人证言，被害人陈述，犯罪嫌疑人、被告人供述和辩解，鉴定意见。言词证据形象、直观，容易辨别出它与案件事实的联系，但由于它是对感受到的案件事实的陈述，因而其形成过程比较复杂，要受感受阶段、记忆阶段和表达阶段等诸多因素的影响，其内容很容易失实。

---

① 最高人民法院关于适用《中华人民共和国刑事诉讼法》的解释第105条规定了运用间接证据认定被告人有罪的规则。我们认为，本书解释的规则更详细，便于把握。

第二节　证据的种类

证据的种类是刑事诉讼法根据证据的表现形式对证据所作的分类。《刑事诉讼法》第48条规定，证据有下列八种：物证；书证；证人证言；被害人陈述；犯罪嫌疑人、被告人供述和辩解；鉴定意见；勘验、检查、辨认、侦查实验等笔录；视听资料、电子证据。

一、物证

（一）物证的概念和特点

物证是指能够证明案件真实情况的一切物品和痕迹。物证在刑事诉讼中运用最为广泛，其表现形式是多种多样的，它可以是有生物，也可以是无生物；可以是物品，也可以是各种物质痕迹。

物证是以其本身所具有的物质特征来证明案件真实情况的，这是物证区别于其他证据的特征。物质特征分为内部特征和外部特征，内部特征包括物理结构、化学成分、本质属性等，外部特征包括形状、数量、重量、存在的位置等。物证可以其上述任何一个或数个物质特征来证明案件真实情况。

（二）物证的作用

几乎每个刑事案件都有物证。物证在刑事诉讼中有以下几点作用：

（1）物证是侦破案件的线索和向导。司法实践中，很多案件侦查都是从某一物证比如一具尸体、一滩血迹、一行脚印开始的。同时，根据某些物证，可以判断作案人的身份特征，有助于缩小侦查范围，发现犯罪嫌疑人。

（2）物证是鉴别其他证据尤其是言词证据真伪的有力手段。物证具有相对的稳定性，其对案件的证明作用不易受到人们主观因素的影响。因此，其他证据是否具有客观性，是否符合案件的实际情况，往往需要用物证加以鉴别。

二、书证

（一）书证的概念和属性

书证是以文字、图画、符号所记载的内容证明案件真实情况的书面材料或其他物品。例如：贪污案件中伪造的账本、单据；犯罪分子有关犯罪动机和犯罪过程的日记；诬告、陷害案件中犯罪嫌疑人、被告人提交给司法机关的诬告信；等等。

司法实践中，书证的载体多是纸张，但也有竹、木、金、石、布、革等物品。不论书证书写或刻画于何种物品上，凡是以其记载的内容证明案件真实情况的，都是书证。相反，有些书面材料不以其记载的内容，而以其存在的位置来证明案件事实。如犯罪嫌疑人、被告人书写或接收的信件遗留在犯罪现场，信件的内容与案件无关，只以其存在的位置说明他到过犯罪现场，则属物证而非书证。

（二）物证与书证的异同

物证、书证相同点有二：一是物证、书证都是以物质形式表现出来的证据，同属于实物证据。二是在某些情况下，物证、书证可以有同一个载体。例如：贪污案件中犯罪分子涂改的单据或账册，如以其涂改前后的内容证明犯罪分子贪污数额的，它是书证；如以其笔迹（痕迹）特征证明此项涂改系某犯罪嫌疑人、被告人所为，它又是物证。

物证与书证的区别在于：

（1）物证是以其物质特征来证明案件事实，书证则以其记载的内容来证明案件事实，二者的证明方法不同；

（2）在某些情况下，书证可以直接证明案件主要事实（例如，犯罪分子作案后写的记载犯罪活动的日记、遗书等），是直接证据，而物证无论在何时均不能直接证明案件主要事实，它只能是间接证据。

三、证人证言

（一）证人证言的概念

证人证言是指证人就其所了解到的案件事实向法院、检察院或公安机关所作的陈述。刑事诉讼法对证人证言的形式和内容未作具体规定，但从司法实际情况来看，证人一般是口头向司法人员陈述其所了解到的事实，司法人员通过制作询问证人笔录的形式，对其证言加以固定。经过询问，证人可以在口头陈述的基础上，书写证言。证人向司法人员陈述的案件事实，可以是自己亲自感受到的（亲耳听或亲眼见），也可以是听他人转述的。证人在陈述经他人转述的证言时，必须说明来源。

证人证言是司法实践中应用很广泛的一种证据。但证人证言的主观性强，容易受各种因素的影响而出现不真实的情况，因此，证人证言必须在法庭上经过认真查证，才能使用。《最高人民法院关于适用〈中华人民共和国刑事诉讼法〉的解释》第78条规定：证人出庭作证的证言，经控辩双方质证、法庭查证属实的，应当作为定案的根据。证人当庭作出的证言与其庭前证言矛盾，证人能够作出合理解释，并有相关证据印证的，应当采信其庭审证言；不能作出合理解释，而其庭前证言有相关证据印证的，可以采信其庭前证言。经人民法院通知，证人没有正当理由拒绝出庭或者出庭后拒绝作证，法庭对其证言的真实性无法确认的，该证人证言不得作为定案的根据。

（二）证人资格

证人是与案件事实和诉讼结果均无直接利害关系的人。被害人、犯罪嫌疑人、被告人均非证人，他们就其所了解到的案件事实向司法人员所作的陈述，不是证人证言。

刑事诉讼法规定，同时具备下列条件的人，才可以作为证人：

（1）知道案件情况。这是证人的首要条件。知道案件情况才能提供证人证言，否则无法作证。从此条件引申可知，证人不能更换和代替，如果公安司法人员、辩护人等事先知道了案件情况，就应做证人，而不能履行相应的司法职务或者不能做辩护人，这可称为"证人优先原则"。

（2）是自然人。司法实践中，机关、团体和企事业单位（法人）也可以以单位的名义提供有关案情的证明，但不将其作为证人证言对待，而作为书证处理。

（3）具备辨别是非和正确表达的能力。"辨别是非"是证人感受案件事实的能力；"正确表达"是证人表述其感受到的案件事实的能力。不具备辨别是非能力的人，不能正确感受案件事实；不具备正确表达能力的人，不能客观表述其感受到的案件事实，因而不能做证人。

生理上、精神上有缺陷或者年幼的人，能否做证人，应当根据具体情况来判断。凡是同时具备辨别是非和正确表达的能力，即使生理上、精神上有某种缺陷或者年幼，均可做证人，否则不能做证人。司法实践中，对于证人能否辨别是非，能否正确表达，应当进行审查，必要时可以做司法鉴定。

（三）对证人的保护

证人是了解案件事实的人，在具体案件中，由于了解案件事实的人是有限的，因而证人往往具有不可替换性。证人证言是一种重要的证据形式，对案件事实有重要的证明作用。因此，司法实践中的证人经常受到威胁和伤害。为了保证诉讼顺利进行，维护正常的司法秩序和社会的公平正义，必须对证人进行必要的保护。

1. 保障证人及其近亲属的安全是公安、司法机关的义务。

根据《刑事诉讼法》第61条的规定，人民法院、人民检察院和公安机关应当保障证人及其近亲属的安全。对证人及其近亲属进行威胁、侮辱、殴打或者打击报复，构成犯罪的，依法追究刑事责任；尚不够刑事处罚的，依法给予治安管理处罚。

2. 保护证人的特殊措施。

对于危害国家安全犯罪、恐怖活动犯罪、黑社会性质的组织犯罪、毒品犯罪等案件，证人、鉴定人、被害人因在诉讼中作证，本人或者其近亲属的人身安全面临危险的，人民法院、人民检察院和公安机关应当采取以下一项或者多项保护措施：不公开真实姓名、住址和工作单位等个人信息；采取不暴露外貌、真实声音等出庭作证措施；禁止特定的人员接触证人、鉴定人、被害人及其近亲属；对人身和住宅采取专门性保护措施；其他必要的保护措施。

证人、鉴定人、被害人认为因在诉讼中作证，本人或者其近亲属的人身安全面临危险的，可以向人民法院、人民检察院、公安机关请求予以保护。

人民法院、人民检察院、公安机关依法采取保护措施，有关单位和个人应当配合。

3. 证人作证的补助。

根据《刑事诉讼法》第63条的规定，证人因履行作证义务而支出的交通、住宿、就餐等费用，应当给予补助。证人作证的补助列入司法机关业务经费，由同级政府财政予以保障。有工作单位的证人作证，所在单位不得克扣或者变相克扣其工资、奖金及其他福利待遇。

四、被害人陈述

（一）被害人陈述的概念

被害人陈述是指遭受犯罪行为直接侵害的人就自己了解到的案件事实向司法人员所作的叙述。被害人陈述的内容，包括揭发犯罪事实和检举犯罪人或提供有关犯罪人的情况。被害人陈述的来源，可以是被害人亲自感受到的案件事实，也可以是听别人转述的。被害人提出的如何惩治犯罪分子或如何赔偿其损失的要求，不是被害人陈述的组成部分。

被害人陈述的表现形式一般是口头的，即由被害人当面向公安司法人员作口头叙述，由司法人员用询问笔录的形式固定下来。特殊情况下，也可以允许被害人用书面的形式作陈述。

（二）被害人陈述的特点

被害人是与案件事实和诉讼结果有切身利害关系的诉讼参与人。受被害人所处的诉讼地位的影响，被害人陈述一般具有下列特点：

（1）被害人陈述有可能比较清楚地反映案件事实，尤其是能清楚地反映犯罪结果。凡是案件发生时和犯罪分子有过面对面接触而且具有感受能力和表达能力的被害人，其陈述可能比较具体地反映犯罪分子的身体特征、身份情况以及作案的时间、地点、手段、结果等。被害人对于犯罪行为对自己造成的实际损害是最清楚的，其对犯罪结果的陈述可能比其他言词证据更为具体和明确。

（2）被害人陈述可能夸大犯罪事实。被害人由于是遭受犯罪行为直接侵害的人，往往具有严惩犯罪的偏激情绪，故其陈述极有可能夸大犯罪事实、特别是犯罪情节和结果。

五、犯罪嫌疑人、被告人供述和辩解

（一）犯罪嫌疑人、被告人供述和辩解的概念

犯罪嫌疑人、被告人供述和辩解，俗称口供，它指犯罪嫌疑人、被告人就案件事实向公安司法人员所作的叙述。从整体上来讲，犯罪嫌疑人、被告人供述和辩解的内容包括三部分：其一是对自己所犯罪行的供认；其二是否认自己犯罪或说明自己具有从轻、减轻或免除其刑事责任情节的辩解；其三是对他人犯罪的检举。从司法实际情况来看，对他人犯罪的检举包括两种情况：一是对同案犯的检举。它对本案有证明作用，是犯罪嫌疑人、被告人供述和辩解的组成部分。二是对与本案毫无关系的他人犯罪的检举，其检举的内容如查证属实，说明犯罪嫌疑人、被告人有悔罪立功之表现，法院据此可对其从宽处理，故对本案也有证明作用。

犯罪嫌疑人、被告人作供述、辩解，一般是当面向公安司法人员作口头叙述，尤其是在法庭上必须当着诉讼参与人的面直接口头回答公诉人、审判人员及有关诉讼参与人的讯问（提问）。犯罪嫌疑人、被告人在口头供述和辩解的基础上，可以作书面的供述和辩解，作为对口头陈述和辩解的补充。

（二）犯罪嫌疑人、被告人供述和辩解的特点

犯罪嫌疑人、被告人供述和辩解一般具有下列特点。

1. 有可能比较全面地反映案件事实。

犯罪嫌疑人、被告人是被控犯有某种罪行的人，他对于自己是否犯有被控的罪行最为清楚，如果他的确犯有被控的罪行，他对于犯罪的动机、目的、地点、手段（方法）、过程、后果等是清楚的。因此，他们的供述和辩解，有可能比较全面地反映案件事实，包括犯罪的各个侧面和环节，这是其他任何证据都无法做到的。

2. 供述和辩解真假混杂，难以辨别。

真真假假、真假混杂，是犯罪嫌疑人、被告人供述和辩解的最大特点。造成这种特点之原因有以下两个：一是犯罪嫌疑人、被告人是被追究刑事责任的人，在诉讼中是供述还是辩解，以及如何供述和辩解，都关系到他的切身利益。加之他的身体和心理在刑事诉讼进程中受到一定的强制，极易受到各种外来因素的影响，这使得他不能客观地供述和辩解。二是犯罪嫌疑人、被告人一般都具有一种逃避惩罚的心理，如果条件许可，他往往隐瞒实情，或避重就轻，或编造谎言，不会实事求是地进行供述和辩解。

3. 具有不稳定性。

犯罪嫌疑人、被告人供述和辩解的不稳定性，表现为时而供认时而翻供，时而作供述时而作辩解。其稳定性不仅不如证人证言和鉴定意见，而且不如被害人陈述。犯罪嫌疑人、被告人供述和辩解的这个特点，也是由他们在刑事诉讼中的地位所决定的。

六、鉴定意见

鉴定意见是指由公安司法机关指定或者聘请的具有专门知识的人，对案件中的某些专门性问题进行鉴定后所提出的看法或主张。鉴定意见以书面形式为主，以口头形式作为说明或补充。

鉴定意见是鉴定人就鉴定材料鉴定后提出的一种意见，其内容不仅包括鉴定人就鉴定材料所观察到的事实，而且包括针对观察到的事实作出的判断性看法或主张。例如，法医对尸体所作的鉴定意见，不仅要叙述尸体表面现象和解剖情况，而且要根据表面现象和解剖情况，作出死因判断。但是，鉴定意见不能就法律问题，例如犯罪构成要件以及是否对被告人定罪量刑等问题作出结论。

鉴定意见是具有专门知识的人对专门性问题鉴定后提出来的意见，加上回避制度的制约，它的客观性一般比较强。但是，由于它仅仅是鉴定人的一种看法或主张，不能认为鉴定意见都是可靠的，对鉴定意见也必须经过查证属实，才能作为定案根据。

七、勘验、检查、辨认、侦查实验等笔录

勘验、检查笔录是指公安、司法人员对于与案件有关的场所、物品、尸体和人身勘验、检查后所作的一种记录。勘验、检查笔录包括勘验、检查人对勘验、检查对象以及勘验、检查过程所作的文字性描述，也包括针对勘验、检查对象所制作的图表、所拍摄的照片或录像。

辨认笔录是公安、司法人员对刑事诉讼中的辨认活动所作的一种记录，包括对辨认过程和辨认后果的记载。侦查实验笔录是侦查人员对侦查实验活动所作的一种记录。辨认、侦查实验等笔录，是2012年《刑事诉讼法》修改时新增加的证据形式。

勘验、检查、辨认、侦查实验等笔录是对勘验、检查、辨认、侦查实验对象、过程和结果的机械性描述，根据工作要求，不能掺杂笔录人的主观因素，因此，我们往往把这些笔录式证据归入实物证据。勘验、检查、辨认、侦查实验等笔录包容的信息量大，对于侦破案件和证明案件事实有极为重要的意义。

刑事诉讼法规定，公、检、法机关的工作人员，都有权进行勘验、检查和辨认，因此，侦查人员、检察人员和审判人员，均可制作勘验、检查、辨认笔录。只有公安机关能够进行侦查实验，故侦查实验笔录只能由公安机关的工作人员作出。

八、视听资料、电子数据

视听资料亦称音像资料，它是指以录音带、录像带以及其他设备储存的声音、图像资料来证明案件事实的证据。电子数据是指以电子形式表现出来的、用于证明案件事实的信息资料。它通常存储于电子计算机的存储设备中，通过电子计算机或者类似设备制作、读取和

传播。视听资料、电子数据是伴随现代科学技术发展而产生的一种新的证据。我国 1979 年颁布的《刑事诉讼法》，没有将视听资料、电子数据作为一种独立的证据形式加以规定，但自 20 世纪 80 年代初期以来，先是视听资料而后是电子数据在我国的司法实践中被广泛运用。1996 年，视听资料作为一种独立形式的证据，为修改后的《刑事诉讼法》所确定，2012 年我国对《刑事诉讼法》修改时，把电子数据作为证据的法定形式予以规定。

与其他种类的证据相比较，视听资料有以下特点：

（1）直感性比较强。视听资料以录音、录像为表现形式，它所反映的案件事实，很多时候给人一种身临其境的感觉，仿佛亲耳听到某种声音，亲眼看到某种情景。其他任何证据，均不可能像它一样给人以生动的感受。"直感性比较强"这个特点，使人们很容易发现它与案件事实之间存在的联系。

（2）科技含量比较高。视听资料以录音、录像为表现形式，它的形成、取得或者审查判断，均需要一定的技术设备和技术手段。没有相应的技术，就无法在刑事诉讼中运用它。

（3）容易被伪造。随着科学技术的发展，录音、录像可以被人们轻而易举地剪辑、拼接或进行其他形式的修改，这给伪造视听资料大开方便之门。在司法实践中，不能因为它的科技含量高而忽视对它的审查判断。

电子数据具有信息量大、传播速度快、传播地域广、科技含量高、极容易被伪造等特点。

第三节 证 明

证明是指公安、司法机关和有关当事人查清、阐明和确定案件事实的诉讼活动。证明活动是一项复杂的诉讼活动，它包括收集证据、审查判断证据、推定认定案件事实等。刑事诉讼任务的完成，有赖于证明活动的完成。

一、证明责任

证明责任是指公安、司法机关所负有的收集并运用证据查清、阐明和确（认）定案件事实的责任。刑事诉讼法规定，证明责任由公安、司法机关承担。

公安、司法机关，是指人民法院、人民检察院、公安机关和国家安全机关，它们在刑事诉讼中均负有证明责任。司法机关的证明责任是由司法人员担当完成的。刑事诉讼法规定，审判人员、检察人员和侦查人员必须依照法定程序，收集能够证明犯罪嫌疑人、被告人有罪或者无罪、犯罪情节轻重的各种证据。

公安、司法机关在刑事诉讼中必须完成证明责任，如其不然，它所作的相关决定可能被否决，它还须承担不利的法律后果。在公诉案件中，公安机关对于自己立案侦查的案件侦查终结后，认为应当移送起诉的，必须做到事实、情节清楚，证据确实、充分，否则，检察机关对其审查后，可能退回公安机关补充侦查。检察机关如认为需要追究犯罪嫌疑人的刑事责任，在作出提起公诉的决定时，必须具备犯罪事实已经查清，证据确实、充分之条件，否则，法院对公诉的案件审判后，可能作出事实不清、证据不足、指控的犯罪不能成立的无罪判决。法院对案件作出判决、裁定，必须要具备案件事实清楚，证据确实、充分之条件，否则，一审判决、裁定可能被二审法院撤销。终审判决、裁定可能被法定之机关提起审判监督程序，对案件进行再审。

二、举证责任

（一）举证责任概述

举证责任是指刑事诉讼中有关机关、当事人所负有的向法院提供证据以说明其诉讼主张成立的责任。如果负有举证责任的一方没有完全承担这个责任，它的诉讼主张就不会被法院接受，可能因此承担败诉的法律后果。

举证责任是存在于审判阶段的法律责任。在法院审判案件的过程中，为了说明自己的诉讼主张成立，有关机关和当事人需要向法院提出证据。如果有责任提供证据的一方不能提供证据，或者提供的证据不能证明其诉讼主张，他一般将承担败诉的法律后果。

举证责任与证明责任是两个既有联系又有区别的概念。举证责任与证明责任的联系是很紧密的：首先，两者都是在查明案件事实过程中的责任，都需要运用证据来完成；其次，如果承担责任的主体在实践中没有完成证明或者举证，都要承担一定的法律后果。证明责任与举证责任有以下区别：第一，证明责任只能由公安司法机关承担，而举证责任可以由司法机关承担，也可以由当事人承担；第二，在侦查、起诉和审判阶段，都有证明责任，而举证责任只存在于审判阶段；第三，在刑事诉讼中，举证责任一般由控诉方承担，而证明责任则由在不同诉讼阶段上对案件有处置权的司法机关承担。

（二）举证责任的分配

我国刑事诉讼中，举证责任由以下机关和当事人承担。

1. 公诉机关。

人民检察院是国家的公诉机关，代表国家行使对犯罪的控诉权。在公诉案件中，检察院作为公诉机关，是控诉职能的主要承担者，由它指控被告人犯有什么罪，要求法院对被告人定罪量刑。所以，我国《刑事诉讼法》第49条规定，公诉案件中被告人有罪的举证责任由人民检察院承担。在法庭上，公诉机关的代表——公诉人具体承担举证责任。如果公诉机关提不出证据证明被告人构成犯罪，根据我国《刑事诉讼法》第195条的规定，法院将作出证据不足、指控的犯罪不能成立的无罪判决。

2. 自诉人。

自诉人是自诉案件的原告人。我国《刑事诉讼法》第49条规定，自诉案件中被告人有罪的举证责任由自诉人承担。如果自诉人提起的自诉案件主要事实不清，或者没有一定的证据证明被告人有罪，法院则不会受理。法院受理案件后，经审查证明被告人有罪的证据不足，可以令自诉人提出补充证据。如果自诉人提不出补充证据，法院应当说服自诉人撤回自诉，或者裁定驳回自诉。

3. 公诉被害人。

公诉被害人一般不承担被告人有罪的举证责任。但如果他提出了与公诉机关不同的诉讼主张（控诉意见），则要就这个诉讼主张承担相应的举证责任，否则，他的这些意见不会被法院采纳。

4. 被告人。

被告人是被追究刑事责任的人，在任何情况下都不承担自己有罪的举证责任。我国

《刑事诉讼法》第50条规定的"不得强迫任何人证实自己有罪",充分表达了这样的思想。一般情况下,被告人也不承担自己无罪、罪轻的举证责任。在刑事诉讼过程中,被告人提出事实证明自己无罪、罪轻或者具有从轻、减轻、免除刑事责任的情节,这是其享有的辩护权利,而非承担的义务和责任。如果令被告人承担举证责任,将会使被告人处于不利的境地,导致"有罪推定"。

但是,在下列特殊情况下,被告人负有举证责任:

(1)自诉案件中提起反诉的被告人,对反诉主张的案件事实负举证责任。自诉案件中提起反诉的被告人,具有双重身份。对自诉来说,他是被告人,对反诉来说,他又是"自诉人",既然是"自诉人",当然应对反诉之事实承担举证责任,其道理与自诉人承担举证责任相同。

(2)"巨额财产来源不明"案件中的被告人,在一定条件下承担举证责任。为了打击严重侵吞国家、集体财产的犯罪行为,惩治国家工作人员中的腐败分子,《刑法》第395条规定了"巨额财产来源不明罪"。根据这条法律规定,国家工作人员的财产或支出明显超过其合法收入,且差额巨大的,可以责令说明来源,本人不能说明来源是合法的,差额部分以非法所得论,处五年以下有期徒刑或者拘役,财产的差额部分予以追缴。在这种案件中,公诉机关首先承担举证责任,即通过举证说明被告人(系国家工作人员)的财产或支出明显超出合法收入,差额巨大。当公诉机关证实了"差额巨大"后,举证责任才转移到被告人身上,即说明差额的来源是合法的,否则将被定罪判刑。

5. 附带民事诉讼原告。

附带民事诉讼的原告在审判过程中有权提出赔偿的诉讼请求,并对这个诉讼请求有责任举出证据予以说明。

参考案例7—1

在一起诽谤案中,江某以李某捏造事实,诽谤自己,致使自己的名誉受到巨大损害为由,向人民法院提起自诉,要求人民法院追究李某的刑事责任,在法庭审理过程中,江某、李某都向法院提出申请,要求调取新的证据。在本案中,谁负有举证责任呢?

在这起自诉案件中,自诉人江某在本案中承担着举证责任,他在法庭中必须举证说明李某的诽谤行为构成犯罪,如果不能证明,则承担败诉的不利后果。而被告人李某除对反诉主张的案件事实负举证责任外不负举证责任。本案中李某要求调取新证据以证明自己无罪、罪轻或者具有从轻、减轻、免除刑事责任的情节,是源于其享有的辩护权利,而非其承担举证责任。

三、证明对象

证明对象是指需要用证据加以证明的案件事实。明确证明对象,便于司法机关和有关当事人依法收集证据和提供证据,及时查明案件事实。

刑事诉讼的任务,是要查明有无犯罪事实以及应否对犯罪嫌疑人、被告人定罪量刑。因此,刑事诉讼中的证明对象应当是与是否定罪量刑有密切关系的事实。

刑事诉讼法并未对证明对象的具体内容作出规定。学者们根据各自的理解,对证明对象的内容作了不同的阐述。司法实践中,某些办案人员由于不明确证明对象的范围,时常延误诉讼。为此，《最高人民法院关于适用〈中华人民共和国刑事诉讼法〉的解释》第64条和《公安机关办理刑事案件程序规定》第65条都对证明对象作了具体规定。根据这些规定，需要运用证据证明的案件事实包括：

（1）犯罪嫌疑人、被告人、被害人的身份；

（2）被指控的犯罪行为是否存在；

（3）被指控的行为是否为犯罪嫌疑人、被告人所为；

（4）犯罪嫌疑人、被告人有无刑事责任能力，有无罪过，实施犯罪的动机、目的；

（5）实施犯罪的时间、地点、手段、后果以及案件起因等；

（6）犯罪嫌疑人、被告人在共同犯罪中的地位、作用；

（7）被告人有无从重、从轻、减轻、免除处罚情节；

（8）有关附带民事诉讼、涉案财物处理的事实；

（9）有关管辖、回避、延期审理等的程序事实；

（10）其他与定罪量刑有关的事实。

四、证明要求

证明要求，也称证明任务，是指刑事诉讼中证明案件事实所要达到的程度或标准。司法实践中，司法机关每作出一项决定，都需要对案件事实作出证明，由于各个决定的内容和条件不同，其证明活动不同，证明要求也应有所不同。所以，证明要求只能是具体的，有针对性的，不可能是统一的。

例如，人民法院对被告人作有罪判决的证明要求与法院决定开庭审理的证明要求是不相同的。人民法院对被告人作有罪判决的条件是案件事实清楚，证据确实、充分，依法应当追究被告人的刑事责任。与此相适应，根据我国《刑事诉讼法》第53条第2款的规定，法院作有罪判决时的证明要求是：（1）定罪量刑的事实都有证据证明；（2）据以定案的证据均经法定程序查证属实；（3）综合全案证据，对所认定事实已排除合理怀疑。达不到这三项证明要求的，就无法确定事实是否清楚，证据是否确实、充分，因而也不能对被告人定罪量刑。

人民法院对检察机关提起公诉案件审查后，如认为起诉书中有明确的指控犯罪事实的，应当决定开庭审判。与此相适应，作出开庭审判决定的证明要求是：起诉书中有明确的指控犯罪事实。至于公诉机关提起公诉所依据的证据是否属实，正是审判所要解决的问题，这里则不需予以证明。

第四节　收集和运用证据的原则

为了保证司法人员正确地收集证据和运用证据，《刑事诉讼法》第53条规定了收集证据和运用证据的原则。根据这条法律的规定，我国收集和运用证据的原则有下述几项。

一、重调查研究

刑事诉讼中的调查研究，是指公安司法人员走出公安司法机关，到犯罪现场以及其他存在证据的地方了解案件情况，掌握证据材料，然后再分析判断，探求案件的事实真相。调查研究是对收集证据、审查判断证据等证明活动的高度概括。

刑事诉讼法要求公安司法人员重调查研究，是为了反对"坐堂问案"，防止出现偏听偏信等危害公正处理案件的现象发生。

刑事诉讼法要求重调查研究，是由收集证据、审查判断证据的规律性所决定的。案件发生在社会上，公安司法人员不去收集，证据不会自动走到案卷中来。尽管有关当事人有责任提供证据，但基于个人的利害关系，他们不可能向司法机关全面地举证，况且，有很多证据，单靠当事人是无法收集到的，如果司法人员不走出司法机关去收集证据，仅凭举报人、控告人或者当事人举证，难以认定案件事实。

重视调查研究不仅是侦查人员、公诉人员应当遵守的原则，而且是审判人员应当遵守的原则。审判人员在审理公诉案件时也并非只被动地在法庭上审查公诉方、辩护方提出的事实和证据，在合议庭对证据有疑问的时候，为了审查这些证据，他们可以依其职权进行勘验、检查、扣押和鉴定。

二、严禁刑讯逼供

刑讯逼供是指对犯罪嫌疑人、被告人施以肉刑或变相肉刑以逼取口供的野蛮行为。刑讯逼供是古今中外刑事诉讼中危害甚大且难以克服的丑恶现象，《刑事诉讼法》第50条明确规定要严禁刑讯逼供。根据我国《刑法》第247条的规定，司法工作人员对犯罪嫌疑人、被告人实行刑讯逼供的，处二年以下有期徒刑或者拘役，以肉刑致人伤残、死亡的，以伤害罪、杀人罪从重处罚。

法律之所以严禁刑讯逼供，是因为刑讯逼供有下列危害：

（1）刑讯逼供会造成犯罪嫌疑人、被告人"乱供"，随心编造一些不符合客观实际的情况来满足办案人员的主观"要求"。这使得犯罪嫌疑人、被告人的供述真假难辨，本来能够查清楚的案件事实被越搞越乱，从而导致错案的发生。

（2）刑讯逼供的刑讯方法，对犯罪嫌疑人、被告人来说是一种"法外制裁"，它严重侵害了被刑讯者的人身权利，破坏了宪法规定的保护公民基本权利的原则。

（3）刑讯逼供会严重损害司法机关及司法人员的形象，破坏民主和法制建设。

刑讯逼供是一种非法的收集证据的方法。除了严禁刑讯逼供外，还要严禁用威胁、引诱、欺骗等其他非法方法收集证据。为了使这项原则能落到实处，《最高人民法院关于适用〈中华人民共和国刑事诉讼法〉的解释》中明确指出，经审理，确认或者不能排除存在刑事诉讼法第五十四条规定的以非法方法收集证据情形的，对有关证据应当排除。最高人民检察院《人民检察院刑事诉讼规则（试行）》中也有类似的规定。

三、重证据，不轻信口供

（一）重视证据

重视证据是指公安、司法机关在处理刑事案件时，都要首先依据能够查明案件真实情况的证据，把证据作为认定案件事实的客观基础。司法机关处理刑事案件，不能重视想象、判断和主观主义。

刑事案件是发生在过去的事情，无论采取什么方法，都不能使之再现。公安、司法人员没有亲见亲闻案件事实，如不重视证据，便无法认定案件事实。重视证据并不否定推理和判断在证明活动中的作用。但相对于证据而言，推理和判断是第二位的。证据是推理和判断的基础，又是推理和判断的归宿。没有证据作基础，推理和判断不是无法进行，就是偏离方向。推理和判断是否正确，也需证据来检验。

（二）不轻信口供

口供是犯罪嫌疑人、被告人供述和辩解的俗称。不轻信口供，是指公安、司法人员对于犯罪嫌疑人、被告人的供述和辩解，要慎重对待，既不能完全不信，也不能盲目相信。

不轻信口供是由口供的特点所决定的。犯罪嫌疑人、被告人的口供可能比较全面、清楚地反映案件事实，因而不能一概不信；犯罪嫌疑人、被告人的口供真真假假、真假混杂，且有不稳定性，所以不能盲目相信。

在司法实践中，轻信口供的危害是显而易见的：（1）轻信口供会使公安司法人员放弃收集物证、书证等其他证据；（2）轻信口供会导致刑讯逼供现象的泛滥；（3）轻信口供会助长公安、司法人员的主观主义思想和主观片面性，妨碍客观公正地处理案件。

为了防止公安司法人员轻信口供，刑事诉讼法明确规定，对一切案件的判处都要重证据，不轻信口供。人民法院在审判案件时，只有被告人供述，没有其他证据的，不能认定被告人有罪和处以刑罚，没有被告人供述，证据充分、确实的，可以认定被告人有罪和处以刑罚。

第五节　证据的收集和审查判断

一、证据的收集

（一）收集证据的概念

收集证据是法律规定的有关机关和人员为了发现和取得证据而进行的诉讼活动。收集证据是查明案件事实的前提，也是证明活动的基础环节。

收集证据是在刑事诉讼过程中进行的，侦查阶段、起诉阶段和审判阶段都可以收集证据。收集证据的任务是发现证据和取得证据，为司法机关认定案件事实提供坚实的基础和可靠的根据。

根据刑事诉讼法、律师法和其他有关规定，人民法院、人民检察院、公安机关、国家安全机关、监狱、军队内部的保卫机关和律师，有权收集证据。

（二）公安、司法机关及其工作人员收集证据的原则、基本要求和途径

1. 收集证据的原则。

为了保证收集证据工作顺利进行，刑事诉讼法规定，收集证据必须遵守以下原则：

（1）依照法定程序进行的原则。刑事诉讼法明确规定，审判人员、检察人员和侦查人员必须依照法定程序收集能够证实犯罪嫌疑人、被告人有罪或者无罪、犯罪情节轻重的各种证据，严禁刑讯逼供和以威胁、引诱、欺骗及其他非法的方法收集证据。

（2）依靠群众的原则。刑事诉讼法明确规定，人民法院、人民检察院和公安机关进行刑事诉讼，必须依靠群众。收集证据是刑事诉讼活动的组成部分，当然也应当依靠群众。

为此，《刑事诉讼法》第50条规定，必须保证一切与案件有关或者了解案情的公民，有客观地、充分地提供证据的条件，除特殊情况外，可以吸收他们协助调查。在收集证据活动中贯彻依靠群众的原则，可以提高广大公民提供线索和可疑情况的积极性，有助于及时、迅速、全面地收集各种证据。

2. 收集证据的基本要求。

根据司法实践经验，审判人员、检察人员和侦查人员在收集证据时，除遵守上述原则外，还应符合以下基本要求：

(1) 收集证据必须迅速、及时，以防止证据灭失；

(2) 收集证据必须客观、全面，防止主观臆造证据和片面收集证据；

(3) 收集证据必须深入、细致，保证不漏掉任何一项证据，使每一项证据都有较强的证明力；

(4) 注意运用现代科学技术手段；

(5) 注意对收集到的证据保密，对涉及国家秘密、商业秘密和个人隐私的证据，应当保密。

3. 收集证据的主要途径。

刑事诉讼法对收集证据的途径作了明确规定。根据这些规定，公安、司法人员收集证据主要通过以下途径进行：

(1) 讯问犯罪嫌疑人、被告人；

(2) 询问证人、被害人；

(3) 勘验、检查；

(4) 搜查；

(5) 查封、扣押；

(6) 查询、冻结；

(7) 鉴定；

(8) 辨认；

(9) 技术侦查；

(10) 通缉。

刑事诉讼法对通过上述十种途径收集证据的方法和步骤，作了明确及系统的规定。

二、证据的审查判断

(一) 审查判断证据的概念

审查判断证据是指审判、检察和侦查人员对收集到或者当事人提供的证据进行分析研究，以鉴别其真伪，查明它们与案件事实之间是否存在联系，从而对案件事实真相作出结论的诉讼活动。审查判断证据包括对单个证据的审查判断，也包括对全案证据的审查判断。

审查判断证据的目的，是查明证据是否具备客观性、关联性，对案件事实有无证明力，能否作为定案的根据。

审查判断证据是证明活动中的一项重要工作。它与收集证据工作有密切的关系，收集证据过程中往往就伴随有审查判断证据的活动。审查判断证据之后，又可能开始新的收集证据活动。

（二）审查判断证据的重点和方法

1. 审查判断证据的重点。

根据司法实践经验，司法人员审查判断证据，应着重从以下几方面来进行：

（1）审查判断证据的来源。审查判断证据的来源包括审查判断证据是如何形成的以及由谁提供、由谁收集和形成过程中是否因受到非正常因素的影响而丧失或降低其证明作用等情况。

（2）审查判断证据的内容。从证据的内容上审查判断，能够查明证据和案件事实有无联系，以及证据本身是否合理、有无矛盾。

（3）审查判断案内各种证据的关系。这是从整体上对证据所作的比对分析。通过审查判断案内各种证据之关系，可以查明用以定案的证据之间是否协调一致，有无矛盾，对所认定的事实能否排除合理怀疑。

2. 审查判断证据的方法。

刑事诉讼法没有对审查判断证据的方法作出规定。司法实践中，审查判断证据的方法有以下几种：

（1）甄别法。即对证据逐一地进行审查判断。

（2）比较法。即将两个以上证据放在一起进行对比分析。

（3）辨认法。即组织有关人员对证据进行辨认以确定其真实性，这种方法主要适用于物证和书证。

（4）鉴定法。即由鉴定人运用专门技术知识对某些证据进行鉴定，以查明其是否具有真实性和关联性。

（5）实验法。即通过进行侦查实验来检验证据的真实性和关联性。

（6）质证法。指在法庭上通过组织有关人员进行互相对质和询问，以查明某些证据的客观性和关联性，它通常适用于审查判断言词证据。

（三）对非法证据的审查判断与处理

1. 非法证据的范围。

根据《刑事诉讼法》第54条的规定，采用刑讯逼供等非法方法收集的犯罪嫌疑人、被告人供述和采用暴力、威胁等非法方法收集的证人证言、被害人陈述，属于非法证据，应当予以排除。收集物证、书证不符合法定程序，可能严重影响司法公正的，应当予以补正或者作出合理解释；不能补正或者作出合理解释的，对该证据应当予以排除。

在侦查、审查起诉、审判时发现有应当排除的非法证据的，应当依法予以排除，不得作为起诉意见、起诉决定和判决的依据。

2. 人民检察院对非法收集证据行为的调查核实和处理。

根据《刑事诉讼法》第55条的规定，人民检察院接到报案、控告、举报或者发现侦查人员以非法方法收集证据的，应当进行调查核实。对于确有以非法方法收集证据情形的，应当提出纠正意见；构成犯罪的，依法追究刑事责任。

3. 人民法院对收集证据行为合法性的审查判断。

《刑事诉讼法》第56条规定，法庭审理过程中，审判人员认为可能存在本法第54条规定的以非法方法收集证据情形的，应当对证据收集的合法性进行法庭调查。当事人及其辩护人、诉讼代理人有权申请人民法院对以非法方法收集的证据依法予以排除。申请排除以非法方法收集的证据的，应当提供相关线索或者材料。

在对证据收集的合法性进行法庭调查的过程中，人民检察院应当对证据收集的合法性加以证明。现有证据材料不能证明证据收集的合法性的，人民检察院可以提请人民法院通知有关侦查人员或者其他人员出庭说明情况；人民法院可以通知有关侦查人员或者其他人员出庭说明情况。有关侦查人员或者其他人员也可以要求出庭说明情况。经人民法院通知，有关人员应当出庭。

对于经过法庭审理，确认或者不能排除存在《刑事诉讼法》第54条规定的以非法方法收集证据情形的，对有关证据应当予以排除。

【引例评析】

本章引例是一个完全依靠间接证据认定犯罪的事例。《刑事诉讼法》第53条规定，只有被告人供述，没有其他证据的，不能认定被告人有罪和处以刑罚；没有被告人供述，证据确实、充分的，可以认定被告人有罪和处以刑罚。在本案中，被告人甲虽然没有供述，但认定其犯罪的证据是充分、确实的，可以认定甲犯有杀人罪。首先，本案中的六方面证据，不仅具有客观性，而且与案件事实有紧密的联系。其次，本案的间接证据，有证明甲有作案动机的，有证明甲有作案时间的，有证明甲实施杀人手段的，有排除他人作案可能的，有证明犯罪后果的，还有证明甲毁灭罪证、否认犯罪的心理态度和行为的。这些证据证明了案件事实的各个侧面和环节，因此是充分的。再次，通过分析可以发现，这些间接证据不仅每个都与案件事实有联系，而且它们之间互相联系、相互印证。例如，关于犯罪时间的几个证据就互相联系，相互印证，确切说明3月6日晚6点钟左右甲与三个被害人见过面，再与三个被害人死亡时间是在6点左右的证据相印证，就说明了甲有杀人可能。最后，将收集到的间接证据综合起来，可以发现它们之间和谐一致，没有矛盾，根据它们能够得出甲杀人的唯一结论。

【本章小结】

本章对我国刑事证据制度作了较为全面的阐述。在证据论中，本章主要介绍了证据的概念、特征、属性，以及我国立法中规定的证据的种类及特点。在证明论中，本章主要阐释了举证、证明、证明责任、证明对象等诉讼证明理论的基本问题，介绍了我国刑事诉讼立法中有关运用证据的原则，收集、审查判断证据的方式、方法等规定。

【练习题】

一 名词解释

证据 证明 物证 鉴定意见 举证责任

二 思考题

1. 运用证据的原则是什么？
2. 证明对象主要有哪些？

3. 犯罪嫌疑人、被告人的供述和辩解有什么特点和作用？

4. 怎样理解刑事诉讼中的证明责任和举证责任？

5. 如何对证人进行保护？

6. 如何对非法证据进行审查判断？

三、 案例分析题

2011 年 7 月 17 日深夜，某市无业人员张甲、李乙和王丙三人轮奸了一位刚下火车的外地妇女。公安机关在侦破其他案件时发现了这起轮奸案，遂将张甲、李乙、王丙三人逮捕。在预审过程中，三被告人对犯罪事实供认不讳，分别详细交代了轮奸的时间、地点和被害妇女的身材、穿着、年龄及其他身体特征，以及轮奸的先后顺序和其他作案情节，三被告人对上述问题的交代是一致的，没有矛盾和分歧。本案诉讼过程中，始终没有找到被害人，也没有收集到其他证据，某市法院将三被告人互为证人，认定被告人张甲、李乙、王丙犯有强奸罪（轮奸），三人均被判处有期徒刑。

问题：

人民法院的判决是否有错误？请陈述理由。

分析要点提示：

我国刑事诉讼法及相关司法解释规定，仅有被告人口供而没有其他证据时不能认定被告人有罪。三被告人的口供不能既视为供述又视为指控其他被告的证人证言。

第八章 强制措施

　　某年某月某日上午，张风（男，27 岁）因盗窃自行车两辆（价值 600 元）被县公安局拘传。审讯过程中，张风除供认盗窃两辆自行车的犯罪事实外，还供认了盗窃金项链 6 条（价值人民币 5 800 元）的犯罪事实。公安人员当即到犯罪嫌疑人家中查获了他交代的赃物。县公安局根据新发现的犯罪事实，经公安局长批准，决定拘留被告人张风，并向其宣布，同时通知了张风之妻子，当晚 7 时将犯罪嫌疑人张风关押于看守所。

【本章学习目标】

　　通过本章的学习，应当掌握如下内容：

　　1. 拘传、取保候审、监视居住、拘留、逮捕的概念；
　　2. 适用取保候审、监视居住的条件；
　　3. 拘留、逮捕的条件和程序。

第一节　强制措施的概念、特点和意义

一、强制措施的概念和性质

　　强制措施是由"强制"和"措施"两个词构成的。"强制"含有使人服从之义，"措施"是指一种方法或手段。从字面意思言之，强制措施是指对特定对象采取的带有强制性的方法或手段，强制措施广泛应用于国家统治和社会管理的各个领域，仅在诉讼方面，就有民事诉讼强制措施、行政诉讼强制措施和刑事诉讼强制措施。本章所述乃刑事诉讼强制措施，为行文方便，简称"强制措施"。

　　强制措施是指公安机关（含国家安全机关，下同）、检察院和法院，为保障刑事诉讼顺利进行，防止犯罪嫌疑人、被告人、现行犯和重大嫌疑分子继续实施危害社会的行为，防止发生其他意外事件，依法对他们采取的暂时限制或剥夺其人身自由的手段。

根据我国刑事诉讼法的规定，强制措施不是对犯罪行为人的制裁，而是防止诉讼中发生阻碍诉讼顺利进行和危害社会的行为或事件。因此，强制措施具有下述性质。

（一）强制措施没有惩罚性，具有预防性

从强制措施的概念可以看出，采取强制措施是为了防止犯罪嫌疑人、被告人、现行犯和重大嫌疑分子妨碍刑事诉讼顺利进行，逃避侦查和审判，而不是为了对他们进行制裁。因此，强制措施与刑罚等法律制裁是不同的，它没有惩罚性。司法机关在采取强制措施时，并不需要犯罪嫌疑人、被告人等实施了妨害刑事诉讼顺利进行的行为，只要认为可能发生上述行为，而且具备采取强制措施条件时，就可以采取。因此，强制措施具有预防性。

（二）强制措施具有可变性

强制措施伴随刑事诉讼活动开始而产生，随着刑事诉讼活动结束而被撤销，而且随着案件情况的变化可能随时发生变化。例如，原来没有对犯罪嫌疑人、被告人采取强制措施的，决定采取强制措施；对已经采取了一种强制措施的，改为采取另一种强制措施；对不再需要采取强制措施的，予以撤销。强制措施具有的可变性，进一步说明了强制措施不具有惩罚性。

我国刑事诉讼法规定的强制措施，包括拘传、取保候审、监视居住、逮捕和拘留五种。

二、我国刑事诉讼强制措施的特征

（一）强制措施只能由公安机关、检察院和法院依法采取，其他任何机关和个人无权采用

强制措施是一种保障诉讼顺利进行的强制手段，故而只能由参加刑事诉讼的公安机关、检察院和法院采取。其他任何国家机关因不参加刑事诉讼，都无权采取强制措施。

我国刑事诉讼法规定的强制措施，因采用的主体不同可分为三类：其一是公、检、法三机关均有权独立采用的，如拘传、取保候审和监视居住；其二是只能由特定机关采取的，如拘留只能由从事刑事侦查工作的国家机关采取；其三是必须由两个机关共同采取的，如逮捕必须由检察院批准、决定或法院决定，由公安机关或国家安全机关执行。

（二）强制措施只能对犯罪嫌疑人、被告人、现行犯或重大嫌疑分子采用，对其他任何诉讼参与人和案外人不能采用

犯罪嫌疑人是指因有一定的证据证明其犯了罪，并由公安机关、检察机关立案侦查，对其追究刑事责任的公民或单位。被告人是指被控告实施了犯罪行为，并经法院决定进入审判程序追究其刑事责任的公民或单位。犯罪嫌疑人和被告人是刑事诉讼的主体，诉讼活动围绕他来进行。现行犯是指正在预备犯罪、实行犯罪或者犯罪后即时被发现的公民。现行犯被采取强制措施后，即成为犯罪嫌疑人。重大嫌疑分子是犯罪嫌疑人的一种，它指有一定证据证明其有某种重大犯罪嫌疑之公民。对重大嫌疑分子采取了强制措施之后，他也就成为犯罪嫌疑人。现行犯和重大嫌疑分子与犯罪嫌疑人、被告人一样，都是被采取强制措施的对象。

我国刑事诉讼法没有把其他诉讼参与人和案外人规定为强制措施的适用对象。这些人如果实施了妨害刑事诉讼的行为，构成伪证罪、妨碍执行公务罪或其他犯罪的，按犯罪处理。不构成犯罪的，在侦查和起诉阶段，法律未规定有处理的办法。在审判阶段，法院可以根据《刑事诉讼法》第 194 条的规定，给予罚款、拘留等司法制裁。

需要说明的是，我国刑事诉讼法规定的强制措施，仅适用于作为犯罪嫌疑人、被告人的自然人，不适用于作为犯罪嫌疑人、被告人的单位，也不适用于物。如何防止作为犯罪嫌疑人、被告人的单位在刑事诉讼中实施妨害刑事诉讼顺利进行的行为，在我国目前的法律当中缺乏规定，我国的法学者对此也缺乏研究。司法实践中对物采取的扣押等手段，属于侦查中的一种"强制性措施"，是一种侦查行为。

（三）强制措施只能在刑事诉讼过程中采用

强制措施的主要目的是保障刑事诉讼顺利进行，因而只能在刑事诉讼中采用。公、检、法机关在从事其他活动时，不能对公民采取刑事强制措施。此外，刑事诉讼活动结束后，不论是否追究了犯罪嫌疑人、被告人的刑事责任，均应解除对犯罪嫌疑人、被告人采取的强制措施。

三、强制措施的意义

强制措施是刑事诉讼过程中可能采取的手段，而不是必经的诉讼过程。但是，强制措施对于刑事诉讼有重要的意义。

（一）强制措施可以保证刑事诉讼的顺利进行

刑事诉讼是一种追究犯罪嫌疑人、被告人刑事责任的诉讼，它关系到公民的重大利益。犯罪嫌疑人、被告人为了逃避惩罚，会采取一些破坏刑事诉讼顺利进行的行动，如：潜逃外地甚至外国，躲避侦查和审判；毁灭、伪造证据，与有关人员串供，使司法机关查不清案件的事实真相；威胁、引诱被害人、证人作伪证，以期混淆视听，使诉讼向有利于自己的方向发展。凡此种种，都会影响刑事诉讼的顺利进行。采取强制措施，限制或剥夺犯罪嫌疑人、被告人的人身自由，可以有效地防止发生上述干扰刑事诉讼的情况，保证刑事诉讼的顺利进行。

（二）强制措施可以防止发生新的关联性犯罪

犯罪的发生在犯罪嫌疑人、被告人和被害人之间产生了一种对抗关系，使他们成为对立的两极。从犯罪心理看，多数犯罪嫌疑人、被告人在犯罪后希望被害人、证人等知情人默不作声，从而逃脱法律的制裁。为了达到这个目的，有的犯罪嫌疑人、被告人不惜再次铤而走险，实施新的犯罪。也有的被害人或其亲友，因法治观念淡薄，为了为被害人"报仇"，以暴制暴，寻找机会对犯罪嫌疑人、被告人实施侵害行为，发生关联性犯罪。采取强制措施，限制或者剥夺犯罪嫌疑人、被告人的人身自由，使得他们与社会暂时隔离，关联性犯罪就失去了发生的条件。

（三）强制措施可以防止发生意外事件

在刑事诉讼过程中，犯罪嫌疑人、被告人的心理是极其脆弱的，他们很容易受到各种因素的影响。有的会产生绝望的思想，实施自杀、自残行为。这些事件的出现，不仅影响诉讼的顺利进行，而且有损司法机关的形象。采取强制措施，使犯罪嫌疑人、被告人处在公安司法机关和有关人员的监控之下，可以有效防止发生这些意外事件。

第二节 拘 传

一、拘传的概念和特征

拘传，是指法院、检察院和公安机关对未被羁押的犯罪嫌疑人、被告人采取的，强制其在一定时间内到指定的地点接受审判或讯问的强制方法。拘传是强制性最小的一种强制措施，与其他几种强制措施相比较，具有以下特征：

（1）拘传只是强制命令犯罪嫌疑人、被告人在指定的时间内到指定的地点接受审判或讯问，其强制力仅限于通知犯罪嫌疑人、被告人接受拘传到审讯完毕这段时间。对犯罪嫌疑人、被告人审讯完毕后，强制性解除，拘传的效力自行消灭。

拘传对犯罪嫌疑人、被告人具有强制力，但并非必须对犯罪嫌疑人、被告人施加实际的强制，如使用戒具等。只要犯罪嫌疑人、被告人愿意接受拘传并按要求在指定时间内到指定地点接受审讯，就不必对其人身施加实际的强制。

（2）拘传只能在一段时间内保证犯罪嫌疑人、被告人不逃避侦查和审判，而无法防止犯罪嫌疑人和被告人在整个刑事诉讼过程中实施犯罪行为、妨害刑事诉讼行为和发生其他意外事件。因此，拘传在保证刑事诉讼顺利进行、保证不发生意外事件方面，其作用是很小的。

（3）拘传可以重复使用。在刑事诉讼过程中，对同一个犯罪嫌疑人或者被告人，可以两次以上使用拘传。但是，不得以连续拘传的形式变相拘禁犯罪嫌疑人、被告人。

拘传与传唤是两个不同的概念。传唤是通知诉讼当事人到法庭或司法机关参加刑事诉讼的一种方式。拘传与传唤都有通知的功能，但它们的区别是明显的：首先，两者的性质不同。拘传具有强制性，传唤没有强制性；拘传是刑事诉讼的强制措施，而传唤则不是。其次，两者的适用对象不同。拘传只能适用于犯罪嫌疑人、被告人，不能适用于其他当事人；而传唤可以适用于所有的当事人。

二、拘传的适用对象

从司法实际情况看，拘传只适用于未被羁押的犯罪嫌疑人、被告人。已被羁押的犯罪嫌疑人、被告人，已处于司法机关的控制下，无须再采用拘传的方法即可使他们到指定地点接受审讯。

未被羁押的犯罪嫌疑人、被告人包括两种情况：其一是未被采取任何强制措施的；其二是已被采取取保候审或监视居住的。对于未被采取任何强制措施的犯罪嫌疑人、被告人，司法机关可以径行拘传，并非必须以"经合法传唤无正当理由拒不到案受审"为前提。对于已被采取了取保候审、监视居住的犯罪嫌疑人、被告人，如需要他们在指定时间内到指定地点接受审讯，从道理上讲，应当先传唤，只有经合法传唤无正当理由拒不到案受审，才可以拘传。

拘传只适用于犯罪嫌疑人、被告人，对被害人、证人等其他诉讼参与人不能采用。司法实践中，有的证人拒不出庭作证，司法人员应当对其说服教育，使其自愿作证。经教育仍不愿到庭作证的，根据《刑事诉讼法》第188条的规定处理。

三、拘传犯罪嫌疑人、被告人的程序

根据有关规定，拘传的决定权由县（市）级以上的公安机关、检察院和法院行使。任何一个司法机关在拘传犯罪嫌疑人、被告人时，应严格依照以下程序进行：首先，应填写拘传证（拘传票）。其次，由执行拘传的公安司法人员向被拘传人出示拘传证（拘传票），命令其在指定时间内到指定地点接受审问或讯问；如果被拘传人不接受拘传，执行的公安司法人员可根据具体情况采取强制手段迫使其接受，如被拘传人按拘传的要求前往指定地点接受审问或讯问，执行的公安司法人员不必对其实施实际的强制手段。

被拘传人到指定地点后，拘传的机关应当在拘传后的 12 小时以内讯问完毕。案情特别重大、复杂，需要采取拘留、逮捕措施的，传唤、拘传持续的时间不得超过 24 小时。不得以连续传唤、拘传的形式变相拘禁犯罪嫌疑人。但是，如果拘传后出现了新情况，公安、司法机关改变了强制措施的，不在此限。本章引例就说明了这个问题。

在传唤和拘传期间，应当保证犯罪嫌疑人的饮食和必要的休息。

第三节　取保候审

一、取保候审的概念

我国刑事诉讼中的取保候审，是指法院、检察院或公安机关在刑事诉讼过程中，责令犯罪嫌疑人、被告人提出保证人或者交纳保证金，保证犯罪嫌疑人、被告人随传随到的一种强制方法。

刑事诉讼法规定的取保候审，包括人保和财物保两种。"人保"这种强制措施，其发挥功能的原理有两个：一是通过保证人与犯罪嫌疑人、被告人之间的亲密关系，对他们实施心理上的强制。因为如果犯罪嫌疑人、被告人逃跑，即会使保证人处于不利的境地，故而这在亲情浓厚的社会里是能发挥作用的。二是通过保证人监督犯罪嫌疑人、被告人的活动，督促他们遵纪守法，履行诉讼义务。"财物保"在国际上是一种普遍的保证形式。我国的财物保，目前仅限于责令犯罪嫌疑人、被告人交纳保证金。根据相关司法解释的规定，采取保证金形式取保候审的，保证金的起点数额为 1 000 元，至于具体数额，公安、司法机关应当以保证被取保候审人不逃避、不妨碍刑事诉讼活动为原则，综合考虑犯罪嫌疑人、被告人的社会危险性，案件的情节、性质，可能判处刑罚的轻重，犯罪嫌疑人、被告人经济状况，并结合当地的经济发展水平等情况确定。如果犯罪嫌疑人、被告人在取保候审期间未遵守有关规定，司法机关将没收部分或全部保证金。

司法机关在对犯罪嫌疑人、被告人决定取保候审时，或者令其交纳保证金，或者令其提供保证人，对同一犯罪嫌疑人、被告人决定取保候审的，不得同时使用两种方式。

二、取保候审的适用对象

取保候审仅是限制而非剥夺犯罪嫌疑人、被告人的人身自由，其功能在于保证犯罪嫌疑人、被告人不逃避侦查和审判，随传随到。所以它一般适用犯罪较轻，可能判处的刑罚不重，或者虽然可能判处较重刑罚，但本人有特殊情况，不至于发生社会危险性的犯罪嫌

疑人、被告人。根据《刑事诉讼法》第65条、第89条、第96条及有关司法解释的规定，取保候审适用于下列几种犯罪嫌疑人或被告人：

（1）可能判处管制、拘役或者独立适用附加刑的。

（2）可能判处有期徒刑以上刑罚，采取取保候审的方法，不至于发生社会危险性的。最高人民法院2003年12月1日颁布的《关于推行十项制度切实防止产生新的超期羁押的通知》第2条规定：对过失犯罪等社会危险性较小且符合法定条件的被告人，应当依法适用取保候审、监视居住等法律措施。

（3）患有严重疾病、生活不能自理，怀孕或者正在哺乳自己婴儿的妇女，采取取保候审方法不致发生社会危险性的。

（4）对羁押中的犯罪嫌疑人、被告人，法定羁押期已满，但侦查、起诉、审判活动尚未完成，需要继续查证、审理的，应当依法变更为取保候审。

（5）被公安机关拘留，但检察机关对其作出不批准逮捕决定的犯罪嫌疑人，仍需要继续侦查，并且符合取保候审条件的，应当依法取保候审。

（6）再审程序中，原审被告人（原审上诉人）在押，再审可能改判宣告无罪的，人民法院裁定中止执行原裁决后，可以取保候审。

另外，根据有关司法解释，对累犯、犯罪集团的主犯，以自伤、自残办法逃避侦查的犯罪嫌疑人，严重暴力犯罪以及其他严重犯罪的犯罪嫌疑人，不得取保候审，但犯罪嫌疑人具有如下几种情形时除外，即患有严重疾病、生活不能自理，怀孕或者正在哺乳自己婴儿的妇女，采取取保候审不至于发生社会危险性的，以及羁押期限届满，案件尚未办结，需要继续侦查的。

三、保证人的条件、义务及责任

（一）保证人应当具备的条件

保证人是人保这种强制措施中的重要人物。保证人是否符合条件，能否认真履行责任，是人保是否能发挥作用的关键因素。我国在1996年修改《刑事诉讼法》时，对保证人的条件和责任作了明确的规定。

根据《刑事诉讼法》第67条的规定，犯罪嫌疑人、被告人提供的保证人必须符合以下条件：

（1）与本案无牵连。保证人不能是本案的当事人，或者虽然不是当事人，但参与了本案的犯罪活动，因情节轻微没有被追究刑事责任，仍属于与本案有牵连的人。如果允许这些人作保证人，则可能使他们有条件与犯罪嫌疑人、被告人串供，为他们隐匿、伪造或毁灭证据。辩护律师也不能作犯罪嫌疑人、被告人的保证人。

（2）有能力履行保证义务。这个条件比较抽象。司法实践中，主要从以下几个方面来衡量有无能力履行保证义务：保证人是否具有行为能力；保证人的身体是否健康；保证人的品行是否良好等。如果犯罪嫌疑人、被告人提供的保证人不具有完全的行为能力，或者身染重病，身有残疾，或者品行不端，都不能作为保证人。

（3）享有政治权利，人身自由未受到限制。这个条件要求保证人年龄必须在18岁以上，享有中国宪法规定的各种政治权利，而且人身自由未受到限制。"人身自由未受到限制"不仅包括没有被处以限制和剥夺人身自由的刑罚，还包括没有被施以刑事诉讼强制措施、民事诉讼强制措施、行政诉讼强制措施，以及没有被行政拘留等。

（4）有固定的住处和收入。这是保证人履行保证义务的重要条件。我国有一句古话，"有恒产者有恒心，无恒产者无恒心"，有固定收入和住处的保证人，才是稳当可靠的保证人。一个没有固定的住处和收入的保证人，当他不能履行保证义务，需要追究他的保证责任时，可能连人都找不到。

另外，根据最高人民法院、最高人民检察院、公安部、国家安全部1999年《关于取保候审若干问题的规定》等司法解释的规定，保证人丧失了担保条件或者保证人不愿继续担保的，决定机关应当责令被取保候审人重新提出保证人或者交纳保证金，或者作出变更强制措施的决定。

（二）保证人的义务与责任

1. 义务。

根据《刑事诉讼法》第68条的规定，保证人应当履行以下义务：

（1）监督被取保候审人遵守以下规定：第一，未经执行机关批准不得离开所居住的市、县；第二，住址、工作单位和联系方式发生变动的，在24小时以内向执行机关报告；第三，在传讯的时候及时到案；第四，不得以任何形式干扰证人作证；第五，不得毁灭、伪造证据或者串供；第六，公安、司法机关根据案件情况，责令被取保候审人遵守的一项或多项规定。

（2）发现被保证人可能发生或者已经发生违反上述规定的行为的，应当及时向执行机关报告。

2. 责任。

保证人如果没有尽到上述义务，应当承担法律责任。对此刑事诉讼法规定的法律责任有两种：

（1）罚款。保证人对被取保候审人违反《刑事诉讼法》第69条的规定未及时报告的，经查证属实后，可由县级以上执行机关对保证人处以罚款。

（2）追究刑事责任。当然，追究刑事责任必须是在构成犯罪的情况下。刑法没有专门为保证人不履行保证义务这种行为规定一个犯罪，保证人可能构成的犯罪主要有：窝藏罪，帮助当事人毁灭、伪造证据罪，妨害作证罪，等等。

四、取保候审的程序

根据刑事诉讼法的有关规定，取保候审的程序主要有下述步骤。

（一）由公安司法机关作出取保候审决定

根据有关司法解释，取保候审的决定机关是公安机关、国家安全机关、人民检察院、人民法院。公安机关、人民检察院、人民法院决定取保候审的，由公安机关执行。国家安全机关决定取保候审的，以及人民检察院、人民法院在办理国家安全机关移送的犯罪案件时决定取保候审的，由国家安全机关执行。上述机关应当根据法律的规定以及案件的具体情况，对犯罪嫌疑人、被告人及其法定代理人、近亲属和犯罪嫌疑人聘请的律师提出的取保候审的申请，作出是否采取取保候审的决定。对于符合取保候审条件的，应当依法作出采取取保候审的决定。在作出决定时，必须明确是采取哪一种取保候审。

（二）向犯罪嫌疑人、被告人宣布取保候审决定，责令犯罪嫌疑人、被告人提供保证人或交纳保证金

在取保候审决定作出后，承办案件的人员应当向被决定人当面宣布取保候审的决定。如果采取"人保"的，应当告知他提供一名符合条件的保证人。如果采取的是"财物保"，应当告知他保证金的数额以及交纳的时间、地点和方法。根据《刑事诉讼法》第70条的规定，保证金数额要在综合考虑以下五个因素后确定：保证诉讼活动正常进行的需要；被取保候审人的社会危险性；案件的性质、情节；可能判处刑罚的轻重；被取保候审人的经济状况。保证金存入执行机关指定银行的专门账户。

（三）审查交保的条件是否成立

"人保"的交保条件是被决定人提供了符合条件的保证人。"财物保"的交保条件是被决定人按时交纳了指定数额的保证金。如果符合了交保条件，就可以交保。

（四）交保

交保就是将取保候审决定最后付诸实施。交保有以下几种情况：如果采取的是"人保"，应当将被决定人当面交保证人，并向他们宣布被决定人在取保候审期间应当遵守的规定，以及保证人应当承担的义务。在得到他们的承诺后，让保证人带被决定人离去。如果采取的是"财物保"，应当向被决定人宣布在取保候审期间应当遵守的规定以及不遵守规定要承担的后果，对于这一点《刑事诉讼法》第69条有明确规定。在被决定人作出承诺后，允许他离去。被决定人被羁押的，要发给释放证明。

根据刑事诉讼法的规定，取保候审的期限最长不得超过12个月。

（五）保证金的退还

犯罪嫌疑人、被告人在取保候审期间未违反《刑事诉讼法》第69条规定的，取保候审结束的时候，凭解除取保候审的通知或者有关法律文书到银行领取退还的保证金。

第四节　监视居住

一、监视居住的概念和适用对象

监视居住，是指法院、检察院和公安机关在刑事诉讼过程中，对犯罪嫌疑人、被告人采取的命令其不得离开指定的区域，并对其活动予以监视和控制的强制方法。

根据《刑事诉讼法》第72条的规定，我国改变了长期以来"监视居住的适用对象与取保候审一致"的做法，规定了专门的适用条件和对象。包括两种情况：一是把监视居住作为逮捕的替代措施，对于符合逮捕条件，有下列五种情形的犯罪嫌疑人、被告人，可以采取监视居住：（1）患有严重疾病，生活不能自理的；（2）怀孕或者正在哺乳自己婴儿的妇女；（3）系生活不能自理的人的唯一扶养人；（4）因为案件的特殊情况或者办理案件的需要，采取监视居住更为适宜的；（5）羁押期限届满，案件尚未办结，需要采取监视居住措施的。二是符合取保候审条件，但犯罪嫌疑人、被告人不能提出保证人，也不能交纳保证金的，可以监视居住。

二、监视居住的执行场所

根据《刑事诉讼法》第73条的规定，监视居住的执行场所有两类，一是犯罪嫌疑人、被告人的住处，二是执行机关指定的居所。一般情况下，监视居住都应当在被监视居住人的住处执行。从理论上讲，监视居住是一种限制犯罪嫌疑人、被告人人身自由的强制方法，被采取强制措施的犯罪嫌疑人、被告人并没有失去人身自由，因此，在其住处执行是合适的。同时，还应当为被监视居住人明确一个合理的"活动空间"，这个空间应当以被监视居住人的住处为中心，将其正常工作、学习和医疗的地点包括在内。不应当以采取监视居住的名义，实行变相拘禁，剥夺犯罪嫌疑人、被告人的人身自由。

指定居所的监视居住只是针对一些特殊的案件：一是本来应该在住处执行的，但被监视居住人无固定住处的，可以由执行机关指定居所执行；二是对于涉嫌危害国家安全犯罪、恐怖活动犯罪、特别重大的贿赂犯罪，在住处执行可能有碍侦查的，经上一级检察机关或者公安机关批准，也可以在指定的居所执行。

办案机关不得把羁押场所、专门的办案场所确定为执行的居所。指定居所监视居住的，除无法通知的以外，执行机关应当在执行监视居住后的 24 小时内，通知被监视居住人的家属。

三、被监视居住人应当遵守的规定

根据《刑事诉讼法》第75条的规定，被监视居住的犯罪嫌疑人、被告人应当遵守以下规定：

（1）未经执行机关批准不得离开执行监视居住的处所。对这里的"处所"应当作灵活的理解，不能作机械的理解。不能理解为是一个房间或者是一幢房子，而应当理解为公安、司法机关为其指定的活动范围，即在上面我们讨论的那个"活动空间"。

（2）未经执行机关批准不得会见他人或者通信。什么是被监视居住人不得会见的"他人"？刑事诉讼法没有规定。是不是除了办案人员外，都属于"未经批准不得会见的他人"呢？我们认为不是。在犯罪嫌疑人、被告人住处执行的监视居住，同住的家人应该不属于"未经批准不得会见的他人"，除非这些人与案件有牵连。指定居所的监视居住，辩护律师也不应当属于"未经批准不得会见的他人"。辩护律师会见被指定居所监视居住的犯罪嫌疑人、被告人的，应当按照有关辩护制度的规定执行。

（3）在传讯的时候及时到案。这里的"及时到案"，应当理解为按照要求的时间到指定的地点。

（4）不得以任何形式干扰证人作证。这里的"干扰证人作证"应当理解为阻止证人作证，利诱、唆使他人作伪证，等等。被告人在法庭上对证人作证提出的质疑，不属于干扰证人作证。

（5）不得毁灭、伪造证据或者串供。

（6）将护照等出入境证件、身份证件、驾驶证件交执行机关保存。

如果被监视居住人违反了上述规定，情节轻微的，执行机关应当给予批评和教育。情节严重的，可以撤销监视居住，予以逮捕，也可在逮捕之前予以先行拘留。

监视居住的最长期限不得超过六个月。

四、监视居住的执行与监督

根据刑事诉讼法的规定，监视居住由公安机关执行。执行机关对于被监视居住的人，可以采取电子监控、不定期检查的监视方法。在侦查期间，为了保证侦查的顺利进行，防止犯罪嫌疑人串供，还可以对被监视居住人的通信进行监控。

考虑到指定居所监视居住的措施对被监视居住人人身自由的严格限制，为保护犯罪嫌疑人、被告人的人权，我国刑事诉讼法规定，人民检察院要对这种监视居住措施的决定与执行的合法性进行监督；指定居所监视居住的期限应当折抵刑期。被判处管制的，监视居住一日折抵刑期一日，被判处拘役、有期徒刑的，监视居住二日折抵刑期一日。

第五节　刑事拘留

一、刑事拘留的概念和特征

刑事拘留是侦查案件的公安司法机关在紧急情况下，对现行犯或者重大嫌疑分子采取的短期剥夺其人身自由的强制方法。

与其他几种强制措施相比较，拘留有下述特征：

（1）刑事拘留只是公安机关（包括国家安全机关）、侦查案件的检察机关的职权，其他任何机关包括法院都无权决定采取拘留措施。拘留的执行机关只能是公安机关，对于人民检察院直接立案侦查的案件，需要拘留犯罪嫌疑人的，应当依法作出拘留决定，送交同级公安机关执行。这是因为，公安机关和检察机关在刑事诉讼中从事侦查工作，处在同犯罪作斗争的第一线，经常遇到紧急情况需要及时剥夺现行犯或重大嫌疑分子的人身自由，刑事诉讼法赋予他们拘留人犯的权利，便于他们处置工作中遇到的突发事件与紧急情况。

（2）刑事拘留是在紧急情况下采取的。所谓"紧急情况"，是指来不及办理逮捕手续而必须立即剥夺现行犯或重大嫌疑分子的人身自由的情形。如果没有紧急情况，公安机关、检察机关有时间办理逮捕人犯批准或决定手续的，不应当采取拘留。

（3）刑事拘留是一种在紧急情况下采取的强制措施，紧急情况消除后，就应依法变更这种强制措施。刑事诉讼法规定，公安机关拘留人犯，应当在 24 小时内进行讯问，发现不应拘留的，必须立即释放，发给释放证明。公安机关对于被拘留的人，认为需要逮捕的，应当在拘留后的三日以内，提请检察院审查批准。特殊情况下，提请批准逮捕的时间可以延长一日至四日。对于流窜作案、多次作案、结伙作案的重大嫌疑分子，提请审查批准的时间可以延长至 30 日。检察机关应当在接到公安机关提请批准逮捕后的 7 日以内，作出批准逮捕或不批准逮捕的决定。人民检察院对直接受理的案件中被拘留的人，认为需要逮捕的，应当在 14 日以内决定。特殊情况下，可延长 1 至 3 日。可见，拘留人犯的期限很短，一般为 10 日，最长为 37 日。37 日以后，拘留应被变更或被撤销。

二、刑事拘留与行政拘留、司法拘留的区别

我国法律规定的拘留一共有三种，刑事拘留只是其中之一，其他两种是行政拘留和司法拘留。

行政拘留是公安机关根据《中华人民共和国治安管理处罚法》或者其他行政法规，对有严重违法行为的人所给予的一种行政制裁。刑事拘留与行政拘留的区别主要在于：第一，性质不同。行政拘留是一种处罚措施，具有惩罚性；而刑事拘留是一种强制手段，不

具有惩罚性，只具有预防性。第二，目的不同。行政拘留的目的，是制裁行政违法的人，以便使他们吸取教训，改邪归正；刑事拘留的目的在于防止犯罪嫌疑人、被告人逃避侦查、审判，保证刑事诉讼的顺利进行。第三，拘留的期限不同。行政拘留的期限为 1 日以上 15 日以下，合并处罚不超过 20 日；刑事拘留的期限一般为 10 日以内，最长不得超过 37 日。

司法拘留是法院在诉讼过程中对违反诉讼法的人所给予的一种司法制裁。司法拘留包括行政司法拘留、民事司法拘留和刑事司法拘留三种。司法拘留与刑事拘留一样，都是在诉讼中采用，都有保证诉讼顺利进行的作用，但是，两者是不同的。其区别主要有以下几点：第一，有权采取的机关不同。刑事拘留由公安机关和检察机关决定采取；司法拘留由法院决定采取。第二，适用的对象不同。刑事拘留适用于现行犯和重大嫌疑分子，对其他诉讼参与人、其他当事人都不能采用；司法拘留适用于一切故意妨碍诉讼顺利进行的人，包括当事人、其他诉讼参与人和案外人。第三，羁押的期限不同。刑事拘留后，对被拘留人的羁押期限，一般不超过 10 日，最长不超过 37 日；司法拘留后，对被拘留人的羁押期限是 15 日以下。

三、刑事拘留的条件和程序

（一）公安机关采取刑事拘留的条件

根据《刑事诉讼法》第 80 条的规定，公安机关采取刑事拘留必须具备下列情形之一：

（1）正在预备犯罪、实行犯罪或者犯罪后即时被发觉的；

（2）被害人或者在场亲眼看见的人指认他犯罪的；

（3）在身边或者住处发现有犯罪证据的；

（4）犯罪后企图自杀、逃跑或者在逃的；

（5）有毁灭、伪造证据或者串供可能的；

（6）不讲真实姓名、住址，身份不明的；

（7）有流窜作案、多次作案、结伙作案重大嫌疑的。

（二）检察机关采取刑事拘留的条件

检察机关在刑事诉讼中侦查案件的范围与公安机关是不同的，侦查中遇到的紧急情况与公安机关也不一样，因此检察机关采取刑事拘留时的条件与公安机关不同。根据《刑事诉讼法》第 163 条的规定，检察机关采取刑事拘留，是在以下两种情形之下：

（1）犯罪嫌疑人犯罪后企图自杀、逃跑或者在逃的；

（2）犯罪嫌疑人有毁灭、伪造证据或者串供可能的。

检察机关在作出拘留犯罪嫌疑人的决定后，交由公安机关执行。

（三）刑事拘留的程序

根据刑事诉讼法的规定，对现行犯、重大嫌疑分子采取刑事拘留，按照以下步骤进行：

（1）由县级以上的公安机关、检察机关作出决定。

（2）向被决定人宣布刑事拘留的决定，并向被拘留人出示拘留证。

（3）拘留被决定人，并将其羁押于看守所。根据《刑事诉讼法》第 83 条的规定，拘留后，应当在 24 小时内将被拘留人送看守所羁押。

（4）通知被拘留人家属。根据《刑事诉讼法》第83条的规定，在拘留现行犯、重大嫌疑分子后的24小时内，除了无法通知或者涉嫌危害国家安全犯罪、恐怖活动犯罪通知可能有碍侦查的情形以外，通知被拘留人的家属。上述两类案件通知有碍侦查的情形消失后，立即通知被拘留人家属。

（5）讯问被拘留的人。根据《刑事诉讼法》第84条、第164条的规定，公安机关、检察机关在拘留人后的24小时内，应当讯问被拘留的人。发现不应当拘留的，应当立即释放，并发给释放证明。

公安机关在异地执行拘留时，应当通知被拘留人所在地的公安机关。所在地的公安机关应当予以配合。

第六节 逮 捕

一、逮捕的概念和特征

我国刑事诉讼中的逮捕，是指由检察院批准或者决定或者由法院决定、由公安机关执行的，在刑事诉讼中剥夺犯罪嫌疑人、被告人人身自由的强制手段。与其他几种强制措施相比较，逮捕有下列几个特征：

第一，逮捕是一种最严厉的强制措施。被逮捕的人，在刑事诉讼过程中都要被羁押，其人身自由基本被剥夺，而且期限也比较长，一般都要在数月以上。

第二，对犯罪嫌疑人、被告人采取逮捕，必须由两个司法机关联合才能进行。根据我国刑事诉讼法规定，逮捕的决定权和执行权是分离的。有决定权的机关无执行权，有执行权的机关无决定权。因而，采取逮捕这种强制措施，必须由检察院（法院）批准或者决定，由公安机关执行。

二、逮捕犯罪嫌疑人、被告人的条件

《刑事诉讼法》第79条及相关司法解释规定，司法机关采取逮捕这种强制措施，必须同时具备下列三个条件，才能适用逮捕。

（一）有证据证明有犯罪事实

"有证据证明有犯罪事实"，主要包括以下两点含义：第一，有证据证明发生了犯罪事实；第二，有证据证明该犯罪事实是犯罪嫌疑人实施的。"有证据证明有犯罪事实"，并不要求查清全部犯罪事实。其中"犯罪事实"既可以是单一犯罪行为的事实，也可以是数个犯罪行为中任何一个犯罪行为的事实。对实施多个犯罪行为或者共同犯罪案件的犯罪嫌疑人，具有下列情形之一的，即可被认为是有证据证明有犯罪事实：（1）有证据证明有数罪中的一罪的；（2）有证据证明有多次犯罪中的一次犯罪的；（3）共同犯罪中，已有证据证明有犯罪行为的。

（二）可能判处徒刑以上刑罚

根据已查明的主要犯罪事实及犯罪嫌疑人、被告人所犯罪行的性质，比照有关刑法规定，衡量对犯罪嫌疑人、被告人所处的刑罚，最低也是有期徒刑。如果认为犯罪嫌疑人、被告人不可能被判处有期徒刑以上的刑罚，或可能被判处有期徒刑缓刑的，也不应予以逮捕。

（三）采取取保候审不足以防止发生社会危险性

这里所说的"社会危险性"是指犯罪嫌疑人、被告人具有实施各种危害社会行为可能的，包括犯罪嫌疑人、被告人可能逃避侦查和审判、继续犯罪、串供、毁灭证据或者发生自杀意外事件等情况。根据《刑事诉讼法》第79条的规定，如果采取取保候审尚不足以防止发生下列五种情况的，应当予以逮捕：

（1）可能实施新的犯罪的；

（2）有危害国家安全、公共安全或者社会秩序的现实危险的；

（3）可能毁灭、伪造证据，干扰证人作证或者串供的；

（4）可能对被害人、举报人、控告人实施打击报复的；

（5）企图自杀或者逃跑的。

除了具备上述条件应当逮捕外，对于以下两种特殊情况，也应当予以逮捕：第一，有证据证明有犯罪事实，可能判处10年有期徒刑以上刑罚的；第二，有证据证明有犯罪事实，可能判处徒刑以上刑罚，曾经故意犯罪或者身份不明的。

对于被取保候审、监视居住的犯罪嫌疑人、被告人违反取保候审、监视居住规定，情节严重的，也可以予以逮捕。

三、逮捕的程序

（一）逮捕的决定

我国刑事诉讼法规定，逮捕的决定权由检察院或者法院行使。逮捕决定权的行使，有下述三种情况。

1. 检察院批准逮捕。

这是根据公安机关或国家安全机关提请批准进行的。这种情况发生于案件的侦查阶段。在侦查过程中，公安机关或国家安全机关如认为犯罪嫌疑人具备了被逮捕的条件，即制作提请批准逮捕书，报请当地同级检察院批准。检察院对提请批准逮捕书及移送来的案卷材料、证据进行审查，如认为符合逮捕条件，作出批准逮捕决定，否则，作出不批准逮捕决定。

2. 检察院决定逮捕。

检察院决定逮捕犯罪嫌疑人是在以下两种情况下：一是检察院对于自行侦查的案件，如认为需要逮捕犯罪嫌疑人的，可依法作出逮捕决定，送同级公安机关执行。二是在审查起诉阶段，检察院对于公安机关或国家安全机关侦查终结移送人民检察院审查起诉的案件，如认为犯罪嫌疑人应予逮捕，但在侦查阶段没有逮捕的，可依法作出逮捕决定，交同级公安机关或国家安全机关执行。

3. 法院决定逮捕。

法院决定逮捕被告人的情况较为少见。不论是自诉案件或是公诉案件，法院受理后，认为需要逮捕被告人的，可依法作出决定，由同级公安机关或国家安全机关执行。在法院内部，逮捕的决定权由院长或院长授权的副院长批准。如果案件是公诉案件，逮捕决定作出后，应当通知提起公诉的检察院。

对担任县级以上人民代表大会代表的犯罪嫌疑人、被告人批准或者决定逮捕，应报请其所在的人民代表大会主席团或者常委会许可。

（二）逮捕的执行

逮捕的执行机关是公安机关或者国家安全机关。

公安机关或国家安全机关在执行逮捕的时候，必须出示逮捕证。逮捕后，应当立即将被逮捕人送看守所羁押。除无法通知的以外，应当在逮捕后的 24 小时以内通知被逮捕人的家属。此外，法院、检察院对于各自决定逮捕的犯罪嫌疑人、被告人，公安机关或国家安全机关对于各自经检察院批准逮捕的犯罪嫌疑人，应在逮捕后的 24 小时内进行讯问。如果发现不应当逮捕的，必须立即释放，发给释放证明。

（三）逮捕的变更

逮捕的变更是指逮捕决定执行后，发现犯罪嫌疑人、被告人具有不符合被逮捕的条件或情形，或者因诉讼过程出现新情况，不应当继续羁押的，由有逮捕决定权的司法机关决定对他们改用其他强制措施或者予以释放的诉讼活动。2012 年我国对刑事诉讼法修改时，进一步完善了逮捕等强制措施的变更制度。根据《刑事诉讼法》第 93 条、第 94 条和第 95 条的规定，逮捕变更的途径有以下三种：第一，根据人民检察院的建议变更。犯罪嫌疑人、被告人被逮捕后，人民检察院应当对羁押的必要性进行审查，对不需要羁押的，应当建议法院、公安机关予以释放或者变更为其他强制措施；法院、公安机关根据人民检察院的建议而变更的，即属于此类。第二，有关机关自行变更。人民法院、人民检察院和公安机关如果发现对犯罪嫌疑人、被告人采取强制措施不当的，应当及时撤销或者变更。公安机关释放被逮捕的人或者变更逮捕措施的，应当通知原批准的人民检察院。第三，根据被逮捕人及其法定代理人、近亲属或者辩护人的申请变更。犯罪嫌疑人、被告人被逮捕后，被逮捕人及其法定代理人、近亲属和辩护人，都有权申请变更强制措施。有关机关对这些诉讼参与人的申请应当进行审查，申请理由能够成立的，应当作出变更或撤销逮捕的决定。

第七节　扭　送

一、扭送的概念、对象和性质

扭送是指公民将具有法定情形的人强制送交公安机关、检察机关和人民法院处理的行为。《刑事诉讼法》第 82 条对扭送作了规定。根据这条规定，扭送的对象是具有以下情形的公民：第一，正在实行犯罪或者犯罪后即时被发觉的；第二，通缉在案的；第三，越狱逃跑的；第四，正在被追捕的。上述四种人，都是实施了或者涉嫌实施了犯罪行为的人，公民将他们扭送司法机关处理，是履行宪法规定的同犯罪做斗争的义务。

从表现形式上来看，扭送似乎是一种强制措施，因为实践中的扭送都是公民强行将有关行为人送交司法机关。但是，从性质上讲，这仅仅是一种公民同犯罪做斗争的方式，而非一种强制措施。我国法律规定的强制措施都是司法机关作为主体采取的，任何公民均不得采取。

二、扭送中应当注意的问题

公民在发现有法定情形的"人"后，应当尽可能快地将其扭送至司法机关，不得故意推延，更不能"私设公堂"进行审讯。否则，就不属于同犯罪做斗争的见义勇为，而是侵犯人权的违法行为，严重的还可能构成犯罪。

公安司法机关对于公民扭送来的人，应当立即接受，迅速问明情况，不得推诿不管，更不能以不由自己管辖为理由要扭送人将其扭送其他司法机关。

接受的公安司法机关在问明情况后，依法分别情况进行处理：

第一，如果被扭送人确实涉嫌犯有罪行，应当先采取一定措施，然后按照管辖的规定处理。案件属于本机关管辖的，依法进行立案；案件不属于本机关管辖的，通知有管辖权的公安司法机关，并将被扭送人送交该公安司法机关，对扭送人进行表扬。

第二，如果被扭送人犯的罪行属于告诉才处理的，应当告诉被害人向有管辖权的法院起诉。在做好扭送人的思想工作后，应当允许被扭送人自行离去。

第三，如果被扭送人仅有违法行为，尚构不成犯罪的，应当对被扭送人进行批评教育，告诉扭送人应向有关机关控告，同时在做好扭送人工作后，允许被扭送人自行离去。

第四，如果被扭送人没有违法犯罪行为，扭送人亦不知情，没有借扭送诬告陷害他人故意的，公安司法机关应当做好双方的思想工作，消除他们的误会，防止发生新的矛盾。

第五，如果扭送人有诬陷他人的故意，或者假借扭送侮辱被扭送人的人格，公安司法机关应当对扭送人进行严厉的批评，构成犯罪的，追究扭送人的刑事责任。

【引例评析】

县公安局的做法是正确的。公安局在拘传犯罪嫌疑人张风后，发现了他更为严重的盗窃犯罪事实，而且数额巨大，依照刑法规定可能判处 5 年以上有期徒刑。根据我国《刑事诉讼法》第 80 条的规定，拘留犯罪嫌疑人张风符合法定条件，县公安局作出拘留决定有事实根据和法律根据。将张风关押在看守所，并非根据拘传决定，而是根据新作出的拘留决定。

【本章小结】

强制措施是指公安机关（含国家安全机关）、检察院和法院，为保障刑事诉讼顺利进行，防止犯罪嫌疑人、被告人、现行犯和重大嫌疑分子继续实施危害社会的行为，防止发生其他意外事件，依法对他们采取的限制或剥夺其人身自由的手段。其特征是：适用主体的特定性；适用对象的有限性；适用空间的特殊性。强制措施的意义在于：它能保证刑事诉讼的顺利进行，有效防止犯罪嫌疑人、被告人继续危害社会，同时起到警戒社会上的不法人员、威慑犯罪的作用。适用强制措施应贯彻打击犯罪与保障人权相结合、严肃与谨慎相结合、原则性与灵活性相结合的指导方针，遵循如下原则：必要性原则，合法性原则，适度性原则和适时变更原则。

我国刑事诉讼法中规定了五种强制措施：拘传、取保候审、监视居住、拘留和逮捕。其中取保候审和监视居住是限制人身自由的强制方法，拘留和逮捕是剥夺人身自由的强制方法，我国立法及司法解释对限制和剥夺人身自由的强制措施特别是剥夺自由的强制措施的适用规定了严格的条件，对这些强制的适用应当慎重，严格依照法定程序实施。

【练习题】

一、名词解释

强制措施　拘传　取保候审　监视居住　拘留　逮捕

二、思考题

1. 什么是强制措施？对其性质应当如何理解？
2. 强制措施有什么重要作用？
3. 监视居住适用于哪些人？
4. 什么是逮捕？逮捕犯罪嫌疑人应当具备什么条件？
5. 拘留有哪几种？它们有什么区别？

三、案例分析题

师某系某市工商局副局长，因涉嫌交通肇事罪被公安机关立案侦查（未羁押）。侦查终结以后，在检察机关审查起诉期间，审查起诉人员发现师某另有受贿重大嫌疑，符合逮捕条件，应予逮捕。

问题：

应由谁决定和逮捕师某？

分析要点提示：

受贿案件属人民检察院自侦案件，对这类案件，犯罪嫌疑人应予逮捕的，应由人民检察院作出决定，交由公安机关执行。

第九章　刑事附带民事诉讼

【本章引例】

被告人男甲与女乙发生了婚外情，私下里以"夫妻"名义相称，被甲妻丙发现。丙对甲、乙进行劝阻，甲、乙不但不听，反而公开以夫妻名义同居。丙以重婚罪向法院提起诉讼并要求与甲离婚。法院能否在审理重婚案的同时处理甲丙的离婚之诉？

【本章学习目标】

通过本章的学习，应当掌握如下内容：

1. 附带民事诉讼的条件；
2. 附带民事诉讼的当事人；
3. 附带民事诉讼的审判程序。

第一节　刑事附带民事诉讼的概念和条件

一、刑事附带民事诉讼的概念

刑事附带民事诉讼，是指在刑事诉讼中，公安司法机关在追究犯罪嫌疑人、被告人刑事责任的同时，附带解决被害人由于犯罪嫌疑人、被告人的犯罪行为而遭受物质损失的赔偿问题所进行的诉讼活动。

附带民事诉讼就其解决问题的性质而言，是经济赔偿问题，和民事诉讼中的损害赔偿是一样的，属于民事诉讼的性质。但它又与一般的民事诉讼不同，其特殊性在于这种赔偿是由犯罪行为引起的，是在刑事诉讼过程中提出并同刑事案件一并由同一审判组织审理解决的，所以，它又称附带民事诉讼，作为一种特殊形式的民事诉讼，它既带有民事诉讼的特点，又属于刑事诉讼的一部分。

将附带民事诉讼合并同刑事诉讼一起处理，其好处是适用同一管辖、同一证据、同一诉讼资料、同一审判组织；可以在一个诉讼程序中查明刑事、民事两个案件事实，提高办案效率，节约司法资源，减轻当事人讼累。

二、刑事附带民事诉讼的条件

附带民事诉讼不同于一般的民事诉讼，在公诉案件的诉讼程序中，它的提起可以在立案阶段、侦查阶段、审查起诉阶段和审判阶段。在立案阶段和侦查阶段，由于案件事实尚不十分清楚，犯罪嫌疑人可能也没有明确，所以提起附带民事诉讼的条件不能规定得过于严格。依据法律和司法实践经验，在立案阶段和侦查阶段提起附带民事诉讼，一般应具备三个条件：

第一，提起附带民事诉讼，必须是被害人因犯罪嫌疑人的犯罪行为而遭受物质损失的。根据 2000 年 12 月 13 日《最高人民法院关于刑事附带民事诉讼范围问题的规定》，被害人可对因人身权利受到犯罪侵犯而遭受的物质损失或者财物被犯罪分子毁坏而遭受的物质损失提起附带民事诉讼。但对于被害人因犯罪行为遭受精神损失而提起附带民事诉讼的，人民法院不予受理。被害人因犯罪行为遭受的物质损失，包括被害人因犯罪行为已经遭受的实际损失和必然遭受的损失。这种物质损失，可能是国家财产、集体财产或公民个人的合法财产所遭受的损失，也可能是身体受到伤害而支付的医药费和减少的劳动收入。无论哪种情况，其要求赔偿的必须是可以计算的物质损失，包括已经受到的和以后必然遭受的。例如，犯罪分子在行凶过程中损坏的各种物品属"已经受到的物质损失"；受害人受伤后继续治疗，还将支付的医药费、交通费，以及不能工作而减少的劳动收入等，属"以后必然遭受的物质损失"。

第二，被害人要求赔偿的物质损失，必须是犯罪嫌疑人的犯罪行为直接造成的。即物质损失与犯罪行为之间，具有刑法上要求的内在的、必然的、直接的因果关系。倘若被害人的物质损失和犯罪嫌疑人的侵害行为之间不存在这种因果关系，就不能提起附带民事诉讼。例如，甲与乙素有仇怨，一直在伺机报复乙。某晚，甲发现乙妻一人在家看电视，即谎称查水表的邻居，骗开房门，用卡脖子的方法致乙妻死亡，随后用被子盖住尸体。甲溜出乙家时，将房门虚掩。丙是一个惯窃分子，发现乙家房门虚掩乃溜入其家，见一人熟睡，故放胆将室内财物洗劫一空，致使乙家丢失财物 5 万余元。两案侦破后，均被检察院提起公诉。由于丙身无分文，且已经将盗窃的财物挥霍一空，乙的损失无法通过追缴弥补。乙转而对甲提起附带民事诉讼，要求他赔偿因家中被盗而遭受的经济损失。法院认为，乙家被盗而遭受的经济损失不是甲杀人行为直接造成的，故不予支持，但告诉乙可以就甲杀死其妻给其造成的经济损失提起附带民事诉讼。

第三，附带民事诉讼必须以刑事诉讼的存在为前提。也就是说，提起附带民事诉讼必须以刑事案件成立、司法机关开始追究犯罪嫌疑人刑事责任为条件。只有这样，这种特殊形式的民事诉讼，才有可能被刑事诉讼所"附带"。否则，某人的行为虽造成他人的损失，但因该行为不构成犯罪，刑事案件不能成立，自然也就不会发生刑事诉讼附带民事诉讼的问题。其损害赔偿要求，只能按照一般民事诉讼程序处理。一旦犯罪嫌疑人、被告人的行为构成犯罪，司法机关开始追究犯罪嫌疑人、被告人的刑事责任，不论以后司法机关对案件如何处理，都不影响被害人依法行使提起附带民事诉讼的权利。

根据最高人民法院的规定，自诉案件和公诉案件的审判阶段提起附带民事诉讼，需要具备的条件是：

（1）起诉人符合法定条件；

（2）有明确的被告人；

（3）有请求赔偿的具体要求和事实、理由；

（4）属于人民法院受理附带民事诉讼的范围。

以上条件全部具备，才能提起附带民事诉讼。

第二节　刑事附带民事诉讼的提起

一、刑事附带民事诉讼的当事人

刑事附带民事诉讼的当事人，是指在刑事诉讼中以自己的名义提起诉讼请求、要求经济赔偿的原告人和被司法机关通知应诉的被告人。

（一）附带民事诉讼的原告人

附带民事诉讼的原告人，是指因被告人的犯罪行为而直接遭受物质损失，在刑事诉讼过程中提起民事诉讼要求赔偿损失的人。通常是刑事案件的被害人。这种被害人既可以是自然人，也可以是法人及其他组织。被害人是未成年或者其他无行为能力或者限制行为能力的人，附带民事诉讼的原告人是这些未成年或者其他无行为能力或者限制行为能力的人，但诉讼应由其法定代理人代为进行。如果被害人已经死亡，他的法定代理人、近亲属也可以作为原告人提起附带民事诉讼。如果是国家、集体财产遭受损失，人民检察院在提起公诉时，可一并提起附带民事诉讼。此时，检察机关是承担有附带民事诉讼原告职能的公诉机关，享有民事原告人的诉讼权利。

有权提起附带民事诉讼的人放弃诉讼权利的，应当许可。

（二）附带民事诉讼的被告人

附带民事诉讼的被告人，是指在刑事诉讼中，因被诉要求赔偿犯罪行为所造成的物质损失，而被公安司法机关通知应诉的诉讼参与人。通常都是刑事案件的被告人。但是，在某些情况下，附带民事诉讼被告人，也可以是依法应对刑事被告人的行为承担经济赔偿的人或单位。例如，未成年人犯罪的案件，应当由他的父母或监护人作附带民事诉讼的被告人。按照《最高人民法院关于适用〈中华人民共和国刑事诉讼法〉的解释》的规定，附带民事诉讼中依法负有赔偿责任的人包括：

（1）刑事被告人（公民、法人和其他组织）以及没有被追究刑事责任的其他共同致害人；

（2）刑事被告人的监护人；

（3）已被执行死刑的罪犯的遗产继承人；

（4）共同犯罪案件中，案件审结前已死亡的被告人的遗产继承人；

（5）对被害人的物质损失依法应当承担赔偿责任的其他单位和个人。

二、提起附带民事诉讼的时间

被害人和检察机关在刑事诉讼过程中，可以提起附带民事诉讼。这个"过程中"究竟是指整个诉讼过程的任何时候还是限于某一诉讼阶段，理论界与实际部门认识尚不统一。笔者认为，法律既然明确附带民事诉讼要以刑事案件成立为前提，并贯彻与刑事案件一并审理的原则，该诉讼的提起应以不影响或妨碍刑事诉讼的顺利进行为条件。根据司法实践情况，提起附带民事诉讼的时间，一般掌握在刑事诉讼开始以后到第一审法院判决宣告以前的这段时间内较为适宜。这样做便于法院在查清犯罪事实的同时查清损害赔偿问题，将刑事案件与经济赔偿一并解决，保证当事人上诉的权利。否则，若一味强调"刑事诉讼过程中"，要求附带民事诉讼在上诉阶段才能开始提起，势必导致第二审法院所作的裁判，出现刑事诉讼部分为终审裁判而民事诉讼部分却为一审裁判的矛盾，这显然是不合适的。按有关司法解释规定，附带民事诉讼，应当在刑事案件立案以后第一审判决宣告之前提起。有权提起附带民事诉讼的人在第一审判决宣告以前没有提起的，不得再提起附带民事诉讼。但在判决生效后另行提起民事诉讼的，不受限制。

有些案件，在侦查、审查起诉阶段，有权提起附带民事诉讼的人就已经向公安、检察机关提出过赔偿要求，并被公安、检察机关记录在案卷内，对此，人民法院在接到刑事案件起诉后，应当按附带民事诉讼案件受理。有些案件，在侦查、审查起诉阶段，公安、检察机关已对提出赔偿要求的当事人双方进行了调解，并达成协议，甚至已给付完毕，对此，被害人在法院受理后又坚持向法院提起附带民事诉讼的，按有关司法解释的精神，人民法院也可以受理。

三、提起附带民事诉讼的方式

为贯彻便民原则，按照刑事诉讼法的有关规定，提起附带民事诉讼的方式，既可以是口头的，也可以是书面的。在自诉案件和公诉案件的审判阶段无论用口头或者书面提出附带民事诉讼，都要求说明附带民事诉讼原告人和被告人的姓名、年龄、住址，被告人的行为，因犯罪而遭受的物质损失的大小，以及具体的诉讼请求等内容。按照最高人民法院的司法解释，提起附带民事诉讼一般应当提交附带民事诉状。书写诉状确有困难的，可以口头起诉。公安机关、检察机关、法院办案人员应当对原告人的口头诉讼请求详细询问，并制作笔录，向原告人宣读，原告人确认准确无误后，应当签名或者盖章。

检察院提起附带民事诉讼时，只能采用书面的方式。

被害人提起附带民事诉讼的书状或口头笔录，公安机关、检察机关应将其副本送达犯罪嫌疑人。人民法院受理附带民事诉讼后，应当及时向附带民事诉讼的被告人送达附带民事起诉状副本，或者将口头起诉的内容及时通知附带民事诉讼的被告人，并制作笔录。被告人是未成年人的，应当将附带民事起诉状副本送达他的法定代理人，或者通知他口头起诉的内容。人民法院送达附带民事起诉状副本时，根据刑事案件审理的期限，确定被告人提交民事答辩状的时间。

四、诉讼保全措施

提起附带民事诉讼以后，法院在必要时可以采取保全措施，查封、扣押或者冻结附带民事被告人的财产。这是对附带民事诉讼采取的保全措施，其目的在于保证判处赔偿物质损失的判决能够执行。法院采取保全措施，可以根据附带民事诉讼原告人或者人民检察院的申请，也可以依职权进行，但是，都应当是法院认为确有"必要"，即附带民事被告人或其近亲属等有可能转移财产，使以后判决赔偿经济损失的部分不能执行或难以执行时，才能采取。人民法院采取保全措施的，适用民事诉讼法的有关规定。查封、扣押或者冻结附带民事被告人的财产，应当限于诉讼请求的范围。

第三节　刑事附带民事诉讼的审判

人民法院收到附带民事诉状后，应首先进行审查，并在七日以内决定是否立案。对符合受理条件的应当受理，对不符合受理条件的，应当裁定驳回起诉。

《刑事诉讼法》第101条规定，人民法院审理附带民事诉讼案件，可以进行调解，或者根据物质损失情况作出判决、裁定。

一、附带民事诉讼应同刑事案件一并审判

附带民事诉讼一般应同刑事案件一并审理，只有为了防止刑事案件审判的过分迟延，才可以在刑事审判后由同一审判组织继续审理附带民事诉讼。这一规定明确了法院审理附带民事诉讼的两种方式：

（1）附带民事诉讼同刑事案件一并审理的方式。这是主要的审理方式。因为附带民事诉讼要求赔偿的物质损失，是刑事被告人的同一犯罪行为造成的，刑事案件同附带民事诉讼所要查明的主要事实是同一事实，一并审理便于一次解决。

（2）如果附带民事诉讼不能同刑事案件一并审判，应先解决刑事案件，再由原审判组织继续审理附带民事诉讼问题。这是因为，解决附带民事诉讼有时是比较复杂的，一方面要查清被害人的受损失情况，另一方面要了解附带民事被告人的财产状况和赔偿能力。而刑事案件的审判是有期限限制的，不能过分迟延。因此，当一并审理会造成过分迟延刑事案件审理之时，法院可以在审判刑事案后，由同一审判组织继续审理附带民事诉讼；同一审判组织的成员确实不能继续参与审判的，可以更换。这里说的同一审判组织，是指原来审判该刑事案件的审判组织。附带民事诉讼不应由刑事审判庭另行组成合议庭处理，更不能转到民事审判庭处理。当然，如果同一审判组织的成员确实无法继续参加审判的，可以更换审判组织的成员。

二、附带民事诉讼可以进行调解

这主要是根据附带民事诉讼的性质，参照民事诉讼程序进行的，即：当事人可以自行和解；原告人可以撤回诉讼；法院可以进行调解。自行和解就是在法院作出判决前，双方当事人自行协商达成解决赔偿的协议，结束诉讼。撤回诉讼就是原告人在法院宣告判决前提出撤回诉讼之请求，只要不违反法律，法院应当允许。调解就是在法院主持下，对双方当事人进行说服教育，促使他们协商解决赔偿损失的问题。一旦达成协议的，由法院制作调解书。该调解书与判决书具有同等法律效力。调解达成协议并当庭执行完毕的，可以不制作调解书，但应当记入笔录，经双方当事人、审判人员、书记员签名或者盖章即发生法律效力。当事人不愿调解或者调解达不成协议的，或者调解书送达前当事人一方反悔的，附带民事诉讼应当同刑事诉讼一并开庭审理。开庭审理时，一般应当分阶段进行，先审理刑事部分，然后审理附带民事部分。

【引例评析】

刑事附带民事诉讼是指被害人在刑事诉讼中要求犯罪嫌疑人、被告人赔偿物质损失的诉讼，这种物质损失是由犯罪嫌疑人、被告人的犯罪行为造成的，并且是可以计算的。民事诉讼包括的种类很多，如离婚、继承、债务等，但根据我国法律的规定，并不是所有的民事诉讼都可以在刑事诉讼中附带解决，只有犯罪行为造成的经济损失赔偿问题，才可构成附带民事诉讼。因此，对附带民事诉讼的范围不宜作扩大解释。本案被害人丙在控告甲重婚的同时，提起离婚诉讼，貌似与被告人的犯罪行为有关，是由被告人的重婚行为引起的，但这是属于与人身有联系的一种身份关系的民事诉讼，而不是属于赔偿物质损失的民事诉讼，因此不能作为附带民事诉讼起诉，法院亦不能在审理重婚案件的同时处理二人的离婚诉讼。正确的做法应是告知丙有权向法院提出单独的离婚诉讼。

【本章小结】

附带民事诉讼是刑事诉讼中的一项重要制度，其基本目的在于：在刑事诉讼进行的过程中一并解决因犯罪行为引起的物质损失赔偿问题，保障国家、集体以及公民个人的合法财产，同时节约诉讼成本，提高诉讼的效率。附带民事诉讼本质上是一种民事诉讼，但又同刑事诉讼有着紧密的联系，准确地讲是依附于刑事诉讼的特殊民事诉讼。因此，附带民事诉讼同刑事诉讼既有不可分割的联系，同时又是特殊的民事诉讼，其程序上具有民事诉讼的一些特点。在学习时应注意掌握：附带民事诉讼是由犯罪行为引起的，在刑事诉讼过程中提起并且同刑事案件一并解决；进行附带民事诉讼必须是犯罪行为给被害人造成了物质损失；被害人在刑事诉讼过程中有权提起附带民事诉讼；确立附带民事诉讼的意义；附带民事诉讼的原告人和被告人的确定；提起附带民事诉讼的条件，附带民事诉讼提起的时间，以及审理附带民事诉讼案件程序性规定。

【练习题】

一、名词解释

附带民事诉讼　附带民事诉讼原告人　附带民事诉讼被告人

二、思考题

1. 哪些人可以成为附带民事诉讼原告人、被告人？
2. 在审判阶段提起附带民事诉讼的条件是什么？
3. 法院如何审理附带民事诉讼案件？

三、案例分析题

被告人甲与被害人乙某日路遇，发生口角，甲拔出随身携带的匕首连戳乙三刀，致乙左前臂两处受伤，伤口均长 2.3 厘米，深达肌层；右腋下五肋与六肋间被戳伤，伤口长 2厘米，当晚送医院抢救治疗，住院 10 天，共花去医疗费人民币 7 500 元。检察院就此案提起公诉，但在诉讼过程中，被害人乙没有提起附带民事诉讼。一审法院经过审理，以伤害罪判决被告人甲有期徒刑 3 年，赔偿被害人乙医疗费 6 500 元人民币。

问题：

法院这样判决是否正确？

分析要点提示：

附带民事诉讼是因原告起诉而产生。被害人没有提起附带民事诉讼，人民法院只能尽告知义务，不能主动判决赔偿。

第十章　期间、送达

【本章引例】

被告人甲与被告人乙系夫妻。乙曾与他人一起制作并贩卖淫秽录像带，乙让甲帮他找买主，开始甲不同意，并劝说乙别干此事。乙遂威胁甲，甲迫不得已去找买主。案发后，甲认罪态度很好，主动交代了犯罪事实。人民法院认为其犯罪情节轻微，依法对其作出免予刑事处分的判决。甲于 6 月 13 日收到判决书，认为自己的行为不构成犯罪，决定提出上诉，但 6 月 13 日其由于忘了关煤气灶，当晚煤气中毒被送到医院抢救。脱离危险后，于 6 月 28 日向法院提出申请要求准许她继续上诉，法院接受了甲的上诉状。请问法院接受甲上诉的行为是否合法？

【本章学习目标】

通过本章的学习，应当掌握如下内容：

1. 期间的概念；
2. 期间的恢复；
3. 期间的延长和重新计算；
4. 送达的概念；
5. 送达的方式。

第一节　期　间

一、期间的概念

在刑事诉讼中，公安机关、人民检察院、人民法院和诉讼参与人进行刑事诉讼活动是有期限性的，这就是法律规定的诉讼期间问题。所谓刑事诉讼的期间，是指公、检、法三机关和诉讼参与人完成某项刑事诉讼行为必须遵守的时间期限。

确定刑事诉讼期间的长短不是随意的，它需要考虑以下因素：保证查明犯罪事实，正确处理案件；能够及时惩罚犯罪，尽快实现刑罚效应；保障公民依法行使诉讼权利；督促司法机关提高办案效率，保障公民的合法权利。

刑事诉讼法规定期间的意义在于：

（1）刑事诉讼法关于期间的规定，要求公、检、法机关以及诉讼参与人都必须在法定期限内完成刑事诉讼活动，这样可以防止诉讼拖延，保证刑事诉讼活动的顺利进行。

（2）刑事诉讼法关于期间的规定，尤其是对司法机关办案时间上的规定，能够促使司法机关尽快办结案件，及时惩罚犯罪。

（3）有利于保障当事人等诉讼参与人的合法权益。

在刑事诉讼中除了期间外，还有期日。期日是指司法机关、诉讼参与人共同进行刑事诉讼活动的特定时间。广义的期间包括期日，狭义的期间仅指司法机关或诉讼当事人及其他诉讼参与者人各自单独进行某项诉讼活动的时间期限。期间和期日的区别主要是：第一，期间是一个时间段，而期日是一个时间点、一个特定的单位时间。第二，期间是各诉讼法律关系主体单独从事某项诉讼活动的时间，而期日则是其共同进行某项刑事诉讼活动的时间。第三，期日一般由司法机关指定，而期间一般由法律明确规定，不得任意改变。

我国刑事诉讼法规定的期间制度主要包括：法定期间，期间的计算，以及期间的恢复等。

二、期间的计算

（一）期间的计算单位

《刑事诉讼法》第103条规定，期间以时、日、月计算。据此，期间的计算单位有时、日、月三个。至于年、分钟等其他时间计算单位不是刑事诉讼期间的计算单位。有人主张应增加"年"作为期间的计算单位。其理由是：它是刑事诉讼实践的需要，有关刑事追诉、刑罚执行已经有"年"作时间计算单位；民事诉讼法已规定"年"为期间计算单位，刑事诉讼法应作相应规定；外国的刑事诉讼法也有以"年"作为期间计算单位的，例如意大利、日本，可供借鉴。我们认为，这种意见合理可取，因为将"年"增作期间的计算单位，可以更好地适应复杂的诉讼实践的需要。

（二）期间的计算方法

期间的计算方法涉及两个技术问题：一是起算，即期间从什么时候算起；二是届满，即期间到什么时候终止。

根据《刑事诉讼法》第103条第2款、第3款和有关司法解释的规定，期间的计算方法如下所述：

以时为计算单位的期间，从期间开始的下一时起算，期间开始的时不计算在期间以内。它的届满以法定期间时数的最后一时完了为止。例如，某犯罪嫌疑人在某日的9时被逮捕，那么通知其家属或所在单位的期间，从10时开始计算，到次日10时整届满。如果期间的开始遇到有分钟的情况，其下一时如何确定呢？如上例中的犯罪嫌疑人是在9时25分被逮捕的，只能以"时"计算，那么开始的时为9时，下一时为10时，即期间从10时算起，不能以9时25分至10时25分为开始时，从10时25分以后计算期间。

以日为计算单位的期间，从期间开始的次日起算，期间开始的日不计算在期间以内。它的届满以法定期间日数的最后一日为止。例如，某被告人是在4月16日10时接到一审判决书的，其上诉期间从4月17日开始计算，向后数10日，到4月26日届满。

以月为计算单位的期间，从什么时候起算，法律没有规定。我们认为，期间的开始月应计算在期间以内，即从开始月的开始日次日起算。因为刑事诉讼法关于期间开始的时和日不计算在期间内的规定，同样应当适用于以月为计算单位的期间开始日。这样能够保持期间的起算统一。以月为计算单位的期间届满有以下情况：（1）期间是整月的，以当月的最后一日为届满日，而不论当月的实际天数。（2）期间是跨月的，应当从开始月的开始日次日起算，向后数够月数所包括的天数，其最后一日即为届满日。例如，某犯罪嫌疑人于1996年2月16日被逮捕，其侦查羁押期限两个月，跨2月、3月，从2月17日算起，第一个月按2月的29天计算，第二个月按3月的31天计算，其届满日为4月16日。

（三）期间计算中的特别规定

（1）期间的最后一日为节假日的，以节假日后的第一个工作日为期间届满日期。但犯罪嫌疑人、被告人或者罪犯在押期间，应至期满之日为止，不得因节假日而延长。节假日包括公休日（星期六、星期日）和法定假日（元旦、春节、五一节、国庆节）。如果节假日不是期间的最后一日，而是在期间的开始或中间，则均应计算在期间以内。

（2）上诉状或者其他文件在期满前已经交邮的，不算过期。这就是说，通过邮寄的上诉状或者其他文件，只要是在法定期间内交邮的，即使司法机关收到时已过法定期限，也不算过期。上诉状或其他文件是否在法定期限内交邮以当地邮局所盖邮戳为准。

（3）法定期间不包括路途上的时间。最高人民法院《关于推行十项制度切实防止产生新的超期羁押的通知》规定，人民法院在审判过程中，因送达裁判文书，以及第一审案件审结后进入第二审程序或者第二审案件审结后进入死刑复核程序等移送案件卷宗，所花在路途上的时间不计入审限。

（4）犯罪嫌疑人不讲真实姓名和住址、身份不明的，侦查羁押期限自查清其身份之日起计算，但是不得停止对其犯罪行为的侦查取证。

（5）对犯罪嫌疑人作精神病鉴定的期间不计入办案期限。

（6）改变管辖的案件，从案件移送后受移送机关收到案件之日起重新计算期限。

三、期间耽误与恢复

期间的耽误是指公安司法机关或诉讼参与人没有在法定期限内完成应当进行的诉讼行为。期间的恢复是指当事人由于不能抗拒的原因或者其他正当理由而耽误期限，在障碍消除后一定期限内，有权申请继续进行应当在期满以前完成的诉讼活动的一种补救措施。

在刑事诉讼中，耽误期间的情况是客观存在的。既有公安司法机关的耽误，也有诉讼参与人的耽误；既存在有正当理由的耽误，也不乏无正当理由的耽误。刑事诉讼法对司法机关耽误期间应承担什么责任和采取什么补救措施未作规定。当事人如果耽误了期间，就要承担一定的法律后果，比如丧失权利或行为无效。如被告人耽误了上诉期，就失去了上诉权。鉴于当事人耽误期间确有不可抗拒的原因和其他有正当理由的情况，为充分保护当事人的合法权益，刑事诉讼法对当事人有正当理由耽误期间的，规定了一条补救措施，即期间的恢复。根据《刑事诉讼法》第104条的规定，期间的恢复必须具备以下条件：

（1）只有当事人才能提出恢复期间的申请。刑事诉讼法将提出申请期间恢复的主体限定为当事人，而不是所有的诉讼参与人。

（2）期间的耽误是由于不能抗拒的原因或有其他正当理由。例如，发生地震、洪水、台风、滑坡、泥石流、战争、大火等当事人本身无法抗拒的自然和社会原因或者是当事人发生车祸、突患严重疾病等情况，使当事人无法进行诉讼行为。

（3）当事人的申请应当在障碍消除后的五日以内提出。这是对当事人申请恢复期间的时间要求。

（4）期间恢复的申请经人民法院裁定批准后才能恢复。当事人的申请是否准许，需经人民法院裁定。对当事人的申请，人民法院认为不符合法定条件的，应当作出裁定不予批准。

四、期间的延长和重新计算

（一）期间的延长

期间的延长是指公安司法机关在规定的办案期限内不能完成应予完成的诉讼行为，而向后续展期限的办法。期间的延长仅适用于公安司法机关的办案期限，对诉讼参与人的有关诉讼期限，如上诉期限等，不能延长。刑事诉讼法对期间的延长规定了两个办法：一是允许公安司法机关自动延长并明确规定延长的最长时间。二是报经一定机关批准或决定延长。对于第二种方法，刑事诉讼法一般都明确规定了批准或决定的机关及其批准延长时间的权限。但有例外情况，如《刑事诉讼法》第155条规定，因为特殊原因，在较长时间内不宜交付审判的特别重大复杂的案件，由最高人民检察院报请全国人民代表大会常务委员会批准延期审理。这里没有规定延长羁押的具体期限。

（二）期间的重新计算

期间的重新计算，是指由于发生了法定的情况，原来已进行的期间归于无效，而从新发生情况之时起计算期间。重新计算期间的规定也仅适用于司法机关的办案期限。期间的重新计算有以下几种：

（1）在侦查期间，发现犯罪嫌疑人另有重要罪行的，自发现之日起依照《刑事诉讼法》第154条的规定重新计算侦查羁押期限。

（2）人民检察院审查起诉的案件，改变管辖的，从改变后的人民检察院收到案件之日起计算审查起诉期限。

（3）人民检察院审查起诉中退回公安机关补充侦查的案件，补充侦查完毕移送人民检察院后，人民检察院重新计算审理期限。

（4）人民法院改变管辖的案件，从改变后的人民法院收到案件之日起计算审理期限。

（5）人民检察院补充侦查的案件，补充侦查完毕移送人民法院后，人民法院重新计算审理期限。

（6）第二审人民法院发回原审人民法院重新审判的案件，从原审人民法院收到发回的案件之日起，重新计算审理期限。

第二节　送　达

一、送达的概念和意义

刑事诉讼中的送达，是指人民法院、人民检察院和公安机关依照法定程序和方式，将诉讼文件送交诉讼参与人、有关机关和单位的诉讼活动。送达是一项有法律意义的诉讼活动，从形式上看是向收件人交付某种诉讼文件，实质上是司法机关的告知行为。

根据刑事诉讼法的规定，送达具有以下特点：

（1）送达是公、检、法机关所进行的诉讼活动。

（2）送达必须依照法定的程序和方式进行。刑事诉讼法对送达的程序和方式有具体的规定。送达机关违反法定程序和方式送达诉讼文件的，不能产生法律效力。

（3）送达的内容是各种诉讼文件，如传票、通知书、起诉书、不起诉决定书、裁定书、判决书等。

（4）送达的收件人可以是公民个人，也可以是机关、单位。例如，接受判决书的被告人、接受开庭通知的人民检察院等都可以成为收件人。

送达在刑事诉讼中的意义是：首先，能够保证刑事诉讼的顺利进行。其次，送达能够保障司法机关和诉讼参与人履行职责或行使诉讼权利，即可以使司法机关和诉讼参与人了解诉讼的进程，做好参加诉讼活动的准备，以便更好地履行职责或行使诉讼权利。

二、送达回证

送达回证是司法机关依法将诉讼文件送达收件人的凭证。有关司法解释要求，送达诉讼文件必须有送达回证。

在司法实践中，送达回证一般印制有固定的格式。其内容包括：送达诉讼文件的机关，收件人的姓名，送达诉讼文件的名称，送达的时间、地点、方式，送达人、收件人的签名、盖章，签收日期，等等。送达回证的使用方法是：司法机关送达诉讼文件时，向收件人出示送达回证，由收件人、代收人在送达回证上记明收到日期，并且签名或者盖章；遇到拒收或拒绝签名、盖章等，在实施留置送达程序中，送达人应当在送达回证上记明拒绝的事由、送达的日期，并且签名或者盖章。送达程序进行完毕后，将送达回证带回入卷。采用委托送达、转交送达的，也必须按照上述程序进行，并将送达回证退回承办案件的司法机关。邮寄送达的，应当将送达回证和诉讼文件一起挂号邮寄给收件人，送达回证由收件人退回。在这种情况下，收件人在送达回证上签收的日期可能与挂号回执上注明的日期不一致，司法机关应在送达回证上作出说明，并以挂号回执上注明的日期为送达日期。

送达回证是司法机关依法送达诉讼文件的证明文件，是计算期间的根据，是送达程序的必要形式。因此，在送达诉讼文件时必须使用送达回证，并且将送达回证入卷归档。

三、送达的方式

根据《刑事诉讼法》第105条和有关规定，送达的方式有下述几种。

（一）直接送达

直接送达是指司法机关派员将诉讼文件直接交给收件人。根据法律规定，直接送达的程序是：送达人员将诉讼文件交给收件人本人，收件人本人在送达回证上记明收到日期，并且签名或者盖章。如果收件人本人不在，由他的成年家属或所在单位的负责人代收，代收人也应当在送达回证上记明收到日期，并且签名或者盖章。收件人本人或者代收人在送达回证上签收的日期为送达的日期。根据有关司法解释的规定，对未成年人的送达，应当同时送达未成年人及其法定代理人，并告知该未成年人及其法定代理人其依法享有的相应的权利义务。

（二）留置送达

留置送达是指收件人本人或者代收人拒绝接收诉讼文件或者拒绝签名、盖章时，送达人员将诉讼文件放置在收件人或代收人的住处的一种送达方式。找不到收件人，同时也找不到代收人时，不能采用留置送达。留置送达的程序是：在收件人本人或者代收人拒绝接收或者拒绝签名、盖章的情况下，送达人员邀请他的邻居或者其他见证人到场，说明情况，把文件留在他的住处，并在送达证上记明拒绝的事由、送达日期，由送达人签名，即认为已经送达。诉讼文件的留置送达与直接送达收件人或代收人具有同样的法律效力。

（三）委托送达

委托送达是指承办案件的司法机关委托收件人所在地的司法机关代为送达的一种方式。其程序是：委托送达的司法机关应当将委托函、送达的诉讼文件及送达回证，送收件人所在地的司法机关。受委托的司法机关收到委托送达的诉讼文件，应当登记，并由专人及时送交收件人，然后将送达回证及时退回委托送达的司法机关。受委托的司法机关无法送达时，应当将不能送达的原因及时告知委托的司法机关，并将诉讼文件及送达回证退回。

（四）邮寄送达

邮寄送达是司法机关将诉讼文件挂号邮寄给收件人的一种送达方式。其程序是：司法机关将诉讼文件、送达回证挂号邮寄给收件人，收件人签收挂号邮寄的诉讼文件后即认为已经送达。挂号回执上注明的日期为送达的日期。

（五）转交送达

转交送达是指对特殊的收件人由有关部门转交诉讼文件的送达方式。特殊的收件人是指军人、正在服刑的犯人等。根据有关司法解释，转交送达的程序是：诉讼文件的收件人是军人的，应当通过所在部队团以上单位的政治部门转交。收件人正在服刑的，应当通过所在监所或者其他执行机关转交。代为转交的部门、单位收到诉讼文件后，应当立即交收件人签收，并将送达回证及时退回送达的司法机关。

【引例评析】

在本案中，甲不服人民法院的判决，应当自收到判决书后 10 日内提出上诉。因为其煤气中毒系不可抗力，在脱离危险后 5 日内即提出上诉，属于期间恢复的正当理由，本案情况符合法律规定，法院准许其上诉是正确的。

【本章小结】

期间与送达程序规定的内容虽不多，却都是刑事诉讼中不可或缺的环节，它既是整个刑事诉讼正常运作的保障，也是当事人及其诉讼参与人诉讼权利得以实现的前提。刑事诉讼法对许多诉讼行为都规定有具体的期间，这既保障了刑事诉讼的及时进行，又防止诉讼参与人的合法权益受到非法侵犯。送达则关系到刑事诉讼活动的正常顺利开展，保证司法机关能够正确履行职责，也保证诉讼参与人的诉讼权利能够得到实现。

【练习题】

一、名词解释

期间　送达　留置送达　委托送达　转交送达

二、思考题

1. 什么是期间的延长？在什么情况下可延长？
2. 什么情况下涉及期间重新计算问题？
3. 什么是期间的恢复？
4. 法定送达方式有哪几种？分别如何运用？

三、案例分析题

张某不服一审人民法院以故意伤害罪判处其12年有期徒刑的判决，但又因故耽误上诉期限。

问题：

障碍消除后，张某申请继续进行应当在期满前完成的上诉活动，必须满足什么条件？

A. 张某耽误期间是由于不能抗拒的原因或者有其他正当理由。

B. 在障碍消除后5日内张某提出申请。

C. 继续应当在期满以前提出上诉的申请，需要由辩护人为其提出。

D. 经人民法院查证属实，裁定允许。

分析要点提示：

期间的恢复必须满足法定条件，这些条件包括时间要件、原因要件、主体要件、审核要件等。

第十一章 立 案

高职高专法律系列教材

【本章引例】

女徒工甲和男徒工乙在恋爱过程中发生了两性关系。甲、乙之师傅丙得知后，将女徒工甲叫到家中，以揭发甲与乙发生两性关系一事相要挟，将甲强奸。之后又以类似手段相威胁，多次强奸甲，并不准甲告发，致使甲怀孕，作了人工流产。甲在流产住院期间，将此事告诉朋友丁小姐。丁小姐即到该县公安机关举报。丙知罪行败露服毒自杀未遂。公安机关经对丁小姐的举报进行审查，决定追究丙的刑事责任，对乙则不予立案追究。公安机关的处理是否正确？

【本章学习目标】

通过本章的学习，应当掌握如下内容：

1. 立案的概念和意义；
2. 立案的条件和程序；
3. 检察机关对公安机关的立案监督。

第一节 立案的概念和意义

一、立案的概念

刑事诉讼中的立案是指公安机关、人民检察院和人民法院对报案、控告、举报和犯罪嫌疑人自首的材料进行审查，根据事实和法律，决定是否作为刑事案件进行侦查或者审判的诉讼活动。

我国的刑事诉讼是从立案开始的，立案是我国刑事诉讼开始的法定程序。在我国，立案是一个独立的诉讼阶段，根据刑事诉讼法的规定，立案包括三方面的内容：发现立案材料或对立案材料的接受；对立案材料的审查和处理；人民检察院对不立案的监督。立案阶段以上三个方面的内容互相衔接，互相联系，构成了立案程序的完整体系。由此可见，立案是一个完整的程序，并不简单等同于立案决定。立案决定是指公安司法机关在审查立案材料后，认为有犯罪事实发生，依法需要追究刑事责任的时候，决定把该犯罪事实作为刑事案件进行追究，从而开始侦查或审判的诉讼活动。立案决定与立案程序之间有着密切的联系，立案决定是立案程序的一部分，二者是整体与部分的关系，不能混同。

《刑事诉讼法》第108条第3款规定："公安机关、人民检察院或者人民法院对于报案、控告、举报，都应当接受。"这里所说的"接受"，是指对有关立案材料的接收，还不等于立案，能否立案尚需审查后才能决定。公检法机关对报案、控告、举报和犯罪人的自首，都应当接待受理，不得以任何理由加以推诿。但接待受理并不是决定立案。公、检、法机关对受理的报案、控告、举报或者犯罪人自首的材料，必须进行审查和必要的调查，认为符合立案条件的，才能立案。不符合立案条件的，就应作出不立案决定，或者移送非刑事主管机关处理。

刑事诉讼中的立案是国家法律赋予公安机关、人民检察院、人民法院的职权，除此之外的其他任何单位和个人均无该项权力。如果无法律根据而擅自立案，对公民进行侦查、审判，则属违法行为。

立案作为刑事诉讼中的一个独立的诉讼阶段，有其特定的任务。立案的任务就是接受并审查报案、控告、举报或自首的材料，判定有无犯罪事实、是否需要依法追究刑事责任，从而作出立案或者不予立案的决定。立案决定的目的在于确认刑事案件成立，对犯罪行为开始刑事追究。

立案是我国刑事诉讼法规定的刑事诉讼开始的必经程序。司法机关对任何犯罪行为进行追究，都必须首先依法立案。只有经过立案这一法定程序，案件才能纳入刑事诉讼的轨道，司法机关的侦查、起诉和审判才具有合法的依据。

二、立案的意义

立案作为刑事诉讼的开始和必经程序，是我国长期司法实践经验的总结，立案程序对于健全我国社会主义法治、保证刑事诉讼的正确进行，有着重要的意义。

立案能够保证公安司法机关及时、准确地同犯罪行为作斗争。对于已发生的犯罪行为，司法机关只有及时、准确地予以立案追究，才能不失时机地沿着正确的方向开展侦查活动，迅速而充分地揭露和证实犯罪，有力地惩罚和制止犯罪。正确地运用和执行立案程序，就能够保证一切依法需要追究刑事责任的犯罪行为，及时地受到应有的刑事追究。正确立案有利于保障公民的合法权益不受侵犯。正确立案可以使刑事诉讼一开始就能保障无罪或不应受到刑事追究的人免受追究，确保其合法权益不受侵犯。立案是准确评价社会治安形势和进行正确决策的重要依据。正确执行立案程序，有利于了解社会治安状况，制定预防和打击犯罪的措施。立案对于搞好司法统计，分析各个时期的犯罪情况，正确指导实际工作，具有重要意义。正确立案能够及时、准确地掌握各个时期和各个地区刑事案件的发案情况，分析研究某地某时犯罪的动向、特点和规律，总结工作经验，采取相应的措施，预防和减少犯罪的发生，更有效地同犯罪行为作斗争。

第二节　立案的材料来源和条件

一、立案的材料来源

立案作为刑事诉讼的开始，必须有说明犯罪事实和犯罪嫌疑人存在的材料，这些材料是公安司法机关决定是否立案的依据。根据我国刑事诉讼法的规定和司法实践，立案的材料来源主要有下述三个方面。

（一）公安机关或者人民检察院发现的犯罪事实或者犯罪嫌疑人

公安机关、人民检察院是国家专门同犯罪作斗争的机关，在工作中常常会发现犯罪事实、犯罪嫌疑人或者犯罪线索。例如，公安机关在日常工作中发现的犯罪，在侦查、预审中发现的与本案有关的其他犯罪，以及人民检察院在开展各种检察业务活动中发现的各种犯罪。

这些材料都是公安机关和人民检察院立案的重要依据。

（二）单位、个人和被害人报案、控告和举报

《刑事诉讼法》第 108 条规定："任何单位和个人发现有犯罪事实或者犯罪嫌疑人，有权利也有义务向公安机关、人民检察院或者人民法院报案或者举报。被害人对侵犯其人身、财产权利的犯罪事实或者犯罪嫌疑人，有权向公安机关、人民检察院或者人民法院报案或者控告。"报案是指任何单位和个人发现犯罪事实后，向公安机关、人民检察院或者人民法院报告，提请予以侦破或者查处的行为。举报指无直接利害关系的单位和个人发现、知道某一犯罪的嫌疑人是谁，或者发现、了解某人实施了某种犯罪活动，而向公安机关、人民检察院或者人民法院揭发和要求查处的行为。控告是指受犯罪行为侵害的被害人或其法定代理人、近亲属，为保护被害人的权益而向司法机关指控犯罪，并请求依法追究刑事责任的行为。

揭露犯罪是国家法律赋予公民的神圣权利，也是一种应尽的义务。任何单位和个人如果发现有犯罪事实或者犯罪嫌疑人，都应当积极主动地向公安司法机关报案、举报或控告，以便有关机关及时有效地进行刑事追究，使犯罪行为人受到应得的法律制裁。根据刑事诉讼法规定，公安机关、人民检察院或者人民法院对于报案、控告、举报，都应当接受。对于不属于自己管辖的，应当移送主管机关处理，并且通知报案人、控告人、举报人；对于不属于自己管辖而又必须采取紧急措施的，应当先采取紧急措施，然后移送主管机关。报案、控告、举报可以用书面提出，也可以口头提出。任何单位和个人不得以任何借口对报案人、控告人、举报人打击报复。我国《刑法》第 254 条规定的报复陷害罪，即是以刑事的方式打击滥用职权报复陷害控告人、申诉人、举报人的行为。

为了鼓励和支持公民和单位积极报案、控告和检举，《刑事诉讼法》第 109 条第 3 款规定："公安机关、人民检察院或者人民法院应当保障报案人、控告人、举报人及其近亲属的安全。报案人、控告人、举报人如果不愿公开自己的姓名和报案、控告、举报的行为，应当为他保守秘密。"根据这一规定，司法机关对报案人、控告人、举报人及其近亲属的安全应当提供保障。如果报案人、控告人、举报人不愿公开的，司法机关不仅要对他的姓名保密，而且要对他的报案、控告、举报的行为保密。保密的期限不限于侦查阶段，而是整个诉讼阶段。

（三）犯罪人的自首

根据刑法规定，自首是指犯罪人犯罪以后，自动投案，如实供述自己罪行的行为。犯罪人的自首也是司法机关立案的材料来源之一。

二、立案的条件

立案的条件是指立案的法定理由和根据。《刑事诉讼法》第 110 条规定："人民法院、人民检察院或者公安机关对于报案、控告、举报和自首的材料，应当按照管辖范围，迅速进行审查，认为有犯罪事实需要追究刑事责任的时候，应当立案；认为没有犯罪事实，或者犯罪事实显著轻微，不需要追究刑事责任的时候，不予立案，并且将不立案的原因通知控告人。控告人如果不服，可以申请复议。"根据这一规定，立案必须同时具备两个条件：一是有犯罪事实；二是需要追究刑事责任。

（一）有犯罪事实

有犯罪事实，这是立案的首要条件。犯罪事实是指刑法规定的，危害社会、依照法律应当受到刑罚处罚的行为。有犯罪事实即危害社会的犯罪行为已客观存在。我国刑法对各种犯罪的构成要件作了具体规定，这是认定有无犯罪事实的法律根据。需要立案追究的，必须是依照刑法规定构成犯罪的行为。要有一定的证据材料证明犯罪事实确已发生。当然，在立案阶段不必要也不可能掌握证实犯罪事实和犯罪嫌疑人的全部证据，只要掌握了足以证明犯罪事实已经发生的一定的证据材料就可以了。至于整个犯罪的过程、犯罪的具体情节、犯罪人是谁等，并不要求在立案时就全部查清。这些问题应当通过立案后的侦查或审理活动来解决。

（二）需要追究刑事责任

需要追究刑事责任是指根据刑事法律的规定，对行为人需要追究刑事责任。只有在确定存在犯罪事实，并且需要追究刑事责任的情况下，才能立案。如果仅有犯罪事实存在，但罪行不严重，不需要追究刑事责任，或者罪行虽然严重，但依法不应当追究刑事责任的，就不具备立案条件，不应当立案。

根据《刑事诉讼法》第15条的规定，凡属下列情形之一者，不应立案追究：没有犯罪事实存在的（包括不存在危害社会的行为，或者虽有危害社会的行为但不属于犯罪行为，或者没有证据证明有犯罪事实发生）；虽有犯罪事实存在，但犯罪事实显著轻微，不需要追究刑事责任的；犯罪已过追诉时效期限的；经特赦令免除刑罚的；依照刑法告诉才处理的犯罪，没有告诉或者撤回告诉的；犯罪嫌疑人、被告人死亡的；其他法律规定免予追究刑事责任的。

有犯罪事实，需要追究刑事责任，是刑事诉讼法规定的总体要求。至于某个具体的刑事案件能否立案，还必须结合刑法规定的该种犯罪的构成要件加以确定。国家公安司法机关根据刑法、刑事诉讼法及其他有关的法律规定，结合司法实践，对刑事案件的立案制定有关具体标准，这是立案总体要求的具体化。

第三节　立案的程序

一、对立案材料的接受

公安机关、人民检察院或者人民法院对报案、控告、举报和犯罪人的自首，都应当接受。对于不属于自己管辖的，应当移送主管机关处理，并且通知报案人、控告人、举报人和自首的犯罪人。对于不属于自己管辖而必须采取紧急措施的，应当先采取紧急措施，以防发生犯罪嫌疑人逃跑、自杀、行凶等逃避、妨碍诉讼活动的行为，然后再移送主管机关处理，从而方便广大群众同犯罪作斗争，有利于及时有效地打击犯罪。

对于自诉案件，根据《刑事诉讼法》第112条的规定，被害人有权向人民法院直接起诉。被害人死亡或者丧失行为能力的，被害人的法定代理人、近亲属有权向人民法院起诉。人民法院应当依法受理。

为了便于单位和个人、被害人报案、控告、举报，刑事诉讼法规定，报案、控告、举报可以用书面或者口头提出。接受口头报案、控告、举报的工作人员，应当写成笔录，经宣读无误后，由报案人、控告人、举报人签名或者盖章。

对于匿名的报案、控告、举报，公安司法机关应持特别慎重的态度。匿名举报的原因是复杂的，有的可能是由于害怕遭到打击报复而不敢署名，有的可能是因为怕负责任而不愿署名，也有的则是利用匿名举报诬告陷害他人。因此，对匿名报案、控告、举报行为，既要重视，又要慎重对待，应当认真、仔细地进行审查，以确定是否有犯罪事实发生、应否追究刑事责任。

为了防止诬告，确保控告、举报的真实性，刑事诉讼法规定，接受控告、举报的工作人员应当向控告人、举报人说明诬告应负的法律责任。我国《刑法》第243条明确规定，捏造事实诬告陷害他人，意图使他人受刑事追究，情节严重的，处三年以下有期徒刑、拘役或者管制；造成严重后果的，处三年以上十年以下有期徒刑。国家机关工作人员犯诬告陷害罪的，从重处罚。但是，只要不是捏造事实、伪造证据，即使控告、检举的事实有出入，甚至是错告的，也要和诬告严格加以区别。

为了保护人民群众同犯罪作斗争的积极性，《刑事诉讼法》第109条第3款规定："公安机关、人民检察院或者人民法院应当保障报案人、控告人、举报人及其近亲属的安全。报案人、控告人、举报人如果不愿公开自己的姓名和报案．控告、举报的行为，应当为他保守秘密。"根据这一规定，公安司法机关不仅应当保障报案人、控告人、举报人的安全，而且应当保障其近亲属的安全。当他们的安全因报案、控告、举报行为而受到威胁时，司法机关应当主动采取保护措施或者接受申请采取相应的保护措施。对报案人、控告人、举报人及其近亲属进行威胁、侮辱或者打击报复的，应当严肃查处。

公安机关、人民检察院、人民法院受理报案、控告、举报或者犯罪人自首的，应当由受理的工作人员填写受理刑事案件登记表。

二、对立案材料的审查和处理

对立案材料的审查，是公安机关、人民检察院、人民法院对立案材料在决定立案前按照案件的管辖范围所进行的鉴别和判断。审查的任务是确定有无犯罪事实发生、是否应当依法追究行为人的刑事责任，为正确决定立案或者不立案打下基础。对立案材料的审查是立案程序的中心环节。

《刑事诉讼法》第110条规定：人民法院、人民检察院或者公安机关对于报案、控告、举报和自首的材料，应当按照管辖范围，迅速进行审查。公安司法机关对于立案材料的审查，只要求已取得的证据材料足以证明有犯罪事实发生，并且依法需要追究刑事责任而应当立案，或者证明不具备立案条件，立案前的审查工作即告完成。对于应当立案的，并不要求查清全部犯罪事实和查获犯罪嫌疑人。

对立案材料进行审查后，公安机关、人民检察院、人民法院应作出相应的处理决定。对立案材料的处理包括立案决定和不立案决定两种形式。公安司法机关对立案材料进行审查后，认为有犯罪事实需要追究刑事责任的，应当作出立案决定。公安司法机关对立案材料进行审查后，认为没有犯罪事实，或者犯罪事实显著轻微，不需要追究刑事责任，或者具有法定不追究刑事责任的情形之一时，应当作出不立案决定。有控告人的，应当将不立案的原因通知控告人。控告人如果不服，可以申请复议。对于那些虽不具备立案的条件，但情节较为严重的违法乱纪的行为，需要追究被控告人、被举报人党纪、政纪责任的，司法机关应当将报案、控告、举报材料移送有关主管机关处理。

三、人民检察院的立案监督

人民检察院的立案监督是指人民检察院对公安机关立案活动的合法性进行监督的诉讼活动。《刑事诉讼法》第111条规定："人民检察院认为公安机关对应当立案侦查的案件而不立案侦查的，或者被害人认为公安机关对应当立案侦查的案件而不立案侦查，向人民检察院提出的，人民检察院应当要求公安机关说明不立案的理由。人民检察院认为公安机关不立案理由不能成立的，应当通知公安机关立案，公安机关接到通知后应当立案。"这项规定意味着人民检察院对公安机关的不立案决定有权进行监督。

立案是刑事诉讼程序中的独立诉讼阶段，人民检察院依法对刑事诉讼实行法律监督，自然包括对立案活动的监督。在司法实践中确实存在有案不立，有罪不究，以行政处罚、经济处罚、治安处罚代替刑事追究的问题。该立案而不立案，是有法不依、执法不严、不依法履行职责的行为，不仅损害法治的尊严和权威，而且会使犯罪分子逍遥法外，造成对犯罪打击不力，不利于维护社会的稳定、维护国家和人民的利益。刑事诉讼法针对这一问题，就人民检察院对公安机关立案活动的监督作了专门的规定。根据刑事诉讼法的规定，人民检察院立案监督的材料来源有二：一是通过人民检察院的业务活动发现公安机关有应当立案而不立案或应当不立案而立案的情况，二是当事人的申诉、控告。被害人认为公安机关对应当立案侦查的案件而不立案侦查，或者认为公安机关不应当立案而立案，向人民检察院提出的，人民检察院应当受理并进行审查。人民检察院侦查监督部门经过调查、核实有关证据材料，认为需要公安机关说明不立案理由的，经检察长批准，应当要求公安机关书面说明不立案的理由。有证据证明公安机关可能存在违法动用刑事手段插手民事、经济纠纷，或者利用立案实施报复陷害、敲诈勒索以及谋取其他非法利益等违法立案情形，尚未提请批准逮捕或者移送审查起诉的，经检察长批准，应当要求公安机关书面说明立案理由。人民检察院要求公安机关说明不立案或者立案理由，应当制作要求说明不立案理由通知书或者要求说明立案理由通知书，及时送达公安机关，并且告知公安机关在收到要求说明不立案理由通知书或者要求说明立案理由通知书后七日以内，书面说明不立案或者立案的情况、依据和理由，连同有关证据材料回复人民检察院。公安机关说明不立案或者立案的理由后，人民检察院侦查监督部门应当进行审查，认为公安机关不立案或者立案理由不能成立的，经检察长或者检察委员会讨论决定，应当通知公安机关立案或者撤销案件。侦查监督部门认为公安机关不立案或者立案理由成立的，应当通知控告检察部门，由其在十日以内将不立案或者立案的理由和根据，告知被害人及其法定代理人、近亲属或者行政执法机关。人民检察院通知公安机关立案或者撤销案件，应当制作通知立案书或者通知撤销案件书，说明依据和理由，连同证据材料送达公安机关，并且告知公安机关应当在收到通知立案书后十五日以内立案，对通知撤销案件书没有异议的应当立即撤销案件，并将立案决定书或者撤销案件决定书及时送达人民检察院。

人民检察院通知公安机关立案或者撤销案件的，应当依法对执行情况进行监督。公安机关在收到通知立案书或者通知撤销案件书后超过十五日不予立案或者既不提出复议、复核也不撤销案件的，人民检察院应当发出纠正违法通知书予以纠正。公安机关仍不纠正的，报上一级人民检察院协商同级公安机关处理。公安机关立案后三个月以内未侦查终结的，人民检察院可以向公安机关发出立案监督案件催办函，要求公安机关及时向人民检察院反馈侦查工作进展情况。对于由公安机关管辖的国家机关工作人员利用职权实施的重大犯罪案件，人民检察院通知公安机关立案，公安机关不予立案的，经省级以上人民检察院决定，人民检察院可以直接立案侦查。人民检察院侦查监督部门或者公诉部门发现本院侦查部门对应当立案侦查的案件不报请立案侦查或者对不应当立案侦查的案件进行立案侦查的，应当建议侦查部门报请立案侦查或者撤销案件；建议不被采纳的，应当报请检察长决定。

参考案例 11—1

王东借给孙辰 5 000 元，多次索要未果。一日王东上门要债，两人言语失和，王东恼怒之下用椅子将孙辰头部击伤，创口达 10 厘米，花治疗费 2 万余元，并留下后遗症。孙辰的儿子孙海向某区公安局报案，该公安局认为属民事纠纷而拒绝受理。孙海遂向某区人民检察院反映。该检察院经调查后即向公安局发出应当立案的通知，但公安局仍拒绝立案。人民检察院遂自行立案侦查。

本案中公安机关、检察机关违反刑事诉讼法的行为主要是：公安机关应当根据《刑事诉讼法》第 18 条第 2 款的规定立案。检察院要求公安机关立案的，公安机关应当立案。根据我国刑事诉讼法的规定，检察机关只有监督权，但无权接替公安机关直接行使侦查权，因此检察机关不得在公安机关不立案的情况下自行立案侦查。

【引例评析】

公安机关对本案的处理是正确的。甲、乙在恋爱过程中发生性关系，并无违法犯罪的问题，自然不应承担刑事责任。丙利用与甲之间的特殊身份关系，以揭发甲与乙发生两性关系的事相要挟，胁迫甲与自己发生两性关系，根据《刑法》第 236 条之规定，已构成强奸罪，自杀未遂不属于法定的不应追究刑事责任的情形，故应对丙立案追究刑事责任。

【本章小结】

立案是刑事诉讼中的开启程序，正确、合法、适时地启动立案程序，能够保证司法机关及时、准确地同犯罪作斗争。公安司法机关的立案条件是：有犯罪事实存在，依法需要追究刑事责任。但对案件事实存在的证明程度要求低于审查起诉、审判的要求。人民检察院是国家专门的法律监督机关，依法对公安机关不正当行使立案权实行法律监督。

【练习题】

一 名词解释

立案 控告 举报 自首

■二、 思考题

1. 立案的意义是什么？
2. 立案的材料来源有哪些？
3. 立案必须具备什么条件？
4. 人民检察院对立案如何依法进行监督？

■三、 案例分析题

某公安机关接到群众报案，称邻居何某坠楼而死，公安机关立即派人到现场进行了现场勘验。

问题：

公安机关要决定是否作为刑事案件追究，应当查明下列哪个事项？

A. 何某死亡的准确时间。
B. 何某是跳楼自杀还是他人谋杀。
C. 如果是他人谋杀，犯罪嫌疑人是谁。
D. 如果是他人谋杀，作案人的动机是什么。

分析要点提示：

立案的法定要件是：有犯罪事实发生，需要追究刑事责任。分析应当围绕这两个条件展开。

第十二章 侦 查

【本章引例】

某日，渔民甲放在船上的 2 100 元现金被盗，甲报案称：某日下午发现钱丢失后，追问其子。其子乙（8 岁）说：丙（12 岁）曾到船上玩过，而且向他要过钱，乙说舱里有，丙进舱后不久出来，手捂着裤子口袋回家了。该县公安局侦查人员丁接到报案后，未向领导汇报，即带助手戊到丙家搜查，并从丙家搜出现金 351 元。搜出钱后，丁找到丙之母刘某，将其带回县公安局审问两小时，然后对刘某说："你儿子偷了钱，你们得赔。这 351元钱先放我这里，其余的钱你赶快凑齐，然后一并还给甲。如不赔钱，就把你儿子丙抓起来。"刘某感到委屈，向该公安局领导控告了丁的错误做法，领导严肃批评了丁，并对他作了行政处理。

【本章学习目标】

通过本章的学习，应当掌握如下内容：

1. 侦查的概念、意义；
2. 侦查的方法与要求；
3. 侦查终结的条件；
4. 对侦查活动的监督。

第一节 侦查的概念、任务和意义

一、侦查的概念

侦查是特定的国家机关为证实犯罪和查获犯罪行为人而依法采取的专门调查工作和有关强制性措施。我国《刑事诉讼法》第 106 条第 1 项对侦查的概念作了明确的规定："'侦查'是指公安机关、人民检察院在办理案件过程中，依照法律进行的专门调查工作和有关的强制性措施。"

侦查的主体是特定的国家机关。在我国，由公安机关、人民检察院以及其他法律特别授予侦查权的机关分别承担不同性质和种类的刑事案件侦查职能。根据刑事诉讼法规定，公安机关是行使国家侦查权的专门机关。国家安全机关办理危害国家安全的刑事案件，行使与公安机关相同的职权。军队保卫部门对军队内部发生的刑事案件行使侦查权。人民检察院是宪法规定的法律监督机关，侦查权也是其一项专门职权，对贪污贿赂犯罪，国家机关工作人员的渎职犯罪，国家机关工作人员利用职权实施的非法拘禁、刑讯逼供、报复陷害、非法搜查等侵犯公民人身权利和民主权利的犯罪，人民检察院有立案侦查权。监狱对罪犯在监狱内犯罪的案件进行侦查。除上述机关以外，其他任何机关、团体、企事业单位和个人，都没有侦查权。

侦查权是依法收集证据，揭露和证实犯罪，查获犯罪行为人，并采取必要的强制性措施的权力。它与审判权和检察权都是刑事诉讼中重要的国家权力。侦查机关行使侦查权，均有法律规定的侦查管辖范围，必须严格遵照执行。

侦查是一种诉讼活动，具有严格的法律性质。它只适用于同犯罪作斗争，不能用于民事案件和行政案件，更不能用于其他方面。如果滥用侦查权，势必造成社会的混乱，侵犯公民的人身权利、财产权利、民主权利和其他权利。

侦查活动的内容就是法律规定的专门调查工作和有关的强制性措施。

侦查也是一种调查，但它不同于一般的调查，而是侦查机关针对犯罪事实，为揭露和证实犯罪、查获犯罪行为人所进行的一系列专门调查工作。具体而言，就是指刑事诉讼法所规定的讯问犯罪嫌疑人，询问证人，询问被害人，勘验、检查，搜查，扣押物证、书证，鉴定，通缉等诉讼活动。

根据刑事诉讼法的有关规定，人民法院调查核实证据，可以进行勘验、检查、查封、扣押、鉴定和查询、冻结。我国实行控诉权同审判权分离的制度，人民法院是国家的审判机关，在刑事诉讼中不能行使侦查权。所以，人民法院所进行的上述活动，虽然在形式上与侦查行为相同，但在性质上则属于审判中的调查活动，不属于侦查的范畴。

在我国司法实践中，公安机关、国家安全机关在同犯罪作斗争时，为了发现和揭露犯罪、证实犯罪而采用的秘密侦查手段也是一种专门的调查工作，2012年修改的刑事诉讼法对技术侦查措施予以专节规定，明确了技术侦查措施的批准手续、期限等问题。

有关的强制性措施有两个方面的含义：其一是指专门调查工作本身具有强制性。其二是指拘传、取保候审、监视居住、拘留、逮捕这几种强制措施在侦查中的使用具有侦查性。侦查中使用的强制措施是直接为侦查的顺利进行服务的，是侦查中不可缺少的手段，因而，我国刑事诉讼法把在侦查中采取的强制措施并入侦查活动的范畴。在刑事诉讼的起诉阶段、审判阶段也可能使用强制措施，但它们不具有侦查的性质。

侦查活动必须依照法律的规定进行。刑事诉讼法对侦查的方式、程序、有关注意事项都作了明确规定。侦查机关进行侦查时，必须严格遵守法律规定，只有这样，才能更好地完成刑事诉讼法所赋予的任务。否则，必然会造成混乱，不是伤害无辜，就是放纵犯罪，难以正确完成侦查的任务。

二、侦查的任务

侦查的基本任务就是揭露、证实犯罪和查获犯罪行为人，打击和预防犯罪分子的破坏活动，为提起公诉提供可靠的证据，对公民进行社会主义法制教育，保护国家财产、集体财产，保护公民的人身权利、财产权利、民主权利和其他权利，维护社会主义法制。简而言之，侦查的任务就是收集证据，查明案情，查获犯罪行为人，预防和减少犯罪。

证据是查明案件事实的依据。司法机关从立案侦查、批捕起诉到定罪判刑都离不开证据。只有掌握足够的证据，才能对犯罪嫌疑人涉嫌的犯罪行为进行起诉。因此，收集证据是侦查工作的头等重要任务。

查明案情主要包括两个方面的内容：（1）查明是否发生了犯罪事实；（2）查明犯罪行为人实施犯罪行为的时间、地点、手段、动机、目的、侵害的对象和造成的危害后果，以及行为人实施危害社会行为时的年龄和精神状态。总之，凡是根据我国刑法规定属于犯罪构成要件的事实和属于量刑情节的事实，都应当通过侦查予以查清。

侦查的另一项重要任务，就是查获犯罪行为人。对于已经查获的犯罪行为人，一般要采取强制措施以防止其逃避刑事追究或继续犯罪。结合侦查工作，力争发现并堵塞某些地区、部门工作中存在的漏洞，加强安全防范工作，健全安全制度，消除隐患，不给犯罪行为人以可乘之机，从而预防犯罪案件的发生。

三、侦查的意义

侦查是刑事诉讼中独立的诉讼阶段，是公诉案件的必经程序。立案虽是刑事诉讼的开始，但是，关于犯罪行为的实施情况、谁是犯罪行为人、犯罪行为人具体罪责等实质性问题，需要侦查才能解决。所以，就公诉案件而言，侦查阶段是连接立案与提起公诉两个程序的重要环节，起着承前启后的作用。

侦查又是提起公诉和审判的基础。侦查作为刑事诉讼的一个重要阶段，对以后的诉讼程序的进行至关重要。侦查的质量如何，直接关系到公诉案件能否顺利起诉和正确审判。

侦查是同犯罪行为作斗争的重要手段，也是进行社会治安综合治理的有力措施。严厉打击和制止犯罪活动，是社会治安综合治理的首要环节。通过侦查活动，还可以震慑社会上的不稳定人员，使其不敢以身试法。侦查的过程也是教育和发动群众同犯罪作斗争的过程。

第二节　讯问犯罪嫌疑人

一、讯问犯罪嫌疑人的概念和意义

讯问犯罪嫌疑人是侦查人员为了查明案件事实和其他有关情况，依照法定程序，以言词方式对犯罪嫌疑人进行审问的一种诉讼行为。

讯问犯罪嫌疑人是专门调查工作中的重要活动，在侦查程序中有十分重要的意义。犯罪嫌疑人作为刑事诉讼中的当事人，对自己是否实施犯罪以及如何实施犯罪知道得最清楚。通过讯问犯罪嫌疑人，一方面可以揭露和证实犯罪嫌疑人的犯罪行为，弄清犯罪的情节，判明犯罪的性质，查明其他应当追究刑事责任的犯罪人，另一方面可以听取犯罪嫌疑人的辩解，保护犯罪嫌疑人的合法权益，保障无罪的人不受刑事追究。因此，讯问犯罪嫌疑人作为收集与核实证据的一种方法，对于全面查清案情、防止冤错案件发生，有着重要的作用。

二、讯问犯罪嫌疑人的程序

刑事诉讼法明确规定了讯问犯罪嫌疑人的程序，侦查人员应当严格遵守。这一规定对在侦查实践中进行讯问犯罪嫌疑人的经验和规律的总结具有重要的指导意义，具体分述如下：

（1）讯问犯罪嫌疑人以前，侦查人员应当认真审阅案卷材料，熟悉案情，确定讯问的重点和应当查明的问题，制定讯问计划，列出讯问提纲，保证讯问工作有目的、有计划地进行。

（2）根据刑事诉讼法的规定，讯问犯罪嫌疑人必须由人民检察院或者公安等侦查机关的工作人员负责进行，其他任何机关、团体和个人都无权讯问。讯问犯罪嫌疑人时，侦查人员不得少于二人。

（3）《刑事诉讼法》第116条、第117条规定，犯罪嫌疑人被送交看守所羁押以后，侦查人员对其进行讯问，应当在看守所内进行。对不需要逮捕、拘留的犯罪嫌疑人，可以传唤到犯罪嫌疑人所在市、县内的指定地点或者到他的住处进行讯问，但是应当出示人民检察院或者公安机关的证明文件，以证明执行职务的合法性。对在现场发现的犯罪嫌疑人，经出示工作证件，可以口头传唤，但应当在讯问笔录中注明。犯罪嫌疑人经合法传唤，无正当理由而不到案的，可以拘传。当然，也可以不经过传唤，直接拘传犯罪嫌疑人到案接受讯问。对于已经被拘留、逮捕的犯罪嫌疑人，应当在羁押场所或者侦查机关进行讯问，第一次讯问应当在拘留、逮捕后的24小时以内进行。《最高人民检察院关于在检察工作中防止和纠正超期羁押的若干规定》中规定了检察机关直接受理的案件中侦查人员在讯问中的告知义务：讯问时即应把逮捕的原因、决定机关、羁押起止日期、羁押处所以及在羁押期间的权利、义务用犯罪嫌疑人能听（看）懂的语言和文书告知犯罪嫌疑人。侦查人员在发现不应当拘留、逮捕的时候，必须立即释放犯罪嫌疑人，并发给释放证明。

（4）侦查人员在讯问犯罪嫌疑人的时候，应当首先讯问犯罪嫌疑人是否有犯罪行为，让他陈述有罪的情节或者进行无罪的辩解，然后向他提出问题。第一次讯问时，应当首先查明犯罪嫌疑人的身份情况，包括犯罪嫌疑人的姓名、化名、曾用名、出生时间、籍贯、住址、民族、职业、文化程度、家庭情况、社会经历、是否受过刑事处罚等情况，避免错捕错拘。侦查人员在讯问犯罪嫌疑人时，应当告知犯罪嫌疑人如实供述自己的罪行可以从宽处理的法律规定。

如果犯罪嫌疑人在接受讯问时承认有犯罪行为，就让他陈述犯罪的事实和情节；如果犯罪嫌疑人否认犯罪行为，就让他进行无罪的辩解。然后，就其供述或辩解不清楚、不充足、有意隐瞒或者矛盾的地方，向他提出问题。为防止互相影响和串供，对共同犯罪的同案犯罪嫌疑人的讯问应当分别进行，必要时可以互相对质。

我国法律没有规定犯罪嫌疑人在侦查人员讯问时有保持沉默的权利。对侦查人员的提问，犯罪嫌疑人应当如实回答。但是对于侦查人员提出的与本案无关的问题，犯罪嫌疑人可以拒绝回答。至于有关犯罪嫌疑人的其他犯罪行为或者有关他的同伙的犯罪行为，犯罪嫌疑人则不能借口与本案无关而拒绝回答。

（5）为了保障生理上有缺陷犯罪嫌疑人的辩护权，法律规定，讯问聋哑的犯罪嫌疑人，应当有通晓聋哑手势的人参加，并且将这种情况记明笔录。讯问不通晓当地通用的语言文字的少数民族犯罪嫌疑人以及外国籍的犯罪嫌疑人，应当为他们提供翻译。

（6）讯问犯罪嫌疑人应当制作笔录。讯问笔录应当如实地记载讯问的内容和情况。如果记载有遗漏或者差错，犯罪嫌疑人可以提出补充或者改正。犯罪嫌疑人承认笔录没有错误后，应当签名或者盖章。侦查人员也应当在笔录上签名。犯罪嫌疑人请求自行书写供述的，应当准许。必要的时候，侦查人员也可以要求犯罪嫌疑人亲笔书写供词。讯问犯罪嫌疑人的笔录作为犯罪嫌疑人供述和辩解这种证据材料的记载，经过审查核实，将会作为认定案件事实的重要依据，因此，必须以极其严肃、认真的态度对待。

（7）侦查人员在讯问犯罪嫌疑人的时候，可以对讯问过程进行录音或录像，对于可能判处无期徒刑、死刑的案件或其他重大案件，应当对讯问过程进行录音或录像。录音或录像应当全程进行，保持完整性。

（8）传唤、拘传的时间不能超过12小时，案情特别重大、复杂，需要采取拘留、逮捕措施的，传唤、拘传的时间不能超过24小时。

不得以连续传唤、拘传的形式变相拘禁犯罪嫌疑人。传唤、拘传犯罪嫌疑人，应当保证犯罪嫌疑人的饮食和必要的休息时间。

第三节　询问证人、被害人

一、询问证人的概念和意义

询问证人是侦查人员依照法定程序，以言词方式向证人了解案件情况的一种诉讼行为。

证人是直接利害冲突双方以外的向公安司法机关提供自己感受到的案件情况的人。证人证言是我国刑事诉讼中重要的证据种类。任何犯罪活动都是在一定的社会环境中进行的。犯罪活动被周围的人部分或全部、直接或间接地感觉到，这是一个普遍的现象。询问证人是一种重要的侦查方法，是侦查机关及时查明案件事实、准确地揭露和证实犯罪的不可缺少的手段。询问证人的目的在于收集证人证言这种证据材料，正确认定案件事实。

二、询问证人的程序

询问证人必须依照下列法定的程序进行：

（1）询问证人只能由公安机关、人民检察院的侦查人员负责进行。侦查人员询问证人前，应当仔细分析和研究案件的有关材料，了解证人的身份、职业，证人与案件或者案件处理结果的关系，证人与犯罪嫌疑人、被害人的关系，明确需要通过询问证人查明的问题，拟定询问提纲，以保证询问有计划地进行。

（2）侦查人员询问证人，可以在现场进行，也可以到证人的所在单位、住处或者证人提出的地点进行，在必要的时候，可以通知证人到人民检察院或者公安机关提供证言。在现场询问证人，应当出示工作证件，到证人所在单位、住处或者证人提供的地点询问证人，应当出示人民检察院或者公安机关的证明文件。

（3）根据刑事诉讼法的规定，询问证人应当个别进行。这是指同一案件有几个证人需要询问的时候，应当对每个证人分别进行询问，其他证人不应在场，并分别制作询问笔录。不能同时询问几个证人，更不能以开座谈会或者集体讨论的方式询问证人。要能够使证人毫无顾虑地充分陈述自己的所见所闻，从而保证证人证言的真实性。

（4）询问证人时，须告知他应当如实地提供证据，以及有意作伪证或者隐匿罪证要负的法律责任。侦查人员询问证人时，须首先告知证人有依法作证的义务，同时告知证人依法应当如实作证，不得有意作伪证或者隐匿罪证，并且告知证人有意作伪证或者隐匿罪证要负的法律责任。这样可以提高证人的责任心，防止其不负责任地提供证言和其他情况，保证证人证言的真实性。

（5）询问证人，应当制作笔录。询问笔录要如实地、完整准确地记载证人的陈述。询问笔录应当交给证人核对或者向他宣读。如果记载有遗漏或者有差错，证人有权要求补充或者改正。证人承认笔录没有错误后，应当签名或者盖章。侦查人员也应当在笔录上签名。证人要求亲自书写证言的，应当允许。必要的时候，侦查人员也可以要求证人亲笔书写证词。

三、询问被害人

询问被害人，是指侦查人员依照法定程序，以言词的方式向直接遭受犯罪行为侵害的人就其遭受侵害的事实以及犯罪嫌疑人的有关情况进行调查询问的一项侦查活动。

被害人陈述是一种重要的证据材料。由于被害人往往与犯罪嫌疑人有直接的接触，或者对犯罪的结果有直接的感受，其对犯罪事实及犯罪嫌疑人的情况可能有更多的了解，所以，及时正确地询问被害人，对于全面收集证据，准确查明案件事实，惩治犯罪，保护被害人的合法权益，具有重要的意义。但我们同时也要考虑到被害人与案件有直接的利害关系，其陈述可能存在不客观的地方。因此，对被害人陈述，既要认真听取，又要注意分析是否合乎情理、有无夸大或虚构。对于因担心受到打击报复，或者由于顾及名誉、情面而不敢或不愿彻底揭露犯罪行为的被害人，要做好被害人的思想工作并切实保障其人身安全。对于被害人的个人隐私，侦查人员应当为其保守秘密。

第四节　勘验、检查

一、勘验、检查的概念和意义

勘验、检查是侦查人员对与犯罪有关的场所、物品、人身、尸体亲临查看、了解与检验，以发现和固定犯罪活动所遗留下来的各种痕迹和物品的一种诉讼活动。

勘验、检查二者性质是一样的，只是对象不同。勘验的对象是现场、物品和尸体，而检查的对象是活人的身体。勘验、检查是一种重要的侦查行为，其任务是发现、收集和研究犯罪的痕迹和证物，分析研究罪犯作案的情况、手段和动机，判断案件性质，确定侦查方向和范围，揭露、证实犯罪行为人。

勘验、检查是获取侦查线索和罪证的重要手段，是侦查破案的首要环节。通过勘验、检查，可以发现和提取由于犯罪活动而留下的种种痕迹和物品。通过对这些证据材料的分析研究，可以了解犯罪嫌疑人实施犯罪的情况，判断案件的性质，了解犯罪嫌疑人的特征，发现侦查破案的线索，明确侦查方向和范围，从而为进一步开展侦查活动、彻底查明犯罪事实、查获犯罪嫌疑人提供可靠的依据。

二、勘验、检查的种类和程序

根据刑事诉讼法规定,勘验、检查可以分为现场勘验、物证检验、人身检查、尸体检验和侦查实验。

(一) 现场勘验

现场勘验是对发生刑事案件的地点和留有犯罪痕迹的场所进行专门调查的活动。刑事案件的犯罪现场是指犯罪分子实施犯罪的地点或其他遗留有与犯罪有关的痕迹和物品的场所。犯罪现场是犯罪证据比较集中的地方。所以,现场勘验是获取案件线索和犯罪证据的一个重要来源。现场勘验的目的就是发现和收集与犯罪有关的痕迹和物品,查明与犯罪有关的情况,研究分析案情,判断案件性质,确定侦查方向与范围,为侦查破案提供线索和证据。正因为如此,刑事诉讼法规定,任何单位和个人都有义务保护犯罪现场,并且立即通知公安机关派员勘验。

侦查人员进行现场勘验,必须持有公安机关或者人民检察院的证明文件,并应邀请两名与案件无关、为人公正的公民作现场见证人。勘验现场时,要认真观察现场中每个物品和痕迹的特征、位置、状态及其相互关系,以便客观地判断有关犯罪的情况。除对有形的痕迹和有关的物品、文件等进行认定外,还必须采用各种技术手段及时提取和保全。现场勘验必须细致。要特别注意犯罪现场是否遭到破坏,有无反常情况,以免被假象迷惑,导致判断失误。

勘验现场应当制作现场勘验笔录,拍摄现场照片,绘制现场图,必要时进行现场勘验录像。现场勘验笔录应当由参加勘验的人和见证人签名或者盖章。

(二) 物证检验

物证检验是侦查人员查验收集到的物证特征,以便确定物证与案件事实的关系的活动。

检验物证应当仔细,要特别注意查验其与案件有关的重要特征,如单据上涂改的痕迹、鞋底的花纹等。如果对物证的特征非经有专门知识的人进行鉴定不能了解时,则应指派或者聘请有专门知识的人鉴定。

检验物证应当制作检验笔录。物证检验笔录应详细记载物证的特征,如物品的材料、形状、尺寸、体积、重量、颜色、商标、号码,痕迹的位置、大小、形状、性质等。参加检验的人和见证人应当在物证检验笔录上签名或者盖章。

(三) 人身检查

人身检查是指为了确定被害人、犯罪嫌疑人的某些身体特征、伤害情况或者生理状态,对其身体依法进行检查的一种侦查活动。根据刑事诉讼法的规定,为了确定被害人、犯罪嫌疑人的某些特征、伤害情况或者生理状态,可以对人身进行检查,可以提取指纹信息,采集血液、尿液等生物样本。

人身特征是指被害人、犯罪嫌疑人身体上有别于他人而特有的某些状态或者标记。伤害情况是指被害人、犯罪嫌疑人身体的某个部位受到损伤的情况。生理状态是指被害人、犯罪嫌疑人的生理活动和身体各器官的机能状态。人身检查涉及公民的合法权益,必须严格依法进行。进行人身检查,必须由侦查人员进行,必要时邀请法医或医师参加。检查时必须遵守有关的法律,不得侮辱被检查人的人格。根据刑事诉讼法的规定,犯罪嫌疑人如果拒绝检查,侦查人员认为必要的时候,可以强制检查。但是,对于被害人则不能强制进行人身检查。检查妇女的身体，应当由女工作人员或者医师进行。

人身检查应当制作笔录，详细记载检查的情况和检查的结果，并由参加检查的人员和见证人签名或者盖章。

（四）尸体检验

尸体检验是通过尸表和尸体解剖的检验，确立或判断死亡的时间和原因，致死的工具和手段、方法等，为查明案情提供根据的侦查活动。

在勘验有尸体的现场或者遇有死因不明的尸体时，应当进行尸体检验。尸体检验分为尸表检验和尸体解剖。尸表检验是对尸体在现场上的位置和姿势、尸体上的伤痕、尸体衣着和附着物以及尸体的变化等的检验。对尸体内部器官进行的检验则为尸体解剖。

检验尸体应当在侦查人员的主持下由法医或者医师进行。检验尸体必须及时，以防尸体上的痕迹因尸体的变化和腐烂而消失。

对尸体首先应当进行尸表检验。如果通过尸表检验尚不能确定死因的，应当进行尸体解剖。刑事诉讼法规定，对于死因不明的尸体，公安机关有权决定解剖，并应通知死者家属到场。

尸体检验应当严格依照有关法律、法规的规定进行，并注意尊重当地群众的风俗习惯。

检验尸体的情况应当详细制作笔录，并由侦查人员和检验的法医或者医师签名或者盖章。

（五）侦查实验

侦查实验是为了确定案件中的某一特定行为或者事件在某种情况下能否发生或者怎样发生，而按原有情况和条件，将该行为或者事件加以重演或者进行试验的侦查活动。

《刑事诉讼法》第133条第1款规定："为了查明案情，在必要的时候，经公安机关负责人批准，可以进行侦查实验。"从上述规定可以看出，侦查实验并不是每个案件必须进行的程序，只有在必要时，即在不进行这种实验无法确认案件某一事实或某一情节是否有可能发生时，才需要进行。

在侦查过程中，根据实践经验，遇有下列情况可以进行侦查实验：确定在一定条件下能否听到或看到；确定在一定时间内能否完成某一行为；确定在什么条件下能够发生某种现象；确定在某种条件下，某种行为和某种痕迹是否吻合一致；确定在某种条件下，使用某种工具可能或者不可能留下某种痕迹；确定某种痕迹在什么条件下会发生变异；确定某种事件是怎样发生的；等等。

进行侦查实验，应当邀请见证人在场。进行实验时，禁止一切足以造成危险、侮辱人格或者有伤风化的行为。侦查实验应当制作笔录，证明实验的时间和地点、实验的目的、实验的经过和结果，并由参加实验的人员和见证人签名或者盖章。侦查实验，禁止一切足以造成危险、侮辱人格或者有伤风化的行为。

第五节　搜　查

一、搜查的概念和意义

搜查是侦查人员为了收集证据、查获犯罪人而对犯罪嫌疑人以及可能隐藏罪犯或者犯罪证据的人的身体、物品、住处和其他有关的地方进行搜索检查的一种侦查活动。搜查的目的是收集犯罪证据，查获犯罪人。

搜查是侦查机关同犯罪作斗争的一种重要手段。在大多数情况下，搜查的主要目的是收集证据，有时也可能是查找犯罪嫌疑人。对有关人员的身体或者有关的场所进行搜查，对发现证据、收集犯罪事实和查获犯罪嫌疑人有着重要意义。

二、搜查的程序

搜查直接关系到公民的人身自由和住宅不受侵犯的权利。宪法规定，中华人民共和国公民的住宅不受侵犯，对公民的住宅进行搜查必须严格依照法律规定的程序进行。

在侦查中，搜查只能由公安机关或者人民检察院的侦查人员进行，其他任何机关、团体和个人都无权对公民的人身或住宅进行搜查。非法搜查他人身体、住宅是一种违法犯罪行为，应当追究犯罪人的刑事责任。

《刑事诉讼法》第 134 条规定："为了收集犯罪证据、查获犯罪人，侦查人员可以对犯罪嫌疑人以及可能隐藏罪犯或者犯罪证据的人的身体、物品、住处和其他有关的地方进行搜查。"根据刑事诉讼法的规定，任何单位和个人，都有义务按照人民检察院和公安机关的要求，交出可以证明犯罪嫌疑人有罪或者无罪的物证、书证、视听资料等证据。

进行搜查，必须向被搜查人出示搜查证。搜查证由检察长或者公安机关负责人签发。

只有在执行逮捕、拘留的时候遇到紧急情况，才可以不用搜查证进行搜查。这里所说的紧急情况在侦查实践中是指：被搜查人身带行凶、自杀的武器；可能隐藏爆炸，剧毒等危险物品的；可能毁弃、转移犯罪证据的；可能隐匿其他犯罪嫌疑人的；其他突然发生的紧急情况。

在搜查的时候，应当有被搜查人或者他的家属、邻居或者其他见证人在场。搜查妇女的身体，应当由女工作人员进行。

搜查的情况应当写成笔录，由侦查人员和被搜查人或者他的家属、邻居或者其他见证人签名或者盖章。如果被搜查人或者他的家属在逃或者拒绝签名、盖章，应当在笔录上注明。

第六节　查封、扣押物证、书证

一、查封、扣押物证、书证的概念和意义

查封、扣押物证、书证是指侦查机关依法查封或强制扣留某人或某单位所持有的与案件有关的财物、文件的一种侦查行为。查封、扣押物证、书证是一种具有强制性的侦查措施。侦查人员通过查封、扣押取得和保全诉讼证据。

二、查封、扣押物证、书证的程序

在侦查活动中发现的可用以证明犯罪嫌疑人有罪或者无罪的各种财物和文件，应当查封、扣押；与案件无关的财物、文件，不得查封、扣押。

对于查封、扣押的财物和文件，应当会同在场见证人和被查封、扣押财物、文件的持有人查点清楚，当场开列清单一式两份，由侦查人员、见证人和持有人签名或者盖章，一份交给持有人，另一份附卷备查。

对于决定扣押而又不便提取的物品，应当现场加封，妥为保存；不能加封的物品，应当责成专人负责保管。

对不能存入卷宗的物证，应当拍成照片；容易损坏、变质的物证、书证，应当用笔录、绘图、照相、录像等方法加以保全。

侦查人员认为需要扣押犯罪嫌疑人的邮件、电报的时候，经公安机关或者人民检察院批准，即可通知邮电机关将有关的邮件、电报检交扣押。不需要继续扣押的时候，应立即通知邮电机关解除扣押。

人民检察院、公安机关根据侦查犯罪的需要，可以依法查询、冻结犯罪嫌疑人的存款、汇款、债券、股票、基金份额等财产。有关单位和个人应当配合。犯罪嫌疑人的存款、汇款、债券、股票、基金份额等财产已被冻结的，不得重复冻结。

对查封、扣押的财物、文件、邮件、电报或者冻结的存款、汇款、债券、股票、基金份额等财产，经查明确实与案件无关的，应当在三日以内解除查封、扣押、冻结，予以退还。

第七节　鉴　定

一、鉴定的概念和意义

刑事侦查中的鉴定是指公安机关、人民检察院为了查明案情，指派或者聘请具有专门知识的人运用科学技术或专门知识对案件涉及的专门性问题进行鉴别和判断并提供鉴定意见的活动。

鉴定具有较强的技术性。在侦查工作中，由于刑事案件十分复杂，涉及的问题方方面面，因此，对鉴定活动的管理和规范是个十分重要的问题。2005年2月23日全国人民代表大会常务委员会发布了《关于司法鉴定管理问题的决定》（简称《决定》），对我国现行司法鉴定制度作了重要补充。根据该决定的规定，国家对法医类、物证类、声像资料类及根据诉讼需要由国务院司法行政部门会同最高人民法院、最高人民检察院确定的其他鉴定事项实行鉴定人和鉴定机构登记管理制度。其中，法医类鉴定包括法医病理鉴定、法医临床鉴定、法医精神病鉴定、法医物证鉴定和法医毒物鉴定；物证类鉴定包括文书鉴定、痕迹鉴定和微量鉴定；声像资料鉴定，包括对录音带、录像带、磁盘、光盘、图片等载体上记录的声音、图像信息的真实性、完整性及其所反映的情况过程进行的鉴定和对记录的声音、图像中的语言、人体、物体作出种类或者同一认定。

二、鉴定的程序

决定鉴定后，侦查机关应当委托有鉴定资格的鉴定人及鉴定机构进行鉴定，向鉴定人提出需要鉴定的问题，为鉴定人提供鉴定所需的材料，以保证鉴定人员足以完成鉴定的要求。鉴定人有权了解案件的情况，以便作出正确的鉴定。

根据《决定》的规定，我国司法鉴定实行鉴定人负责制度。鉴定人应当独立进行鉴定，对鉴定意见负责并在鉴定书上签名或者盖章。多人参加的鉴定，对鉴定意见有分歧的，应当注明。鉴定人只能根据科学检验的结果作出结论，故意作虚假鉴定的，应当承担相应的法律责任。公诉人、当事人或者辩护人、诉讼代理人对鉴定意见有异议，人民法院认为鉴定人有必要出庭的，鉴定人应当出庭作证。

侦查人员对鉴定人所作的鉴定意见应当及时进行审查，如果有疑问，可以要求鉴定人补充鉴定。必要时，也可以另行指派或者聘请鉴定人重新鉴定。

侦查机关应当将用作证据的鉴定意见告知犯罪嫌疑人、被害人。如果犯罪嫌疑人、被害人提出申请，可以补充鉴定或者重新鉴定。

第八节　技术侦查措施

一、技术侦查的概念和意义

技术侦查措施，是指侦查机关为了侦破特定犯罪行为的需要，根据国家有关规定，经过严格审批，采取的一种特定技术手段。技术侦查行为即是运用技术侦查措施的侦查行为。通常包括电子侦听、电话监听、电子监控、秘密拍照、录像、进行邮件检查等秘密的专门技术手段。

"技术侦查措施"一节是 2012 年《刑事诉讼法》新增加的规定。为打击严重犯罪，采取相应的技术侦查措施，是各国的通行做法，也是追究犯罪的需要。《刑事诉讼法》规定技术侦查措施，一方面完善了侦查措施，赋予侦查机关必要的侦查手段，加强打击犯罪的力度；另一方面也强化了侦查措施的规范、制约和监督，防止滥用这一侦查措施。

二、技术侦查措施的内容

（一）技术侦查措施的案件范围及程序

公安机关在立案后，对于危害国家安全犯罪、恐怖活动犯罪、黑社会性质的组织犯罪、重大毒品犯罪或者其他严重危害社会的犯罪案件，根据侦查犯罪的需要，经过严格的批准手续，可以采取技术侦查措施。人民检察院在立案后，对于重大的贪污、贿赂犯罪案件以及利用职权实施的严重侵犯公民人身权利的重大犯罪案件，根据侦查犯罪的需要，经过严格的批准手续，可以采取技术侦查措施，按照规定交有关机关执行。

追捕被通缉或者批准、决定逮捕的在逃的犯罪嫌疑人、被告人，经过批准，可以采取追捕所必需的技术侦查措施。

（二）技术侦查措施的批准

批准决定应当根据侦查犯罪的需要，确定采取技术侦查措施的种类和适用对象。批准决定自签发之日起三个月以内有效。对于不需要继续采取技术侦查措施的，应当及时解除；对于复杂、疑难案件，期限届满仍有必要继续采取技术侦查措施的，经过批准，有效期可以延长，每次不得超过三个月。

采取技术侦查措施，必须严格按照批准的措施种类、适用对象和期限执行。

（三）技术侦查执行中的保密性问题

侦查人员对采取技术侦查措施过程中知悉的国家秘密、商业秘密和个人隐私应当保密；对采取技术侦查措施获取的与案件无关的材料，必须及时销毁。采取技术侦查措施获取的材料，只能用于对犯罪的侦查、起诉和审判，不得用于其他用途。

公安机关依法采取技术侦查措施，有关单位和个人应当配合，并对有关情况予以保密。

（四）隐匿身份实施侦查和控制下交付

为了查明案情，在必要的时候，经公安机关负责人决定，可以由有关人员隐匿其身份实施侦查。但是，不得诱使他人犯罪，不得采用可能危害公共安全或者发生重大人身危险的方法。

对涉及给付毒品等违禁品或者财物的犯罪活动，公安机关根据侦查犯罪的需要，可以依照规定实施控制下交付。

（五）通过技术侦查措施收集证据的使用和保护

根据《刑事诉讼法》第152条的规定，依照本节规定采取侦查措施收集的材料，在刑事诉讼中可以作为证据使用。如果使用该证据可能危及有关人员的人身安全，或者可能产生其他严重后果的，应当采取不暴露有关人员身份、技术方法等保护措施，必要的时候，可以由审判人员在庭外对证据进行核实。

第九节　通　缉

一、通缉的概念和意义

通缉是公安机关通令缉拿依法应当逮捕而在逃的犯罪嫌疑人的一种侦查措施。

通缉对促进公安机关通力协作，动员和依靠广大群众捕获犯罪嫌疑人，打击和制止犯罪，保证侦查和审判工作的顺利进行，具有重要的作用。在侦查实践中，需要通缉的一般都是重大案件的犯罪嫌疑人。

二、通缉的对象和程序

通缉的对象必须是依法应当逮捕而在逃的犯罪嫌疑人，其中包括已经被逮捕而在羁押期间逃跑的犯罪嫌疑人。不构成犯罪，或者虽然构成犯罪，但情节轻微不需要逮捕的人，不可通缉。

通缉令只能由公安机关发布，其他任何组织和个人都无权发布通缉令。人民检察院侦查直接受理的案件，各级人民检察院需要在本辖区内通缉犯罪嫌疑人的，可以直接决定通缉；需要在本辖区外通缉犯罪嫌疑人的，由有决定权的上级人民检察院决定。作出通缉的决定，检察机关应当将通缉决定通知书和通缉犯的照片、身份、特征、案情简况送达公安机关，由公安机关发布通缉令，追捕归案。

根据刑事诉讼法的规定，各级公安机关在自己管辖的地区以内，可以直接发布通缉令；超出自己管辖的地区，应当报请有权决定的上级机关发布。

通缉令必须加盖发布机关的公章。接到通缉令的公安机关应立即采取各种有效措施，积极进行缉查。对被通缉的犯罪嫌疑人，任何公民都有权扭送公安司法机关处理。

被通缉的犯罪嫌疑人被捕归案，或者自动投案，或者出现已无必要通缉犯罪嫌疑人的情况，如被通缉的人已经死亡等，发布通缉令的公安机关应当立即通知有关地区撤销通缉令。

第十节　人民检察院的侦查

一、人民检察院依法行使侦查权

人民检察院是国家的法律监督机关，依照刑事诉讼法的规定，对部分刑事案件行使侦查权。人民检察院对直接受理的案件的侦查，根据《刑事诉讼法》第162条的规定，适用其第二编第二章第一节至第十节的有关规定。

根据《刑事诉讼法》第163条的规定，人民检察院在对直接受理的案件进行侦查时，发现需要逮捕、拘留犯罪嫌疑人的，由人民检察院作出决定，由公安机关执行。

人民检察院对直接受理的案件中被拘留的人，认为需要逮捕的，应当在14日以内作出决定。在特殊情况下，决定逮捕的时间可以延长一日至三日。

二、人民检察院侦查终结的处理与程序

《刑事诉讼法》第166条规定：人民检察院侦查终结的案件，应当作出提起公诉、不起诉或者撤销案件的决定。根据这一规定，侦查终结后人民检察院应当区分三种情况来处理，即提起公诉、不起诉和撤销案件。

经过侦查，人民检察院认为犯罪事实清楚，证据确实、充分，足以认定犯罪嫌疑人构成犯罪，依法应当追究刑事责任的，直接作出提起公诉的决定，按照审判管辖的规定，向人民法院提起公诉。

经过侦查，人民检察院认为犯罪事实清楚，证据确实、充分，足以认定犯罪嫌疑人构成犯罪，但犯罪情节轻微，依照刑法规定不需要判处刑罚或者应当免除刑罚的，可以作出不起诉的决定。

经过侦查，有足够的证据证明不应当对犯罪嫌疑人追究刑事责任的，应当撤销案件。如果犯罪嫌疑人已被逮捕的，应当立即释放，发给释放证明。

人民检察院对于直接受理的案件侦查终结后，如果需要撤销案件，由侦查部门直接报请检察长或者检察委员会作出决定；如果需要起诉或者不起诉，由侦查部门将案卷移送审查起诉部门审查。在实践中，经过侦查认为犯罪事实清楚，证据确实、充分，依法应当追究刑事责任的案件，侦查人员应当写出侦查终结报告，并且制作起诉意见书。对于犯罪情节轻微，依照刑法规定不需要判处刑罚或者免除刑罚的案件，侦查人员应当写出侦查终结报告，并且制作不起诉意见书。终结报告和起诉意见书或者不起诉意见书由侦查部门负责人审核，检察长决定。提起公诉意见或者不起诉意见提出后，侦查部门应当将侦查终结报告和起诉意见书或者不起诉意见书以及其他案卷材料，一并移送审查起诉部门审查。需要撤销案件的，应当由侦查人员写出撤销案件书，经侦查部门负责审核，报请检察长或者检察委员会决定撤销案件。

第十一节 补充侦查

一、补充侦查的概念和种类

补充侦查是指公安机关或者人民检察院依照法定程序，在原有侦查工作的基础上继续进行专门的调查工作，以查清遗漏的事实或收集补充证据的一种侦查活动。补充侦查是侦查工作的重要组成部分。

补充侦查不是每一个刑事案件的必经程序，它是在原有侦查工作没有完成侦查任务的前提下就案件的部分情况、事实进行的侦查活动。如果原有侦查工作已达到侦查的目的和要求，侦查任务已经完成，就不存在补充侦查的问题。

根据刑事诉讼法的规定，补充侦查有退回补充侦查和自行补充侦查两种形式。退回补充侦查是决定退回补充侦查的人民检察院将案件退回给原侦查机关或部门进行遗漏事实查证和证据补充的补充侦查形式。自行补充侦查是决定补充侦查的人民检察院不再将案件退回公安机关而由本院的侦查部门进行的补充侦查形式。

二、不同阶段的补充侦查

（一）审查批捕阶段的补充侦查

根据《刑事诉讼法》第88条的规定，人民检察院对于公安机关提请批准逮捕的案件进行审查后，对于不批准逮捕的，人民检察院应当说明理由，需要补充侦查的，应当同时通知公安机关。

（二）审查起诉阶段的补充侦查

根据《刑事诉讼法》第171条的规定，人民检察院审查起诉的案件，需要补充侦查的，可以退回公安机关补充侦查，也可以自行补充侦查。补充侦查应当在一个月以内进行完毕。补充侦查以二次为限。对于二次补充侦查的案件，人民检察院仍然认为证据不足，不符合起诉条件的，可以作出不起诉决定。

（三）法庭审理阶段的补充侦查

根据《刑事诉讼法》第198条第2项和第199条的规定，在法庭审判过程中，检察人员发现提起公诉的案件需要补充侦查的，可以提出延期审理的建议，由人民检察院决定补充侦查。

第十二节 侦查监督

一、侦查监督的概念和意义

侦查监督是人民检察院对公安机关的刑事侦查工作实行的法律监督。侦查监督在人民检察院的职能活动中占有相当重要的地位。

人民检察院是国家的法律监督机关，对公安机关的侦查活动实行法律监督是人民检察院的重要职权。侦查监督的作用在于监督公安机关的侦查活动严格按照刑事诉讼法的规定进行，发现和纠正错误，保证准确及时地查明犯罪事实，正确应用法律，惩罚犯罪分子，既不让真正的罪犯逃避法律制裁，又不能罪及无辜，保障公民的人身权利、财产权利、民主权利以及其他合法权益不受非法侵犯，维护国家法律的统一实施。

二、侦查监督的方式

刑事诉讼法规定的侦查监督，主要包括两种方式，即审查批准逮捕和审查起诉。

（一）审查批准逮捕

审查批准公安机关逮捕犯罪嫌疑人的权力，是人民检察院侦查监督权的重要组成部分。刑事诉讼法规定，公安机关要求逮捕犯罪嫌疑人的时候，应当写出提请批准逮捕书，连同案卷材料、证据，一并移送同级人民检察院审查批准。人民检察院通过审查批准逮捕活动，监督公安机关严格执行逮捕的条件与程序。

（二）审查起诉

《刑事诉讼法》第167条规定，凡需要提起公诉的案件，一律由人民检察院审查决定。《刑事诉讼法》第168条规定，人民检察院在审查公安机关移送起诉的案件时，必须查明侦查活动是否合法。因此，人民检察院的审查起诉活动，从某种程度上讲，就是对公安机关的侦查活动是否合法实行监督。这种侦查监督的内容包括：发现并且纠正公安机关在讯问犯罪嫌疑人，询问证人，询问被害人，勘验、检查，搜查、扣押物证、书证，鉴定，通缉等具体侦查行为中的违法乱纪现象。

第十三节　侦查终结

一、侦查终结的概念和意义

侦查终结是指侦查机关对于自己立案侦查的案件，经过一系列的侦查活动，认为根据已查明的事实、证据和有关的法律规定，足以认定犯罪嫌疑人是否有罪和应否对其追究刑事责任而决定结束侦查，依法对案件作出处理或提出处理意见的一项诉讼活动。

侦查终结是侦查程序中的最后一个阶段，也是刑事诉讼中一道相当重要的工序。做好侦查终结工作，对于保证人民检察院准确、及时地提起公诉，使依法应当受到刑事追究的犯罪分子受到应有的惩罚，保障无罪的和依法不应受到刑事追究的公民及时得到解脱，保护公民的合法权益，具有重要意义。

根据《刑事诉讼法》第160条、第161条及相关司法解释的规定，侦查机关（这里的侦查机关含公安机关、国家安全机关、军队内部保卫机关和监狱）对侦查终结的案件可作出移送人民检察院审查起诉、撤销案件两种处理。

二、移送审查起诉的条件和程序

《刑事诉讼法》第160条规定："公安机关侦查终结的案件，应当做到犯罪事实清楚，证据确实、充分，并且写出起诉意见书，连同案卷材料、证据一并移送同级人民检察院审查决定；同时将案件移送情况告知犯罪嫌疑人及其辩护律师。"根据这项规定，公安机关侦查终结移送审查起诉必须符合以下条件：

（1）案件事实已经查清。案件事实包括犯罪嫌疑人有罪或者无罪、罪重或罪轻的事实情节。

（2）证据确实、充分。证据确实、充分是指证据材料经过反复核对无误，证据之间能够相互印证，并形成一个完整的证明体系。

（3）依法需要追究行为人的刑事责任。

（4）法律手续完备。法律手续完备，包括诉讼中依法形成的文书和履行的法律手续齐备完整，并符合法律规定的要求。

在案件侦查终结前，辩护律师提出要求的，侦查机关应当听取辩护律师的意见，并记录在案，辩护律师提出书面意见的，应当附卷。

案件应由侦查终结案件承办人及时制作侦查终结报告，经侦查机关负责人审批，经批准后即结束侦查。具备起诉条件的，由侦查机关写出起诉意见书，连同案卷材料、证据一并移送同级人民检察院审查决定。此外，侦查机关应同时将案件移送情况告知犯罪嫌疑人及其辩护律师。

三、撤销案件的条件和程序

刑事诉讼法规定，在侦查过程中，发现不应对犯罪嫌疑人追究刑事责任的，应当撤销案件；犯罪嫌疑人已被逮捕的，应当立即释放，发给释放证明，并且通知原批准逮捕的人民检察院。不应对犯罪嫌疑人追究刑事责任的情形，主要是指《刑事诉讼法》第15条规定的情形，以及根本没有犯罪发生等不应追究刑事责任的情形。

四、侦查中对犯罪嫌疑人的羁押期限

《刑事诉讼法》第154条至第158条规定了侦查中对犯罪嫌疑人的羁押期限，侦查人员应当严格遵守这些规定。

一般案件中，对犯罪嫌疑人实施逮捕后的侦查羁押期限不得超过两个月。案件复杂、期限届满不能终结的案件，可以经上一级人民检察院批准延长一个月。这是法律对羁押期限的一般规定。因为特殊原因，在较长时间内不宜交付审判的特别重大复杂的案件，由最高人民检察院报请全国人民代表大会常务委员会批准。

《刑事诉讼法》第156条规定，属下列案件的，期限届满不能侦查终结，经省、自治区、直辖市人民检察院批准或者决定，可以延长两个月：（1）交通十分不便的边远地区的重大复杂案件；（2）重大的犯罪集团案件；（3）流窜作案的重大复杂案件；（4）犯罪涉及面广、取证困难的重大复杂案件。

对犯罪嫌疑人可能判处十年有期徒刑以上刑罚，依照《刑事诉讼法》第156条的规定，延长期限届满仍不能侦查终结的，经省、自治区、直辖市人民检察院批准或者决定，可以再延长两个月。

根据刑事诉讼法规定，在侦查期间，发现犯罪嫌疑人另有重要罪行的，自发现之日起，依照《刑事诉讼法》第154条的规定重新计算侦查羁押期限。犯罪嫌疑人不讲真实姓

名、住址，身份不明的，应当对其身份进行调查，侦查羁押期限自查清其身份之日起计算，但是不得停止对其罪行的侦查取证。对于犯罪事实清楚，证据确实、充分，确实无法查明其身份的，也可以按其自报的姓名移送人民检察院审查起诉、审判。

对被逮捕的犯罪嫌疑人作精神病鉴定的期间不计入办案期限。

为防止和纠正侦查中超期羁押、侵犯犯罪嫌疑人合法权利的现象，最高人民法院、最高人民检察院、公安部 2003 年 11 月 12 日颁布的《关于严格执行刑事诉讼法，切实纠防超期羁押的通知》中规定，对已被羁押的犯罪嫌疑人、被告人，在其法定羁押期限已满时必须立即释放，如侦查、起诉、审判活动尚未完成，需要继续查证、审理的，要依法变更强制措施为取保候审或者监视居住，充分发挥取保候审、监视居住这两项强制措施的作用，做到追究犯罪与保障犯罪嫌疑人、被告人合法权益的统一。

【引例评析】

侦查人员丁有以下违法行为：第一，未经立案，即擅自采取侦查行为（搜查、扣押）；第二，未持搜查证进行搜查，也未找见证人在场见证；第三，所搜出的 351 元钱没有证据证明是从甲的船上盗走的，却予以扣押，且未开列扣押清单；第四，仅凭报案，即认定丙盗窃，强令其母"赔偿"，违反了"以事实为根据，以法律为准绳"的原则。因此，该县公安局对丁的处理是正确的。

【本章小结】

侦查是指公安机关、人民检察院等国家机关在办理刑事案件过程中，依照法律进行的专门调查工作和采取的有关强制性措施。侦查是刑事诉讼中独立的诉讼阶段，是公诉案件的必经程序，是提起公诉和审判的基础。讯问犯罪嫌疑人、询问证人、被害人，勘验、检查，搜查，扣押物证、书证，鉴定，通缉，等等，是重要的侦查行为，必须严格按照刑事诉讼法规定的程序进行。律师在侦查阶段接受犯罪嫌疑人聘请承担为犯罪嫌疑人提供法律帮助的职责。人民检察院是国家的法律监督机关，依照刑事诉讼法的规定，对部分刑事案件行使侦查权并依法对公安机关的侦查活动实行法律监督。

【练习题】

一、名词解释

侦查 通缉 鉴定 搜查 技术侦查措施

二、思考题

1. 侦查的任务和意义是什么？
2. 法律对勘验、检查有什么要求？
3. 查封、扣押物证、书证应当注意哪些问题？
4. 侦查终结的条件和程序是什么？
5. 人民检察院如何实施对公安机关侦查活动的监督？
6. 技术侦查措施的批准程序包括哪些？

■■ 三 案例分析题

某公安机关对涉嫌盗窃罪的秦某及其妻子吴某执行拘留时搜查了他们的住处。在搜查时，因情况紧急未用搜查证，但秦某夫妇一直在场。由于没有女侦查人员在场，所以由男侦查人员对秦某、吴某的身体进行了搜查。搜查结束时，侦查人员要求被搜查人在搜查笔录上签名时遭到拒绝，侦查人员就此结束搜查活动。

问题：

该案中的搜查活动有哪些做法违反了法律的规定？

A. 在搜查时因情况紧急未用搜查证。

B. 在搜查时秦某夫妇一直在场。

C. 由男侦查人员对吴某的身体进行了搜查。

D. 侦查人员要求被搜查人在搜查笔录上签名遭拒绝后就此结束了搜查活动。

分析要点提示：

第一，侦查人员搜查妇女的身体时，应当由女工作人员进行。第二，搜查应当制成笔录，由侦查人员和被搜查人或其家属、邻居或者其他见证人签名。如果被搜查人或其他家属在逃或拒绝签名、盖章，笔录上应予注明。

第十三章　起　诉

【本章引例】

犯罪嫌疑人程某，女，39 岁，汉族，初中文化，河北省某县供销社收购员。2005 年，程某与某绢纺厂齐某相识而后通奸。2012 年 3 月 7 日晚，程某又瞒着其夫尚某，暗中到县松花旅社 207 号房间与齐某幽会，因尚某对程某的行为早有觉察，遂尾随程某跟踪观察。当晚 9 时许，程某与齐某正在房内搂抱时，尚某突入房内，用随身携带的杀猪刀将齐某刺伤，齐某因流血过多死亡。案发后，县公安局经县检察院批准，将程某、尚某二人逮捕。2012 年 6 月 10 日，公安局侦查终结，对尚某、程某二人移送县检察院提起公诉。县检察院对本案审查后，决定对程某不起诉，立即释放。

【本章学习目标】

通过本章的学习，应当掌握如下内容：

1. 起诉的概念、任务和意义；
2. 公诉的概念、条件；
3. 不起诉的概念、种类和意义；
4. 自诉案件范围和提起自诉的条件。

第一节　起诉的概念、任务和意义

一、起诉的概念

在刑事诉讼法中，起诉是指检察机关、被害人或者其他法律规定的团体或个人，以书面或口头的方式对犯罪嫌疑人提出指控，要求法院对犯罪事实进行确认并追究被控告人刑事责任的诉讼活动。

根据刑事诉讼法的有关规定，我国刑事起诉可分为两种，即自诉和公诉。自诉是指被害人或者他的法定代理人、近亲属，为追究被告人的刑事责任，自行向人民法院提起诉讼，并由人民法院直接受理的诉讼活动。公诉是指行使国家公诉权的检察机关，对公安机关侦查终结移送起诉的案件或者对自行侦查终结的案件，经过全面审查，确认侦查阶段所收集的证据已经确实、充分，犯罪嫌疑人的行为已经构成犯罪，依法应当追究刑事责任而提请人民法院审判的诉讼活动。提起公诉是我国刑事诉讼程序中的重要阶段，是人民检察院的重要职权。公诉和自诉是追究刑事犯罪的两种控诉形式，二者互相补充，构成了我国刑事起诉制度的完整体系。

从有权追诉犯罪嫌疑人的刑事责任，将其提交人民法院进行审判的功能来看，公诉和自诉是相同的，但二者又是两种不同性质的追诉形式，在追诉主体、追诉对象、追诉原则上各有特点，不能将它们混为一谈。

首先，追诉的主体不同。依照刑法、刑事诉讼法的有关规定，有权提起自诉的主体，是遭受犯罪行为侵害的被害人，如果被害人死亡或者没有行为能力、丧失行为能力时，被害人的法定代理人、近亲属也有权向人民法院起诉。而有权提起公诉的机关，在我国只能是人民检察院。

其次，追诉的客体不完全相同。根据《刑事诉讼法》第 204 条的规定，自诉案件分为三类：（1）告诉才处理的案件；（2）被害人有证据证明的轻微刑事案件；（3）被害人有证据证明被告人实施了侵犯自己人身、财产权利的行为，应当依法追究刑事责任，而公安机关或者人民检察院不予追究的案件。而公诉案件分为两类：一类是既可自诉又可公诉的案件。比如重婚案件，严重危害社会秩序和国家利益的侮辱、诽谤案件等。另一类是需要侦查的刑事案件。一般来说，这类案件案情比较复杂、重大，犯罪行为侵犯的客体既包括被害人利益，又包括国家和社会的利益，因此，需要由检察机关代表国家进行追究。

最后，追诉的原则不同。自诉案件的追诉原则是宽松而又灵活的，自诉人对自己的实体权益和诉讼权利有处分的自由。起诉后，在法庭宣告判决前，自诉人可以同被告人自行和解或者撤回自诉。而公诉案件的追诉原则是强制的、无条件的，只要符合法定的起诉条件，人民检察院就必须依法提起公诉。在这里，被害人既无权处分，人民检察院也无权放弃。

二、起诉的任务

自诉的任务在于向人民法院说明：有需要追究刑事责任的犯罪事实发生；该案件属于自诉案件，应当由该人民法院管辖。

提起公诉是侦查终结后的一个独立的诉讼阶段，属人民检察院单独行使检察权的范畴。与其他诉讼阶段相比，其具有下列特定任务：

（1）代表国家对公安机关侦查终结移送起诉的案件和自行侦查终结的案件进行全面审查；

（2）根据事实和法律，对案件分别作出起诉、不起诉的决定，并制作相应的法律文书；

（3）通过对公安机关移送案件的审查，实行侦查监督，纠正违法的侦查行为；

（4）对决定提起公诉的案件，做好出庭支持公诉的准备工作，对于决定不起诉的案件，做好将不起诉决定付诸实施等善后工作。

三、起诉的意义

在现代刑事诉讼结构中，不告不理是调整审判机关与控诉机关之间关系的基本原则。

这项诉讼原则说明，如果没有起诉，也就没有审判，起诉成为引起审判程序的前提；同时起诉还能够限制法院的审判范围，即法院不得审判未经起诉的被告人和未经起诉的犯罪，从而使审判与起诉保持一致。

（一）自诉的意义

建立自诉制度有以下意义：

（1）有利于全面、充分维护被害人的合法权益。由于公诉机关所代表和实现的主要是国家和社会的利益，被害人的利益在公诉案件中并不居于中心地位，只属于兼顾的利益。而自诉是由被害人直接引起审判的程序，更能够切实保护被害人的合法权益。

（2）有利于防止司法不公和司法腐败。适当扩大自诉案件的范围，就等于增加了防止司法不公、司法腐败的外部制约和保障机制。

（3）有利于社会安定和综合治理。将这些犯罪的起诉权交由受犯罪行为直接侵害的被害人行使，是否追诉由被害人自行决定，并允许被害人与加害人在诉讼过程中和解，这样有利于案件的顺利解决，有利于犯罪分子改过自新，从而能够消除犯罪的社会原因，有利于社会安定，有利于实现社会治安综合治理的目的。

（二）公诉的意义

提起公诉是刑事诉讼中的一个重要程序，对实现刑事诉讼的任务具有重要意义。具体来说，有以下几点：

（1）公诉是侦查和审判之间的一个独立的诉讼阶段，它联系着侦查阶段和审判阶段，是使侦查通往审判的唯一桥梁。公诉一方面是侦查活动的终结，并对侦查活动实行全面监督；另一方面也为人民法院进行审判提供了前提和基础，对保障人民法院顺利审判、实现审判任务具有重要意义。因此，公诉是公、检、法三机关分工负责、互相配合、互相制约的重要环节。

（2）公诉制度促成了控诉、辩护、审判三种诉讼职能的分离，有利于案件的公正审判，有助于实现诉讼程序的客观公正性。

（3）公诉制度最重要、最直接的意义在于它是维护人民民主专政、保障公民权利和合法权益的重要手段。对于危害国家政权、破坏国家经济基础及社会公共利益的刑事案件，要由人民检察院提起公诉；对于侵犯公民个人权利和合法权益的刑事案件，也要由人民检察院提起公诉。因此，公诉制度能够最大限度地保护国家、社会和个人的利益。

第二节　提起公诉的程序

一、审查起诉

（一）审查起诉的概念、内容和要求

审查起诉，是指人民检察院在公诉阶段，为了确定侦查终结的刑事案件是否应当提起公诉，而对侦查机关确认的证据、犯罪事实、犯罪性质和罪名进行审查核实，并作出相应处理的一项诉讼活动。它是实现人民检察院公诉职能的一项最基本的准备工作，也是人民检察院对侦查活动实行法律监督的一项重要手段。因此，它对保证人民检察院正确地提起公诉，发现和纠正侦查活动中的违法行为，具有重要意义。

根据《刑事诉讼法》第168条的规定，人民检察院审查案件的时候，除应查清犯罪嫌疑人身份等基本情况外，还必须查明以下内容：

（1）犯罪事实、情节是否清楚，证据是否确实、充分，犯罪性质和罪名的认定是否正确。审查起诉应当在核实证据、查清犯罪事实的基础上，对犯罪性质和罪名的认定是否恰当进行鉴别。犯罪的性质与罪名互相联系，密不可分，如果只认定了犯罪性质，而不认定具体的罪名，犯罪性质也难以定准。

（2）有无遗漏罪行和其他应当追究刑事责任的人。人民检察院追诉犯罪应当客观、全面，因此，在审查起诉时要注意审查有无遗漏犯罪嫌疑人的罪行和其他应当追究刑事责任的人。要查清案件的全部犯罪事实，就必须查清犯罪嫌疑人的全部罪行，对共同犯罪案件要查获所有实施犯罪的人。在审查共同犯罪案件中，还应审查共同犯罪嫌疑人在共同犯罪活动中责任的认定是否恰当。

（3）是否属于不应追究刑事责任的情形。保障无罪的人不受刑事追究是人民检察院的职责之一，因此，人民检察院在审查案件时，必须查明犯罪嫌疑人有无不应追究刑事责任的情形。

（4）有无附带民事诉讼。《刑事诉讼法》第99条规定："被害人由于被告人的犯罪行为而遭受物质损失的，在刑事诉讼过程中，有权提起附带民事诉讼。被害人死亡或者丧失行为能力的，被害人的法定代理人、近亲属有权提起附带民事诉讼。"刑事附带民事诉讼制度，对于全面追究被告人的刑事责任和民事责任，保护国家、集体利益和公民的合法权益，具有十分重要的意义。为此，人民检察院在审查起诉时，首先要审查犯罪嫌疑人的犯罪行为是否给被害人造成了经济损失；被害人是否提起了附带民事诉讼。已提起的，要保护被害人的这项权利，没有提起的，应主动告知被害人有权提起。其次，还要查明国家、集体财产是否因犯罪而遭受了损失，如果造成了损失，人民检察院可以在提起公诉时一并提起附带民事诉讼。

（5）侦查活动是否合法。人民检察院对案件进行审查时，要注意审查侦查人员的侦查活动是否符合法定程序、法律手续是否完备，特别要查明在讯问犯罪嫌疑人和询问证人的过程中是否有刑讯逼供和以威胁、引诱、欺骗以及其他非法方法收集证据的情况。一旦发现侦查活动中有违反法律的行为时，应当及时提出纠正意见。构成犯罪的，应依法追究刑事责任。

在司法实践中，人民检察院在审查起诉过程中还应当注意审查以下内容：

第一，案件是否属于本院管辖。按照刑事诉讼法关于管辖的规定，对于不属于自己管辖的案件，人民检察院应该将之移送有管辖权的检察机关审查起诉。

第二，证据是否随案移送，不宜移送的证据的清单、照片或者其他证明文件是否随案移送。人民检察院审查案件，决定是否起诉，需要确实充分的证据，因此，侦查机关或侦查部门移送案件时，应当将案件的所有证据一并移送，对不宜移送的证据，要附有不宜移送的证据的清单、照片或者其他证明文件。

第三，与犯罪有关的财物及其孳息是否扣押、冻结并妥善保管，以供核查。另外还要审查对被害人合法财产的返还和对违禁品或者不宜长期保存的物品的处理是否妥当，移送的证明文件是否完备，等等。

（二）审查起诉的步骤与方法

审查起诉是一项重要的诉讼活动，在整个刑事诉讼过程中，处于承前启后的中间环节。为保证审查起诉得以顺利进行，刑事诉讼法规定了审查起诉的具体方法和步骤，其主要内容如下所述。

1. 各级人民检察院审查起诉的案件应与人民法院的审判管辖相适应。

人民检察院受理移送审查起诉的案件，应当指定检察员或者经检察长批准代行检察员职务的助理检察员办理，也可以由检察长办理。

2. 审阅案卷材料。

办案人员接到案件后，应当及时审查公安机关或其他刑事侦查部门移送的案件材料是否齐备，有无起诉意见书、证据材料和其他法律文书。例如，如果犯罪嫌疑人被拘留、逮捕和搜查过，审查有无拘留证、逮捕证和搜查证。然后仔细阅读起诉意见书，了解犯罪嫌疑人的犯罪事实、情节，犯罪性质和罪名以及要求起诉的理由，详细审阅案卷中的证据材料，按照法定审查起诉的五项内容，逐项进行审查。发现疑问，可以向侦查人员询问。认为可能存在《刑事诉讼法》第 54 条规定的以非法方法收集证据情形的，可以要求其对证据收集的合法性做出说明。审阅案卷要认真细致，并应制作阅卷笔录。

3. 讯问犯罪嫌疑人。

讯问犯罪嫌疑人是人民检察院审查起诉的必经程序。这是人民检察院核实证据、正确认定案件事实、监督侦查活动是否合法所必需的。讯问犯罪嫌疑人还有助于直接了解犯罪嫌疑人的精神状态和悔罪态度，倾听其辩解理由，为其行使辩护权提供机会。因此，讯问犯罪嫌疑人意义重大，必须依法进行。根据刑事诉讼法规定，讯问只能由检察人员进行，讯问犯罪嫌疑人时，应当告知其有申请回避和辩护的权利。检察人员在讯问时不得少于两人，并且首先应当讯问犯罪嫌疑人是否有犯罪行为，让其陈述有罪的情节或进行无罪的辩解，然后根据犯罪嫌疑人的陈述情况和阅卷确定的情况决定复核证据的重点，向犯罪嫌疑人提出问题让其回答。除对质以外，讯问犯罪嫌疑人应当个别进行，并注意做好笔录。

4. 听取辩护人、被害人及其诉讼代理人的意见。

人民检察院审查案件，应当讯问犯罪嫌疑人，听取辩护人、被害人及其诉讼代理人的意见，并制作笔录附卷。辩护人、被害人及其诉讼代理人提出书面意见的，应当附卷。直接听取辩护人、被害人及其诉讼代理人的意见有困难的，可以通知辩护人、被害人及其诉讼代理人提出书面意见，在指定期限内未提出意见的，应当记录在案。

5. 对案件进行补充侦查。

在提起公诉阶段进行补充侦查，是指人民检察院对公安机关侦查终结移送起诉的案件，或者对自行侦查终结的案件，在审查起诉中，发现有事实不清、证据不足或者遗漏了罪行或同案犯，从而补充进行专门调查等工作的诉讼活动。补充侦查的目的在于查清有关事实和证据，以决定是否将犯罪嫌疑人交付人民法院审判。根据《刑事诉讼法》第 171 条第 2 款的规定，补充侦查有两种形式：一种是由人民检察院退回公安机关进行。这种方式一般适用于主要犯罪事实不清，证据不足，或者遗漏了重要犯罪事实及应追究刑事责任的同案犯的案件。人民检察院对需要退回补充侦查的案件，应当制作"退回补充侦查决定书"，写明退查的理由和需要补充查明的具体事项及要求。另一种是由人民检察院自行侦查。这种方式一般适用于只有某些次要的犯罪事实、情节不清，证据不足，公安机关侦查活动中有违法情况，在认定事实和证据上与公安机关有较大分歧，或者已经退查过但仍未查清的案件。自侦案件需要补充侦查的，人民检察院刑事检察部门应将案件退回本院侦查部门。

人民检察院在补充侦查中，对各种证据有疑问的都要进行重新收集或鉴定。比如人民检察院对鉴定意见有疑问的，可以询问鉴定人并制作笔录附卷，也可以指派检察技术人员或者聘请有鉴定资格的人对案件中的某些专门性问题进行补充鉴定或者重新鉴定。人民检察院对物证、书证、视听资料、电子数据及勘验、检查、辨认、侦查实验等笔录存在疑问的，可以要求侦查人员提供获取、制作的有关情况。必要时也可以询问提供物证、书证、视听资料、电子数据及勘验、检查、辨认、侦查实验等笔录的人员和见证人并制作笔录附卷，对物证、书证、视听资料、电子数据进行技术鉴定。对证人证言有疑问的，也应当重新进行询问。

根据《刑事诉讼法》第171条第3款的规定，对于补充侦查的案件，应当在一个月以内补充侦查完毕。补充侦查以两次为限。这一规定是为了防止拖延结案时间，避免对犯罪嫌疑人超期羁押、久押不决的情况，有利于保护犯罪嫌疑人的合法权益，督促侦查机关的侦查工作。

退回补充侦查的案件，如果在主要事实或证据上发生了重大变化，侦查机关就应当重新制作起诉意见书；如果只是在个别情节上补充了有关材料，可以书面意见的形式移送人民检察院；如果认为应当撤销案件的，应将决定通知人民检察院。

6. 作出决定。

一般来说，人民检察院的检察人员审查起诉，应当首先全面阅卷，找出疑点、矛盾后，再有的放矢地讯问犯罪嫌疑人，听取被害人和犯罪嫌疑人、被害人委托的人的意见，以解决案卷中存在的问题。如果发现新情况，可根据需要作进一步的调查和补充侦查。检察人员经过一系列审查活动，查清全部案件事实以后，应当拟写案件审查意见书，根据审查的具体情况，提出起诉或者不起诉以及是否需要提起附带民事诉讼的意见，报请审查起诉部门负责人审核；审查起诉部门负责人对案件进行审核后，应当提出审核意见，报请检察长或者检察委员会决定起诉或者不起诉。

（三）审查起诉的期限

《刑事诉讼法》第169条规定："人民检察院对于公安机关移送起诉的案件，应当在一个月以内作出决定，重大、复杂的案件，可以延长半个月。人民检察院审查起诉的案件，改变管辖的，从改变后的人民检察院收到案件之日起计算审查起诉期限。"该条对审查起诉的期限以及改变管辖后审查起诉期限的计算，都作出了明确的规定。根据《刑事诉讼法》第171条第3款的规定，对补充侦查的案件，补充侦查完毕移送人民检察院后，人民检察院也要重新计算审查起诉期限。如果在审查起诉过程中犯罪嫌疑人在逃的，人民检察院应当中止审查，按照刑事诉讼法的有关规定作出通缉的决定并通知公安机关执行。共同犯罪中的部分犯罪嫌疑人在逃的，对在逃犯罪嫌疑人应当中止审查，对其他犯罪嫌疑人的审查起诉应当照常进行。中止审查应当由审查起诉部门负责人提出意见，报请检察长决定。中止审查的时间不计入审查起诉的期限。

人民检察院经过审查，应当根据案件的不同情况，依法作出提起公诉或不起诉的决定。

二、提起公诉

《刑事诉讼法》第172条规定，人民检察院认为犯罪嫌疑人的犯罪事实已经查清，证据确实、充分，依法应当追究刑事责任的，应当作出起诉决定，按照审判管辖的规定，向人民法院提起公诉，并将案卷材料、证据移送人民法院。这一规定包含以下精神。

（一）提起公诉应向同级人民法院提出

人民检察院决定起诉的时候，应当依法按照审判管辖的规定，向同级人民法院提出，不允许越级起诉。如果人民检察院受理不属于同级人民法院管辖的案件，应当分别情况报送相应的上级或者移送相应的下级人民检察院，由它向其同级人民法院提起公诉。例如，县（市、区）级人民检察院受理的属于中级人民法院管辖的案件，应当报送地市级人民检察院审查决定后，由它向其同级的中级人民法院提起公诉。反之，地市级人民检察院受理的属于县级人民法院管辖的案件，应移送县（市、区）级人民检察院，由它向其同级的县人民法院提起公诉。

（二）提起公诉的条件

根据《刑事诉讼法》第172条的规定，人民检察院提起公诉时，必须具备下述条件。

1. 犯罪嫌疑人的犯罪事实已经查清。

犯罪事实是对犯罪嫌疑人定罪和处刑的基础，只有查清犯罪事实，才能正确定罪量刑。因此，人民检察院提起公诉，必须首先查清犯罪嫌疑人的犯罪事实。具有下列情形之一的，可以确认犯罪事实已经查清：（1）属于单一罪行的案件，查清的事实足以定罪量刑或者与定罪量刑有关的事实已经查清，不影响定罪量刑的事实无法查清的；（2）属于数个罪行的案件，部分罪行已经查清并符合起诉条件，其他罪行无法查清的；（3）无法查清作案工具、赃物去向，但有其他证据足以对被告人定罪量刑的；（4）证人证言、犯罪嫌疑人供述和辩解、被害人陈述的内容中主要情节一致，只有个别情节不一致且不影响定罪的。对于符合第二项情形的，应当以已经查清的罪行起诉。

2. 证据确实、充分。

证据是认定犯罪事实的客观依据。因此，人民检察院指控犯罪嫌疑人实施犯罪行为，必须要有确实、充分的证据。证据确实，是对证据质的要求，是指用以证明犯罪事实的每一证据必须是客观真实存在的事实，同时又与犯罪事实有内在的联系，能够证明案件的事实真相。证据充分是对证据量的要求，只要一定数量的证据足够证明犯罪事实，就达到了证据充分性的要求。

证据确实与充分是相互联系、不可分割的两个方面，证据确实必须以证据充分为条件，如果证据不充分，证据确实也无法达到；反之，如果证据不确实，证据再充分也不能证明案件真实。因此，证据确实、充分是提起公诉的必要条件。

3. 依法应当追究刑事责任。

依照法律规定，犯罪嫌疑人实施了某种犯罪，并非一定要追究其刑事责任。决定对犯罪嫌疑人提起公诉，还必须排除法定不予追究刑事责任的情形。依法应当追究犯罪嫌疑人的刑事责任，就成为对其提起公诉的又一必要条件。

总之，对犯罪嫌疑人决定提起公诉，必须同时具备上述三项条件，缺少上述三项条件中的任何一项，都不能对犯罪嫌疑人提起公诉。

（三）人民检察院提起公诉的案件，应当制作起诉书

起诉书，是人民检察院依照法定的诉讼程序代表国家对被告人向人民法院提起诉讼的文书。这种文书是检察机关以国家公诉人的名义制作的，因而通常又称为公诉书。起诉书是人民检察院重要的司法文书，它的制作无疑是一项十分严肃的工作。根据刑事诉讼法和最高人民检察院颁发的刑事检察文书格式样本的规定，起诉书一般由下述几部分组成。

1. 首部。

（1）标题。主要写明"×××人民检察院起诉书"字样。其右下方注明案号：（年度）×检×字第×号。

（2）被告人的基本情况。主要写明被告人的姓名、性别、出生年月日、出生地和户籍地、身份证号码、民族、文化程度、职业、工作单位及职务、住址、主要经历（包括有无前科）、何时被拘留与逮捕、在押被告人的关押处所等。共同犯罪的案件，应当逐个写明被告人的上述情况。

（3）案由和案件来源。这部分是说明人民检察院对案件所认定的罪名和案件从何处来的。采用何种方式表述，可根据具体情况决定，但必须将"案由"、"案件来源"和"查明的犯罪事实"这三个项目交代清楚。

2. 犯罪事实和证据。

犯罪事实和证据是起诉书的主要部分。起诉书要写明被告人的罪名、罪状、罪证以及认罪态度。在记叙被告人的犯罪事实时，一定要写明犯罪的时间、地点、经过、手段、动机、目的、危害后果等与定罪量刑有关的事实要素。起诉书的犯罪事实和证据部分与起诉意见书相比有自己的特点：

（1）在审核事实上，起诉书严于起诉意见书。起诉书产生于起诉意见书之后，是人民检察院代表国家作出的正式控诉文书。起诉书所认定的事实应当是人民检察院严格审查、核实之后作出的结论。

（2）在记叙事实上，起诉书简于起诉意见书。起诉意见书在记叙犯罪事实时，涉及面一般较宽，只要无碍于记叙主罪，就无可非议。因为它是提请审查是否起诉的意见，事实摆得详尽些，更便于审查决定。而起诉书则要求突出主要犯罪事实，要求明晰而简略地列出犯罪事实。

（3）在排列事实上，起诉书要有严密的逻辑性和很强的说服力。一般有四种排列方法：第一，按犯罪时间先后顺序交代犯罪事实。这样叙述较清楚，也能说明其犯罪的连续性。第二，按突出主罪的方法排列。这适用于一人犯数罪的起诉，先叙述主罪，突出重点，再叙述次罪，主次分明。第三，按综合归纳方法排列。这适用于被告人作案次数较多，而罪名、情节又大致相同的案件。第四，在记叙犯罪事实时，一般可采用罪、证分述的方式，使罪、证分明，一目了然。但在一定条件下，也可以罪、证合并记叙。

3. 起诉的根据和理由。

起诉的事实理由及法律根据，是人民检察院对被告人犯罪事实的分析、认定，直接反映公诉人对被告人所犯罪行追究法律责任的具体意见。其具体内容主要包括：

（1）被告人触犯的刑法条款、犯罪的性质及认定的罪名、对社会危害性大小；

（2）有无从重、从轻或减轻的情节，根据被告人认罪态度及其他原因，有无从宽或从严处罚的理由；

（3）共同犯罪各被告人应负的罪责；

（4）在公诉案件中，如果被告人的罪行给被害人造成了物质损失，有附带民事诉讼情况的，也应写明。

这部分结束时，还应写明"此致×××人民法院"，并由检察长（员）署名，注明具文的时间，加盖公章。

4. 附项。

附项作为起诉书的一部分，则应写明：

（1）被告人的住址或羁押处所；

（2）证人、鉴定人、需要出庭的有专门知识的人的名单；

（3）需要保护的被害人、证人、鉴定人的名单；

（4）涉案款物情况；

（5）附带民事诉讼情况；

（6）其他需要附注的情况。

人民检察院在制作起诉书时，如果被告人真实姓名、住址无法查清的，应当按其绰号或者自报的姓名、住址制作起诉书，并在起诉书中注明。如果被告人自报的姓名可能造成损害他人名誉、败坏道德风俗等不良影响的，可以对被告人编号并按编号制作起诉书，在起诉书中附具被告人的照片。

三、不起诉

（一）不起诉的概念

不起诉，是指人民检察院对公安机关侦查终结移送起诉或自行侦查终结的案件，经过审查后，认为犯罪嫌疑人没有犯罪事实，或者具有《刑事诉讼法》第15条规定的不追究刑事责任的情形，或者犯罪嫌疑人犯罪情节轻微依法不需要判处刑罚或免除刑罚，或者经两次补充侦查尚未达到起诉条件，而作出的不将案件移送人民法院进行审判的决定。不起诉是人民检察院审查起诉的结果之一，具有终止诉讼的法律效力。

（二）不起诉的种类

根据《刑事诉讼法》第171条第4款、第173条的规定，不起诉分为法定不起诉和酌定不起诉两类。

1. 法定不起诉。

法定不起诉，是指犯罪嫌疑人没有犯罪事实或者具有《刑事诉讼法》第15条规定的不追究刑事责任情形之一的，人民检察院依法作出的不起诉决定。法定不起诉是法律规定的应当不起诉。《刑事诉讼法》第173条第1款规定："犯罪嫌疑人没有犯罪事实，或者有本法第十五条规定的情形之一的，人民检察院应当作出不起诉决定。"这里规定的"应当作出不起诉决定"，是指人民检察院遇到没有犯罪事实或者《刑事诉讼法》第15条规定的情形之一时，只能依法作出不起诉决定，没有自由裁量的余地。根据《刑事诉讼法》第15条的规定，法定不起诉有以下六种情形：

（1）犯罪嫌疑人实施的行为情节显著轻微、危害不大，不认为是犯罪的；

（2）犯罪嫌疑人的犯罪已过追诉时效期限的；

（3）犯罪嫌疑人的犯罪经特赦令免除刑罚的；

（4）依照刑法告诉才处理的犯罪，没有告诉或者撤回告诉的；

（5）犯罪嫌疑人、被告人死亡的；

（6）其他法律规定免予追究刑事责任的。

以上六种情形，有的不认为是犯罪，有的是不应追究刑事责任或无法追究刑事责任，总之都不具备起诉的法定条件。因此，人民检察院在审查起诉中，对于具有上述六种情形之一的，都应当作出不起诉决定，这是法定不起诉不同于酌定不起诉的重要特征。

2. 酌定不起诉。

酌定不起诉，是指人民检察院认为犯罪嫌疑人的犯罪情节轻微，依照刑法规定不需要判处刑罚或者免除刑罚的案件，或者是对于经过补充侦查的案件，人民检察院仍然认为证据不足，不符合起诉条件的，可以作出的不起诉决定。

根据刑事诉讼法的规定，酌定不起诉主要有以下两种：

第一种是《刑事诉讼法》第173条第2款规定的，对于犯罪情节轻微，依照刑法规定不需要判处刑罚或者免除刑罚的，人民检察院可以作出不起诉决定。根据这一规定，这种酌定不起诉必须同时具备两个条件：一是犯罪嫌疑人被控的行为触犯了刑律，符合犯罪构成要件，已经构成犯罪；二是犯罪行为情节轻微，依照刑法规定不需要判处刑罚或者免除刑罚。依照刑法的规定，不需要判处刑罚、免除处罚的情形主要有：

（1）犯罪嫌疑人在中华人民共和国领域外犯罪，依照我国刑法规定应当负刑事责任，但在外国已经受过刑事处罚的；

（2）犯罪嫌疑人又聋又哑，或者是盲人犯罪的；

（3）犯罪嫌疑人因防卫过当或紧急避险超过必要限度，并造成不应有的危害而犯罪的；

（4）为犯罪准备工具，制造条件的；

（5）在犯罪过程中自动中止或自动有效地防止犯罪结果发生的；

（6）在共同犯罪中，起次要或辅助作用的；

（7）被胁迫、被诱骗参加犯罪的；

（8）犯罪嫌疑人自首或者在自首后有立功表现的。

在司法实践中，人民检察院在确认犯罪嫌疑人具有上述情形之一时，还必须在其犯罪情节轻微的前提条件下才可以作出不起诉决定。人民检察院要根据犯罪嫌疑人的年龄、犯罪动机和目的、手段、危害后果等情形以及一贯表现进行综合考虑，在确实认为作出不起诉的决定更为有利时，才可以作出不起诉决定。

第二种是《刑事诉讼法》第171条第4款规定的，对补充侦查的案件，人民检察院仍然认为证据不足，不符合起诉条件的，可以作出不起诉的决定。根据《刑事诉讼法》第171条的规定，补充侦查的案件应在一个月以内补充侦查完毕，补充侦查以两次为限。因此，经过两次补充侦查，对于事实仍未查清、证据不足的案件，人民检察院应当作出不起诉的决定。人民检察院对于经过一次退回补充侦查的案件，认为证据不足，不符合起诉条件，且没有退回补充侦查必要的，可以作出不起诉决定。具有下列情形之一，不能确定犯罪嫌疑人构成犯罪和需要追究刑事责任的，属于证据不足，不符合起诉条件：（1）犯罪构成要件事实缺乏必要的证据予以证明的；（2）据以定罪的证据存在疑问，无法查证属实的；（3）据以定罪的证据之间、证据与案件事实之间的矛盾不能合理排除的；（4）根据证据得出的结论具有其他可能性，不能排除合理怀疑的；（5）根据证据认定案件事实不符合逻辑和经验法则，得出的结论明显不符合常理的。

人民检察院根据上述情形作出不起诉决定后，如果发现了新的证据，证明案件符合起诉条件时，可以提起公诉。

上述两种酌定不起诉是相对于法定不起诉而言的，酌定不起诉不同于法定不起诉。二者的主要区别是：

第一，硬性与弹性不同。法定不起诉，要求人民检察院对于犯罪嫌疑人具有法定不追究刑事责任的情形时，必须作出不起诉决定，不存在自由裁量和进行选择的余地。而酌定不起诉，是由人民检察院根据案件的具体情况，全面考虑，自由裁量，经过选择后作出的决定，这是法律的一种弹性规定，人民检察院可以不起诉，也可以起诉。

第二，条件不同。法定不起诉的条件是对犯罪嫌疑人不应当追究刑事责任。而酌定不起诉的条件不是不应当追究刑事责任，而是犯罪嫌疑人的犯罪情节轻微不需要判处刑罚或免除刑罚，或者案件经过两次补充侦查后，证据仍不足，不符合起诉条件。

第三，决定程序不同。法定不起诉决定的作出必须经过检察长同意，由检察长决定作出。而酌定不起诉决定的作出，必须要经过检察委员会讨论决定。

总之，酌定不起诉体现了人民检察院拥有一定的起诉自由裁量权，符合刑事诉讼中起诉便宜主义的发展趋势，标志着刑事诉讼人权保障和民主的发展。

（三）不起诉的意义

不起诉，实质上是人民检察院对依法不应追究犯罪嫌疑人刑事责任，或者不需要追究或无法追究犯罪嫌疑人刑事责任的案件，依法作出的一种终止诉讼的决定。具体来说，有下述几点意义。

1. 不起诉有利于保障人权。

在提起公诉阶段，人民检察院通过对侦查终结案件的审查，对不应追究犯罪嫌疑人刑事责任的案件或者不需要追究或无法追究犯罪嫌疑人刑事责任的案件，及时地作出不起诉的决定，可以防止过去那种久侦不决、久押不放、把案件"挂起来"的做法，从而及早地解除犯罪嫌疑人被追究的状态，恢复其人身自由。因此，不起诉有利于保护公民的合法权益，保障无罪的人不受刑事追究，体现刑事诉讼保障人权的宗旨。

2. 不起诉有利于节约司法资源，实现诉讼经济原则的要求。

人民检察院在审查起诉时，发现犯罪嫌疑人具有不应追究刑事责任的情形或无法追究，或者认定犯罪嫌疑人的罪行轻微，不需要判处刑罚或可以免除刑罚时，及时地作出不起诉决定，终止诉讼程序，不让案件再进入审判阶段，这样可以缩短诉讼时间，节约大量的人力和物力，从而减少诉讼成本，节约有限的司法资源，体现诉讼经济原则。

3. 不起诉有利于司法机关集中精力处理大案要案。

近些年来犯罪有不断上升的趋势，其中重大犯罪上升尤为突出。我们应当把工作重点放在重大犯罪上，因此，对那些犯罪情节轻微，不需要判处刑罚或者免除刑罚的案件，或者不应追究刑事责任的案件，及时果断地作出不起诉的决定，有利于司法机关集中精力、花大力气办好大案要案。

四、不起诉的程序

同起诉决定一样，人民检察院对犯罪嫌疑人作出的不起诉决定，也是对案件处理的一种结果。不起诉决定一经作出，即具有法律效力。为了保证人民检察院不起诉决定的质量，《刑事诉讼法》第 173 条至第 177 条规定了不起诉的具体程序。其具体内容如下：

第一，制作不起诉决定书。

凡是不起诉的案件，人民检察院都应当制作不起诉决定书，这是人民检察院代表国家依法确定不追究犯罪嫌疑人刑事责任的决定性法律文书，具有法律效力。不起诉决定书应当包括以下主要内容：（1）不起诉决定书的名称、编号；（2）被不起诉人的基本情况，包括姓名、性别、出生年月日、出生地和户籍地、民族、文化程度、职业、住址、身份证号码，是否受过刑事处罚，拘留、逮捕的年月日等；（3）案由和案件来源；（4）案件事实，包括否定或者指控犯罪嫌疑人构成犯罪的事实以及其他作为不起诉决定根据的事实；（5）不起诉的理由和法律根据，写明作出不起诉决定适用的刑事诉讼法条款；（6）查封、扣押、冻结的涉案款物的处理情况；（7）有关告知事项。

第二，向被害人、被不起诉人宣布不起诉决定书。

第三，人民检察院决定不起诉的案件，需要对侦查中查封、扣押、冻结的财物解除查封、扣押、冻结的，应当书面通知作出查封、扣押、冻结决定的机关或者执行查封、扣押、冻结决定的机关解除查封、扣押、冻结。

第四，移送有关主管机关处理。

根据《刑事诉讼法》第 173 条第 3 款的规定，人民检察院决定不起诉的案件，对被不起诉人需要给予行政处罚、行政处分或者需要没收其违法所得的，人民检察院应当提出检察意见，连同不起诉决定书一并移送有关主管机关处理。有关主管机关应当将处理结果及时通知人民检察院。

第五，对公安机关的意见进行复议、复核。

根据《刑事诉讼法》第 175 条的规定，对于公安机关移送起诉的案件，人民检察院决定不起诉的，应当将不起诉决定书送达公安机关。公安机关认为不起诉的决定有错误的时候，可以要求复议，人民检察院审查起诉部门应当另行指定检察官进行审查并提出审查意见，经审查起诉部门负责人审核后，报请检察长或检察委员会决定。人民检察院应当在收到要求复议意见书后的 30 日内作出复议决定，通知公安机关。如果公安机关认为复议决定有错误的，还可以向上一级人民检察院申请复核，上一级人民检察院收到公安机关提请复核的意见书后，应当交由审查起诉部门办理。审查起诉部门应当指定检察官进行审查并提出审查意见，经审查起诉部门负责人审核后，报请检察长或者检察委员会决定。上一级人民检察院应当在收到提请复核意见书后的 30 日内作出复核决定，通知下级人民检察院和公安机关。改变下级人民检察院的决定的，应当撤销下级人民检察院作出的不起诉决定，交由下级人民检察院执行。

第六，对被害人、被不起诉人的申诉进行复查。

根据《刑事诉讼法》第 176 条和第 177 条的规定，对于有被害人的案件，决定不起诉的，人民检察院应当将不起诉决定书送达被害人。被害人如果不服，可以自收到决定书后七日以内向上一级人民检察院申诉，请求提起公诉。人民检察院应当将复查决定告知被害人。对于人民检察院依照《刑事诉讼法》第 173 条第 2 款规定作出的不起诉决定，被不起诉人如果不服，可以自收到决定书后七日以内向人民检察院申诉。人民检察院应当作出复查决定，通知被不起诉的人，同时抄送公安机关。被害人在申诉期限内提出申诉的，由上一级人民检察院审查起诉部门受理。上一级人民检察院作出的复查决定，应当送达被害人和作出不起诉决定的下级人民检察院。如果上一级人民检察院经复查作出起诉决定的，应当撤销下级人民检察院的不起诉决定，交由下级人民检察院提起公诉，并将复查决定抄送移送审查起诉的公安机关。被不起诉人在申诉期限内向人民检察院提出申诉的，由人民检察院的控告申诉部门受理，控告申诉部门复查后提出复查意见，认为应当维持不起诉决定的，报请检察长作出复查决定；认为应当撤销不起诉决定、提起公诉的，报请检察委员会作出复查决定。复查决定书应当送达被不起诉人，撤销不起诉决定的，应当同时抄送移送起诉的公安机关。人民检察院作出撤销不起诉决定、提起公诉的复查决定后，应当将案件交由刑事检察部门提起公诉。

此外，《刑事诉讼法》第176条还规定，对人民检察院维持不起诉决定的，被害人可以向人民法院起诉。被害人也可以不经申诉，直接向人民法院起诉。人民法院受理案件后，人民检察院应当将有关案件材料移送人民法院。根据这一规定，人民检察院接到人民法院受理被害人起诉的通知后，应当终止复查，将诉讼文书和有关的证据材料移送人民法院。法律的这一规定既体现了对被害人合法权益的充分保护，同时也完善了对人民检察院不起诉决定的制约制度。不起诉决定同样是人民检察院对案件的处理结果，一旦作出，就具有法律约束力，因此保证它的正确性至关重要。如果人民检察院的不起诉决定缺乏一种有效的制约方式，就难以保证错误的不起诉决定得到纠正，从而不利于保护被害人的合法权益。由于人民检察院的不起诉决定能够受到人民法院的制约，所以其不正确的决定就可以通过人民法院的判决予以纠正。

第三节　提起自诉的程序

一、自诉案件的范围

依据《刑事诉讼法》第204条的规定，自诉案件包括下列三类案件：（1）告诉才处理的案件；（2）被害人有证据证明的轻微刑事案件；（3）被害人有证据证明对被告人侵犯自己人身、财产权利的行为应当依法追究刑事责任，而公安机关或者人民检察院不予追究被告人刑事责任的案件。

告诉才处理的案件，是指我国刑法分则中明确规定为"告诉才处理"的刑事案件。这类案件包括：侮辱、诽谤案；暴力干涉婚姻自由案；虐待案；侵占案。

关于被害人有证据证明的轻微刑事案件，这类案件在性质上必须属于轻微刑事案件，同时被害人还必须有证据能够证明被告人确实实施了被指控的犯罪行为。具体是指下列案件：故意伤害案；重婚案；遗弃案；侵犯通信自由案；非法侵入他人住宅案；生产、销售伪劣商品案（严重危害社会秩序和国家利益的除外）；侵犯知识产权案（严重危害社会秩序和国家利益的除外）；属于《刑法》分则第四章与第五章规定的，对被告人可以判处三年有期徒刑以下刑罚的其他轻微刑事案件。

关于被害人有证据对被告人侵犯自己人身、财产权利的行为应当依法追究刑事责任，而公安机关或者人民检察院不予追究被告人刑事责任的案件，这类案件本来属于公诉案件范围，但由于公安机关或人民检察院不予追究，被害人才有权直接向人民法院起诉。人民法院受理此类案件必须具备的条件是：其一，被害人有证据证明被告人实施了侵犯自己人身、财产权利的行为；其二，依法应当追究刑事责任；其三，有证据证明曾经提出控告；第四，公安机关或者人民检察院不予追究被告人刑事责任。由此可见，这类案件的范围是很广的，既包括公安机关或人民检察院不立案侦查或撤销的案件，也包括人民检察院决定不起诉的案件。

二、提起自诉的条件和程序

（一）提起自诉的条件

（1）自诉人一般是犯罪行为的被害人，被害人死亡或者丧失行为能力的，被害人的法定代理人、近亲属也有权向人民法院起诉；如果被害人因受强制、威吓无法告诉的，被害人的近亲属也可以代理自诉人提起自诉。

（2）必须有明确的被告人，有具体的诉讼请求，并应提出足以证明被告人犯罪的证据。

（3）起诉的刑事案件应属于人民法院直接受理的案件范围。

（二）提起自诉的程序

1. 自诉案件的提起。

以自己的名义直接向人民法院起诉，请求法院追究被告人的刑事责任的公民是自诉人。自诉人通常是被害人或者被害人的法定代理人，但如果被害人因受强制、威吓等原因无法起诉，或者是无行为能力人或限制行为能力人，以及由于年老、患病、盲、聋、哑等原因不能亲自起诉的，他的近亲属也可以代为起诉。在这种情况下，被害人仍是自诉人身份，"代为起诉"的近亲属是代理人。自诉人在诉讼中是原告人。

自诉人起诉，应当提出起诉的事实根据，向人民法院提供必要的证据；起诉应当以书面形式进行，向法院递交符合规范的起诉状，并按被告人的人数提出副本。如果书写起诉状确有困难，可以口头起诉，由人民法院接待人员写成笔录，经宣读无误后，由自诉人签名或盖章。

自诉状或者起诉笔录应当包括以下内容：自诉人、被告人、代为告诉的近亲属的姓名、性别、年龄、民族、籍贯、出生地、文化程度、职业、工作单位和住址；被告人犯罪行为的时间、地点、手段、情节和危害后果等；具体的诉讼请求；致送人民法院的名称及具状时间；证人的姓名、住址及其他证据的名称、件数、来源等。

如果被告人是二人以上的，自诉人在起诉地需按被告人的人数提供自诉状副本。

2. 对自诉案件的审查和处理。

人民法院收到自诉状或起诉笔录后，应当指定审判人员一人迅速、认真地进行审查。与公诉案件开庭前审查的不同之处在于：自诉案件开庭前的审查既是诉讼程序性的审查，也是对自诉案件进行实体上的审查，审查的要求是看案件事实是否清楚，是否有足够的证据予以证明。

根据最高人民法院的司法解释，人民法院受理的自诉案件必须符合下列条件：属于《刑事诉讼法》第 204 条规定的自诉案件；属于本法院管辖的；刑事案件的被害人告诉的；

有明确的被告人、具体的诉讼请求和能证明被告人犯罪事实的证据。人民法院应根据上述立案条件，对自诉案件分别情况作出如下处理：

（1）对于自诉案件，经审查有下列情形之一的，应当说服自诉人撤回自诉；自诉人不撤回起诉的，裁定不予受理：不属于《最高人民法院关于适用〈中华人民共和国刑事诉讼法〉的解释》第一条规定的案件的；缺乏罪证的；犯罪已过追诉时效期限的；被告人死亡的；被告人下落不明的；除因证据不足而撤诉的以外，自诉人撤诉后，就同一事实又告诉的；经人民法院调解结案后，自诉人反悔，就同一事实再行告诉的。

（2）对于事实清楚，有足够证据的自诉案件，应当开庭审判。

（3）必须由人民检察院提起公诉的案件，应当移送人民检察院；如果被告人实施了两个以上的犯罪行为，既有公诉案件，又有自诉案件的，人民法院在审理公诉案件时，可以对自诉案件一并审理。

（4）对于已经立案，由于缺乏罪证自诉人撤回自诉或者被驳回起诉后又提出了新的足以证明被告人有罪的证据的，人民法院应当受理。

（5）自诉人明知有其他共同侵害人，但只对部分侵害人提出起诉的，人民法院应当受理，并视为自诉人对其他侵害人放弃起诉权利。判决宣告后自诉人又对其他共同侵害人就同一事实提出起诉的，人民法院不再受理。共同被害人中只有部分人起诉的，人民法院应当通知其他被害人参加诉讼。被通知人接到通知后表示不参加诉讼或者不出庭的，即视为放弃起诉权利。第一审宣判后，被通知人就同一事实又提出起诉的，人民法院不予受理。但当事人另行提起民事诉讼的，不受限制。

（6）对于自诉人要求撤诉的，经审查后，认为自诉人系被强迫、威吓等原因，不是出于自愿的，人民法院应当不予准许；如果确属自愿的，可以准许。

人民法院裁定驳回自诉，整个诉讼即告结束，这关系到自诉人的起诉权问题，并涉及案件的实体问题，因此，自诉人对这一裁定如果不服，有权提出上诉。

人民法院应当在自收到自诉状或者口头起诉第二日起15日以内作出是否立案的决定，并书面通知自诉人或者代为告诉人。对不符合立案条件的，应当书面说明不予受理的理由。

【引例评析】

县检察院对程某的处理是正确的。齐某的死亡系尚某的伤害行为造成的，与程某无直接关系。程某与齐某通奸，属生活作风和道德品质问题，未构成犯罪。根据《刑事诉讼法》第173条的规定，应当对程某作不起诉处理。

【本章小结】

起诉是指检察机关或者被害人以及其他法律规定的团体和人员，要求法院对犯罪事实进行确认并追究犯罪人刑事责任的行为。我国刑事起诉可分为自诉和公诉。建立自诉制度有利于保障被害人的权利，建立公诉制度最根本、最直接的意义在于在打击犯罪、维护公共秩序的同时保障公民的民主权利和合法权益。

在决定提起公诉前首先应经过审查起诉。人民检察院经过审查起诉，根据案件的不同情况依法作出起诉或不起诉的决定。不起诉分为法定不起诉和酌定不起诉两类。

可以提起自诉的案件只有三类。自诉一般由被害人提起，被害人死亡或者丧失行为能力的，被害人的法定代理人、近亲属也有权向人民法院起诉。自诉须有明确的被告人，有具体的诉讼请求，并应提出足够证明被告人犯罪的证据；自诉的刑事案件应属于人民法院直接受理的案件范围。

【练习题】

一、名词解释

起诉　公诉　自诉　告诉才处理的案件　法定不起诉　酌定不起诉

二、思考题

1. 起诉的任务和意义是什么？
2. 提起公诉的条件是什么？
3. 法定不起诉与酌定不起诉有何异同？
4. 如何防止检察机关滥用不起诉权？
5. 自诉案件的范围是什么？

三、案例分析题

某市检察院收到举报信，称某国有外贸公司经理严某贪污本公司30万元财产。检察院经立案侦查认为，严某的行为已构成贪污罪，依法应予逮捕，即作出决定，由公安机关执行。该案侦查终结，市检察院以贪污罪向市中级人民法院提起公诉。在开庭审理过程中，合议庭发现严某还有挪用公款的行为，且已构成犯罪。合议庭便建议公诉人补充起诉，公诉人当庭表示拒绝。法院本着实事求是的精神对严某的贪污罪、挪用公款罪进行了审理。

问题：

检察机关、法院在本案中有哪些违法行为？

分析要点提示：

掌握补充起诉的决定程序和控、审分离原则。

第十四章 审判概述

【本章引例】

某县法院审判张三（重）伤害案，由审判员刘雨和人民陪审员黄洋、孙修组成合议庭，刘雨担任审判长。法庭上，张三的辩护人为他作无罪辩护，控辩双方的辩论异常激烈。因为有些证据需要在庭下核实，开庭当天合议庭简单评议后，决定先做庭下调查，然后再次开庭。第二天，法院院长了解庭审情况后，随即召开审判委员会，要刘雨汇报案情。刘雨汇报完案件情况后，审判委员会进行了讨论，并作出被告人张三有罪的决定，要刘雨照此决定制作判决书。请问：该法院审判委员会的做法是否正确？

【本章学习目标】

通过本章的学习，应当掌握如下内容：

1. 审判的概念和任务；
2. 合议庭的组成；
3. 审判委员会的职能；
4. 判决、裁定和决定的概念与适用上的区别。

第一节 审判任务

在刑事诉讼中，审判既可以称为一种诉讼活动，也可称为一个诉讼阶段。作为诉讼活动的审判，指法院行使宪法和法律赋予的权力，依法对案件事实进行审理，并根据已经查清的案件事实和有关的法律规定，对案件作出裁决的诉讼活动。作为诉讼程序的审判，指法院进行审理和裁判活动时所采取的方式、方法和步骤的总称。

审判是刑事诉讼的中心环节，也是具有决定性作用的诉讼阶段。审判最终决定犯罪嫌疑人、被告人是否有罪以及应否判处刑罚、判处何种刑罚等问题。这些问题是刑事诉讼所要解决的实质性问题。审判之前的立案、侦查和起诉，都是为解决这些实质性问题做准备的。

审判在刑事诉讼中所处的特殊地位，决定了它具有不同于其他诉讼阶段的特定任务。其任务是：依照法律规定的方式、方法对控诉方提出的证据作全面审查、核对，并在必要的情况下收集一些证据，以审查控辩双方提供的证据，查清并确定案件的全部事实，依照刑事法律的规定，结合已经查清的案件事实，对被告人是否有罪的问题作出判决或裁定，惩罚构成犯罪且应负刑事责任的犯罪分子，保障无辜的公民不受刑事制裁。

第二节　审判组织

审判组织是法院内部设立的直接从事审判工作的机构。根据刑事诉讼法和法院组织法的规定，审判组织有独任庭、合议庭和审判委员会三种。

一、独任庭

独任庭是基层人民法院适用简易程序审判第一审刑事案件时设立的由审判员（或助理审判员）一人组成的审判机构。独任庭审判案件称独任制审判。根据刑事诉讼法的规定，独任庭有以下几个特点：

（1）独任庭只设立于基层人民法院。中级人民法院、高级人民法院和最高人民法院不论审判什么案件，都不设独任庭。

（2）独任庭只能由审判员或助理审判员组成，陪审员不是法院专职的审判人员，故不能由他们组成独任庭。

（3）独任庭只适用于简易程序审理一审自诉案件或情节轻微的一审公诉案件，不适用于审理二审案件或犯罪较重的一审案件。

二、合议庭

合议庭是指人民法院内部设立的由审判员数人或审判员、陪审员数人组成的审判机构。合议庭对案件的审判叫合议制审判。

合议庭是人民法院审判刑事案件的基本组织形式。由合议庭审判案件，可以防止单个审判人员主观片面和徇私枉法，有利于集思广益，保证审判的客观和公正。

（一）合议庭的组成

根据刑事诉讼法及《最高人民法院关于人民法院合议庭工作的若干规定》（简称《规定》）的规定，合议庭的组成有如下特点：

（1）基层人民法院和中级人民法院审判第一审案件时，其合议庭应当由三名法官或法官和人民陪审员共三人组成。

（2）高级人民法院、最高人民法院审判第一审案件，应当由三至七名法官组成合议庭，或者由法官和人民陪审员共三至七人组成合议庭进行。

（3）中级人民法院以上的法院审判上诉和抗诉案件，由三名或者五名法官组成合议庭进行。

（4）高级人民法院和最高人民法院审判死刑复核案件的合议庭，应当由三名法官组成。

根据刑事诉讼法的规定，合议庭的人数应当是单数。

（二）合议庭的组织和活动

合议庭的审判长由院长或者庭长在符合审判长任职条件的法官中指定，院长或者庭长参加合议庭审判案件的，由院长或庭长担任审判长。合议庭组成人员确定后，除因回避或者其他特殊情况，不能继续参加案件审理的之外，不得在案件审判过程中更换。更换合议庭成员，应当报请院长或者庭长决定。合议庭成员的更换情况应当及时通知诉讼当事人。

根据前述《规定》，合议庭承担下列职责：

（1）根据当事人的申请或者案件的具体情况，可以作出财产保全、证据保全、先予执行等裁定；

（2）确定案件委托评估、委托鉴定等事项；

（3）依法开庭审理第一审、第二审和再审案件；

（4）评议案件；

（5）提请院长决定将案件提交审判委员会讨论决定；

（6）按照权限对案件及其有关程序性事项作出裁判或者提出裁判意见；

（7）制作裁判文书；

（8）执行审判委员会决定；

（9）办理有关审判的其他事项。

合议庭在评议案件时，所有合议庭成员都有平等的发言权和表决权。当合议庭成员意见有分歧时，应当按照多数人的意见作出决定，但是少数人的意见应当记入笔录，合议庭的所有组成人员均应在评议笔录上签名。每个合议庭在审判案件时，都配备一名书记员担任法庭记录，但书记员不是合议庭的组成人员，他不能参加对案件的评议和表决。

合议庭评议案件应当在庭审结束后五个工作日内进行，并在作出评议结论或者审判委员会作出决定后的五个工作日内制作出裁判文书。院长、庭长可以对合议庭的评议意见和制作的裁判文书进行审核，但是不得改变合议庭的评议结论。院长、庭长在审核合议庭的评议意见和裁判文书过程中，对评议结论有异议的，可以建议合议庭复议，同时应当对要求复议的问题及理由提出书面意见。合议庭复议后，庭长仍有异议的，可以将案件提请院长审核，院长可以提交审判委员会讨论决定。

三、审判委员会

法院组织法规定，各级人民法院均设立审判委员会。审判委员会是人民法院内部设立的由院长、庭长和资深法官组成的对审判工作实行集体领导的组织机构。参加审判委员会的成员称为审判委员会委员。地方各级人民法院的审判委员会委员，由院长提请本级人民代表大会常务委员会任免；最高人民法院审判委员会委员，由最高人民法院院长提请全国人民代表大会常务委员会任免。

审判委员会的任务是总结审判经验，讨论重大的或者疑难的案件和其他有关审判工作问题。

审判委员会会议由院长主持，院长因故不能主持时，可以委托一名副院长主持。审判委员会讨论重大、疑难案件或其他审判工作问题时，实行民主集中制，院长和各位委员权利平等。意见有分歧时，少数服从多数。本级检察院检察长可以列席本级法院审判委员会会议，在会上有发表意见权，但无表决权。

关于合议庭与审判委员会的关系，一般而言，合议庭应当依照规定的权限及时对评议意见一致或者形成多数意见的案件直接作出判决或者裁定。《最高人民法院关于适用〈中华人民共和国刑事诉讼法〉的解释》第178条第2款和第3款规定：拟判处死刑的案件、人民检察院抗诉的案件，合议庭应当提请院长决定提交审判委员会讨论决定。对合议庭成员意见有重大分歧的案件、新类型案件、社会影响重大的案件以及其他疑难、复杂、重大的案件，合议庭认为难以作出决定的，可以提请院长决定提交审判委员会讨论决定。审判委员会的决定，合议庭、独任审判员应当执行；有不同意见的，可以建议院长提交审判委员会复议。

独任庭审判的案件，开庭审理后，独任庭审判员认为有必要的，也可以提请院长决定提交审判委员会讨论决定。合议庭提请院长提交审判委员会讨论决定的案件，院长认为不必要的，可以建议合议庭复议一次。

审判委员会讨论重大、疑难案件，应当在独任庭、合议庭审理的基础上进行。独任审判员或合议庭应当将审理、评议情况以及存在的疑难问题，如实地、全面地向审判委员会介绍。审判委员会委员发表意见后，主持人应当归纳委员的意见，按多数人的意见拟出决议，付诸表决。审判委员会的决议应当按照全体委员二分之一以上多数意见作出。

四、独任庭、合议庭与审判委员会之间的区别

独任庭、合议庭和审判委员会虽然都是法院内部的审判组织，但独任庭、合议庭与审判委员会有很大区别：

首先，独任庭、合议庭是针对具体案件的审判而临时设立的，案件审结后，独任庭、合议庭即行解散，另有案件时，另行组织。审判委员会是常设机构，并非为审判某一案件而设立。

其次，独任庭、合议庭直接开庭审判案件，审判委员会不参与具体案件的审理工作，只有在独任庭、合议庭审理案件后，由院长提交才对具体案件进行讨论和决定。

最后，独任庭、合议庭的任务只是审判具体案件，不能讨论决定法院的其他审判工作。而审判委员会的任务除讨论决定重大、疑难案件外，还讨论决定法院内部其他有关审判工作的问题。

第三节　审判程序

审判程序是审理和裁判案件的方式、方法和步骤的总称。由于法院审判案件的审级及对象的不同，审判程序亦非一种，刑事诉讼法规定，审判程序分为普通审判程序和特殊审判程序。

一、普通审判程序

普通审判程序是指法院审判一般案件的程序，普通程序包括第一审程序和第二审

程序。

第一审程序，也称一审程序，指第一审法院审判案件运用的程序，包括自诉案件的第一审程序、公诉案件的第一审程序和简易程序。其中公诉案件的第一审程序又包括普通审理程序和被告人认罪案件的简化审理程序。任何被提起控诉（公诉和自诉）的被告人，都要经过第一审程序的审判。刑事诉讼法关于第一审程序的规定，最具全面性、系统性和完整性，因此它成为其他审判程序的基础。

第二审程序，亦称上诉审程序，它是上一级人民法院根据当事人的上诉或公诉机关的抗诉，对下一级人民法院审结的判决、裁定尚未发生法律效力的案件进行重新审判所适用的程序。不论何种案件，只要当事人对一审尚未生效的判决、裁定提起上诉，公诉机关对一审尚未生效的判决、裁定提起抗诉，均要通过二审程序进行再次审判（最高人民法院审判的第一审案件除外）。

二、特殊审判程序

特殊审判程序是人民法院审判特殊案件适用的程序。目前，司法实践中适用的特殊审判程序包括下列几种：

（1）死刑复核程序。指高级人民法院、最高人民法院对于已经一审法院判处被告人死刑（包括死刑缓期执行），当事人没有上诉，人民检察院也没有提起抗诉的案件，或者二审法院判处被告人死刑（包括死刑缓期执行）的案件，进行审查核准的一种程序。它只适用于被告人被判处死刑的案件，其目的是严格控制死刑范围，保证死刑裁决的正确性。死刑复核程序在审判方式、方法和步骤上均有别于其他程序。

（2）审判监督程序。指人民法院对判决、裁定已经发生法律效力但在认定事实、适用法律上确有错误的案件进行重新审判所适用的程序。它仅适用于判决、裁定已经生效的案件，其目的是纠正生效的错误裁判。刑事诉讼法对这种程序的提起有严格限定。此外，在审判法院的级别等方面，其也有别于其他审判程序。

（3）未成年人案件刑事审判程序。指对已满14岁未满18岁的人犯罪的案件进行的审判程序。它仅适用于未成年人犯罪的案件，其目的在于针对特殊的犯罪主体，采用区别于成年人刑事审判程序的特殊方式，达到挽救、教育、改造未成年被告人的目的。

（4）涉外刑事案件审判程序。指案件涉及外国人（包括无国籍人）或某些诉讼行为需要国外刑事执法机构协助进行的刑事审判所特有的方式、方法和步骤。

（5）单位犯罪案件的审理程序。指人民法院审理涉及单位犯罪案件的特殊适用程序。

（6）在法定刑以下判处刑罚和适用特殊情况假释的核准程序。

（7）当事人和解的公诉案件诉讼程序。对某些公诉案件，犯罪嫌疑人、被告人真诚悔罪，通过向被害人赔偿损失、赔礼道歉等方式获得被害人谅解，被害人自愿和解的，双方当事人可以和解。

（8）犯罪嫌疑人、被告人逃匿、死亡案件违法所得的没收程序。对于贪污贿赂犯罪、恐怖活动犯罪等重大犯罪案件，犯罪嫌疑人、被告人逃匿，在通缉一年后不能到案，或者犯罪嫌疑人、被告人死亡，依照刑法规定应当追缴其违法所得及其他涉案财产的，人民检察院可以向人民法院提出没收违法所得的申请。

（9）依法不负刑事责任的精神病人的强制医疗程序。实施暴力行为、危害公共安全或者严重危害公民人身安全，经法定程序鉴定依法不负刑事责任的精神病人，有继续危害社会可能的，可以予以强制医疗。

第四节 判决、裁定和决定

一、判决

判决是人民法院在案件审理完毕后对案件实体问题所作出的决定。刑事判决是人民法院根据法庭审理所查明的事实和证据，依据有关法律规定对被告人是否构成犯罪、犯了什么罪、应否处刑以及处以什么刑罚所作的处理决定。人民法院所作的刑事判决，根据不同的标准可作不同的分类：一是根据是否确定被告人有罪，可将判决分为有罪判决和无罪判决；有罪判决又可分为处刑判决和免刑判决。二是根据审判程序的不同，可将判决分为一审判决、二审判决和再审判决。三是根据判决是否发生了法律效力，可将判决分为已生效判决和未生效判决。

从司法实践中的情况看，人民法院对案件审理后，一般是一案一个判决，被告人犯有数罪，或者一案中有数个被告人的，也用一个判决一并处理。但在以下情况下，一案可以作两个或两个以上判决：（1）共同犯罪案件，有的被告人在逃，可对已抓获的被告人在审理后先行判决，对在逃的被告人逮捕归案后，经审理另行判决。（2）有附带民事诉讼的刑事案件，为防刑事审判过分迟延，可先对刑事部分审理后作出判决，而后对刑事附带民事诉讼部分审理后另行判决。

刑事判决的载体是刑事判决书。刑事判决书是法院对刑事案件审判后制作的诉讼文书，是执行机关执行刑事判决的根据。刑事判决书一般包括首部、事实、理由、判决和尾部五个部分。

判决既从实体上对案件作出处理，也从程序上结束一个审判阶段。判决生效后，即具有稳定性、排他性和强制性的特点。

二、裁定

裁定是人民法院对案件审理后，针对诉讼程序问题或者某些实体问题所作的处理决定。裁定可用书面的形式（即制作裁定书），也可用口头的形式，口头裁定应制作笔录。

刑事诉讼法规定，裁定的适用范围包括：

（1）解决诉讼中的某些程序问题。如第二审法院对案件审理后，发现第一审法院的判决事实不清，证据不足，裁定撤销原判，发回重审。

（2）解决案件的部分实体问题。如被判处管制、拘役、有期徒刑或无期徒刑的罪犯，在执行期间确有悔改或立功表现，符合减刑、假释的条件，法院审核后，作出减刑或假释的裁定。

人民法院用书面形式作出裁定，要制作裁定书。裁定书的格式，与判决书基本相同，只是其内容一般较为简单。

刑事诉讼法规定，对于人民法院按第一审程序所作的裁定，当事人不服的可以提出上诉，检察机关认为其有错误的，也可以提起抗诉。

三、决定

决定是人民法院用以解决某些诉讼程序问题的，如用于解决是否准予回避问题，是否同意当事人提出的通知新的证人到庭作证问题，是否同意当事人申请重新鉴定问题，等等。

司法实践中的决定，一般是口头宣布，由书记员记入笔录。对于人民法院作出的决定，当事人不能提出上诉，检察机关不能提起抗诉，除驳回申请回避决定当事人可以申请复议一次外，其他决定一经宣布，立即发生法律效力。

【引例评析】

该县法院审判委员会的做法是错误的。我国《刑事诉讼法》第180条规定，合议庭开庭审理并且评议后，应当作出判决。对于疑难、复杂、重大的案件，合议庭认为难以作出决定的，由合议庭提请院长决定提交审判委员会讨论决定。审判委员会的决定，合议庭应当执行。可见，审判委员会讨论决定案件，有一个前提条件，即需要合议庭提请。如果合议庭没有提请，院长不得擅自决定由审判委员会讨论决定案件。在本案中，由于证据存在疑问，需要庭下调查核实有关证据，然后再次开庭。在审判委员会讨论这个案件时，案件审理没有结束，合议庭还没有评议，谈不上"难以作出决定"。合议庭更没有提请院长决定提交审判委员会讨论。因此，审判委员会讨论决定张三（重）伤害案没有前提，不具备条件，违背了《刑事诉讼法》第180条的规定。

【本章小结】

刑事审判是人民法院依法对刑事案件进行审理并作出裁判的诉讼活动，包括审理和裁判两个过程。审判是刑事诉讼的中心环节，其任务是通过审判活动解决国家对被告人的刑事处罚权的问题。审判权必须通过审判组织行使，审判组织是法院审判案件的组织形式。我国立法中规定的审判组织有独任庭、合议庭和审判委员会三种，三者各有其审判的职权范围。

人民法院在对案件进行审理的过程中应当针对不同情况作出三种不同形式的裁决：判决、裁定和决定。判决是在案件审理完毕后对案件实体问题所作的决定。裁定是对案件审理后，对诉讼程序问题或某些实体问题所作的处理。决定则专用以解决某些诉讼程序问题。

【练习题】

一、名词解释

审判组织 独任庭 合议庭 判决 裁定

二、思考题

1. 审判的任务是什么？
2. 合议庭是怎样组成的？它有什么特点？
3. 独任庭、合议庭和审判委员会在职能上有什么区别？

4. 试比较判决、裁定和决定在刑事诉讼中的适用。

三、案例分析题

齐某因抢劫杀人一案被检察院提起公诉。案件由某市中级人民法院受理。

问题：

1. 本案应由独任庭审判还是合议庭审判？

2. 人民陪审员可否参与对本案的审判？

分析要点提示：

参看《刑事诉讼法》第 178 条。

第十五章 第一审程序

【本章引例】

某法院受理检察院提起公诉的甲破坏电力设备案。在庭审中，公诉人宣读起诉书后，甲在法庭调查时对检察院指控的犯罪事实供认不讳，并供述了其另外实施的一起盗窃案件。法院随后调查核实了这一犯罪事实。再次开庭时，被告的辩护人提出此盗窃事实起诉书未指控，法院不应一并判决。合议庭对辩护人的建议未予以考虑，评议后当庭宣判，两罪并罚。宣判后，被告人不服，提出上诉。

【本章学习目标】

通过本章的学习，应当掌握如下内容：

1. 第一审程序的概念、任务和意义；
2. 对公诉案件的程序性审查、开庭审判前的准备、法庭审判等程序的设置；
3. 自诉案件审判程序的特点；
4. 简易程序的适用范围与特点；
5. 被告人认罪案件审判程序的适用范围与审理方式。

第一节 第一审程序概述

一、第一审程序的概念

第一审程序是指人民法院对人民检察院提起公诉、自诉人提起自诉的案件进行审判时所适用的程序。第一审刑事案件是指人民法院按照第一审程序审判的公诉案件和自诉案件。审判第一审案件的人民法院，叫一审人民法院。

第一审刑事案件有公诉案件和自诉案件，这两种案件是依据不同控诉主体来划分的，由人民检察院向人民法院提起公诉的案件叫做公诉案件，由被害人或其法定代理人向人民法院起诉、由人民法院直接受理的案件叫做自诉案件。第一审程序又可以分为公诉案件的第一审程序、自诉案件的第一审程序和简易程序。

二、第一审程序的任务和意义

第一审程序的任务是人民法院通过开庭审理，在公诉人、当事人及其他诉讼参与人等的参加下，客观、全面地审查证据，查明案件事实，并根据刑法规定，对被告人是否有罪、应否处刑以及处以何种刑罚，作出正确判决，从而使犯罪分子受到应得的法律制裁，无罪的人不受刑事惩罚，并使公众受到法治教育。

第一审程序是人民法院审判刑事案件的基本程序。因为无论是公诉案件还是自诉案件，都首先要经过人民法院的第一审审判。第一审人民法院的裁判，如果过了法定期限当事人没有上诉，人民检察院也没有抗诉，或者在法定上诉期限内，当事人提出上诉，人民检察院提出抗诉，而第二审人民法院维持原判的，裁判即发生法律效力，就应依法执行。第一审程序以后可能发生的第二审程序、死刑复核程序、审判监督程序，都是在第一审人民法院作出的裁判基础上进行的，而且刑事诉讼法对第一审程序的具体规定，对其他审判程序具有重要的参考价值，凡在其他审判程序中立法未予明确的，均应参照第一审程序的规定执行。因此，第一审程序是人民法院审判刑事案件的基本程序，它在整个刑事诉讼中居于十分重要的地位。

三、第一审程序的改革发展

（一）1979 年刑事诉讼法规定的第一审程序的弊端

我国 1979 年颁布的《刑事诉讼法》，是在计划经济的社会背景下制定的、带有浓厚职权主义色彩的刑事诉讼法典。这个法律规定的第一审程序有以下特点：

（1）注重庭前审查、庭下调查，使开庭审判活动流于形式；

（2）庭上以法官讯问、出示证据为主，造成控审职能混同；

（3）控辩双方地位相差悬殊，诉讼中缺乏抗辩性；

（4）证人、鉴定人极少出庭作证，使法律规定的质证活动无法进行，证明活动日渐萎缩；

（5）独任庭、合议庭权力有限，下级法院越级请示，造成案件处理中的"审者不判，判者不审"和"先定后审，上定下审"；

（6）审理程序单一，案件繁简不分，诉讼效率低下。

随着我国改革开放的日益深入，1979 年刑事诉讼法规定的第一审程序越来越不适应刑事审判的需要。自 20 世纪 90 年代初期开始，我国开始对第一审程序的审判方式进行改革。

（二）对第一审程序的修改

1996 年《刑事诉讼法》对第一审程序的修改主要体现于以下方面：

（1）将开庭前对案件进行实体性审查，改为进行程序性审查。

（2）由控方承担证明被告人有罪之责任。

（3）法庭调查阶段与法庭辩论阶段相融合，扩大了控辩双方辩论之内容。其结果是：一方面控辩双方的对抗性得到增强，另一方面，辩论更具有针对性，使法庭调查中的事实、证据、情节、适用法律在双方的质证、辩论中是非更加分明，曲直更易判断，有利于审判人员辨明案情，核实证据。

（4）规定了证人作证及对证人证言、鉴定人陈述进行质证的程序。

（5）扩大了合议庭的权限，理顺了合议庭与审判委员会之间的关系。

（6）增设简易程序，实行案件的繁简分流。继 1996 年《刑事诉讼法》增设简易程序后，相关司法解释又在第一审普通程序中增设了"被告人认罪案件"简化审理程序，这些简化程序的适用，能有效地提高诉讼效率。

我们认为，上述对第一审程序的修改，吸收了对抗式审判程序的合理成分，使法院真正处于更为客观、公正的法律地位，依法行使职权，主持庭审，客观、全面地听取控辩双方提出的各种事实、证据和意见，从而在查清事实的基础上依法作出公正的裁判。将举证责任真正落到国家公诉人的身上，与检察机关承担的指控犯罪、证实犯罪的控诉职能相适应，更有利于调动其追诉犯罪的积极性，保障依法行使控诉职能。同时，控审职能的彻底分离，还有助于消除被告人和辩护人等对审判公正的怀疑，避免形成辩护方与法官的冲突和矛盾，使被告人的辩护权得以充分地行使。可以说，1996 年《刑事诉讼法》对庭审方式之改革，无论从幅度或者力度上都是前所未有的，必然引起执法观念的深层次变革。当前，这个改革仍在深化进行中。

（三）对第一审程序的再修改

2012 年《刑事诉讼法》对第一审程序做了进一步修改，主要体现在以下几个方面：

（1）完善案卷移送制度，规定人民检察院在提起公诉时，应当将案卷材料、证据移送人民法院。

（2）修改庭前审查内容，规定人民法院对提起公诉的案件进行审查后，对于起诉书中有明确的指控犯罪事实的，应当决定开庭审判。

（3）完善开庭前的准备程序，规定审判人员在开庭以前可以召集公诉人、当事人和辩护人、诉讼代理人，对回避、出庭证人名单、非法证据排除等与审判相关的问题，了解情况，听取意见。

（4）在法庭审理程序中增加规定量刑的内容，规定对于定罪、量刑有关的事实、证据都应当进行调查、辩论。

（5）完善证人、鉴定人出庭制度，规定公诉人、当事人或者辩护人、诉讼代理人对证人证言有异议，且该证人证言对案件定罪量刑有重大影响，人民法院认为有证人必要出庭作证的，证人应当出庭作证。

（6）增加中止审理的情形。

（7）延长了审理期限。如对于一般公诉案件的审理期限，从一个月延长至二个月。

（8）完善简易程序。首先，将简易程序审判的案件范围修改为基层人民法院管辖的"认罪"案件。其次，审判组织的改革。对可能判处三年有期徒刑以下刑罚的，可以组成合议庭进行审判，也可以由审判员一人独任审判；对可能判处三年以上有期徒刑的，应当组成合议庭进行审判。同时，为强化和制约检察职能，规定适用简易程序审判公诉案件，人民检察院都应当派员出席法庭。

第二节　对公诉案件的审查

一、审查的概念和意义

对公诉案件的审查，是指人民法院对人民检察院提起公诉的案件进行庭前审查，决定是否开庭审判的活动。

《刑事诉讼法》第181条规定："人民法院对提起公诉的案件进行审查后，对于起诉书中有明确的指控犯罪事实的，应当决定开庭审判。"这一规定表明，人民法院对人民检察院提起公诉的案件，并非直接开庭审判，而是需要经过初步审查，然后才能决定是否开庭审判。因此，对公诉案件的审查，是公诉案件进入第一审程序的一个必经程序。审查公诉案件主要是查明人民检察院提起公诉的案件是否具备了开庭审判的条件，即起诉书是否符合《刑事诉讼法》第181条规定的要求，是否具备了开庭审理的程序性条件，能否将被告人交付法庭审判的问题。因此，它还不是对案件进行实体审理，并不解决对被告人定罪量刑的问题。

二、审查的内容和方法

人民法院受理人民检察院提起的公诉案件，应当在收到起诉书后，立即指定审判员审查以下内容：

（1）是否属于本院管辖。

（2）起诉书是否写明被告人的身份，是否受过或者正在接受刑事处罚，被采取强制措施的种类、羁押地点，犯罪的时间、地点、手段、后果以及其他可能影响定罪量刑的情节。

（3）是否移送证明指控犯罪事实的证据材料，包括采取技术侦查措施的批准决定和所收集的证据材料。

（4）是否查封、扣押、冻结被告人的违法所得或者其他涉案财物，并附证明相关财物依法应当追缴的证据材料。

（5）是否列明被害人的姓名、住址、联系方式；是否附有证人、鉴定人名单；是否申请法庭通知证人、鉴定人、有专门知识的人出庭，并列明有关人员的姓名、性别、年龄、职业、住址、联系方式；是否附有需要保护的被害人、证人、鉴定人名单。

（6）当事人已委托辩护人、诉讼代理人，或者已接受法律援助的，是否列明辩护人、诉讼代理人的姓名、住址、联系方式。

（7）是否提起附带民事诉讼；提起附带民事诉讼的，是否列明附带民事诉讼当事人的姓名、住址、联系方式，是否附有相关证据材料。

（8）侦查、审查起诉程序的各种法律手续和诉讼文书是否齐全。

（9）有无刑事诉讼法第15条第2项至第6项规定的不追究刑事责任的情形。

审查的方法是认真地审阅起诉书，并围绕上述审查内容逐项予以审查，以判断是否具备了开庭审判的程序性条件。

三、审查后的处理

人民法院对公诉案件进行审查后，应当根据案件的具体情况作如下处理：

（1）决定开庭审理。案件经审查后，认为符合规定开庭审判条件的，应当决定开庭审理。

（2）要求补充材料。案件经审查后，认为存在以下情况的，应当要求人民检察院在限期内补充材料：第一，起诉书对犯罪事实的指控不甚明确的；第二，对被告人被采取强制措施的种类，是否在案及羁押地点，查封、扣押、冻结其财物情况说明不够清楚的；第三，侦查、起诉程序的各种法律手续和诉讼文书尚不完备，可能影响开庭审理的；等等。

凡有上述情况之一的，应当要求人民检察院于三日内补充，经补充后符合开庭条件的，人民法院应当决定开庭审理。对于被告人真实身份不明（年龄不明，可能影响被告刑事责任的除外），但符合《刑事诉讼法》第 158 条第 2 款规定的，人民法院应当依法受理。

（3）不予受理。案件经审查后，存在下列情况之一的，应当决定不予受理：第一，对于不属于本院管辖或者被告人不在案的案件，应当决定退回人民检察院；第二，对经检察机关补充后仍不符合开庭条件，或者逾期未予补充的，应当决定不予受理；第三，人民法院裁定准许人民检察院撤诉的案件，没有新的事实、证据，人民检察院重新起诉的，人民法院不予受理。

对于有《刑事诉讼法》第 15 条第 2 项至第 6 项规定的情形的，应当裁定终止审理或者退回人民检察院。

人民法院对于按照普通程序审理的公诉案件，应当在收到起诉书后七日以内审查完毕，决定是否受理。

决定适用普通程序简化审理程序。根据最高人民法院、最高人民检察院、司法部 2003 年 3 月 14 日颁布的《关于适用普通程序审理"被告人认罪案件"的若干意见》，对适用普通程序的刑事公诉案件，在被告人作有罪答辩的前提下，事实清楚、证据充分的，可适用简化审理程序。人民法院对人民检察院没有建议适用该程序的，经审查认为可以适用，应当征求人民检察院、被告人及辩护人的意见，经其同意可决定适用简化审理程序。

第三节　开庭审判前的准备

开庭审判是人民法院在公诉人、被害人、被告人、辩护人、证人等的参加下，严格依照法律规定的审判制度和程序，当庭对案件进行全面审理，查清案件事实，并依法对案件作出判决。因此，为了保证法庭审判的顺利进行，开庭前必须做好必要的准备工作。按照《刑事诉讼法》第 182 条的规定，人民法院对公诉案件决定开庭审判后，应当进行下列各项准备工作。

一、确定审判组织、组成合议庭

人民法院决定开庭审判以后，首先要依法确定是由独任庭审判案件，还是合议庭审判案件。如果由合议庭审判案件，要由庭长或院长依法确定合议庭的组成人员，组成合议庭。依照法律规定，第一审人民法院的合议庭可以全部由法官组成，也可以由法官和人民陪审员组成。人民法院的书记员不属于合议庭的组成人员。

二、送达起诉书副本

将人民检察院的起诉书副本至迟在开庭十日以前送达被告人及其辩护人。对于未委托辩护人的被告人，人民法院有义务告知他可以委托辩护人；对于符合《刑事诉讼法》第34条第2款、第3款规定的，应当通知法律援助机构指派承担法律援助义务的律师为他提供辩护；对于公诉人出庭公诉的案件，被告人因经济困难或者其他原因没有委托辩护人的，本人及其近亲属可以向法律援助机构提出申请。对符合条件的，法律援助机构应当指派律师为其辩护，以确保公正审判。

三、通知开庭

将开庭的时间、地点在开庭三日以前通知人民检察院，以便人民检察院按时派员出庭支持公诉。根据《刑事诉讼法》第184条的规定，人民法院审判公诉案件，人民检察院都应当派员出席法庭支持公诉。

四、传唤当事人，通知辩护人、诉讼代理人、证人、鉴定人及翻译人员

《刑事诉讼法》第182条第3款规定，人民法院决定开庭审判后，应当传唤当事人，通知辩护人、诉讼代理人、证人、鉴定人和翻译人员，传票和通知书至迟在开庭三日以前送达。证人需要出庭作证的，应当通知其到庭；如果该证人当场表示拒绝出庭作证或者按照所提供的证人通讯地址未能通知到该证人的，应当及时告知申请通知该证人的公诉机关。通知有关人员出庭，也可以采取电话、短信、传真、电子邮件等能够确认对方收悉的方式。

五、先期公告

人民法院公开审判案件，应当将公开审判案件的案由、被告人姓名、开庭的时间和地点在开庭三日以前先期贴出公告，并保留到开庭审判的时候，以便群众到庭旁听，新闻记者进行采访。

六、召开庭前会议

在开庭以前，审判人员可以召集公诉人、当事人和辩护人、诉讼代理人举行庭前会议，对回避、出庭证人名单、非法证据排除等与审判相关的问题，了解情况，听取意见。

七、拟订法庭审理提纲

人民法院开庭审判前，合议庭可以拟出法庭审理提纲，提纲一般包括下列内容：

（1）合议庭成员在庭审中的具体分工；

（2）起诉书指控的犯罪事实部分的重点和认定性质方面的要点；

（3）讯问被告人时了解的案情要点；

（4）控辩双方拟出庭作证的证人、鉴定人和勘验检查笔录制作人的名单；

（5）控辩双方拟当庭宣读、出示的证人书面证言、物证和其他证据的目录；

（6）庭审中可能出现的问题及应当采取的措施。

以上各项准备活动均应写入笔录，由审判人员和书记员签名，附卷存查。

庭审前的各项准备工作，对于保证审判的顺利进行和保障当事人及其他诉讼参与人的

诉讼权利是十分必要的，必须严格执行，不得省略简化。

第四节　法庭审判

一、法庭审判程序

法庭审判是刑事诉讼中最重要的阶段。法庭审判是审判人员通过开庭的方式，在公诉人、当事人以及其他诉讼参与人的参加下，调查核实证据，弄清案件事实，全面听取各方对案件事实和定罪量刑的意见，依法确定被告人是否有罪，应否受到刑事惩罚的诉讼活动。

根据刑事诉讼法的规定，法庭审判的程序可以分为开庭、法庭调查、法庭辩论、被告人最后陈述、评议和宣判五个步骤。

（一）开庭

宣布开庭是法庭审理的开始，是为顺利进行审判做好准备。根据《刑事诉讼法》第185条的规定，开庭阶段的活动程序是：

（1）开庭前，先查明公诉人、当事人、辩护人和其他诉讼参与人是否已经到庭。公开审判的案件，书记员应在开庭前向旁听人员宣布法庭规则，然后请公诉人、辩护人入庭，再请审判长和合议庭成员入庭；审判人员入庭时，请全体人员起立；审判人员、全体人员就座后，当庭向审判长报告开庭前的准备工作已经就绪。

（2）审判长宣布开庭后，应当宣布案由，并传唤被告人到庭，问明被告人姓名、年龄、民族、籍贯、出生地、文化程度、住址、职业，被告人受过何种法律处分及处分的种类、时间，是否被采取强制措施及种类、时间，是否收到起诉书副本以及收到的日期；如果有附带民事诉讼的，还应查明附带民事诉讼被告人收到民事诉状的日期。上述情况也可以由书记员在开庭前查明，开庭后向审判长报告。

（3）审判长宣布案件的来源、起诉的案由、附带民事诉讼原告人和被告人的姓名及是否公开审理。对于不公开审理的案件，应当当庭宣布不公开审理的理由。

（4）审判长宣布合议庭组成人员、书记员、公诉人、辩护人、鉴定人和翻译人员的名单，并告知当事人、法定代理人有权对合议庭组成人员、书记员、公诉人、鉴定人和翻译人员申请回避。如果当事人、法定代理人提出申请，审判长应当问明申请回避的理由，合议庭认为符合法定情形的，应当依照刑事诉讼法有关回避的规定处理；认为不符合法定情形的，应当当庭驳回，继续法庭审理；如果申请回避人当庭申请复议，合议庭应当宣布休庭，待作出复议决定后，决定是否继续法庭审理。同意或者驳回回避申请的决定及复议决定由审判长宣布，并说明理由，必要时，也可以由法院院长到庭宣布。

审判长还应当告知被告人依法享有辩护权，可以根据事实和法律进行无罪或罪轻的辩解；告知当事人、法定代理人经审判长许可，可以向证人、鉴定人发问，可以申请通知新的证人到庭，调取新的证据，重新鉴定或者勘验、检查；当事人、辩护人可以参加法庭辩论；被告人享有最后陈述的权利。

对共同犯罪案件，应当将各被告人同时传唤到庭，向其宣布上述事项，以避免重复，节省开庭时间。

（二）法庭调查

法庭调查是指在公诉人、当事人和其他诉讼参与人的参加下，当庭对案件事实和证据进行调查核对。法庭调查是法庭审判的中心环节。法庭调查中，不仅要调查与定罪有关的事实、证据，还要对与量刑有关的事实、证据进行调查。案件事实能否确认，被告人是否承担刑事责任，关键在于法庭调查的结论如何。依照《刑事诉讼法》第186条的规定，法庭调查阶段包括下列诉讼活动。

1. 宣读起诉书。

审判长宣布法庭调查开始后，先由公诉人宣读起诉书；有附带民事诉讼的，再由附带民事诉讼的原告人或者他的诉讼代理人宣读附带民事诉状。如果一案有两名以上被告人，宣读起诉书时可以同时在场，但宣读起诉书后，审问被告人一般应当分别进行，以免互相影响，不利于法庭调查。

2. 被告人、被害人就受指控的犯罪事实发表意见。

公诉人在法庭上宣读起诉书后，在审判长主持下，被告人、被害人可以就起诉书指控的犯罪事实分别进行陈述。被告人若承认起诉书指控的犯罪事实，则应当让他把实施犯罪行为的经过、情节详细地陈述清楚；被告人若否认起诉书指控的罪行，应当允许他对控诉的事实和证据进行充分的辩解和提出反证。同时，被害人也可以根据起诉书对犯罪的指控陈述自己受害的过程及提出有关的诉讼请求。

3. 讯问被告人。

（1）公诉人讯问被告人。在审判长主持下，公诉人可以就起诉书中所指控的犯罪事实讯问被告人。一般应围绕着下列问题进行讯问：

第一，指控的犯罪行为是否存在，是否为被告人所实施，被告人是否承认起诉书指控的罪行；

第二，犯罪集团或者一般共同犯罪的案件，在讯问中应问清楚同案被告人各自在共同犯罪中的作用和应负的法律责任；

第三，问清被告人有无责任能力，有无实施指控犯罪行为的故意或者过失，查明犯罪行为的动机和目的；

第四，查明有无从重、加重或者从轻、减轻以及免除处罚的情节，并注意查明有无依法不应当追究刑事责任的情形；

第五，查明犯罪对象、作案工具的主要特征，赃款赃物的来源、数量以及去向；

第六，被告人全部或者部分否认起诉书指控的罪行的，要问清否认的根据和理由。

（2）被害人、附带民事诉讼的原告人和辩护人、诉讼代理人，经审判长许可，可以向被告人发问。被害人及其诉讼代理人可以根据公诉人的讯问情况进行补充性发问，通过被害人的发问，可以当庭揭露被告人的虚假供述，进一步暴露被告人的犯罪行为。附带民事诉讼的原告人及其法定代理人或者诉讼代理人，可以就附带民事诉讼部分的事实向被告人发问，揭露和证实被告人的犯罪行为给自己造成物质上的或名誉上的损失，证明被告人应当承担的赔偿责任。被告人的辩护人及法定代理人可以在控诉一方就某一具体问题讯问完毕后向被告人发问，向法庭揭示有利于被告人的事实、情节和证据，以维护被告人的合法权益。上述人员多角度的发问，可以使案件事实和证据得以全面查清。

（3）审判人员讯问被告人。根据刑事诉讼法的规定，审判人员可以讯问被告人。在法庭调查中，不仅要求审判人员认真、仔细地听取控辩双方的提问和回答，而且要对尚存疑问、没有搞清楚的问题及时地讯问被告人。一般而言，审判人员的讯问应注重庭审中出现的一些关键性问题，如：公诉人遗漏了重要犯罪事实、情节或对主要犯罪事实情节有疑问；被告人前后供述不一致，企图避重就轻或进行无理狡辩；被害人和辩护人等的发问与被告人的回答相互矛盾；等等。通过审判人员的讯问，可以消除疑点，解决矛盾，全面审清案情。

讯问被告人须在审判长的主持下进行，为保证控辩双方讯问、发问的有序进行，保证不对被告人诱供、逼供，审判长应注意把握庭审活动的方向与进度，对于控辩双方讯问、发问被告人、被害人和附带民事诉讼原告人、被告人的内容与本案无关或者讯问、发问的方式不当的，应当制止。对于控辩双方认为对方讯问或者发问被告人的内容与本案无关或者讯问、发问的方式不当并提出异议的，审判长应当判明情况予以支持或者驳回。

4. 向被害人发问。

在法庭调查中，控辩双方经审判长准许，均可以向被害人、附带民事诉讼原告人发问；审判人员认为有必要时，也可以向被害人及附带民事诉讼原告人发问，以求进一步弄清案件事实。

5. 核查证据。

在讯问被告人后，应当当庭核查各种证据，因为只有经过法庭调查核实的证据，才能作为人民法院认定事实的根据。核查证据，应当严格遵循《刑事诉讼法》第187条至第193条的规定和有关司法解释。其具体程序是：

第一，由控方向法庭举证。即对指控的每一起犯罪事实，公诉人可以提请审判长传唤证人、鉴定人和勘验检查笔录制作人出庭作证，或者出示证据，宣读未出庭的被害人、证人、鉴定人和勘验检查笔录制作人的书面陈述、证言、鉴定意见及勘验检查笔录；被害人及其诉讼代理人和附带民事诉讼的原告人及其诉讼代理人经审判长准许，也可以分别提请传唤尚未出庭作证的证人、鉴定人和勘验检查笔录制作人出庭作证，或者出示公诉人尚未出示的证据，宣读尚未宣读的书面证人证言、鉴定意见及勘验检查笔录。

第二，由被告人、辩护人、法定代理人就控诉方提出的证据当庭进行质证、辨认和辩论。

第三，由辩护方向法庭举证。即被告人、辩护人、法定代理人在起诉一方提供证据后，分别提请传唤证人、鉴定人出庭作证，或者出示证据，宣读未到庭的证人的书面证言和鉴定人的鉴定意见。

第四，由控辩双方依次当庭进行质证、辨认和辩论。

上述程序可以理解为，每指控一项犯罪事实都要出示相应的证据，并由控辩双方进行质证、辨认和辩论。"谁主张，谁举证"，依次举证、质证、辩论，既增强了起诉方的举证责任，强化了控辩双方的对抗性，也有利于法庭全面调查证据，辨明是非，澄清案件事实。

在法庭调查阶段，控辩双方有权提请法庭调查核实证据。由于每种证据的特点、证明力都有所不同，在核查证据时应注意区别对待：

（1）询问证人和核查证言笔录。证人证言必须经过法庭调查核对。没有在法庭上调查核实的证人证言，不能作为定案的根据。

　　根据《刑事诉讼法》第 187 条第 1 款、第 2 款的规定，公诉人、当事人或者辩护人、诉讼代理人对证人证言有异议，且该证人证言对案件定罪量刑有重大影响，人民法院认为证人有必要出庭作证的，证人应当出庭作证。人民警察就其执行职务时目击的犯罪情况作为证人出庭作证，适用上述规定。《刑事诉讼法》第 188 条规定，经人民法院通知，证人没有正当理由不出庭作证的，人民法院可以强制其到庭，但是被告人的配偶、父母、子女除外。证人没有正当理由拒绝出庭或者出庭后拒绝作证的，予以训诫，情节严重的，经院长批准，处以十日以下的拘留。被处罚人对拘留决定不服的，可以向上一级人民法院申请复议。复议期间不停止执行。证人到庭后，审判人员应当先核实证人的身份、证人与当事人以及本案的关系，告知证人应当如实地提供证言和有意作伪证或者隐匿罪证要负的法律责任，并要求证人作证前宣誓或保证实事求是地作证，然后再让他提供证言；数人出庭作证的，应当个别询问。几个证人的证言之间如有矛盾，询问人应当进一步查问清楚。证人作证后，应当让其退庭。

　　公诉人、当事人和辩护人、诉讼代理人经审判长许可，可以对证人发问。向证人发问，应当先由提请传唤的一方发问；另一方在对方发问完毕后，经审判长准许，也可以发问。按照刑事诉讼法的规定，对未到庭的证人的证言笔录或亲笔证词，应当当庭宣读，并且依次听取公诉人、当事人和辩护人及诉讼代理人的意见。上述人员可以对其提出异议。对于证言内容涉及国家秘密和个人隐私的，应选其可以公开的部分宣读。

　　（2）核查鉴定意见。公诉人、当事人或者辩护人、诉讼代理人对鉴定意见有异议，人民法院认为鉴定人有必要出庭的，鉴定人应当出庭作证。经人民法院通知，鉴定人拒不出庭的，鉴定意见不得作为定案根据。控辩双方应围绕鉴定人所作的鉴定意见，向鉴定人提出问题。鉴定人对公诉人、当事人和辩护人等提出的有关鉴定的问题，应予回答，并须阐明鉴定意见的科学依据。审判长认为发问的内容与本案无关的时候，应当制止。对未到庭的鉴定人的鉴定意见，应当当庭宣读，并且听取上述人员的意见。法庭认为必要时，可以询问鉴定人，并可以决定重新进行鉴定。

　　（3）出示物证。出示物证通常是在法庭审问完每项犯罪事实后进行。公诉人、辩护人应当向法庭出示物证，让当事人辨认。出示物证时，应当说明物证的主要特征、内容、获取情况，当事人可以对出示的物证进行辨认并发表意见。对于一些不便拿到法庭上出示的物证，应当当庭出示原物的复制品或照片。

　　（4）审查勘验笔录和书证。勘验笔录和能够证明案件事实的文书，都应当当庭宣读，听取公诉人、当事人、诉讼代理人、辩护人的意见。他们提出异议的，应当予以认真核查，以判明真伪。

　　（5）视听资料、电子数据的播放、鉴定。视听资料、电子数据作为刑事诉讼证据在法庭上使用时，必须进行鉴别。举证方可以说明其制作过程及与案件之间的联系，并当庭予以播放、演示；对方可以对视听资料、电子数据所表现的音响、图像、数据、信息提出质疑，控辩双方可以进行质证、辩论。

　　当庭出示的证据以及宣读的书面证人证言、鉴定意见、勘验检查笔录等，在出示、宣读后，应当立即交付法庭。

　　6. 申请调取新证据。

　　法庭审理过程中，当事人和辩护人、诉讼代理人有权申请通知新的证人到庭，调取新的物证，申请重新鉴定或者勘验。当事人和辩护人等申请通知新的证人到庭，调取新的证据，申请重新鉴定或者勘验的，应当提供证人的姓名、证据的存放地点，说明所要证明的案件事实，要求重新鉴定或者勘验的理由。法庭根据具体情况，应当作出是否同意的决定。同意当事人申请的，应当宣布延期审理；不同意的，应当告知理由并继续开庭。

7. 申请有专门知识的人出庭。

公诉人、当事人和辩护人、诉讼代理人可以申请法庭通知有专门知识的人出庭，就鉴定人作出的鉴定意见提出意见。法庭对于上述申请，应当作出是否同意的决定。

8. 法庭调查核实证据。

在法庭调查过程中，合议庭对于证据有疑问的，可以宣布休庭，对证据进行调查核实。人民法院调查核实证据时，可以进行勘验、检查、查封、扣押、鉴定和查询、冻结。合议庭对于当庭调查的各种证据是否予以采纳，应有较为明确的表示。根据刑事诉讼法的规定，证据只有经过查证属实，才能作为定案的根据。凡是作为认定案件事实根据的证据，包括能够证实被告人有罪或者无罪、犯罪情节轻重的各种证据，都须当庭审查核对，至于法庭审查案内各种证据的步骤、顺序和方式，审判人员可以根据案件的不同情况灵活掌握。

法庭经过调查，如果认为案情已经查清，证据已经核实，公诉人、当事人和辩护人也没有再提出需要补充调查的事实和证据，即由审判长宣布法庭调查结束，开始法庭辩论。

（三）法庭辩论

法庭辩论是在法庭调查的基础上，控诉方与辩护方就被告人的行为是否构成犯罪、犯罪的性质、罪责轻重、证据是否确实充分以及如何适用刑罚等问题进行互相争论和反驳的一种诉讼活动。法庭审理过程中，对与定罪、量刑有关的事实、证据都应当进行的调查、辩论。它是刑事审判程序的一个重要环节。在法庭辩论中，公诉人和被害人属于控诉一方，被告人和辩护人属于辩护一方，各方在发言中都力争全面揭示案情真相，充分阐述理由和根据。

法庭辩论的次序是：先由公诉人发言，然后由被害人及其诉讼代理人发言，再由被告人陈述和自行辩护，辩护人进行辩护，并且控辩双方可以反复互相辩论。对附带民事部分的辩论应在对刑事部分的辩论结束以后进行，具体辩论顺序是：先由附带民事诉讼的原告人和他的诉讼代理人发言，然后由被告人和他的诉讼代理人答辩。

法庭辩论的目的，是全面查清案件事实，正确运用法律，协助审判人员对案件作出公正的判决。因此，辩论双方都应当坚持"以事实为根据，以法律为准绳"的原则，摆事实，讲道理，依法论罪，以理服人。对自己一方的合理意见要坚持，对对方的合法意见要尊重，不能强词夺理，更不应简单粗暴，进行人身攻击。审判长对于控辩双方与案件无关的、内容重复的或者互相指责的发言应当制止。

在法庭辩论中，合议庭对双方的辩论发言都应认真听取。审判长应当善于抓住双方辩论的焦点，把辩论引向深入。如果发现新的事实、情节和证据需要进一步核实查清，审判长应当宣告暂停辩论，恢复法庭调查，待查清后再继续辩论。如果恢复法庭调查尚不能查清时，审判长应宣告延期审理。

在法庭辩论中，被告人当庭拒绝辩护人为他辩护，要求另行委托辩护人的，应当同意。被告人要求人民法院另行指派辩护律师，合议庭同意的，应当宣布延期审理。重新开庭后，被告人再次当庭拒绝重新委托的辩护人或者人民法院指派的辩护律师为其辩护的，合议庭应当分别情形作出处理：（1）被告人是成年人的，可以准许，但被告人不得再行委托或者人民法院也不再另行指派辩护人。被告人可以自行辩护。（2）被告人是盲、聋、哑人或者未成年人，没有正当理由的，一般不予准许。对于辩护人依照有关规定当庭拒绝继续为被告人进行辩护的，合议庭应当准许。如果被告人要求另行委托辩护人，合议庭应当宣布延期审理，由被告人另行委托辩护人或者由人民法院为其另行指派辩护人。

审判长认为经过反复辩论案情已经查明，罪责已经分清，应及时宣告法庭辩论终结。

（四）被告人最后陈述

在审判长宣布辩论终结后，被告人有最后陈述的权利。这是被告人的一项重要诉讼权利。审判长应当告知被告人享有此项权利。在法庭即将进行评议判决之前，给被告人一个最后发言的机会，让他充分陈述自己对案件的意见，或者向法庭表明他对自己所犯罪行的认识和态度。

审判长应当让被告人充分陈述。被告人最后陈述只要不超出本案范围，就不应限制其发言的时间，或随意打断其发言，应允许其把话讲完。但是如果陈述的内容重复或与本案无关，或涉及国家秘密、个人隐私，以及借陈述发表反动言论等，审判长应当制止。

被告人在最后陈述中如果提出新的犯罪事实，或新的证据，在一般情况下，应当恢复法庭调查。如果案情复杂，恢复法庭调查仍不能查清事实，还可以宣告延期审理。

（五）评议和宣判

在被告人最后陈述后，审判长即可宣布休庭，合议庭进行评议，作出裁判。

1. 合议庭评议。

合议庭评议的任务是，根据法庭审理查明的事实、证据，依照刑事法律的规定，确定被告人有罪或者无罪，犯的什么罪，应否处以刑罚，判处何种刑罚，采取何种刑罚执行方法，有无从重或者从轻、减轻以及免除刑罚的情节，附带民事诉讼如何解决，赃款、赃物如何处理等，并作出处理决定。

根据有关司法解释的规定，合议庭评议案件应当在庭审结束后五个工作日内进行。评议时，审判人员必须充分重视法庭调查的情况和辩论时双方提出的意见和理由，认真研究，应本着"以事实为根据，以法律为准绳"的原则，作出明确的决定。

评议案件一律秘密进行，合议庭成员对评议结果的表决，以口头表决的形式进行。进行评议时，合议庭组成人员有同等的权利。合议庭进行评议的时候，如果意见分歧，应当按多数人的意见作出决定，但是少数人的意见应当记入笔录。评议笔录由合议庭的组成人员签名。

2. 作出裁判。

合议庭经评议后，根据已经查明的事实、证据和有关的法律规定，分别作出以下判决：

（1）案件事实清楚，证据确实、充分，依据法律认定被告人有罪的，应当作出有罪判决。

（2）案件事实清楚，证据确实、充分，依据法律认定被告人无罪的，应当作出无罪判决。

（3）案件事实部分清楚，证据确实、充分的，应当对该部分犯罪依法作出有罪或者无罪的判决；事实不清、证据不足的部分，依法不予认定。

（4）案件事实不清，证据不足，不能认定被告人有罪的，应当以证据不足，指控的犯罪不能成立，宣告被告人无罪。

（5）被告人因不满16周岁，不予刑事处罚的；被告人是精神病人，在不能辨认或者不能控制自己行为时造成危害后果，不予刑事处罚的，应当判决宣告不负刑事责任；

（6）犯罪已过追诉时效期限且不是必须追诉，或者经特赦令免除刑罚的，应当裁定终止审理；

（7）被告人死亡的，应当裁定终止审理；对于根据已查明的案件事实和认定的证据材料，能够确认被告人无罪的，应当判决宣告被告人无罪。

3. 宣告判决。

宣判是将判决的内容向当事人和群众宣告，使他们知道人民法院对案件作出的处理决定。即不管案件是否公开审理，都应当将判决公之于众。当庭宣告判决的，应当在五日以内将判决书送达当事人、辩护人、诉讼代理人和提起公诉的人民检察院。定期宣告判决的，判决书应当在宣告后立即向上述人员和机关送达。地方各级人民法院和专门人民法院在宣告第一审判决时，应当告知当事人；当事人如果不服，有权提出上诉。

二、法庭审判笔录

审判笔录是记载法庭全部活动的诉讼文件，它对于分析案情，查核审判活动的进行情况，具有重要意义，特别是对于上诉审和审判监督程序，有更大作用。

审判笔录要记明法庭审理的时间、地点，法庭组成人员和书记员的姓名，公诉人、当事人和其他诉讼参与人到庭的情况，被告人的姓名等身份情况和案由，公开审理或者不公开审理的理由等内容。审判笔录还应当按照法庭审理活动的顺序，记载如下内容：审判长告知的诉讼权利和义务；当事人申请行使某项权利及法庭对申请的决定；审判人员主持法庭审理的情况；被告人和被害人的陈述；公诉人的讯问，被害人、附带民事诉讼原告人和辩护人、诉讼代理人的发问，审判人员的讯问，以及当事人的陈述；证人的陈述；鉴定人的意见；公诉人、辩护人辩论发言的主要内容；被告人的最后陈述；等等。内容应力求详尽、准确、完整。

笔录应当准确、如实地反映出审判活动的全貌。法庭审判笔录应当交给当事人、法定代理人、辩护人、诉讼代理人阅读或者向他宣读。上述人员认为记载有遗漏或者有差错，可以请求补充或者改正。确认无误后，应当签名或者盖章。法庭笔录中的证人证言部分，亦应当庭宣读或者交给证人阅读，证人在承认没有错误后，应当签名或盖章。

法庭审判的全部活动，由书记员写成笔录，经审判长审阅后，由审判长和书记员签名。

三、延期审理

延期审理，是指案件因故不能按原定开庭时间审理，或者在法庭审理过程中，遇有足以影响审判继续进行的情况，合议庭决定延期审理，待影响审理进行的原因消失后，再行开庭审理。

根据《刑事诉讼法》第198条的规定，延期审理有以下三种情形：

（1）需要通知新的证人到庭，调取新的物证，重新鉴定或者勘验的；

（2）检察人员发现提起公诉的案件需要补充侦查，提出建议的；

（3）由于申请回避而不能进行审判的。

人民检察院要求延期审理补充侦查的案件，应当在一个月以内补充侦查完毕。

四、中止审理

中止审理，是人民法院在受理案件后，作出判决前，出现了一些使审判在一定时期内无法继续进行的情况，决定暂时停止案件审理，待有关情形消失以后，再进行恢复审判的活动。

《刑事诉讼法》第 200 条规定，在审判过程中，有下列情形之一，致使案件在较长时间内无法继续审理的，可以中止审理：

（1）被告人患有严重疾病，无法出庭的；

（2）被告人脱逃的；

（3）自诉人患有严重疾病，无法出庭，未委托诉讼代理人出庭的；

（4）由于不能抗拒的原因。

中止审理的原因消失后，应当恢复审理。中止审理的期间不计入审理期限。

五、法庭秩序

法庭秩序是指《中华人民共和国人民法院法庭规则》所规定的诉讼参与人和旁听人员应当遵守的秩序和纪律。

法庭审判是行使国家审判权的严肃的法律行为，也是刑事诉讼的重要环节。因此，刑事诉讼法规定了违反法庭秩序的司法处罚的种类和程序，并规定对严重违反法庭秩序、构成犯罪的，应依法追究刑事责任。

法院可根据行为情节和危害结果的不同，分别作出警告制止、责令强行带出法庭、罚款和拘留等四种司法处罚，其中罚款最多不能超过 1 000 元，拘留不能超过 15 日。罚款、拘留必须经过人民法院的院长批准。罚款、拘留应当制作决定书，被罚款、拘留的人对决定不服的，可以向上一级人民法院申请复议。但复议期间不停止对决定的执行。对于被拘留的人，如在拘留期间承认并改正错误的，人民法院还可决定提前解除拘留。解除拘留权属于人民法院。

对于严重扰乱法庭秩序、构成犯罪的，依法应追究其刑事责任。

六、第一审程序的期限

第一审程序的期限是指人民法院审判第一审公诉案件，从受理到宣判的最长时间限制。《刑事诉讼法》第 202 条对第一审程序的审理期限作了详细规定。其主要内容有：

（1）人民法院审理公诉案件，应当在受理后二个月以内宣判，至迟不得超过三个月。

（2）对于可能判处死刑的案件或者附带民事诉讼的案件，以及遇有《刑事诉讼法》第 156 条规定的情形之一的，经省、自治区、直辖市高级人民法院批准或者决定，可以再延长三个月。

（3）因特殊情况还需要延长的，报请最高人民法院批准。

（4）如遇人民法院改变管辖的案件，从改变后的人民法院收到案件之日起计算审理期限。

（5）人民检察院建议退回补充侦查的案件，补充侦查完毕移送人民法院后，人民法院可重新计算审理期限。

七、单位犯罪案件的审判程序

由于单位犯罪案件有其特殊性，因而对其也不宜完全适用一般的审判程序。对此最高人民法院的司法解释已作了一些特殊规定，主要内容如下：

（1）法院受理单位犯罪案件，除依照有关规定进行审查外，还应当审查起诉书中是否列明被告单位的名称、所在地，以及代表被告单位出庭的诉讼代表人的姓名、职务、联系方式。未按规定列明的，应当通知人民检察院在三日内补送。

（2）代表被告单位出庭的诉讼代表人，应当是单位的法定代表人或者主要负责人；法定代表人或者主要负责人被指控为单位犯罪直接负责的主管人员或者因客观原因无法出庭的，应当由单位委托其他负责人或者职工作为被告单位的诉讼代表人出庭。人民法院决定开庭审理单位犯罪案件，应当通知被告单位的诉讼代表人出庭。接到出庭通知的被告单位的诉讼代表人应当出庭；拒不出庭的，人民法院在必要的时候可以将之拘传到庭。

（3）人民法院审理单位犯罪案件，被告单位的诉讼代表人享有刑事诉讼法规定的有关被告人的诉讼权利。开庭时，诉讼代表人席位于审判台前左侧。被告单位需要委托辩护人的，参照有关规定办理。

（4）被告单位的违法所得及产生的收益，尚未依法追缴或者扣押、冻结的，人民法院应当根据案件具体情况，决定追缴或者扣押、冻结。为了保证判决的执行，人民法院可根据案件具体情况，先行扣押、冻结被告单位的财产或者由被告单位提供担保。

（5）人民法院审理单位犯罪案件，被告单位被注销或者宣告破产，但对单位犯罪直接负责的主管人员和其他直接责任人员应当负刑事责任的，人民法院应当继续审理。

第五节　"被告人认罪案件"审理程序①

"被告人认罪案件"审理程序，是指人民法院对被告人不争议被指控的基本犯罪事实，并自愿认罪的第一审公诉案件，经控辩双方同意而决定适用的在审理方式上比普通程序简化的审理程序。

一、适用范围

根据《关于适用普通程序审理"被告人认罪案件"的若干意见》的规定，适用被告人

---

① 本程序是由最高人民法院通过司法解释的方式确定的。根据新修改的《刑事诉讼法》的规定，"被告人认罪案件"一审程序基本上可以被"简易程序"吸收。由于最高人民法院目前还没有废除设立该程序的司法解释，故本节内容予以保留。特此说明。

认罪案件审理程序的案件应当同时满足下述条件：被告人对所指控的基本犯罪事实无异议，并自愿认罪的案件；属于第一审公诉案件。

下列案件不能适用这一简化程序：

(1) 被告人系盲、聋、哑人的；

(2) 可能判处死刑的；

(3) 外国人犯罪的；

(4) 有重大社会影响的；

(5) 被告人认罪但经审查认为可能不构成犯罪的；

(6) 共同犯罪案件中，有的被告人不认罪或者不同意适用该程序审理的；

(7) 其他不宜适用本程序审理的案件。

对于指控被告人犯数罪的案件，对被告人认罪的部分，可以适用该程序审理。

被告人认罪案件审理程序的适用，可由人民检察院提出书面建议，也可由人民法院征询控辩双方意见后决定适用。人民检察院认为可以适用该程序审理的案件，可以在提起公诉时书面建议人民法院适用。对于人民检察院没有建议的，人民法院经审查认为可以适用，应当征求人民检察院、被告人及辩护人的意见，人民检察院、被告人及辩护人同意的，可适用该程序。人民法院在决定适用前，应当向被告人讲明有关法律规定、认罪和适用该程序审理可能导致的法律后果，确认被告人自愿同意适用本程序审理。

人民法院对决定适用该程序审理的案件，应当书面通知人民检察院、被告人及辩护人。

二、"被告人认罪案件"审理程序的特点

"被告人认罪案件"的审理程序较之普通程序简化。该程序的主要特点是：

第一，审前程序上，人民法院在开庭前可以阅卷，不必受程式性审查原则的制约。

第二，庭审中，被告人可以不再就起诉书指控的犯罪事实进行供述；公诉人、辩护人、审判人员对被告人的讯问、发问可以简化或者省略；控辩双方对无异议的证据，可以仅就证据的名称及所证明的事项作出说明。合议庭经确认公诉人、被告人、辩护人无异议的，可以当庭予以认证。但对合议庭认为有必要调查核实的证据，控辩双方有异议的证据，或者控方、辩方要求出示、宣读的证据，应当出示、宣读，并进行质证；控辩双方主要围绕确定罪名、量刑及其他有争议的问题进行辩论。

第三，适用本程序的，人民法院一般当庭宣判。

第四，在适用该程序审理案件过程中，发现有不符合法律规定的情形的，人民法院应当决定不再适用该程序，转由普通程序审理。

第六节　简易程序

一、简易程序的概念和意义

简易程序，是指基层人民法院审理某些事实清楚、证据充分的被告人认罪刑事案件所适用的比普通程序相对简化的第一审程序。

简易程序的设置符合我国审判实践的客观需要，也顺应了世界多数国家刑事诉讼制度

改革发展的潮流。其重要意义在于：

（1）适应我国审判实践的客观需要，有利于实现惩罚犯罪、保护人民、维护公共安全和社会安定。

（2）深化刑事审判制度的改革，完善刑事审判程序，有利于刑事审判程序的科学化、合理化。

（3）合理利用审判资源，在现有条件下，力求降低审判成本，提高审判效率。

二、简易程序的适用范围

根据《刑事诉讼法》第208条的规定，基层人民法院管辖的案件，符合下列条件的，可以适用简易程序审判：

（1）案件事实清楚、证据充分的；

（2）被告人承认自己所犯罪行，对指控的犯罪事实没有异议的；

（3）被告人对适用简易程序没有异议的。

只有同时具备上述三个条件的基层人民法院管辖的案件，才能适用简易程序。

但有下列情形之一的，不适用简易程序：

（1）被告人是盲、聋、哑人，或者是尚未完全丧失辨认或者控制自己行为能力的精神病人的；

（2）有重大社会影响的；

（3）共同犯罪案件中部分被告人不认罪或者对适用简易程序有异议的；

（4）其他不宜适用简易程序审理的。

三、简易程序的特征

简易程序与普通程序比较，具有以下特征：

（1）简易程序只适用于第一审程序。

（2）简易程序只能由基层人民法院适用。

（3）适用简易程序审理的案件，必须是案件事实清楚、证据充分，被告人承认自己所犯罪行，对指控的犯罪事实和适用简易程序没有异议的刑事案件。

（4）适用简易程序审理的案件，不受刑事诉讼法关于送达期限、讯问被告人、询问证人和鉴定人、出示证据、法庭辩论程序规定的限制，大大简化了审理程序。

四、简易程序的内容

1. 审判组织。

适用简易程序审理案件，对可能判处三年有期徒刑以下刑罚的，可以组成合议庭进行审判，也可以由审判员一人独任审判；对可能判处的有期徒刑超过三年的，应当组成合议庭进行审判。

2. 对简易程序适用案件的审查。

适用简易程序审理案件，审判人员应当询问被告人对指控的犯罪事实的意见，告知被告人适用简易程序审理的法律规定，确认被告人是否同意适用简易程序审理。

3. 适用简易程序审理案件的庭审程序。

适用简易程序审理案件，经审判人员许可，被告人及其辩护人可以同公诉人、自诉人及其诉讼代理人互相辩论。适用简易程序审理案件，不受《刑事诉讼法》"第一审程序"中第一节关于送达期限，讯问被告人，询问证人、鉴定人，出示证据，法庭辩论程序规定的限制。但在判决宣告前应当听取被告人的最后陈述意见。

4. 人民检察院出庭支持公诉。

适用简易程序审理公诉案件，人民检察院应当派员出席法庭。

5. 简易程序审理期限。

适用简易程序审理案件，人民法院应当在受理后二十日以内审结；对可能判处的有期徒刑超过三年的，可以延长至一个半月。

五、简易程序的变更

简易程序的变更，是指人民法院对案件按简易程序审理，在审理过程中发现不适用简易程序的，应将案件变更按普通程序审理。这里的"不适用简易程序的"，主要是指被告人的行为可能不构成犯罪的；被告人可能不负刑事责任的；被告人当庭对起诉指控的犯罪予以否认的；案件事实不清和证据不足的这四种情况。除这四种情况外，如果发现案件本来就不该适用简易程序审理，或者其他不宜适用简易程序审理的，也应转为普通程序。

转为普通程序重新审理的公诉案件，人民法院应当在三日内将全案卷宗和证据材料退回人民检察院。

第七节　自诉案件的第一审程序

一、自诉案件的第一审程序的概念和特点

自诉案件的第一审程序，是指人民法院在自诉人、被告人及其他诉讼参与人的参加下，依法审理自诉案件的方式、方法和步骤。自诉案件的第一审程序有以下特点：（1）参加诉讼的国家机关一般来说只有法院，公安机关、检察机关不予介入；（2）诉讼阶段的步骤较少，没有侦查和提起公诉；（3）当事人对于诉讼程序的开始和终止，具有一定的决定作用。没有自诉人提起自诉，自诉案件的诉讼程序就不会开始；自诉人撤诉或自诉人与被告人达成了和解协议，案件的审理就可以终止。

二、刑事自诉案件的概念和种类

刑事自诉案件，是指被害人或其法定代理人、近亲属为追究被告人的刑事责任，直接向人民法院提起诉讼，由人民法院受理的刑事案件。根据《刑事诉讼法》第204条的规定，自诉案件包括下列三类案件：告诉才处理的案件；被害人有证据证明的轻微刑事案件；被害人有证据证明对被告人侵犯自己人身、财产权利的行为应当依法追究刑事责任，而公安机关或者人民检察院不予追究刑事责任的案件。

三、自诉案件受理的条件

自诉人起诉，应当提出起诉的事实根据，向人民法院提供必要的证据。起诉应当以书面形式进行，向法院递交符合规范的起诉状，并按被告人的人数提出副本。如果书写起诉状确有困难，可以口头起诉，由人民法院接待人员写成笔录，经宣读无误后，由自诉人签名或盖章。

根据最高人民法院的司法解释，人民法院受理的自诉案件必须符合下列条件：属于《刑事诉讼法》第 204 条规定的自诉案件；属于本法院管辖的；刑事案件的被害人告诉的；有明确的被告人、具体的诉讼请求和能证明被告人犯罪事实的证据；受理公诉转自诉的自诉案件，还应当有公安机关作出的撤销案件的书面决定或人民检察院作出的书面的不起诉决定。

人民法院应根据上述立案条件，对自诉案件分别情况作出如下处理：

1. 对于自诉案件，经审查有下列情形之一的，应当说服自诉人撤回自诉，或者裁定驳回起诉：（1）犯罪已超过追诉时效的；（2）被告人已经死亡的；（3）被告人下落不明的；（4）不属于自诉案件范围的；（5）缺乏罪证，自诉人提不出补充证据的；（6）除因证据不足而撤诉的以外，自诉人撤诉后，就同一事实又告诉的；（7）经法院调解结案后，自诉人反悔，就同一事实再行告诉的；（8）民事案件结案后，自诉人就同一事实再提出刑事自诉的。

2. 对于事实清楚，有足够证据的自诉案件，应当开庭审判。

3. 必须由人民检察院提起公诉的案件，应当移送人民检察院；如果被告人实施了两个以上的犯罪行为，既有公诉案件，又有自诉案件的，人民法院在审理公诉案件时，可以对自诉案件一并审理。

4. 对于已经立案，由于缺乏罪证自诉人撤回自诉或者被驳回起诉后又提出了新的足以证明被告人有罪证据的，人民法院应当受理。

5. 自诉人明知有其他共同侵害人，但只对部分侵害人提出起诉的，人民法院应当受理，并视为自诉人对其他侵害人放弃起诉权利。

6. 对于自诉人要求撤诉的，经审查后，认为自诉人系被强迫、威吓等原因，不是出于自愿的，人民法院应当不予准许；如果是确属自愿的，可以准许。

人民法院裁定驳回自诉，整个诉讼即告结束。这关系到自诉人的起诉权问题，并涉及案件的实体问题，因此，自诉人对这一裁定如果不服，有权提出上诉。

人民法院应当在收到自诉状或者口头起诉第二日起 15 日以内作出是否立案的决定，并书面通知自诉人。对不符合立案条件的，应当书面说明不予受理的理由。

四、自诉案件的特殊规定

自诉案件与公诉案件相比，有一定的特殊性。刑事诉讼法和最高人民法院的有关司法解释，还对自诉案件的审判作了一些特别的规定。这些特别规定包括以下几个方面：

（1）自诉案件可以进行调解。调解是指在审判人员主持下，通过对当事人双方进行说服和教育，由双方当事人协商，达成解决纠纷的协议。经法院调解，双方达成协议的，法院应当制作自诉案件调解书，由审判人员和书记员署名，并加盖人民法院印章。调解书送达后即发生法律效力，任何一方当事人不得对之提起上诉。经法院调解达不成协议，或者虽达成了协议但当事人一方或双方在调解书送达前反悔的，法院应当开庭审判。

人民法院审判自诉案件可以调解，但调解不是审判的必经程序。而且，《刑事诉讼法》

第 204 条第 3 项规定的公诉转自诉的案件不适用调解。如果自诉人要求撤诉，经过人民法院审查，确属自愿的，可以准许。

（2）自诉人在判决宣告以前，可以同被告人自行和解，撤回起诉。和解是自诉人同被告人自行协商，取得一致意见后，不再需要法院对双方的纠纷加以解决。

（3）自诉案件中的被告人或者他们的法定代理人在诉讼过程中，可以对自诉人提起反诉。反诉是指被告人作为被害人控告自诉人犯有与本案有关联的罪行，要求人民法院进行审判，追究自诉人刑事责任的诉讼活动。成立反诉，应具备下列条件：第一，反诉只能由自诉案件中的被告人或其法定代理人提出。第二，反诉的对象必须是自诉案件中的自诉人。第三，反诉提起的时间只能是在法院对自诉案件判决宣告前。第四，反诉所控告的犯罪行为必须是与自诉案件有关的犯罪行为。第五，反诉之案件必须是属于法院直接受理的告诉才处理或者被害人有证据证明的轻微的刑事案件。

（4）自诉案件的审理期限。人民法院审理自诉案件的期限，被告人被羁押的适用《刑事诉讼法》第 202 条第 1 款、第 2 款的规定，未被羁押的，应当在受理六个月以内宣判。

【引例评析】

人民法院对本案中没有起诉的盗窃事实进行审判的做法是错误的。因为盗窃案属公诉案件，以法院、检察院各自的职能，没有起诉就没有审判，法院对该案的审理，其审判内容超出了检察院起诉书中所指控的犯罪事实的范围。只有在检察院起诉的情况下，法院才能进行审判。

【本章小结】

第一审程序是人民法院对人民检察院提起公诉、自诉人提起自诉的案件进行审判时所适用的程序。第一审程序的任务是：通过开庭审理，人民法院在公诉人、当事人及其他诉讼参与人的参加下，客观、全面地审查证据，查明案件事实，并根据刑法规定，对被告人是否有罪、应否处刑以及处以何种刑罚，作出正确裁决，从而达到制裁犯罪，保障无罪的人不受刑事惩罚，并同时进行法制教育的目的。第一审程序主要包括对公诉案件或自诉案件进行审查、对决定开庭的案件进行庭前准备、开庭审理、作出裁判等内容。第一审程序是审判的基本的和必经的程序。刑事诉讼法各项基本原则都集中体现在第一审程序中。公诉案件的第一审普通程序分为庭前审查、庭前准备、开庭审理和作出判决几个步骤。自诉案件第一审程序与公诉案件第一审程序相比，在提起主体、提起自诉的条件、提起自诉的方式及审理程序上均有所区别。简易程序是基层法院审理某些事实清楚、情节简单的被告人认罪刑事案件所适用的比普通程序相对简化的审判程序。

【练习题】

一 名词解释

第一审程序　法庭调查　法庭辩论　延期审理　简易程序　自诉　反诉

二、思考题

1. 简述第一审程序的概念和意义。

2. 简述对公诉案件进行审查的内容和审查后的处理。

3. 简述法庭审判的程序。

4. 简述延期审理及其适用情况。

5. 试比较自诉案件第一审程序与公诉案件第一审程序的主要区别。

6. 简述简易程序的特点和适用范围。

7. 简述"被告人认罪案件"审理程序的适用条件和审理方式。

三、案例分析题

某县检察院以盗窃罪对童某提出公诉。县法院受理此案。在审理阶段，法院只允许被告人的律师李某查阅、复印本案的诉讼文书和技术性鉴定材料。李某了解到伍某对案情有所了解，遂申请法院通知伍某出庭作证，法院以李某无权申请为由予以拒绝。法院经审理认为，指控被告人童某盗窃犯罪的证据不足，但童某有重大犯罪嫌疑，于是判决被告人童某构成盗窃罪，从轻判处有期徒刑1年。

问题：

法院有哪些违反刑事诉讼法的行为？请说明理由。

分析要点提示：

第一，辩护律师有权申请人民检察院、人民法院收集调取证据，也可以申请人民法院通知证人出庭作证。第二，人民法院对证据不足、不能认定被告人有罪的，应当作出证据不足、指控不能成立的无罪判决。第三，辩护律师自人民检察院对案件审查起诉之日起，可以查阅、摘抄、复制本案的案卷材料。

第十六章 第二审程序

【本章引例】

某日，甲、乙、丙三被告身带匕首，上街闲逛，佯装在西瓜摊买瓜，与摊主纠缠，趁其不备，盗走人民币 670 元。之后，三人又以同样手段，盗窃人民币 515 元。第三次盗窃丁时，被丁察觉，丁抓起钱袋，护在胸前，三被告均掏出匕首威胁，并划伤丁的右臂，伤口长达 5 厘米。丁无奈，掏出 100 元人民币交给三被告。几日后，三被告又上街行窃时，被民警抓获，当场收缴匕首三把。提起公诉后，某区法院经过审理，以盗窃罪分别判处甲有期徒刑两年，乙有期徒刑一年零六个月，丙有期徒刑一年。三被告不服，提出上诉。第二审法院经过审理，认为未向丁收集证据，实属不当，以事实不清为由，裁定撤销第一审判决，发回原审法院重审。原审法院经过审理，查清了三被告对丁抢劫的犯罪事实，认定三被告犯有抢劫罪、盗窃罪，数罪并罚，判处甲有期徒刑四年，乙有期徒刑三年，丙有期徒刑两年。三被告人均不服，认为法院违背了上诉不加刑原则。

【本章学习目标】

通过本章的学习，应当掌握如下内容：

1. 第二审程序、上诉和抗诉的概念；
2. 两审终审制的概念、内容、意义及例外；
3. 有权提起上诉和抗诉的人员范围；
4. 全面审理原则和上诉不加刑原则。

第一节 第二审程序概述

一、两审终审制

（一）两审终审制的概念

《刑事诉讼法》第 10 条规定："人民法院审判案件，实行两审终审制。"所谓两审终审制，是指一个案件经过两级人民法院审判即告终结的制度，对于第二审人民法院作出的终审判决、裁定，当事人等不得再提出上诉，人民检察院不得按照上诉审程序提出抗诉。

我国人民法院的设置分为四级，即最高人民法院、高级人民法院、中级人民法院和基层人民法院。下级人民法院的审判工作要受上级人民法院的监督，二者之间是一种审级监督的关系。

根据两审终审制的要求，地方各级人民法院按照第一审程序对案件审理后所作的判决、裁定，尚不能立即发生法律效力，只有在法定期限内，有上诉权的人没有提起上诉，同级人民检察院也没有提出抗诉，第一审法院所作出的判决、裁定才发生法律效力。在法定的期限内，如果有上诉权的人提出了上诉，或者同级人民检察院提出了抗诉，上一级人民法院应当对该案件再进行审判。上一级人民法院审理第二审案件作出的判决、裁定，都是终审判决、裁定，立即发生法律效力。经过这样两级法院对案件进行审判后，该案的审判即行终结，故又称四级两审终审制。

（二）两审终审制的特殊和例外情况

两审终审制作为一项基本的审判制度，也存在特殊和例外情况，分述如下。

1. 特殊情况。

由于是否提起上诉是当事人的权利，并且存在死刑案件这类特殊的刑事案件，因此，在刑事诉讼进行过程中，有些案件实际并不需要经过两审就发生法律效力，而有些案件即使经两审终审后也不能立即发生法律效力，交付执行。特说明如下：

（1）在法定期限内，有上诉权或抗诉权的人或机关没有提出上诉或抗诉的案件。合法的上诉或抗诉是开始第二审程序必须具备的前提，如果不存在这个前提，即在法定期限内，有上诉权或抗诉权的人或机关没有提出上诉或抗诉，那么地方各级法院对第一审案件所作出的裁判，也应发生法律效力，交付执行，而不应再两审终审。这与两审终审制原则并无矛盾，只不过是有上诉权或抗诉权的人或机关根据自己的意志，自愿地选择放弃行使该项权利。

（2）判处死刑的案件。两审终审制是就刑事诉讼中的普通程序而言的，而死刑案件是特殊的案件，为确保质量，必须依法经过死刑复核的特殊诉讼程序后，其判决始发生法律效力。但它们同样属于两审终审，因为最高人民法院、高级人民法院对这类案件的复核并不属于一个审级，有上诉权或抗诉权的人和机关不能对这类案件的二审裁判提起上诉或抗诉。

2. 例外情况。

两审终审制的唯一例外，是最高人民法院审理的第一审案件为一审终审，即两审终审制只适用于地方各级人民法院审判的第一审案件，而不适用于最高人民法院审判的第一审案件。因为最高人民法院是我国的最高审判机关，经其审判的一切案件，宣判后均立即生效，不存在按照上诉审程序提出上诉、抗诉的问题。

（三）两审终审制的意义

实行两审终审制是根据我国国情和司法的实际需要确定的，其意义在于：

（1）可以使错误的一审判决、裁定，在尚未发生法律效力之前，得到及时的纠正，从而有利于法律的正确执行，确保办案质量。

（2）上级人民法院通过审判上诉、抗诉案件，可以指导和监督下级人民法院的审判工作，从而有利于发挥审级监督的作用，改进审判工作。

（3）可以防止诉讼拖延，保证准确、及时地打击犯罪分子，节省人力、财力，便利公民诉讼。

二、第二审程序的概念和特点

第二审程序又称上诉审程序，是第二审人民法院根据上诉人的上诉或者人民检察院的抗诉，就第一审人民法院尚未发生法律效力的判决或裁定认定的事实和适用的法律进行审理时所应当遵循的步骤和方式、方法。它是刑事诉讼中一个独立的诉讼阶段。

正确理解上述概念，要注意以下三点：

（1）不能简单地认为第二审程序就是对同一案件进行第二次审理的程序。因为对同一案件的第二次审理可能是第二审程序，也可能是审判监督程序。

（2）第二审程序并不是审理刑事案件的必经程序。一个案件是否经过第二审程序，关键在于上诉人或检察机关是否依法提起了上诉或抗诉。

（3）除基层人民法院以外的各级人民法院，都可以成为上级人民法院，因此，中级人民法院、高级人民法院和最高人民法院对于它的下一级法院来说，都是第二审人民法院，对于不服下一级法院第一审判决或裁定而提出上诉或抗诉的，都要适用第二审程序审理、裁判。

三、第二审程序的任务和意义

第二审程序的任务是：第二审人民法院对第一审人民法院作出的判决或裁定所认定的事实是否清楚，证据是否确实、充分，适用法律是否正确，诉讼程序是否合法，进行全面审查和审理，并依法作出判决或裁定，以维持正确的一审判决和裁定，纠正错误的一审判决和裁定。

第二审程序的意义是多方面的，主要是：

（1）通过第二审程序，维护一审法院的正确裁判。一审法院作出的判决、裁定并不当然生效，当事人或检察机关可通过有效上诉或抗诉使之不发生法律效力。通过第二审程序，可使这些正确的裁决发生效力，并具有执行效力。

（2）通过第二审程序，纠正一审法院的错误裁判，准确地惩罚犯罪分子，保护被告人的合法权益。通过第二审可以及时纠正第一审法院的错误裁判，保证生效判决的正确性。这样做既有利于准确地惩罚犯罪分子，保护被害人的人身权利和其他权益，又能使无罪的人免受刑罚处罚，有效地保护被告人的合法权益。

（3）有利于上级人民法院监督和指导下级人民法院的审判工作，保证办案质量。上级人民法院通过撤销、变更下级法院所作的错误裁判，发现和排除下级法院审判工作中存在的问题和缺点；通过维护下级法院的正确判决，肯定下级人民法院审判工作中的正确方面，这样做有利于下级人民法院总结经验教训，发扬成绩，改进不足，提高办案质量，保证人民法院审判权的正确行使。

第二节　第二审程序的提起

一、有权上诉、抗诉的人员和机关

根据《刑事诉讼法》第216条的规定，有权提起上诉的人员是：自诉人、被告人或者他们的法定代理人，以及经被告人同意的辩护人、近亲属，还有附带民事诉讼的当事人及其法定代理人。有权提出抗诉的机关是地方各级人民检察院。由于各种上诉人在刑事诉讼中所处的地位不同，刑事诉讼法对他们的上诉权限也作了不同的规定：

（1）自诉人、被告人在诉讼活动中分别处于原告和被告一方，人民法院审理该案件所作出的判决、裁定与他们有直接的利害关系，所以法律规定他们有独立的上诉权，只要他们之中有人依法提出上诉，就引起第二审程序。

（2）法定代理人作为未成年人或者精神病人这类不能进行正常诉讼活动的自诉人、被告人的合法权益的维护者，法律赋予他们以独立的上诉权，他们的上诉，即使被告人、自诉人不同意，也是有效的。

（3）被告人的辩护人和近亲属不具有独立的上诉权，而是有条件地享有上诉权。即被告人的辩护人和近亲属只有在征得被告人或其法定代理人的同意后，才可以提出上诉。

（4）附带民事诉讼的当事人和他们的法定代理人享有部分的上诉权，他们可以对判决、裁定中的附带民事诉讼部分提出上诉。这种上诉并不影响刑事判决、裁定在上诉期满后发生法律效力和执行。

（5）公诉案件中的被害人及其法定代理人虽然具有当事人的诉讼地位，但是我国法律并未赋予其上诉的权利，而是给予其请求抗诉的权利。根据《刑事诉讼法》第218条的规定，被害人及其法定代理人不服地方各级人民法院第一审的判决的，自收到判决书后五日以内，有权请求人民检察院提出抗诉。

为了保证被告人行使上诉权，《刑事诉讼法》第216条第3款明确规定，对被告人的上诉权，不得以任何借口加以剥夺。任何剥夺或者侵犯被告人的上诉权的行为，既是被告人及其近亲属依法提出申诉和控告的理由，也是第二审人民法院撤销原判的法定依据，均被视为严重违反诉讼程序的行为。

《刑事诉讼法》第217条规定，地方各级人民检察院认为本级人民法院第一审的判决、裁定确有错误的时候，应当向上一级人民法院提出抗诉。人民检察院是国家法律监督机关，对于人民法院的审判活动是否合法，应当实行监督。对于那些对被告人有利或不利的错误判决、裁定，人民检察院都应当提起抗诉。

二、上诉、抗诉的理由

刑事诉讼法对于提出上诉的理由没有作出规定，因此，上诉人在法定期限内提出上诉，不论是否说明了理由，也不论理由是否充分，均应允许。而根据《刑事诉讼法》第217条的规定，人民检察院只有在有充分的根据认定原判决、裁定"确有错误"时，才能提出抗诉。抗诉的理由，归纳起来有以下几点：

（1）判决、裁定在认定事实上有错误，或者缺乏确实、充分的证据；

（2）判决、裁定在适用法律、定罪量刑上有错误；

（3）违反诉讼程序，使当事人依法享有的诉讼权利受到侵犯，可能影响判决、裁定的正确性。

三、上诉、抗诉的方式

上诉既可以上诉状的方式提出，也可以口头提出。用口头提出上诉的，人民法院应制成笔录，由上诉人阅读或者向他宣读后，上诉人应当签名或者盖章。用上诉状提出上诉的，一般应当有上诉状正本及副本。上诉状的内容应当包括：第一审判决书、裁定书的文号和上诉人收到的时间；第一审法院的名称；上诉的请求和理由；提出上诉的时间；上诉人签名或者盖章。如果是被告人的辩护人、近亲属经被告人同意提出上诉的，还应当写明提出上诉的人与被告人的关系，并应当以被告人作为上诉人。

根据《刑事诉讼法》第220条的规定，上诉人上诉可以通过原审人民法院提出，也可以直接向第二审人民法院提出。

通过原审人民法院提出上诉的，原审人民法院应当在三日以内将上诉状连同案卷、证据移送上一级人民法院，同时将上诉状副本送交同级人民检察院和对方当事人。

上诉人直接向第二审人民法院提出上诉的，第二审人民法院应当在三日以内将上诉状交原审人民法院，原审人民法院将上诉状副本送交同级人民检察院和对方当事人，并将全部案卷、证据材料报送上一级人民法院。

上诉人如果在上诉期限内要求撤回上诉的，应当允许。在上诉期满后提出撤回上诉的，应当由第二审人民法院进行审查。第二审人民法院如果认为原判决认定事实清楚、适用法律正确、量刑适当的，应当裁定准许撤回上诉；如果认为原判事实不清，证据不足或者量刑不当的，应当不准撤回上诉，依照第二审程序进行审理。

提出抗诉的方式，《刑事诉讼法》第221条作了规定，即地方各级人民检察院认为同级人民法院第一审判决、裁定确有错误而决定抗诉时，必须制作抗诉书。抗诉书应通过原审人民法院提交，同时还应抄送上一级人民检察院。原审人民法院接到抗诉书后，应将抗诉书连同案卷、证据移送上一级人民法院，并将抗诉书副本送交当事人。上级人民检察院接到下级人民检察院抄送的抗诉书后，应就抗诉的理由和根据进行认真审核。如果认为抗诉不当，可以直接向同级人民法院撤回下级人民检察院这一抗诉，并且将撤回抗诉的情况通知下级人民检察院。对于人民检察院在抗诉期限内撤回抗诉的，第一审人民法院不再移送案件；如果是在抗诉期满后撤回抗诉的，第二审人民法院应当裁定准许，并通知第一审人民法院和当事人。

四、上诉、抗诉的期限

对地方各级人民法院第一审判决、裁定的上诉或者抗诉，应当在法定的上诉或抗诉期间内提出。《刑事诉讼法》第219条规定，不服判决的上诉和抗诉的期限为十日，不服裁定的上诉和抗诉的期限为五日，从接到判决书、裁定书的第二日起算。

对附带民事判决或者裁定的上诉、抗诉期限，应当按照刑事部分的上诉、抗诉期限确定。如果原审附带民事部分是另行审判的，上诉期限应当按照民事诉讼法规定的期限执行。

第三节　第二审程序的审判

一、对上诉、抗诉案件的审查

第二审人民法院对第一审人民法院移送上诉、抗诉的案卷，应当审查是否包括下列内容：

（1）移送上（抗）诉案件函；

（2）上诉状或者抗诉书；

（3）第一审判决书或者裁定书的份数；

（4）全部案卷材料和证据，包括案件审结报告和其他应当移送的材料。

如果上述材料齐备，第二审人民法院应当收案；材料不齐备或不符合规定的，应当通知第一审人民法院及时补充。

二、第二审程序的特有原则

（一）全面审查原则

根据《刑事诉讼法》第 178 条、第 223 条及相关司法解释的规定，第二审人民法院审判上诉、抗诉案件一律由合议庭进行，而且合议庭的组成人员都必须为法官，人数为三人至五人。合议庭由符合任职条件的法官担任审判长。院长或庭长参加合议庭审判案件的时候，自己担任审判长。

《刑事诉讼法》第 222 条规定，第二审人民法院应当就第一审判决认定的事实和适用的法律进行全面审查，不受上诉或者抗诉范围的限制。共同犯罪的案件只有部分被告人上诉的，应当对全案进行审查，一并处理。这就是我国第二审人民法院全面审查的法定原则。第二审人民法院对案件的全面审查，主要体现在如下方面：第一，不仅要对上诉或者抗诉所提出的内容进行审查，而且要对上诉或者抗诉没有提出但为第一审判决所认定的事实、适用的法律以及适用的程序进行审查。第二，对共同犯罪案件，不仅要审查提出上诉的被告人的部分，也要审查未提出上诉的被告人的部分。第三，对共同犯罪案件，即使上诉人死亡了，其他被告人并没有上诉，也应当对案件进行全面审查，审查后对已死亡的上诉人不构成犯罪的，应当宣告无罪；审查后认为构成犯罪的，应当宣告终止审理，对其他同案被告人仍应当作出判决或裁定。第四，对附带民事诉讼部分提出上诉的，不仅要审查附带民事诉讼部分，也要审查刑事诉讼部分，以正确确定民事责任。

在司法实践中，对于上诉、抗诉案件的全面审查应当着力于以下的内容：

（1）第一审判决认定的事实是否清楚，证据是否确实、充分，证据之间有无矛盾；

（2）第一审判决适用法律是否正确，量刑是否适当；

（3）在侦查、起诉、第一审程序中，有无违反法律规定的诉讼程序的情形；

（4）上诉、抗诉是否提出了新的事实和证据；

（5）被告人供述、辩解的情况；

（6）辩护人的辩护意见以及采纳的情况；

（7）附带民事判决、裁定是否适当；

（8）第一审法院合议庭、审判委员会讨论的意见等。

以上内容审查后，应当写出审查报告。

第二审人民法院在全面审查的基础上，对案件要作出全面处理，即通盘考虑上诉、抗诉的理由是否充分，第一审判决、裁定是否正确，程序是否合法，从而使上诉状或抗诉书已指出的和未指出的、涉及已上诉或未上诉的被告人的错误判决和裁定都得到纠正。比如，第一审判决、裁定对上诉人认定事实和适用法律正确，而对未上诉的人认定事实和适用法律不正确或者量刑不当的，应裁定驳回上诉人的上诉，对未上诉而存在错误裁判的人要撤销原审有关的判决或裁定，予以改判。

（二）上诉不加刑原则

1. 含义。

我国的上诉不加刑原则，是指第二审人民法院审判被告人一方上诉的案件，不得以任何理由加重被告人刑罚的一项审判原则。《刑事诉讼法》第 226 条第 1 款规定："第二审人民法院审理被告人或者他的法定代理人、辩护人、近亲属上诉的案件，不得加重被告人的刑罚。第二审人民法院发回原审人民法院重新审判的案件，除有新的犯罪事实，人民检察院补充起诉的以外，原审人民法院也不得加重被告人的刑罚。"这是我国关于上诉不加刑原则在法律上的具体体现。法律规定的这一上诉不加刑原则的具体含义是：

（1）上诉是被告人的合法权利，不论上诉理由是否得当，都不能以被告人不服判决或态度不好为由在二审判决中加重原判刑罚。

（2）仅有被告人一方上诉的案件，二审法院审理后确认应按《刑事诉讼法》第 225 条第 2 项进行改判时，即使原判量刑畸轻，也不得加重被告人的刑罚。

（3）仅有被告人一方上诉的案件，二审法院审理后，确需按《刑事诉讼法》第 225 条第 3 项规定发回原审法院重审的，除有新的犯罪事实，人民检察院补充起诉的以外，原审人民法院也不得加重被告人的刑罚。

《刑事诉讼法》第 226 条第 2 款规定："人民检察院提出抗诉或者自诉人提出上诉的，不受前款规定的限制。"这就是说，人民检察院提出抗诉的案件或自诉人提出上诉的案件，不论被告人是否提出了上诉，如果第一审判决确属过轻，第二审人民法院可以改判加重被告人的刑罚。

2. 意义。

在刑事诉讼中坚持上诉不加刑原则具有以下重要意义：

（1）有利于保障被告人依法行使上诉权。我国宪法规定，被告人有权获得辩护。如果他们提出上诉后，二审法院不仅没有宣告无罪或减刑反而加重了刑罚，则必然增加被告人一方上诉的思想顾虑，甚至导致在一审法院判决确有错误的情况下也不敢上诉。这样，在客观上就会限制被告人行使上诉权，也使确有错误的一审判决不能得到及时的纠正。实行上诉不加刑原则，就可以消除被告人的顾虑，使其能按照自己的意志依法行使法律赋予的上诉权利。

（2）有利于维护上诉制度，保证人民法院正确行使审判权。上诉不加刑原则，可以消除被告人的思想顾虑，使其大胆申述上诉理由，保证上诉制度的切实实行。这样就有利于二审全面审查一审判决是否存在错误，维持正确的判决，纠正错误的判决，保证国家审判权的正确行使。

（3）有利于促使人民检察院履行审判监督职责。人民检察院是国家的法律监督机关，由于法律确立了被告人一方上诉不加刑的原则，这就要求人民检察院认真履行审判监督、依法积极履行抗诉的职责。

3. 适用时应注意的问题。

在司法实践中对上诉不加刑原则的适用还应注意如下问题：

（1）一审宣告缓刑的判决，被告人提出上诉，第二审人民法院认为宣告缓刑不当，是否可以裁定撤销缓刑，执行原判实刑？根据最高人民法院的有关司法解释，对被告人判处拘役或者有期徒刑宣告缓刑的，二审法院不得撤销原判决宣告的缓刑或者延长缓刑考验期。

（2）被告人上诉的案件，二审法院认为原判认定事实没有错误，只是认定罪名不当，必须依法改判，重新确定罪名的，二审法院改判可以适用比原判较重的罪名。但是，如果由于罪名的变更需要改变刑罚，则要受上诉不加刑原则的限制，改判的刑罚不得重于原判的刑罚。

（3）被数罪并罚的被告人上诉的案件，二审法院既不能加重实际执行的刑期，也不能在不改变实际执行刑期的情况下，加重数罪中的某一个罪或几个罪的刑罚，因为这样做就必然增加被告人的总和刑，也属于加刑的范畴。

（4）共同犯罪的案件，只有部分被告人上诉的，二审法院不得加重对未上诉被告人的刑罚，以避免未上诉的部分被告人因部分被告人上诉而招致不利后果。另外，共同犯罪案件中，人民检察院只对部分被告人的判决提出抗诉的，对其他原审被告人也不得加重刑罚。

（5）自诉案件的自诉人和被告人同时提出上诉，二审法院可以根据案件的实际情况，依法改判，既可减轻被告人的刑罚，也可以加重被告人的刑罚，还可以维持原判。

人民检察院提出抗诉或者自诉人提出上诉的案件，不受上诉不加刑原则的限制。

三、上诉、抗诉案件的审理方式和程序

《刑事诉讼法》第223条规定，第二审人民法院对于下列案件，应当组成合议庭，开庭审理。第二审人民法院决定不开庭审理的，应当讯问被告人，听取其他当事人、辩护人、诉讼代理人的意见，对事实清楚的，可以不开庭审理。对人民检察院抗诉的案件，第二审人民法院应当开庭审理。该条款表明，我国第二审程序对上诉案件和抗诉案件的审理方式作了不同的规定。对于上诉案件，二审的审理方式包括开庭审理和调查讯问式审理两种。

（一）开庭审理的方式

开庭审理，是指在合议庭的主持下，由检察人员和诉讼参与人参加，通过法庭调查和辩论、评议、宣判等步骤审理案件。适用开庭审理的二审案件主要有如下四类：

（1）被告人、自诉人及其法定代理人对第一审认定的事实、证据提出异议，可能影响定罪量刑的上诉案件；

（2）被告人被判处死刑的上诉案件；

（3）人民检察院抗诉的案件；

（4）其他应当开庭审理的案件。

由于第二审人民法院开庭审理的程序是在一审程序的基础上进行的，所以《刑事诉讼法》第231条规定，除法律已有规定的以外，参照第一审程序的规定进行。但是，第二审程序又不完全等同于第一审程序，还有其自身的一些特点，因而第二审人民法院在开庭审理上诉或者抗诉案件时，除参照第一审程序的规定外，还应当依照下列程序进行。

1. 开庭前的准备。

根据《刑事诉讼法》第224条的规定，人民检察院提出抗诉的案件或者应当要求人民检察院派员出庭的案件，第二审人民法院应当在决定开庭审理后及时通知人民检察院查阅

案卷，做好出庭准备。人民检察院应当在一个月内查阅完毕。人民检察院查阅案卷的时间不计入审理期限。

在第二审程序中，被告人除自行辩护外，还可以委托辩护人辩护。共同犯罪案件，只有部分被告人上诉或者人民检察院只就第一审人民法院对部分被告人的判决提出抗诉的，其他同案被告人也可以委托辩护人辩护。

人民法院决定开庭前，应提审在押被告人，传唤其他当事人，通知当事人的辩护人、法定代理人、证人、鉴定人等到庭。被告人没有委托辩护人而又属于《刑事诉讼法》第34条规定情形的，依法为其通知法律援助机构指派辩护人。

2. 开庭审理。

在法庭调查阶段，审判长或者审判员宣读第一审判决书、裁定书后，由上诉人陈述上诉理由或者由检察人员宣读抗诉书；如果是既有上诉又有抗诉的案件，先由检察人员宣读抗诉书，再由上诉人陈述上诉理由；法庭调查的重点要针对上诉或者抗诉的理由，全面查清事实、核实证据。

在法庭辩论阶段，对上诉案件，应当先由上诉人、辩护人发言，再由检察人员及对方当事人发言；对抗诉案件，应当先由检察人员发言，再由被告人、辩护人发言；对于既有上诉又有抗诉的案件，应当先由检察人员发言，再由上诉人和他的辩护人发言，然后依次进行辩论。对于共同犯罪案件中没有提出上诉的被告人，或者是没有被抗诉的被告人，也应当让其参加法庭调查、法庭辩论。被害人有权参加法庭审理。

辩论终结后，上诉人（被告人）有权进行最后陈述，然后由合议庭评议，作出裁判。

鉴于开庭审理的方式是在检察人员、当事人和其他诉讼参与人的参加下，当庭核实证据，充分听取诉讼双方的意见，便于合议庭全面弄清案件事实真相，通盘考虑定罪量刑，确保审判质量，因此，第二审法院应尽量采用这种开庭审理的方式。根据《刑事诉讼法》第223条第3款的规定，第二审法院开庭审理上诉、抗诉案件，既可以在第二审人民法院所在地进行，也可以到案件发生地或者原审人民法院所在地进行。刑事诉讼法充分考虑到我国地域辽阔，一些边远地区交通不便，有的一审、二审法院相距甚远等实际情况，从方便诉讼参与人参加诉讼，有利于正确、及时地处理案件的目的出发，作出了这样变通、灵活的规定。

（二）调查讯问的审理方式

调查讯问的审理方式，就是指第二审人民法院的合议庭对上诉案件，经过阅卷和讯问被告人，在听取其他当事人、辩护人、诉讼代理人的意见后，认为案件事实清楚，可以不开庭审理即作出判决或裁定的审理方式。

采用调查讯问的审理方式，一般适用于那些事实清楚的上诉案件。而事实清楚的判断标准，法律并未加以明确规定，理论上应理解为是第二审人民法院的合议庭经过阅卷、调查、讯问，认为第一审认定的事实清楚，证据确实、充分，从诉讼经济的方面考虑，可以对这类案件不开庭审理。根据最高人民法院的司法解释，经过审查，发现原判事实不清，证据不足，或者违反法定程序，需要发回重新审判的，也可以通过这种审理方式审理。这样做有利于提高二审法院的办案效率，在保证办案质量的前提下，使之成为开庭审理方式的必要补充。

采用调查讯问的方式审理案件，应当遵循下列程序：

（1）根据《刑事诉讼法》第178条第4款的规定，由审判员三至五人组成合议庭。

（2）合议庭成员共同阅卷，并制作阅卷笔录。阅卷的目的是全面了解案件事实、情节和相关证据，以便查明案件事实是否清楚，证据是否确实、充分，一审适用法律是否正确，定罪量刑是否适当，诉讼程序是否合法。

（3）讯问被告人。合议庭通过直接讯问和听取被告人对一审判决的意见，以及对案件事实的供述和辩解，注意分析被告人前后供述、辩解中的矛盾点和疑点，运用事实和证据核查被告人的口供。

（4）听取诉讼参与人的意见。合议庭要认真听取案中其他当事人、辩护人、诉讼代理人的意见，还要听取检察人员的意见；既要听取有关案件事实和证据方面的意见，又要听取一审法院对被告人定罪量刑方面的意见。

（5）经合议庭评议，认为案件事实与一审认定的没有变化，证据确实、充分的，可以不开庭审理即作出相应的处理决定。

四、对上诉、抗诉案件的处理

（一）对上诉、抗诉案件的处理

根据《刑事诉讼法》第 225 条至第 227 条的规定，第二审法院对不服第一审判决的上诉、抗诉案件进行审理后，应按下列情形分别作出处理：

1. 原判决认定事实正确，证据确实、充分，适用法律正确，量刑适当的，应当裁定驳回上诉或抗诉，维持原判。

2. 原判决认定事实没有错误，但适用法律有错误或者量刑不当的，例如，混淆了罪与非罪的界限，认定犯罪性质不准、罪名不当，量刑畸轻、畸重，或者重罪轻判，或者轻罪重判等，第二审法院应当撤销原判，重新判决，并在判决中阐明改判的根据和理由。

3. 原判决事实不清楚或者证据不足的，可由第二审法院查清事实后改判，也可以裁定撤销原判，发回原审人民法院重新审判。原审人民法院对于依此条规定发回重审的案件作出判决后，被告人提出上诉或者人民检察院提出抗诉的，第二审人民法院应当依法作出判决或者裁定，不得再发回原审法院重新审判。

4. 发现一审法院有下列违反法律规定的诉讼程序的情形之一的，应当裁定撤销原判，发回原审人民法院重新审判：（1）违反法律有关公开审判的规定的；（2）违反回避制度的；（3）剥夺或者限制了当事人的法定诉讼权利，可能影响公正审判的；（4）审判组织的组成不合法的；（5）其他违反法律规定的诉讼程序，可能影响公正审判的。在上述五种情形中，第二审人民法院如遇第（1）、（2）、（4）种情形时，应发回原审人民法院重新审判。因为公开审判原则、回避制度、审判组织的组成均是我国刑事诉讼法中最基本的诉讼原则和制度，违反这些基本原则与制度，势必影响案件的公正审理；但对第（3）、（5）种情形是否一律发回重审，则可视案件的具体情况而定，对于那些违反诉讼程序，可能影响公正审判的，应当发回重审；如违反诉讼程序的程度较轻，且并未发生审判不公正的结果，则可由二审法院根据情况酌定是否发回重审，并辅以审判监督函等形式予以指正。

发回原审人民法院重新审判的案件，按第一审程序进行审理，对其判决、裁定仍可上诉或抗诉；发回重审的案件，应当另行组成合议庭审理。

第二审人民法院作出的判决或者裁定，除死刑案件"法定刑以下处刑"的案件外，均是终审的判决和裁定，一经宣告即发生法律效力，上诉人及其法定代理人等不得再行上诉，人民检察院也不得再按二审程序提起抗诉。第二审人民法院可以自行宣告裁判，也可以委托原审人民法院代为宣告。

（二）对附带民事诉讼案件的处理

关于第二审人民法院对刑事附带民事案件的处理，应当根据上诉、抗诉的具体情况进行区分，并按照最高人民法院的有关司法解释予以处理：

（1）第二审人民法院审理附带民事上诉案件，如果发现刑事和附带民事部分均有错误需依法改判的，应当一并审理，一并改判。

（2）第二审人民法院审理的刑事上诉、抗诉案件，附带民事诉讼部分已经发生法律效力的，如果发现第一审判决或者裁定中的民事部分确有错误，应当对民事部分按照审判监督程序予以纠正。

（3）第二审人民法院审理对附带民事部分上诉案件，刑事部分已经发生法律效力的，如果发现第一审判决或者裁定中的刑事部分确有错误，应当按照审判监督程序对刑事部分进行再审，并将附带民事诉讼部分与刑事部分一并审理。

（三）对自诉案件的处理

对一审法院判决后当事人不服提出上诉的刑事自诉案件，第二审人民法院也可以在二审程序中对诉讼的双方进行调解，当事人也可以自行和解。调解结案的，二审法院应当制作调解书，原判决、裁定视为自动撤销；当事人自行和解的，由二审人民法院裁定准许撤回自诉，并撤销原判决或者裁定。第二审人民法院对于调解结案或者当事人自行和解的案件，如果被告人已被采取强制措施的，应当立即予以解除。

在第二审程序中，当事人提出反诉的，第二审人民法院应当告知其另行起诉。在第二审附带民事部分审理中，原审民事原告人增加独立的诉讼请求或者原审民事被告人提出反诉的，第二审人民法院可以根据当事人自愿的原则就新增加的诉讼请求或者反诉进行调解，调解不成的，告知当事人另行起诉。

五、上诉、抗诉案件的审理期限

根据刑事诉讼法的规定，第二审人民法院受理上诉、抗诉案件，应当在二个月内审结。对于可能判处死刑的案件或者附带民事诉讼的案件，以及交通十分不便的边远地区的重大复杂案件，重大的犯罪集团案件，流窜作案的重大复杂案件，犯罪涉及面广、取证困难的重大复杂案件，经省、自治区、直辖市高级人民法院批准或决定，可以再延长二个月。因特殊情况还需要延长的，报请最高人民法院批准。但是，最高人民法院受理上诉、抗诉案件的审理期限，由最高人民法院决定。对第二审人民法院发回原审人民法院重新审判的案件，原审人民法院从收到发回的案件之日起，计算审理期限。

六、查封、扣押、冻结的犯罪嫌疑人、被告人的财物及其孳息的处理

公安机关、人民检察院和人民法院对查封、扣押、冻结的犯罪嫌疑人、被告人的财物及其孳息，应当妥善保管，以供核查，并制作清单，随案移送。任何单位和个人不得挪用或者自行处理。对被害人的合法财产，应当及时返还。对违禁品或者不宜长期保存的物品，应当依照国家有关规定处理。

对作为证据使用的实物应当随案移送，对不宜移送的，应当将其清单、照片或者其他

证明文件随案移送。

人民法院作出的判决，应当对查封、扣押、冻结的财物及其孳息作出处理。

人民法院作出的判决生效以后，有关机关应当根据判决对查封、扣押、冻结的财物及其孳息进行处理。对查封、扣押、冻结的赃款赃物及其孳息，除依法返还被害人的以外，一律上缴国库。

司法工作人员贪污、挪用或者私自处理查封、扣押、冻结的财物及其孳息的，依法追究刑事责任；不构成犯罪的，给予处分。

【引例评析】

三被告人认为法院违背上诉不加刑原则，这是误解。

本案中的第二审法院并未对三被告人直接改判加刑，而是依照刑事诉讼法的有关规定，撤销第一审判决，发回原审法院重新审判。原审法院重新审判经第二审法院发回的案件，实质上是第一审案件，不受刑事诉讼法规定的上诉不加刑原则的限制。原审法院经过审理，查清了三被告人犯有抢劫罪、盗窃罪的犯罪事实，依照法律规定，数罪并罚三被告人并无不当，与上诉不加刑原则不相悖。

【本章小结】

第二审程序是第二审法院根据上诉或抗诉，就第一审法院尚未生效的裁判所认定的事实和适用的法律进行审理时所适用的程序。它是刑事诉讼中一个相对独立的诉讼程序。通过第二审程序的审理，维护正确的裁判，纠正错误的裁判，贯彻两审终审原则、全面审理原则和上诉不加刑原则，既有利于保障当事人的权利，又有利于实现上级人民法院监督和指导下级人民法院的审判工作，保证办案质量。

【练习题】

一　名词解释

审级制度　两审终审制　上诉　抗诉　上诉不加刑

二　思考题

1. 什么是第二审程序？
2. 有权上诉、抗诉的人员和机关有哪些？
3. 如何正确理解全面审理原则？
4. 如何正确理解和适用上诉不加刑原则？
5. 如何处理被查封、扣押、冻结的犯罪嫌疑人、被告人的财物及其孳息？

三　案例分析题

陈某、李某合伙实施盗窃，陈某被判处有期徒刑10年，李某被判处有期徒刑3年。陈某、李某未上诉，人民检察院认为对李某的量刑过轻，仅就李某的量刑问题提出抗诉。

问题：

在二审程序中，陈某享有哪些权利？

A. 参加法庭调查。

B. 参加法庭辩论。

C. 委托辩护人辩护。

D. 二审法院不得加重其刑罚。

分析要点提示：

第一，注意上诉不加刑原则的适用范围；第二，上诉、抗诉案件的开庭审理中，被抗诉人有出席法庭审理，参加法庭调查、法庭辩论的权利；第三，二审中当事人享有委托辩护人的权利。

第十七章 死刑复核程序

【本章引例】

被告人甲担任户籍民警期间，利用职务便利，先后非法为26人办理"农转非"户口，共计索贿57万元。案发后，赃款全部追缴。一审法院以受贿罪判其死刑，立即执行，剥夺政治权利终身。宣判后，当事人不上诉，检察院不抗诉。高级人民法院复核时，认为被告人虽已构成受贿罪，应予严惩，但考虑其已全部退回赃款，后果不是特别严重，提审后改判其死刑，缓期二年执行。

【本章学习目标】

通过本章的学习，应当掌握如下内容：

1. 死刑复核程序的特点；
2. 有复核权或核准权的人民法院；
3. 死刑复核程序的任务和意义；
4. 死刑立即执行案件的复核程序和判处死刑缓期执行案件的复核程序。

第一节 死刑复核程序的概念和意义

一、死刑复核程序的概念

死刑是剥夺犯罪分子生命的刑罚方法。我国法律一方面把死刑当做打击犯罪、保护人民的有力武器，另一方面采取非常慎重使用的方针，从实体法上严格控制死刑的适用范围，从程序法上对判处被告人死刑的案件，在普通审判程序之外，规定了一个特别的审查核准程序——死刑复核程序。

死刑复核程序是指最高人民法院或高级人民法院对判处被告人死刑的案件进行审查核准的一种特别审判程序。根据我国刑事诉讼法的规定，死刑复核程序与其他审判程序相比，有以下特点：

（1）死刑复核程序审理的对象仅是按照其他审判程序审结的判处被告人死刑的案件。具体包括：其一，第一审判处被告人死刑，过了上诉、抗诉期限，被告人没有上诉、人民检察院没有抗诉的案件；其二，第二审人民法院判处被告人死刑的案件；其三，依审判监督程序审结的判处被告人死刑的案件。

（2）死刑复核程序有特定的任务。它的任务是：有复核权或核准权的人民法院，对于报请复核的判决或裁定，对认定事实和适用法律是否正确进行全面审查，并依法作出是否核准死刑的决定。有复核权的人民法院在对案件进行复核时，必须完成两项最基本的任务：一是全面审查死刑判决或裁定，确定该判决或裁定认定的事实是否清楚，证据是否确实、充分，罪名的认定是否正确，判处死刑是否适当；二是对本案作出是否核准死刑的决定，并制作相应的法律文书。

（3）死刑复核程序是由作出死刑判决、裁定的法院主动报请而引起的。报请只能依照规定，在法院系统内自下而上逐级报请复核和核准。

（4）死刑复核的法院只能是最高人民法院或高级人民法院。由于案件的性质和审结案件的人民法院不同，高级人民法院和最高人民法院在死刑复核程序中的地位和权限也不同。对判处被告人死刑缓期二年执行的案件，高级人民法院有核准权，可以审核批准中级人民法院作出的死刑缓期执行判决；对于判处被告人死刑立即执行的案件，高级人民法院对于中级人民法院的报请复核，只有复核权，而没有核准权。如果高级人民法院同意中级人民法院的死刑立即执行判决，仍要报请最高人民法院审查决定；如果高级人民法院不同意中级人民法院的死刑立即执行的判决，高级人民法院可以提审改判，也可以发回重新审判。

（5）死刑复核程序是死刑案件的终审程序。按照两审终审原则，一般刑事案件，一审人民法院判决后，在法定的上诉期限内被告人等不上诉，人民检察院不抗诉，或提出上诉和抗诉后，第二审人民法院经过审判作出裁判，其所作出的判决或裁定即发生法律效力。但死刑案件，除最高人民法院判处的死刑和死缓案件外，经过两级人民法院的普通程序审查后，其判决或裁定并不生效，还必须经过有核准权的人民法院复核后，才能生效。因此，对死刑案件来说，死刑复核程序是其必经的终审程序。

二、死刑复核程序的意义

死刑复核程序是我国刑事诉讼法规定的特别审判程序，其对于打击犯罪，保护人民，维护社会主义法制，确有重要意义：

（1）死刑复核程序可以保证死刑判决的正确性，防止错杀。通过全面审查死刑判决、裁定在认定事实和适用法律上是否正确，可及时发现和纠正死刑判决和裁定的错误，防止错杀无辜或对罪不当死的罪犯执行死刑。

（2）死刑复核程序有利于控制死刑的适用，有利于贯彻少杀方针。

（3）通过死刑复核程序可以防止和纠正死刑案件中可能发生的偏差和错误，有效地保证不伤害好人，防止错杀罪不该处死的犯罪分子，切实保障公民的人身权利。

第二节　判处死刑立即执行案件的复核程序

一、行使死刑核准权的人民法院

我国《刑事诉讼法》第 235 条规定，死刑由最高人民法院核准。《人民法院组织法》

第 12 条规定，死刑案件除由最高人民法院判决的以外，应当报请最高人民法院核准。上述规定说明，我国对死刑案件核准权的行使限制较为严格，对于死刑立即执行的案件，除最高人民法院判决的以外，只能由最高人民法院行使核准权。

二、死刑立即执行案件的报请复核

死刑复核程序是从作出死刑判决、裁定的人民法院上报复核开始的，目前只有最高人民法院才有核准权。

（1）中级人民法院判处死刑的第一审案件，如果被告人不上诉、人民检察院不抗诉的，在上诉期满后三日以内，应将全部案卷报送高级人民法院复核。高级人民法院经复核同意判处死刑的，应当在作出裁定后，再报请最高人民法院核准。如果高级人民法院经过复核发现原审量刑过重，不同意判处死刑的，可以直接提审改判或以裁定撤销原判，发回中级人民法院重新审判。凡是高级人民法院提审改判的判决均为终审的判决，被告人不能上诉，人民检察院也不能按上诉审程序进行抗诉。提审后如果仍然判处死刑的，则还须报请最高人民法院核准。中级人民法院重新审判的判决仍为第一审判决，允许上诉和抗诉，如果重新审判后仍然判处死刑，被告人不上诉，人民检察院不抗诉的，还要按照复核程序报请高级人民法院、最高人民法院逐级复核。中级人民法院判处死刑的第一审案件，被告人上诉或者人民检察院抗诉，高级人民法院终审裁定维持死刑的判决的，报请最高人民法院核准。

（2）高级人民法院判处死刑的第一审案件，如果被告人不上诉、人民检察院不抗诉的，在上诉期满后三日以内，应将全部案卷材料报送最高人民法院核准。高级人民法院判处死刑的第二审案件，也应当报请最高人民法院核准。此外，如果原判判处被告人死刑缓期二年执行，该罪犯在死刑缓期执行期间故意犯罪，查证属实，应当执行死刑的，由高级人民法院报请最高人民法院核准。

在共同犯罪的案件中，有的被告人被判处死刑，有的被判处其他刑罚的，下级人民法院在上报复核时，应全案上报，即必须将全案报请最高人民法院核准。

三、报请复核的基本要求

根据我国刑事诉讼法的规定及最高人民法院的相关司法解释，报请复核死刑案件，必须符合以下要求：

1. 报请复核的前提是：死刑案件犯罪事实清楚，证据确实、充分，适用法律正确，诉讼文书齐备。如果不具备上述条件，人民法院不能报请有死刑核准权的人民法院复核。

2. 坚持一案一报。所谓一案一报，就是审结一起死刑案件，就要单独将其报请复核，不能将两个或两个以上的死刑案件交叉在一起报请复核，更不能等凑齐一批死刑案件后再报请复核。

3. 报请复核时，应当报送的材料包括报请复核的报告、死刑案件综合报告和判决书各五份，以及全部诉讼案卷和证据；共同犯罪的案件，应当报送全案的诉讼案卷和证据。第一、二审裁判文书和审理报告应当附送电子文本。报送材料的具体内容如下所述：

第一，报请复核的报告，应当载明案由、简要案情和审理过程及判决结果。

第二，死刑案件综合报告应当包括以下内容：（1）被告人、被害人的基本情况；（2）案件的由来和审理经过；（3）案件侦破情况；（4）第一审审理情况；（5）第二审审理或者高级人民法院复核情况；（6）需要说明的问题；（7）处理意见。

第三，死刑复核案件的诉讼案卷中，应当具备下列诉讼文书和证据：（1）拘留证、逮捕证、搜查证的复印件；（2）扣押赃款、赃物、证物的清单；（3）公安机关、国家安全机关的起诉意见书，或者人民检察院的侦查终结报告；（4）人民检察院的起诉书；（5）中、高级人民法院审判人员的审查报告，法庭审理笔录、合议庭评议笔录和审判委员会讨论案件笔录；（6）被告人上诉书、人民检察院抗诉书；（7）中、高级人民法院的判决书、裁定书和宣判笔录，以及送达回证；（8）能够证明案件具体情况并经过查证属实的各种肯定的和否定的证据。

四、审查核准程序

（一）审查核准的组织和方式

根据我国《刑事诉讼法》第238条的规定，最高人民法院复核死刑案件，由三名审判员组成的合议庭进行。凡是曾经参加过本案的侦查、起诉、辩护及审判工作的人员，均不得参加合议庭。

根据司法实践经验，复核采取书面审查与讯问被告人相结合的方式进行。

阅卷是书面审查最重要的方式。所谓阅卷就是查阅报请复核法院报送的所有法律文书、诉讼材料及证据。阅卷时应首先审查诉讼文件、各种证据及死刑案件综合报告等材料是否齐全；其次要逐一分析它们是否真实以及是否符合法律的要求；最后还要将死刑案件综合报告与各类诉讼文书、证据作对比分析，审查它们之间有无矛盾。

最高人民法院复核死刑案件，应当讯问被告人，辩护律师提出要求的，应当听取辩护律师的意见。在复核死刑案件过程中，最高人民检察院可以向最高人民法院提出意见。最高人民法院应当将死刑复核结果通报最高人民检察院。

（二）审查的重点

人民法院复核死刑案件，应当全面审查以下内容：（1）被告人的年龄，被告人有无刑事责任能力、是否系怀孕的妇女；（2）原判认定的事实是否清楚，证据是否确实充分；（3）犯罪情节、后果及危害程序；（4）原判适用法律是否正确，是否必须判处死刑，是否必须立即执行；（5）有无法定、酌定从重、从轻或者减轻处罚情节；（6）诉讼程序是否合法；（7）应当审查的其他情况。

（三）死刑案件复核后的处理

《刑事诉讼法》第239条规定，最高人民法院复核死刑案件，应当作出核准或者不核准死刑的裁定。对于不核准死刑的，最高人民法院可以发回重新审判或者予以改判。在对上述问题进行全面审查以后，合议庭应当进行评议并写出复核审理报告。报告包括以下内容：案件的由来和审理的经过；被告人和被害人简况；案件的侦破情况；原判要点和各方意见；复核对事实和证据的分析与认定；合议庭评议意见、审判委员会讨论决定意见；需要说明的问题。而后合议庭应当根据案件不同情况，分别作出以下处理：

（1）原判认定事实和适用法律正确、量刑适当、诉讼程序合法的，裁定予以核准。

（2）原判判处被告人死刑并无不当，但具体认定的某一事实或者引用的法律条款等存在瑕疵，可以在纠正后作出核准死刑的判决或者裁定。

（3）原判认定的事实不清、证据不足的，裁定不予核准，并撤销原判，发回重新审判。复核期间出现新的影响定罪量刑的事实、证据的，应当裁定不予核准，并撤销原判，发回重新审判。

（4）原判认定事实正确，但依法不应当判处死刑的，裁定不予核准，并撤销原判，发回重新审判。此外，最高人民法院复核死刑案件，认为被告人可以判处死刑缓期执行并限制减刑的，应当裁定不予核准，并撤销原判，发回重审。

（5）原审人民法院违反法定诉讼程序，可能影响公正审判的，裁定不予核准，并撤销原判，发回重新审判。

（6）数罪并罚的案件，一人有两罪以上被判处死刑，最高人民法院复核后，认为部分犯罪的死刑裁判认定事实不清、证据不足的，对全案裁定不予核准，并撤销原判，发回重新审判；认为其中部分犯罪的死刑裁判认定事实正确，但依法不应当判处死刑的，可以改判并对其他应当判处死刑的犯罪作出核准死刑的判决。

（7）共同犯罪案件中，部分被告人被判处死刑的，最高人民法院复核时，应当对全案进行审查，但不影响对其他被告人已经发生法律效力的判决、裁定的执行。一案中两名以上被告人被判处死刑，最高人民法院复核后，认为其中部分被告人的死刑裁判认定事实不清、证据不足的，对全案裁定不予核准，并撤销原判，发回重新审判；认为其中部分被告人的死刑裁判认定事实正确，但依法不应当判处死刑的，可以改判并对其他应当判处死刑的被告人作出核准死刑的判决。

第三节　判处死刑缓期执行案件的复核程序

一、对死缓案件行使复核权的人民法院

我国《刑事诉讼法》第 237 条规定：中级人民法院判处死刑缓期二年执行的案件，由高级人民法院核准。这一规定说明，对判处死刑缓期执行案件（以下简称死缓）行使核准权的，是各省、自治区、直辖市的高级人民法院和解放军军事法院。

根据我国刑事诉讼法的规定，高级人民法院复核的，是中级人民法院审结的判处被告人死缓的案件。对于中级人民法院判决被告人死缓，当事人上诉或人民检察院提起抗诉，由高级人民法院进行第二审审判的案件，要不要再经过一次死缓复核程序，法律未作出规定。在司法实践中，多数法院是将二审程序和死刑缓期执行的复核程序合二为一。我们认为，二审程序与死刑复核程序在审理对象、侧重点以及审理的方式、方法上均有不同，不宜将二者混合。在这种情况下，高级人民法院应当先组成一个合议庭，按照第二审程序对案件进行审判，然后再组成另一个合议庭，依照死刑复核程序对案件进行复核，以确保死缓判决、裁定的正确性。

二、复核死缓案件的程序

复核死缓案件与复核死刑案件的程序基本一致，一般是由报请复核和复核两个阶段组成。

（一）报请复核

中级人民法院判处死刑缓期二年执行的第一审案件可以分为两种情况：

一是被告人不上诉、人民检察院不抗诉的，在上诉期满后，应当报送高级人民法院核准。高级人民法院同意判处死刑缓期二年执行的，作出予以核准的裁定；认为原判较重，不同意判处死刑缓期二年执行的，可以直接改判；如果认为原判事实不清，证据不足，或者认为必须判处死刑立即执行的，应当发回中级人民法院重新审判。对于重新审判的判决，可以上诉、抗诉。

二是被告人提出上诉，或者人民检察院提出抗诉的，高级人民法院应当按照第二审程序予以处理。高级人民法院第二审同意判处死刑缓期二年执行的，作出维持原判的裁定，在司法实践中，此裁定即为对该死缓判决核准的终审裁定；不同意判处死刑缓期二年执行的，直接改判或者发回重新审判。中级人民法院判处死刑的第一审案件，由高级人民法院第二审或者复核提审后所作的改判为死刑缓期二年执行的判决，即为终审判决。

此外，中级人民法院在报送案件时，也应写出报请复核的报告、死缓案件综合报告，连同各种诉讼文书及全部证据等案卷材料，一并送交高级人民法院。报请复核时，也要坚持一案一报原则，不能多案一报。

（二）复核

高级人民法院在复核死缓案件时，应当由三名法官组成合议庭，对死缓案件进行全面审查。复核的内容、方式方法与复核死刑立即执行案件基本上相同。需要特别注意的是，高级人民法院复核或者核准死刑、死缓案件，必须提讯被告人。

高级人民法院对死缓案件复核后，应当分别情况，对案件作出以下处理：

（1）对于认定事实清楚，证据确实、充分，诉讼程序合法，适用法律正确，判处死缓适当的判决，用裁定予以核准。

（2）对于认定事实不清，或者证据不确实、不充分的判决，用裁定予以撤销，发回原审人民法院重新审判。

（3）对于认定事实清楚，证据确实、充分，但适用法律有错误，或者量刑畸重的判决，应当用判决直接改判；如果认为必须判处死刑立即执行的，为了保障被告人的上诉权，一般应当用裁定撤销原判，发回原审人民法院按第一审程序重新审判，或者由高级人民法院改变案件的管辖，作为第一审进行审判。此外，依据 2011 年最高人民法院《关于死刑缓期执行限制减刑案件审理程序若干问题的规定》，高级人民法院审理或复核的判处死刑缓期执行并限制减刑的案件，认为原判对被告人判处死刑缓期执行适当，但判决限制减刑不当的，应当改判，撤销限制减刑。

【引例评析】

高级人民法院复核死刑案件，提审后改判为死缓的判决，是否为终审判决，刑事诉讼法没有明确规定。但提审不同于改变级别管辖。提审是上级人民法院发现下级人民法院的判决或裁定确有错误，而将案件提归自己审判。由于它是在第一审基础上进行的，所以只能是终审判决。死刑复核程序中的提审与审判监督程序中的提审有许多相同之处，在此亦可适用《刑事诉讼法》第245条的规定，即上级法院提审的案件，应当依照第二审程序进行审判，所作的判决、裁定，是终审的判决、裁定。根据最高人民法院的有关司法解释，高级人民法院复核后发回原审人民法院重新审判的案件，重新审判所作的判决、裁定，被告人可以上诉，人民检察院可以抗诉。高级人民法院在提审后改判的判决，是终审判决。

【本章小结】

死刑复核程序是指对判处被告人死刑的案件进行审查核准的一种特别审判程序。设置死刑复核程序的意义在于确保死刑判决的正确性，防止错杀无辜者和罪不当死的罪犯被执行死刑，并贯彻少杀方针，切实保障公民的人身权利。本章主要讲述了死刑复核权的归属、死刑复核的程序和经过复核后对案件如何处理。

【练习题】

一、名词解释

死刑复核程序　死刑核准权

二、思考题

1. 试述死刑复核程序的概念、任务和意义。
2. 最高人民法院和高级人民法院分别对哪类案件拥有死刑（死缓）核准权？
3. 对判处死刑立即执行的案件应当怎样进行复核？
4. 对死刑缓期执行的案件应当怎样进行复核？

三、案例分析题

被告人李理，因故意杀人罪、间谍罪被中级人民法院一审判处死刑缓期二年执行。在上诉期间内，人民检察院认为人民法院的量刑不当，依法提起抗诉。二审人民法院不开庭审理后，认为一审人民法院认定事实没有错误，量刑过轻，依法撤销原判，改判为死刑立即执行，并核准执行死刑立即执行。

问题：

根据现行法律规定，该案中哪些做法是违法的？

分析要点提示：

（1）注意二审应当采取开庭审理的情况；（2）死刑核准权属最高人民法院，应当全案报送最高人民法院核准。

第十八章　审判监督程序

【本章引例】

甲的小狗从楼上掉下摔死，被告人甲、乙误认为是邻居丙有意干的。甲、乙以此为由，对丙及其家人捆绑吊打，后又将丙枪杀。某中级法院一审拟以故意杀人罪，判甲死刑，乙有期徒刑15年。高级法院以甲、乙与丙一家互殴为由，提出对甲、乙的行为认定为故意伤害罪，分别判甲有期徒刑15年、乙免予刑事处罚的量刑意见。中级法院根据高级法院的意见，下达了一个没有合议庭成员署名的一审判决书。被告上诉后，被高级法院裁定驳回，维持原判。被害人亲属以重罪轻判为由向最高法院申诉。最高法院经审查原卷宗材料，发现一、二审判决和裁定认定甲、乙二犯的犯罪事实清楚，证据确凿，但适用法律不当，审判程序不合法，遂作出裁定撤销一审判决和二审裁定，将此案发回原审人民法院再审。

【本章学习目标】

通过本章的学习，应当掌握如下内容：

1. 审判监督的概念、特点和意义；
2. 申诉材料的来源与审查处理；
3. 审判监督程序的提起；
4. 重新审判的方式和程序；
5. 重新审判案件的审查和重新审判后的处理。

第一节　审判监督的概念、特点和意义

一、审判监督的概念和任务

审判监督程序，又称再审程序，是指人民法院、人民检察院发现已发生法律效力的刑事判决、裁定在认定事实或适用法律上确有错误时，采取的交由原审法院再审或上级法院提审，使案件得以重新审理，纠正错误判决、裁定的一种诉讼程序。它是刑事审判程序的重要组成部分，但并非每一案件的必经程序，而是在一定条件下才能采用的特殊程序，专

门用于纠正确有错误的生效判决、裁定。

审判监督程序是审判监督的一种内容和表现形式，但两者含义却不同。审判监督，作为一个法律概念，从广义上讲，是指人民群众、人民代表机构、社会团体、新闻媒介等以及人民法院和人民检察院对于审判工作的监督。从狭义上讲，审判监督具有特殊的含义，即指国家司法机关对人民法院的审判活动依法实施的监督，主要包括最高人民法院对各级人民法院的审判监督、上级人民法院对下级人民法院的审判监督和人民检察院对人民法院的审判监督。审判监督比审判监督程序涉及面广，审判监督程序只是审判监督的一个方面，即为纠正已发生法律效力的确有错误的判决、裁定而引起的一种特殊程序，是纠正错案的最后一种审判监督，是审判监督的一种法定形式。审判监督程序以外的其他审判监督可能涉及案件本身，亦可能涉及审判作风或法院行政及其他有关审判问题而不涉及案件本身。总之，审判监督程序与审判监督从逻辑上讲是一种从属关系，两者在监督主体、内容、范围、方式方法和法律后果等方面皆有区别。

从本质上说，审判监督程序是一种补救性程序，它是对已经发生法律效力的确有错误的判决、裁定的纠正。审判监督程序的任务是纠正确有错误的已生效的判决、裁定，使案件得以正确处理，准确有效地惩罚犯罪，保障无辜的人不受刑事追究，做到实事求是，不枉不纵，罚当其罪，最终实现刑事诉讼的根本目的。

二、审判监督程序的特点

审判监督程序作为刑事诉讼的一项特殊审判程序，既不同于第二审程序，又不同于死刑复核程序，与这两种程序比较，审判监督程序有下述特点。

(一) 审理对象为已生效的判决、裁定

审判监督程序的审理对象必须是已经发生法律效力的判决、裁定，包括已经执行完毕的判决、裁定。第二审程序的审理对象是尚未发生法律效力的判决、裁定。死刑复核则是对尚未发生法律效力的判决死刑案件进行复核，目的在于严格控制死刑的适用，防止发生错误判决。

(二) 提起审判监督程序的主体特殊

刑事诉讼法将提起审判监督程序的权力赋予特定的机关和人员。有权提起审判监督程序的人员和机关是各级人民法院院长和审判委员会；最高人民法院，上级人民法院；最高人民检察院，上级人民检察院。但二审程序中的上诉可以由当事人或其法定代理人，或经被告人同意的近亲属、辩护人提起；依二审程序提出抗诉的机关仅限于同级人民检察院。死刑复核程序则是由下级人民法院将判处被告人死刑的案件主动报请有核准权的高级人民法院或最高人民法院。

(三) 提起审判监督程序的理由是生效判决、裁定确有错误

二审程序没有这样的条件限制，只要有权上诉的人或机关在法定期间内对第一审判决、裁定不服，就必然引起第二审程序，无论其是否有理由或理由是否充分。而死刑复核程序的提起是强制性的，凡判处死刑的案件，被告人在一审没有上诉、检察机关没有抗诉，或者二审判处死刑的，均会引起死刑复核程序的发生。

(四) 提起审判监督程序无时间限制

法律对提起审判监督程序没有作出明确的期间限制，二审程序中则存在严格的时间期

限，提起第二审程序的上诉、抗诉的期限，判决为十日，裁定为五日，超过法定的期限，一审判决、裁定即发生法律效力，不能引起二审程序。死刑复核的报请，应当在上诉期、抗诉期届满三日内。

（五）再审案件的法院不受审级限制

依照审判监督程序进行再审的法院，既可以是原审的第一审法院或第二审法院，亦可以是提审案件的最高人民法院、上一级人民法院以及由它们指令再审的下级人民法院。按第二审程序审理案件的，只限于第一审人民法院的上一级人民法院。依照死刑复核程序规定有权进行复核的只有最高人民法院和高级人民法院。

（六）再审量刑受到一定限制

在审判监督程序中，再审量刑也受到一定限制。除人民检察院抗诉的以外，再审一般不得加重原审被告人的刑罚。再审决定书或者抗诉书只针对部分原审被告人的，不得加重其他同案原审被告人的刑罚。

（七）再审的判决、裁定效力取决于再审的审级

如果原来是第一审案件，应当依照第一审程序进行审判，所作的判决、裁定，可以上诉、抗诉；如果原来是第二审案件，或者是上级人民法院提审的案件，应当依照第二审程序进行审判，所作的判决、裁定是终审判决、裁定。死刑复核程序作出的判决、裁定为生效的判决、裁定，应当交付执行。

三、审判监督程序的意义

我国刑事诉讼中审判监督程序的设立，是我国一贯倡导的"实事求是，有错必纠"的刑事政策在刑事诉讼中的充分体现，对于实现我国刑事诉讼法的任务有非常重要的意义。其主要表现在以下几个方面：

（1）审判监督程序是贯彻"实事求是，有错必纠"方针、准确适用刑罚的法律保证。审判监督程序就是"实事求是，有错必纠"的司法工作方针制度化、法律化的表现及保障，使刑事诉讼活动忠实于事实真相，忠实于法律。

（2）审判监督程序是上级人民法院对下级人民法院和人民检察院对人民法院审判工作依法实行监督的重要方式和有效措施。法律赋予最高人民法院和其他上级人民法院有权按照审判监督程序提审或者指令下级人民法院再审，纠正错误判决、裁定，有利于原审人民法院或重新审理的其他人民法院从中总结经验教训，改进审判作风和方法，提高办案质量。最高人民检察院和其他上级人民检察院发现人民法院已生效判决、裁定确有错误，按照审判监督程序提出抗诉，行使审判监督权，可保证法律的统一正确实施。

（3）审判监督程序有利于消除人民对审判机关的不良看法，维护审判机关的威严，有利于消除社会不安定因素，有利于加强社会治安的综合治理，最终有利于人民生活。

第二节　申诉材料与审查处理

一、申诉材料来源

我国《刑事诉讼法》第241条规定，当事人及其法定代理人、近亲属，对已经发生法律效力的判决、裁定，可以向人民法院或人民检察院提出申诉。刑事申诉是法律赋予当事人及其法定代理人、近亲属的一项重要讼诉权利，也是提起审判监督程序的一个重要材料来源。申诉人的范围包括被害人、自诉人、被告人、附带民事诉讼的原告和被告及其法定代理人、近亲属，但不包括律师或其他公民。司法机关要认真做好申诉审查处理工作，及时发现错误，确保审判公正、合法。

二、审查处理

处理刑事申诉，首先要解决申诉管辖问题，即人民法院和人民检察院在受理刑事申诉案件上的分工；上下级人民法院、人民检察院受理刑事申诉的分工。

根据刑事诉讼法的规定，当事人及其法定代理人、近亲属的申诉，既可以向人民法院提出，也可以向人民检察院提出。但法律并未规定各级人民法院、人民检察院如何受理、审查申诉。最高人民法院、最高人民检察院在对各自受理的申诉案件的管辖问题上，一般采取分级负责、就地解决原则。根据《最高人民法院关于适用〈中华人民共和国刑事诉讼法〉的解释》第373条的规定，受理、审查申诉一般由作出发生法律效力的判决、裁定的人民法院进行。直接向上级人民法院申诉的，如果没有经作出发生法律效力的判决、裁定的人民法院审查处理，上级人民法院可以交该人民法院审查，并告知申诉人；如果属于案情疑难、复杂、重大的，或者已经由作出发生法律效力的判决、裁定的人民法院审查处理后仍坚持申诉的，上级人民法院可以直接受理、审查，下级人民法院也可以请求移送上一级人民法院审查处理。

人民法院、人民检察院按申诉管辖接受申诉材料后，应进行申诉立案和审查。根据有关司法解释的规定：以有新的证据证明原判决、裁定认定的事实确有错误为由提出申诉的，应当同时附有相关证据材料。申诉不符合前款规定的，人民法院应当告知申诉人补充材料；申诉人对必要材料拒绝补充且无正当理由的，不予审查。

申诉人提出申诉时，人民法院或人民检察院对属于本院管辖的，应采取文书形式立案。办案人员对待刑事申诉，要认真审阅申诉状及其他法律文书，听取申诉人的陈述，弄清申诉主体是否具有提出申诉的资格，申诉客体是否为已生效判决、裁定，申诉案是否经过复查、有无复查结论、是否属于本院管辖等。对经初步审查确认申诉人具备申诉主体资格，具状提出了一定理由的，在法定期间内，管辖法院或检察院应予以立案。

审查是办理申诉案件的一项重要工作。人民法院、人民检察院应在立案后对刑事申诉进行全面审查。根据最高人民法院《关于各级人民法院处理刑事案件申诉的暂行规定》的有关规定，一审、二审人民法院受理不服本院已发生法律效力的判决、裁定的刑事申诉，应调出原卷进行审查；二审人民法院对不服本院维持一审判决的刑事申诉，可以交一审人民法院进行审查。一审人民法院审查后，应写出案情报告，提出处理意见，报二审人民法院审定。上级人民法院审查下级人民法院处理后的刑事申诉，可以调卷审查，也可以派员下去直接核实，还可以与下级人民法院共同研究。最高人民检察院《关于人民检察院控告申诉检察工作细则（试行）》亦规定，人民检察院对申诉材料应迅速审查，认为需要复查的，由承办人填写案件处理呈批表，经控告申诉部门负责人或主管检察长批准后复查；对批准复查的申诉案件，应当制定复查计划，确定需复查的主要问题及复查的方法、步骤、措施和完成时间等。

审查刑事申诉必须做好两方面工作：一是查清案件事实。审查时，应调出原审卷进行初步审查，对申诉人提出的申诉理由、提供的事实及证据进行细致分析，与原判决、裁定认定的事实、采用的证据对照以确定原判决、裁定认定的事实是否清楚、明确，证据是否确实、充分。二是审查适用法律、刑事政策是否正确。审查申诉案件中适用法律、刑事政策，需根据不同时期的不同类型案件区别对待。

通过对申诉材料的审查，对不同情况应分别处理。人民法院受理不服本院已经发生法律效力的判决、裁定的刑事申诉，审查后认为原判决、裁定正确的，应当维持原判决、裁定，说服教育申诉人，使其息诉；对坚持无理申诉的，可以用书面通知驳回。如果发现原判决、裁定在认定事实或适用法律上确有错误需要重新审理，应按照审判监督程序另行组成合议庭进行再审。

根据《刑事诉讼法》第 242 条的规定，申诉理由有下列情形之一的，人民法院应当重新审判：

（1）有新的证据证明原判决、裁定认定的事实确有错误，可能影响定罪量刑的；

（2）据以定罪量刑的证据不确实、不充分、依法应当予以排除，或者证明案件事实的主要证据之间存在矛盾；

（3）原判决、裁定适用法律确有错误的；

（4）违反法律规定的诉讼程序，可能影响公正审判的；

（5）审判人员在审理该案件的时候，有贪污受贿，徇私舞弊，枉法裁判行为的。

人民检察院审查申诉案件，对原判决、裁定正确的，驳回申诉，并制作驳回申诉通知书。原判决、裁定确有错误，需要纠正的，应制作改判建议书，建议人民法院重新审理。必要时由检察长提请检察委员会决定，可以按照审判监督程序提出抗诉。

需要指出的是，当事人及其法定代理人、近亲属对已经发生法律效力的判决、裁定提出申诉时，判决、裁定的执行不停止。

人民法院受理申诉后，应当在三个月内作出决定，最迟不得超过六个月。

第三节　审判监督程序的提起

一、提起审判监督程序的主体

有权申请提起审判监督程序的主体是当事人及其法定代理人、近亲属；而有权提起审判监督程序的主体则是各级人民法院院长及审判委员会、最高人民法院和上级人民法院、最高人民检察院和上级人民检察院。

（一）各级人民法院院长及审判委员会

各级人民法院院长对本院已经发生法律效力的判决和裁定，如果发现在认定事实或适用法律上确有错误，必须提交审判委员会处理。对此必须明确以下几点：

（1）对本院已经发生法律效力的判决、裁定提起审判监督程序的权力，应由院长和审判委员会共同行使，即院长负责提交审判委员会处理，由审判委员会讨论决定是否对案件进行重新审理。院长本人不能自行决定对案件的处理。

（2）审判委员会对院长提交讨论的本院生效判决、裁定，讨论后决定再审的案件，应当另行组成合议庭。

（3）各级人民法院院长及其审判委员会提起审判监督程序的对象只能是本院生效的判决、裁定。

（4）各级人民法院院长，对依照审判监督程序重新审结的案件，如果发现仍确有错误，可以提交审判委员会处理，也可以送请上一级人民法院依照审判监督程序处理。

（二）最高人民法院和上级人民法院

最高人民法院对于各级人民法院已经发生法律效力的判决、裁定，如果发现确有错误，有权提起审判监督程序。其他人民法院则只能对其所属的下级人民法院行使审判监督权，发现下级人民法院已经发生法律效力的判决、裁定确有错误时，有权提起审判监督程序。最高人民法院、上级人民法院认为下级人民法院已经发生法律效力的判决、裁定确有可能错误，应调卷审查。由院长或其指定的审判人员负责审查。经审查，如果认为原判决、裁定并无错误，应以人民法院的名义将审查结果通知下级法院；如果认为确有错误，应由院长提交审判委员会讨论决定。审判委员会经过讨论后，根据不同情况分别作出处理。对于需要重新审判的案件，最高人民法院和上级人民法院既可提审，也可指令下级人民法院再审。上级人民法院指令下级人民法院再审的，应当指令原审法院以外的下级人民法院审理；由原审人民法院审理更为适宜的，也可以指令原审人民法院审理。下级人民法院收到最高人民法院或上级人民法院的提审或指令再审裁定书后，必须将案件依法移送或组成合议庭重新审理，无须由本院审判委员会对此再作讨论。

（三）最高人民检察院和上级人民检察院

最高人民检察院对各级人民法院已经发生法律效力的判决、裁定，上级人民检察院对下级人民法院已经发生法律效力的判决、裁定，如果发现确有错误，有权按照审判监督程序向同级人民法院提出抗诉。人民检察院是国家的法律监督机关，对人民法院已经发生法律效力的判决、裁定，如果发现确有错误，有权按照审判监督程序提出抗诉。这是人民检察院行使审判监督权的重要方面。

依照法律规定，只有最高人民检察院和上级人民检察院才有权对下级人民法院已经发生法律效力的判决、裁定提出抗诉。司法实践中，一般由上级人民检察院向它的同级人民法院提出抗诉，或者由上级人民检察院指示作出原判决、裁定的人民法院的上一级人民检察院提出抗诉。

地方各级人民检察院如果发现同级人民法院已经发生法律效力的判决、裁定确有错误，无权向同级人民法院提出抗诉，也无权直接向上一级人民法院提出抗诉，而只能向上一级人民检察院报告，要求上一级人民检察院向同级人民法院提出抗诉。

根据 2001 年 12 月 26 日最高人民法院《关于刑事再审案件开庭审理程序的具体规定（试行）》的规定，对人民检察院抗诉的案件，接受抗诉的人民法院应当进行形式和证据审查。对符合形式及证据要件的案件组成合议庭重新审理，对于原判决事实不清楚或证据不足的，可以指令下级人民法院再审。对于人民检察院依照审判监督程序提起抗诉的案件，人民法院不能裁定驳回。

最高人民检察院有权对最高人民法院生效的判决、裁定，依法提出抗诉。最高人民法院对于最高人民检察院提出的抗诉，应当接受，作出相应处理。

二、提起审判监督程序的理由

我国刑事诉讼法对提起审判监督程序的理由作了原则性规定，即以"在认定事实或适用法律上确有错误"为理由，至于如何确定"确有错误"，法律未作具体规定。从诉讼理论、原则来分析，结合司法实践的实际，"确有错误"主要表现为下述几方面。

（一）认定事实确有错误

在认定事实上确有错误主要是指原判决、裁定认定的主要事实或重大情节不清楚或失实。主要有以下几种情况：

（1）原判决、裁定认定的主要事实有明显错误，与实际情况不符。

（2）原判决、裁定认定的主要事实或重大情节不清；案内的证据不确实、不充分，主要证据之间存在矛盾，不足以证明主要犯罪事实或重要情节。

（3）在证据不确实、不充分的情况下，据以认定的事实明显错误。

（4）发现了足以证明原判决、裁定的事实有错误的新证据、新事实。如：发现原判决、裁定依据的证据是伪造的；发现了被告人还有新的犯罪事实，等等。

（二）适用法律有错误

原判决、裁定适用法律确有错误，主要表现为适用法律不当、定性错误和量刑畸轻畸重。适用法律不当是指错用了法律、法规，错引了法律条款，或者定罪量刑违反了政策原则。定性定罪错误是指混淆了罪与非罪、此罪与彼罪以及一罪与数罪的界限。量刑畸轻畸重是指原判决刑罚超出了法定的量刑幅度，有两种情况：一是高于法定的量刑幅度；二是低于法定的量刑幅度。理解量刑畸轻畸重要注意以下几方面：

（1）量刑畸轻畸重不是一般的量刑失当。

（2）量刑畸轻畸重不能单独作为提起审判监督程序的理由。正确适用法律包括正确选择法律条款和量刑。适用法律错误，对案件来说，量刑肯定错误；量刑错误也说明没有准确适用法律，量刑是适用法律的一个方面。

（3）一审法院量刑过轻，二审法院鉴于只有被告人上诉，依据上诉不加刑原则作出维持一审判决的裁定，对此不能通过提起审判监督程序加重对被告人的刑罚。

（三）严重违反法律规定的刑事诉讼程序，影响判决、裁定的正确性

适用法律错误，不仅指适用实体法上的错误，也包括适用程序法上的错误。原审严重违反诉讼程序也可作为提起审判监督程序的理由，这不仅是为了纠正错误的判决、裁定，也是严肃执法、加强法制的需要。

三、提起审判监督程序的方式

依照《刑事诉讼法》第243条的规定，提起审判监督程序的方式是再审、提审或抗诉。

再审是指原审人民法院根据本院审判委员会作出的对原审判决、裁定提起审判监督程序的决定，或上级人民法院要求本院对案件进行再审的指令，另行组成合议庭，对案件进行重新审理。提审是指原审人民法院的上级人民法院经过审查，发现原审人民法院已经发生法律效力的判决、裁定确有错误，需要提起审判监督程序的，直接组成合议庭，调取原审案卷和材料，对案件进行审理。提审和再审都是人民法院对生效的案件进行重新审理的

活动。但二者之间有区别，前者是由原审人民法院的上级法院进行的，后者是由原审法院进行的。抗诉是指最高人民检察院对各级人民法院、上级人民检察院对下级人民法院的已生效判决、裁定，发现确有错误，提请同级人民法院重新审理予以纠正的一种审判监督行为。对于人民检察院抗诉的案件，接受抗诉的人民法院应当组成合议庭重新审理，对于原判决事实不清或证据不足的，亦可以指令下级人民法院再审。

参考案例 18—1

强某被人民检察院以抢劫罪起诉到人民法院。审理过程中合议庭发现强某除了实施抢劫行为外还犯有盗窃罪，建议检察院补充起诉，但检察院拒绝补充起诉。而合议庭还是对强某的盗窃罪进行了审理。在开庭审理过程，合议庭成员对强某的抢劫罪认定发生严重分歧，于是将案件提请院长提交审判委员会讨论。经审委会讨论后决定：强某抢劫罪成立，但盗窃罪证据不足。合议庭依此作了判决。数月后，检察院受举报发现了强某盗窃罪的新证据，于是按审判监督程序向法院提出抗诉。法院予以接受。在这一案件的再审中，人民法院存在哪些违反刑事诉讼法的错误做法呢？

本案中，法院不应按照审判监督程序受理检察院的抗诉，而应当通知检察院重新起诉强某盗窃罪。因为审判监督程序针对的是生效判决、裁定，该案中强某的盗窃罪并未被指控和认定，对这一罪并无生效判决。因此，检察院欲追究强某这一罪，应当重新起诉。此外，法院在检察院未起诉盗窃罪的情况下审理了被告人的盗窃行为，也是错误的。

第四节　依照审判监督程序对案件的重新审判

一、重新审判的方式和程序

（一）重新审判的方式

人民法院按照审判监督程序重新审判的案件，由原审人民法院审理的，应当另行组成合议庭进行。根据司法实践经验，我国法院依照审判监督程序审理案件的方式主要有以下三种。

1. 开庭审理。

开庭审理是指采用直接开庭的方法，由审判人员直接调查核实案件事实和证据，传唤当事人，通知证人、鉴定人、辩护人、公诉人到庭，进行法庭调查和辩论后进行评议和宣判。根据最高人民法院《关于刑事再审案件开庭审理程序的具体规定（试行）》（简称《具体规定》）第5条的规定，人民法院审理下列再审案件应当依法开庭审理：（1）依照第一审程序审理的；（2）依照第二审程序需要对事实或者证据进行审理的；（3）人民检察院按照审判监督程序提出抗诉的；（4）可能对原审被告人（原审上诉人）加重刑罚的；（5）有其他应当开庭审理情形的。人民法院开庭审理的再审案件，同级人民检察院应当派员出席法庭。但原审被告人、自诉人已经死亡或者丧失行为能力的再审案件，可以不开庭审理。

2. 书面审理。

书面审理是指再审法院不传唤原案当事人，不通知原案证人等诉讼参与人到庭，不进行法庭调查和辩论，只根据原案卷材料及申诉材料和意见，由合议庭直接评议后作出裁判的审理方式。根据《具体规定》第6条的规定：人民法院审理再审案件可以不开庭审理的案件有：（1）原判决、裁定认定事实清楚，证据确实、充分，但适用法律错误，量刑畸重的；（2）1979 年《刑事诉讼法》施行以前裁判的；（3）原审被告人（原审上诉人）、原审自诉人已经死亡或者丧失刑事责任能力的；（4）原审被告人（原审上诉人）在交通十分不便的边远地区监狱服刑，提押到庭确有困难，但人民检察院提出了抗诉，人民法院征得人民检察院的同意不开庭审理的；（5）人民法院按照审判监督程序决定再审，按该《具体规定》第 9 条第 4 项规定，经两次通知，人民检察院不派员出庭的。

3．书面审理和调查讯问相结合的方式。

采用这种方式审理案件，首先应对原审案卷材料、申诉材料进行全面审查。其次应当讯问被裁判人，听取他们提出的申辩意见，同时将讯问被裁判人与调查新事实，收集新证据，审查原判决、裁定，询问有关诉讼参与人等方法有机结合起来。再次，应听取人民检察院对原判决、裁定的看法以及如何纠正错误裁判的意见，必要时，应当通知检察院派员旁听合议庭对案件的评议。最后，在审理过程中，应认真听取辩护人的意见。

（二）重新审判程序

根据相关司法解释的规定，人民法院在开庭审理前应当进行下列工作。

1．送达与传唤。

在开庭前，再审的人民法院应当完成下列开庭前工作：确定合议庭的组成人员；将再审决定书、申诉书副本至迟在开庭 30 日前，重大、疑难案件至迟在开庭 60 日前，送达同级人民检察院，并通知其查阅案卷和准备出庭；将再审决定书或抗诉书副本至迟在开庭 30 日以前送达原审被告人（原审上诉人），告知其可以委托辩护人，或者依法为其指定承担法律援助义务的律师担任辩护人；至迟在开庭 15 日前，重大、疑难案件至迟在开庭 60 日前，通知辩护人查阅案卷和准备出庭；将开庭的时间、地点在开庭 7 日以前通知人民检察院；传唤当事人，通知辩护人、诉讼代理人、证人、鉴定人和翻译人员，传票和通知书至迟在开庭 7 日以前送达；公开审判的案件，在开庭 7 日以前先期公布案由、原审被告人（原审上诉人）姓名、开庭时间和地点。

人民法院审理人民检察院提出抗诉的再审案件，对人民检察院接到出庭通知后未出庭的，应当裁定按人民检察院撤回抗诉处理，并通知诉讼参与人。

2．组织证据的提交与交换。

人民法院应当在开庭 30 日前通知人民检察院、当事人或者辩护人查阅、复制双方提交的新证据目录及新证据复印件、照片。人民法院应当在开庭 15 日前通知控辩双方查阅、复制人民法院调取的新证据目录及新证据复印件、照片等证据。控辩双方收到再审决定书或抗诉书后，在人民法院通知开庭之日前，可以提交新的证据。开庭后，除对原审被告人（原审上诉人）有利的外，人民法院不再接纳新证据。

《刑事诉讼法》第 245 条规定：再审案件程序一般根据原审结案的审级来确定。原审是第一审案件，按照第一审程序进行审理；所作的判决、裁定，当事人可以上诉，检察院亦可以抗诉。原来是第二审案件或是上级法院提审的案件，按照第二审程序进行审理；所作的判决、裁定是终审判决、裁定，不得上诉或抗诉。

人民检察院提出抗诉的案件，受理抗诉的法院除了指令下级人民法院再审外，还可决定提审；对决定提审的案件，应按第二审程序进行审判，所作的判决、裁定是终审的判决、裁定。

3. 采取强制措施和原裁判执行的中止。

人民法院决定再审的案件，需要对被告人采取强制措施的，由人民法院依法决定；人民检察院提出抗诉的再审案件，需要对被告人采取强制措施的，由人民检察院依法决定。

人民法院按审判监督程序审判的案件，可以决定中止原判决、裁定的执行。

二、重新审判案件时的审查重点

人民法院对重新审判的案件进行审查时，主要就原判决或裁定决定的事实、适用法律、诉讼程序三方面问题进行审查。在审查案件事实时，应注意审查：案件事实是否清楚；证据是否经查证属实；证据是否确实、充分、足以证明案件事实；证据之间是否有矛盾；是否有新的证据足以证明原判决、裁定认定事实错误等。在审查适用法律时注意审查：案件定性是否准确；援引法律条文是否正确；量刑是否适当；数罪并罚是否正确等。在审查诉讼程序时注意审查：合议庭组成是否合法；是否非法剥夺被告人的辩护权；是否刑讯逼供；是否符合回避要求；审判人员在审理案件时是否有贪污受贿、徇私舞弊、枉法裁判等。审查的目的是确认原判决、裁定是否确有错误，并依法作出相应处理。

三、重新审判后的处理

人民法院依照审判监督程序审理案件，应根据案件的不同情况分别处理。具体分述如下：

（1）原判决、裁定认定事实和适用法律正确，量刑适当的，应当裁定驳回申诉或抗诉，维持原判决、裁定。

（2）原判决、裁定认定事实没有错误，但适用法律有误，或量刑不当，应当改判；如果是按照第二审程序审理的案件，认为必须判处被告人死刑的，应发回第一审人民法院重新审判或指定有管辖权的人民法院依照第一审程序重新审判，以避免剥夺被告人的上诉权。

（3）应当对被告人实行数罪并罚的案件，原判决、裁定没有分别定罪量刑的，应当撤销原判决、裁定，重新审判或指定有管辖权的人民法院依照第一审程序重新审判。

（4）原判决、裁定事实不清，证据不足，经过再审查清事实的，应依法作出判决。

（5）原判决、裁定事实不清，证据不足的，应作出证据不足、指控犯罪不成立的无罪判决。

为了提高审判监督程序的工作效率，保障有关当事人的合法权益，防止案件久拖不决，人民法院按照审判监督程序重新审判的案件，应当在作出提审、再审决定之日起三个月内审结；需要延长期限的，不得超过六个月。接受抗诉的人民法院按照审判监督程序审判抗诉的案件，审理期限适用上述审理期限；对需要指令下级人民法院再审的，应自接受抗诉之日起一个月内作出决定。

🔄 【引例评析】

此案在原判中存在违法现象：其一，高级人民法院在审理时，过分强调事出有因，系双方互殴，把明显触犯刑律、以剥夺他人生命为目的的杀人案件，定为故意伤害案，重罪轻判。其二，高级人民法院在一审期间，对未决案件发表指示性意见，是对中级人民法院独立审判权的侵犯。其三，一审人民法院在高级人民法院建议改变对甲、乙二犯的定罪和量刑后，既未组成审理该案的合议庭，又无合议庭人员的署名，仅盖一院章便宣布判决结果，严重违反了刑事诉讼法的规定。而最高人民法院对该案的审理及发回重审是完全符合刑事诉讼法规定的。

☼ 【本章小结】

审判监督程序又叫做再审程序，是人民法院、人民检察院对已经发生法律效力的刑事判决、裁定确有错误时，提交原审法院再审、提审，使案件得到重新审理，纠正错误裁判的一种诉讼程序。它是刑事诉讼中的特殊程序，目的在于彻底纠正已经生效的错误判决和裁定，惩罚犯罪，保障无辜的人不受刑事追究；它也是纠正错误裁判的有效法律途径。我国刑事诉讼法中对审判监督程序用专章作了规定，详尽规定了提起再审的主体、再审的条件以及再审的程序等内容。

◈ 【练习题】

■■■ 一　名词解释

审判监督　审判监督程序　申诉　提审

■■■ 二　思考题

1. 提起审判监督程序应具备的条件有哪些？
2. 试述审判监督程序与二审程序的异同。
3. 审判监督程序的抗诉与第二审程序的抗诉有何区别？
4. 依照审判监督程序重新审判案件应注意什么？

■■■ 三　案例分析题

被告人甲参与目测挑选一批有体育发展前途的男、女学生来本校接受训练。甲背着他人以体格检查为名，先后将8名女学生逐个诱骗至其卧室，假意测量女学生臂长、腿长及腰围，对女学生进行裸体检查，摸捏她们的乳房及阴部，详细询问月经来潮情况，并将其中一名女学生强奸。一审法院以强制猥亵、侮辱妇女罪判处甲有期徒刑4年，检察院认为原判量刑畸轻，适用法律不当，按上诉程序提出抗诉。二审法院经过审理，撤销原一审判决，以强奸罪判处甲有期徒刑5年，以强制猥亵、侮辱妇女罪判处甲有期徒刑4年，合并执行8年。改判后，二审法院院长又认为，对此案的量刑仍然畸轻，便以院长名义撤销了本院对此案的判决，另行组成合议庭审理。

问题：

该院长的行为是否妥当？应如何处理？

分析要点提示：

二审判决作出后判决即生效。对生效判决，应当按审判监督程序审理。刑事诉讼法规定，各级人民法院院长认为本院已经发生法律效力的判决和裁定在认定事实或适用法律上确有错误的，必须提交审判委员会处理。

第十九章　执　行

【本章引例】

被告人甲与被害人乙有仇，遂产生杀乙的念头。某日晚，甲携带杀猪刀闯进乙家，将乙杀死。作案后，甲到公安机关自首。经公安机关侦查、检察院起诉后，某中级法院公开审理了此案。法院考虑到被告人甲系未成年人，且有投案自首情节，以故意杀人罪判处甲无期徒刑，剥夺政治权利终身。判决宣告后，被告人甲表示服从判决，不再上诉。法定上诉、抗诉期满后，人民法院将判决书、罪犯结案登记表、执行通知书送达看守所，由看守所将罪犯甲交付执行机关。

【本章学习目标】

通过本章的学习，应当掌握如下内容：

1. 执行的概念和意义；
2. 已生效判决和裁定的种类与执行机关；
3. 各种判决、裁定的执行程序；
4. 执行的变更与其他处理；
5. 人民检察院对执行的监督。

第一节　执行程序概述

一、执行的概念、特点和意义

（一）执行的概念及特点

执行是指法定执行机关将人民法院已经发生法律效力的判决、裁定付诸实施的活动。执行是我国刑事诉讼的最后阶段。刑事诉讼的执行活动包括两个方面：一是将生效判决、裁定所确定的内容付诸实施而进行的活动；二是解决执行过程中的刑罚变更等问题所进行的活动。监狱及公安机关对罪犯进行的监管、教育、组织劳动生产等活动，是一种司法行政管理工作，不属于刑事诉讼范围。

执行与立案、侦查、起诉和审判相比较有以下特点。

1. 执行的主体较为广泛。

执行的主体除法院、检察院和公安机关外，还包括监狱等其他执行机关。根据执行的职能不同，可把执行主体分为交付执行机关、执行机关、执行的指挥机关和执行的监督机关。交付执行的机关只能是人民法院。执行机关是将判决、裁定所确定的内容付诸实施的机关。在执行死刑判决时，人民法院是执行指挥机关。执行监督机关是人民检察院，其对执行程序中的活动实行法律监督。

2. 执行的依据是已经发生法律效力的判决、裁定。

根据我国刑事诉讼法的有关规定，以下判决、裁定是已经发生法律效力的判决、裁定：（1）已过法定期限没有上诉、抗诉的一审判决或裁定；（2）终审判决、裁定；（3）高级人民法院核准的死刑缓期二年执行的判决；（4）最高人民法院核准的死刑判决、裁定。所有的执行，必须依据上述判决、裁定。

应当注意，我国《刑事诉讼法》第249条规定：第一审人民法院判决被告人无罪、免除刑事处罚的，如果被告人在押，在宣判后应当立即释放。这一规定并不是对未生效的第一审判决、裁定的执行，而是为了防止继续错押被告人所采取的一种措施。这属于强制措施的撤销。

3. 执行的内容。

执行内容主要有两部分：（1）将已经发生法律效力的判决、裁定确定的内容付诸实施的活动；（2）处理执行过程中的刑罚变更等问题所进行的活动。

4. 遵守特定原则。

在执行中执行主体应遵循以下三项原则：（1）严格执行原则。执行应严格按照生效判决、裁定所确定的内容予以进行，任何单位和个人非经审判监督程序，不得改变生效判决、裁定所确定的内容。（2）强制执行原则。已经发生法律效力的判决、裁定，必须无条件执行，对不执行的人，必须运用强制手段使其执行。任何抗拒执行的行为，都是违法行为，都应受到法律的制裁。（3）迅速及时原则。人民法院的判决、裁定一旦发生法律效力应当立即交付执行。

（二）执行的意义

执行是刑事诉讼法不可缺少的重要程序，是整个诉讼活动结果的实现，在刑事诉讼中占有重要地位。其重要意义是：

（1）执行可使犯罪分子受到应有的惩罚和教育，既能保护国家和社会的利益不再受到侵害，又能通过惩罚和教育改造使犯罪分子改恶从善，重新做人。

（2）执行能够有效地保护公民的合法权益。这主要从三方面体现：其一，将被判刑的罪犯交付执行，实际上保护了被害人的合法权益；其二，通过对附带民事赔偿判决、裁定的执行，使被害人在经济上得到赔偿，从而保护他们的合法经济利益；其三，使无罪或免予刑事处分的在押人员立即获得释放，有效地保护了公民的合法权益。

（3）执行有利于加强对群众的社会主义法制教育。

二、已生效判决和裁定的种类与执行机关

已生效判决、裁定的种类，根据执行机关和执行程序不同，大致可分为以下七类：

（1）判处死刑立即执行的判决、裁定；

（2）判处死刑缓期二年执行、无期徒刑、有期徒刑、拘役的判决、裁定；

（3）判处有期徒刑缓刑、拘役缓刑的判决、裁定；

（4）判处管制、剥夺政治权利的判决、裁定；

（5）判处罚金、没收财产的判决、裁定；

（6）判处赔偿被害人经济损失的判决、裁定；

（7）宣告无罪、免除刑罚的判决、裁定。

《刑事诉讼法》第 253 条第 1 款规定，罪犯被交付执行刑罚的时候，应当由交付执行的人民法院在判决生效后十日以内将有关的法律文书送达公安机关、监狱或者其他执行机关。刑事诉讼中的执行机关包括交付执行的机关，即人民法院；执行机关即人民法院、罪犯改造机关和公安机关；执行指挥机关即人民法院；执行监督机关即人民检察院。因此，我国刑事诉讼中的执行机关实际上包括人民法院、公安机关、罪犯改造机关和人民检察院。

第二节　各种判决、裁定的执行

一、判处死刑立即执行裁判的执行

死刑是剥夺犯罪分子生命的一种刑罚，由于死刑是最严厉的刑罚，所以刑事诉讼法对判处死刑立即执行判决的执行程序作了特别周密、严谨的规定。

（一）签发执行死刑命令

我国《刑事诉讼法》第 250 条第 1 款规定，最高人民法院判处和核准的死刑立即执行的判决，应当由最高人民法院院长签发执行死刑的命令。《最高人民法院关于适用〈中华人民共和国刑事诉讼法〉的解释》进一步规定：最高人民法院判处和核准的死刑立即执行的判决、裁定，应当由最高人民法院院长签发执行死刑的命令。执行死刑命令应按统一的样式填写，然后由院长签名，并加盖法院印章，否则，不得执行死刑。

（二）执行死刑的主体和监督机关

执行死刑的主体是第一审人民法院。最高人民法院的执行死刑的命令，由高级人民法院交付第一审人民法院执行，第一审人民法院接到执行死刑命令后，应当在七日内执行。人民检察院是执行死刑的监督机关。根据《刑事诉讼法》第 252 条第 1 款的规定，被判处死刑的罪犯在被执行死刑时，执行死刑的人民法院应当通知同级人民检察院派员临场监督。执行死刑监督，由检察官一至数名负责，并配备书记员担任记录。公安机关是协助执行死刑的机关。公安机关协助执行死刑的职责是：第一，负责执行死刑时的警戒事宜；第二，在人民法院没有条件执行枪决时，经人民法院交付，由公安武装警察执行枪决。

（三）死刑执行的停止与暂停

死刑执行的停止，是指下级人民法院在接到最高人民法院执行死刑的命令后，发现有法定不能执行死刑的情形时，停止将罪犯交付执行，并将此情况报请签发死刑命令的法院予以裁定的制度。《刑事诉讼法》第 251 条规定，停止执行死刑的情形有以下三种：第一，在执行前发现判决可能有错误的；第二，在执行前罪犯揭发重大犯罪事实或者有其他重大立功表现，可能需要改判的；第三，罪犯正在怀孕。

执行死刑的暂停，是指人民法院在将罪犯交付执行死刑后、执行前，发现执行死刑可能有错误，决定暂时停止执行死刑，并报请核准死刑的法院予以裁定的制度。这里讲的"可能有错误"，主要是指判决、裁定可能有错误，交付执行死刑的人可能有错误，或有其他不能执行死刑的情况。暂停执行的人民法院应将发现的问题立即上报，请核准死刑的人民法院裁定。

停止执行与暂停执行的区别：

（1）原因不同。暂停执行的原因是发现可能有错误。停止执行的原因有三种，发现死刑判决可能有错误是其中的一种，只要具备情形之一的，即应当立即停止执行。

（2）时间不同。停止执行发生在自接到死刑执行命令到押赴刑场前的任何时间；暂停执行发生在罪犯从押赴刑场到执行枪决这段时间。

（四）执行死刑的具体程序和要求

1. 通知人民检察院。

人民法院在交付执行死刑三日以前，应通知同级人民检察院派员临场监督。

2. 选择执行地点、方法。

死刑可以在刑场或指定的羁押场所内执行，可以采用枪决或注射等方法执行死刑。

3. 验明正身和讯问有无遗言、信札。

验明正身就是对准备交付执行死刑的罪犯，查验其是否是该判决确定被执行的人。验明正身的方法就是讯问、查证准备交付执行死刑罪犯的姓名、性别、年龄、出生地、住所、所犯罪行、何时被捕、何时被判决等。验明正身是死刑判决执行的必经程序，其目的是防止错杀无辜的人。遗言是罪犯执行死刑前留下的口头信息。信札是指有关信件。对死刑犯的遗言、信札，指挥执行的审判人员都应详细记录和妥善保管。执行前，如果发现可能有错误，应当暂停执行，报请核准死刑的法院裁定。

4. 执行死刑。

执行死刑应当公布，但不应游街示众或者进行其他有辱被执行人人格的行为。执行死刑完毕，应当由法医验明罪犯确实死亡，在场书记员写成笔录，交付执行的人民法院将执行死刑情况（包括执行死刑前后照片）及时逐级上报核准死刑的人民法院。

5. 办理执行死刑后有关事宜。

死刑执行后，交付执行的人民法院应当办理以下事宜：

（1）对死刑犯的遗书、遗言，应当及时进行审查。涉及财产继承、债务清偿、家事嘱托等内容的，将遗书、遗言笔录交给家属，同时复制存卷备查；涉及案件线索等问题的，应抄送有关机关。

（2）通知罪犯家属在限期内领取罪犯尸体；有火化条件的，通知领取骨灰。过期不领的，由人民法院通知有关单位处理。对于死刑罪犯的尸体或骨灰处理情况，应当记录在案。

（3）对外国籍罪犯执行死刑后，通知该外国人所在的驻华使、领馆的程序和时限，依照有关规定办理。

二、判处死刑缓期二年执行、无期徒刑、有期徒刑和拘役判决的执行

（一）交付执行的机关

根据《刑事诉讼法》第253条及有关司法解释的规定，将判处死刑缓期二年执行、无

期徒刑、有期徒刑、拘役的罪犯交付执行的机关是第一审人民法院。第二审人民法院及对案件行使核准权（包括死刑缓期执行）的人民法院，不能作为交付执行的机关。

对于被判处死刑缓期二年执行、无期徒刑和有期徒刑的罪犯，交付执行的人民法院应当在十日以内将执行通知书、判决书（经第二审人民法院审理后维持原判的，还应有裁定书）送达羁押该罪犯的公安机关。公安机关应当自收到上述文件之日起一个月内将该罪犯送交监狱执行刑罚。把罪犯交付执行时，交付执行的人民法院还应当将人民检察院的起诉书副本、人民法院的判决书、执行通知书、结案登记表同时送达监狱。监狱没有收到上述文件的，不得将罪犯收监。

对于判处拘役的罪犯，在判决书、裁定书生效后，由交付执行的人民法院将判决书、裁定书、人民检察院的起诉书副本、人民法院的执行通知书、结案登记表及时送达公安机关。

（二）执行机关

根据刑事诉讼法、监狱法及有关规定，被判处死刑缓期二年执行、无期徒刑、有期徒刑的罪犯，执行机关是监狱。对被判处有期徒刑的罪犯，若其被交付执行刑罚前的刑期在三个月以下的，由看守所代为执行。被判处上述刑罚的未成年犯，执行机关是未成年犯管教所。被判处拘役的罪犯，执行机关是公安机关。当地已设立拘役所的，公安机关应把罪犯放在拘役所执行；没有设立拘役所的，可放在看守所内执行。

执行机关在接收罪犯时，有收押审查权。收押审查的内容包括：（1）审查判决书、裁定书是否已发生法律效力；（2）审查法律文书是否齐全，是否有错；（3）审查罪犯是否患有严重疾病需要保外就医，是否怀孕或正在哺乳自己的婴儿。对于符合收押条件的，执行机关应当将罪犯及时收押，并且通知罪犯家属，告知罪犯所犯的罪名、判处的刑期和执行的地点。对于不符合收押条件的，执行机关有权拒绝收押。监狱不收监的，应当书面说明理由，由公安机关将执行通知书退回人民法院。人民法院经审查认为监狱对罪犯不予收监，不符合《刑事诉讼法》第254条规定的，应当决定将罪犯交付监狱收监执行，并将收监执行决定书分别送达交付执行的公安机关和监狱。

执行机关应当将罪犯及时收押，并且通知罪犯家属。

判处有期徒刑、拘役的罪犯，执行期满，应由执行机关发给释放证明书。公安机关凭释放证明书给刑满释放人员办理户籍登记。

执行机关对于罪犯死亡、调离或脱逃满两个月未捕获等变动情况，应当书面通知交付执行的人民法院和担负监督任务的人民检察院。

三、判处有期徒刑缓刑、拘役缓刑的执行

（一）执行机关

缓刑是刑法所规定的附条件不执行所判刑罚的制度，其特点是在宣布刑罚的同时宣告暂不执行，但于一定期限内保留执行权。根据《刑事诉讼法》第258条的规定，对被判处管制、宣告缓刑、假释或者暂予监外执行的罪犯，依法实行社区矫正，由社区矫正机构负责执行。如果被宣告缓刑的罪犯在押，人民法院应变更强制措施为监视居住或取保候审，并立即通知执行机关。同时，执行机关还应当向被执行人宣布在缓刑考验期内应当注意的事项。

（二）对有期徒刑缓刑、拘役缓刑罪犯的考察监督

被宣告缓刑的罪犯，在缓刑考验期内，依法实行社区矫正，如果没有《刑法》第77条规定的应当撤销缓刑的情形，缓刑考验期满，原判刑罚就不再执行，由执行机关报告交付执行的人民法院并向有关群众宣布，不必再另办法律手续。被宣告缓刑的罪犯有下列情形之一的，应当撤销缓刑，按数罪并罚原则，决定应执行的刑罚：（1）在缓刑执行期间又犯罪的；（2）发现判决宣告以前还有其他罪没有判决的。对于在缓刑考验期限内违反法律、行政法规或者国务院、公安部门有关缓刑的监督管理规定，或者违反人民法院判决中的禁止令，情节严重的，应当撤销缓刑，执行原判刑罚。但根据上述规定撤销缓刑执行原判刑罚的，对其在宣告缓刑前羁押的时间应当折抵刑期。

四、判处管制、剥夺政治权利的执行

（一）管制的执行

1. 执行机关。

被判处管制的犯罪分子，依法实行社区矫正。管制由社区矫正机构执行。

2. 执行方法。

执行管制时，首先，应根据判决书和执行通知书，向罪犯所在单位或住地群众，宣告罪犯的犯罪事实、管制期限和必须遵守的规定。其次，应在罪犯所在单位或居住地组成三至五人的群众监督改造小组，以便依靠群众对罪犯进行监督，促其悔罪自新。最后，判处管制，可以根据犯罪情况，同时禁止犯罪分子在执行期间从事特定的活动，进入特定区域、场所，接触特定的人。违反上述禁止令的，由执行机关按照《治安管理处罚法》的规定处罚。管制期满，执行机关应立即向本人及有关群众宣布解除管制，发给本人解除管制通知书。

（二）剥夺政治权利的执行

对于剥夺政治权利的罪犯，由公安机关执行。附加剥夺政治权利的效力适用于主刑执行期间，在主刑执行期间剥夺政治权利由主刑执行机关执行。执行期满，由执行机关书面通知本人及其所在单位、居住地基层组织。

五、判处罚金、没收财产的执行

罚金和没收财产均由第一审人民法院负责裁判执行的机构执行。执行没收财产时，可会同公安机关执行。

对被判处罚金的罪犯，应按照判决确定的数额，在指定的期限一次或分次缴纳。期满无故不缴纳的，人民法院应强制其缴纳，并可采取相应的执行措施，如冻结、划拨其银行存款，查封、扣押、拍卖其财产，通知其所在单位扣发工资，等等。罪犯不能全部缴纳罚金的，人民法院在任何时候发现其有可以执行的财产，可随时追缴。但由于发生不能抗拒的灾祸，缴纳确有困难的，罪犯可以向人民法院申请减少或免除，人民法院在查证属实后，可以根据其困难的大小裁定减少或免除原判决的罚金。

行政机关对罪犯就同一事实已处以罚款的，人民法院处罚金时应当予以折抵，扣除行政处罚已执行的部分。

人民法院在执行没收罪犯财产时，不得没收属于犯罪分子家属所有或应有的财产。对

查封前犯罪分子的正当债务，需从没收财产中偿还的，经债权人请求，人民法院应当裁定在没收财产的范围内酌情偿还。如果在没收财产中有罪犯侵吞、霸占、抢劫他人的财产，经被害人申请，并经人民法院查证属实后，应将原物退还。如果发现罪犯需用没收的财产履行附带民事诉讼裁判的（如赔偿被害人的经济损失），应允许其先支付或扣除赔偿金后，再予执行没收财产。

六、附带民事诉讼判决、裁定的执行

《最高人民法院关于适用〈中华人民共和国刑事诉讼法〉的解释》第163条规定，人民法院审判附带民事诉讼案件，除应适用《刑法》、《刑事诉讼法》外，还应适用《民法通则》、《民事诉讼法》的有关规定。根据该规定，人民法院在执行附带民事诉讼判决、裁定时，如刑事诉讼法无规定的，应当参照民事诉讼法的有关规定执行。但当刑事部分的执行与民事部分的执行相冲突时，一般认为可先执行民事部分，即先支付民事赔偿部分，再执行没收财产或扣除罚金。

七、无罪判决和免除刑罚的执行

刑事诉讼法规定，人民法院判决（无论是第一审还是第二审判决）被告人无罪或免除刑罚的，如果被告人在押，在宣判后应当立即释放。如果对被告人采取了其他强制措施，也应立即撤销。

人民法院在执行无罪、免刑判决时，应将判决书和执行通知书送交公安机关，由公安机关发给释放证明。人民法院还应该协同有关单位做好善后工作，及时恢复无罪公民的自由、名誉。如果该无罪公民依国家赔偿法提出赔偿，人民法院应及时予以处理。

对于免除处罚的被告人，人民法院可根据案件的不同情况，予以训诫或责令具结悔过、赔礼道歉、赔偿损失或建议主管部门予以行政处分。

第三节 执行的变更与其他处理

一、死刑执行和死刑缓期二年执行的变更

（一）死刑立即执行的变更

在执行死刑过程中出现了法定情形时，应当依法停止执行。根据刑事诉讼法及相关司法解释的规定，下级人民法院接到执行死刑命令后，如果发现有下列情形之一的，应依法停止执行，并立即报告核准死刑的人民法院，由核准死刑的人民法院裁定是否停止执行死刑，依法改判：（1）在执行前发现裁判可能有错误的；（2）在执行前罪犯揭发重大犯罪事实或者有其他重大立功表现，可能需要改判的；（3）罪犯正在怀孕的。对于有上述三种情形之一，经查证属实的，应由核准死刑的人民法院裁定。如果确定裁判确有错误，应报请核准死刑的人民法院依照审判监督程序，重新审判。如果确认罪犯揭发了重大犯罪事实，或有重大立功表现，应当依法改判时，应报请核准死刑的人民法院依法改判。不需改判，仍应执行死刑的，应报请原核准死刑的人民法院院长再次签发执行死刑的命令。因罪犯正

在怀孕而停止执行的，应当报请核准死刑的人民法院依法改判。根据有关司法解释，怀孕妇女涉嫌犯罪在羁押期间自然流产后，又因同一事实被起诉、交付审判的，应当视为"审判的时候怀孕的妇女"，依法不适用死刑。

在执行死刑时，如果发现可能有错误，也应当暂停执行。经交付执行人民法院查证认为原死刑判决、裁定确有错误的，报请最高人民法院或高级人民法院裁定按照审判监督程序进行纠正；经查证，原死刑判决、裁定正确无误的，报请核准死刑的人民法院重新签发执行死刑命令。

（二）死刑缓期二年执行变更

死刑缓期二年执行不是独立的刑罚种类，而是死刑的一种特殊执行制度，是对罪该判处死刑但不是必须立即执行的犯罪分子，在判处死刑的同时宣告缓期执行、以观后效的一种制度。根据我国《刑法》第50条、《刑事诉讼法》第250条的规定，被判处死刑缓期二年执行的罪犯，根据他在死刑缓期执行期间的表现，死缓判决可作两种变更。

1. 死缓减为无期徒刑或有期徒刑。

死缓犯在缓期执行期间，如果没有故意犯罪，二年期满以后，减为无期徒刑。死缓犯在死刑缓期执行期间，如果确有重大立功表现，二年期满以后，减为25年有期徒刑。所谓重大立功表现一般是指：揭发检举监内外犯罪分子的重大破坏活动，经查证属实；制止其他罪犯逃跑、行凶、破坏等犯罪活动；在生产中有发明创造、重大技术革新或发现，对国家建设或生产做出突出贡献；消灭灾害或重大事故，使国家免受严重损失；在日常生产、生活中舍己救人；等等。只有一般立功表现而没有重大立功表现的，不具备刑法规定的条件，不能减为有期徒刑。

死缓犯减刑的管辖法院是服刑地的高级人民法院。审理死缓犯减刑案件的程序是：死缓犯所在监狱在缓刑二年期满时，提出减刑建议，报省、自治区、直辖市监狱管理机关审核后，报请高级人民法院裁定。高级人民法院组成的合议庭对申报材料审查后，认为应当减刑的，裁定减刑，并将减刑裁定书副本同时抄送原判人民法院及人民检察院。死刑缓期执行期满减为有期徒刑的，刑期自死刑缓期执行二年期满之日第二日起计算。

2. 对死缓犯执行死刑。

被判处死刑缓期执行的犯罪人，如果在死刑缓期执行期间故意犯罪的，经查证属实，应依法执行死刑。对死缓犯变更执行死刑的程序是：由人民检察院提起公诉、服刑地中级人民法院依法审判，所作的判决可以上诉、抗诉。认定构成故意犯罪的，判决、裁定发生法律效力后，报最高人民法院核准死刑。核准后，交罪犯服刑地的中级人民法院执行。

死刑缓期二年执行期满后，在尚未裁定减刑之前，罪犯又犯罪的，不能视为在死刑缓期执行期间的犯罪，对这种犯罪，应先依照刑法和刑事诉讼法及监狱法的规定予以减刑，然后对其所犯新罪另行起诉、审判，作出判决，按照数罪并罚的规定决定执行的刑罚，对新罪判处死刑的，才能执行死刑。

对于死缓犯在缓期二年执行期间故意犯罪的，只要经查证属实，可及时对其执行死刑，不必等到死刑缓期执行期满。

二、暂予监外执行

暂予监外执行是指对被判处无期徒刑、有期徒刑或拘役的罪犯，在某些法定情形出现时，暂时不采取在监狱或拘役所执行原判刑罚的一种变通执行方法。暂予监外执行的条件消失后，刑期未满的，罪犯仍会被收监执行，暂予监外执行只是对执行监禁刑的暂时变更。

根据《刑事诉讼法》第254条的规定，暂予监外执行的适用对象是被判处无期徒刑、有期徒刑或拘役的罪犯。对于被判处有期徒刑或者拘役的罪犯，有下列情形之一的，可以暂予监外执行：

（1）有严重疾病需要保外就医的。对于罪犯确有严重疾病，必须保外就医的，应由省级人民政府指定的医院开具证明文件，依照法律规定的程序审批。对于被保外就医的罪犯不符合保外就医条件的，或严重违反有关保外就医的规定的，应及时收监。

（2）怀孕或者正在哺乳自己婴儿的妇女。

（3）生活不能自理，适用暂予监外执行不致危害社会的。对于暂予监外执行可能有社会危险性或者自伤自残的罪犯，不得暂予监外执行。

对被判无期徒刑的罪犯，有第（2）种情形的，可以暂予监外执行。

有权决定或批准暂予监外执行的机关是人民法院和省级以上监狱管理机关和设区的市一级以上公安机关。在交付执行前，暂予监外执行由交付执行的人民法院决定；在交付执行后，暂予监外执行由监狱或者看守所提出书面意见，报省级以上监狱管理机关或者设区的市一级以上公安机关批准。监狱、看守所提出暂予监外执行的书面意见的，应当将书面意见的副本抄送人民检察院。人民检察院可以向决定或者批准机关提出书面意见。决定或者批准暂予监外执行的机关应将暂予监外执行决定抄送人民检察院；人民检察院经审查认为暂予监外执行不当的，应自接到通知之日起一个月内将书面意见送交决定或者批准暂予监外执行机关；决定或者批准暂予监外执行的机关接到人民检察院的书面意见后，应当立即对该决定进行重新核查，人民检察院对此有权进行监督。

对于暂予监外执行的罪犯，依法实行社区矫正，由社区矫正机构负责执行，执行机关应当对其严格管理监督，基层组织或者罪犯的原所在单位协助进行监督。

对暂予监外执行的罪犯，有下列情形之一的，应当及时收监：

（1）发现不符合暂予监外执行条件的；

（2）严重违反有关暂予监外执行监督管理规定的；

（3）暂予监外执行的情形消失后，罪犯刑期未满的。

对于人民法院决定暂予监外执行的罪犯应当予以收监的，由人民法院作出决定，将有关的法律文书送达公安机关、监狱或者其他执行机关。

不符合暂予监外执行条件的罪犯通过贿赂等非法手段被暂予监外执行的，在监外执行的期间不计入执行刑期。罪犯在暂予监外执行期间脱逃的，脱逃的期间不计入执行刑期。

罪犯在暂予监外执行期间死亡的，执行机关应当及时通知监狱或者看守所。

监外执行是对原判刑罚的执行，因此，监外执行的时间应计入刑期。在监外执行的情形消失后，罪犯刑期未满的，应当及时收监。如果到期已满，应发给刑满释放的证明，不再收监。

三、减刑与假释程序

减刑和假释是我国刑罚执行中的重要制度，体现了我国惩办与宽大相结合、惩罚与教育相结合的刑事政策。正确地适用减刑和假释，对于鼓励犯罪分子加速改造，实现刑事诉讼的任务，都具有重要意义。

（一）减刑

根据我国刑法、刑事诉讼法及相关司法解释的规定，被判处管制、拘役、有期徒刑、无期徒刑的罪犯，在执行期间如果确有悔改表现的，或者有立功表现的，可以依法对其减轻原判的刑罚。对于应当减刑的，由刑罚执行机关根据不同情况向人民法院提出减刑建议书，并将建议书副本抄送人民检察院，人民检察院可以向人民法院提出书面意见。人民法院对减刑建议应当组成合议庭进行审理，对确有悔改或者立功事实的，裁定予以减刑。非经法定程序不得减刑。各类判决、执行的减刑程序如下：

（1）对被判处死刑缓期二年执行的罪犯的减刑，应当由所在监狱提出减刑建议，报经省、自治区、直辖市监狱管理机关审核后，提请高级人民法院裁定。

（2）对被判处无期徒刑的罪犯的减刑，由罪犯服刑地的高级人民法院根据省、自治区、直辖市监狱管理机关审核同意的监狱减刑建议书裁定。高级人民法院应当自收到减刑建议书之日起一个月内依法裁定；案情复杂或者情况特殊的，可以延长一个月。

（3）对被判处有期徒刑（包括减为有期徒刑）的罪犯的减刑，由罪犯服刑地的中级人民法院根据当地执行机关提出的减刑建议书裁定。中级人民法院应当自收到减刑建议书之日起一个月内依法裁定；案情复杂或者情况特殊的，可以延长一个月。

（4）对被判处拘役的罪犯的减刑，由罪犯服刑地的中级人民法院根据当地同级执行机关提出的减刑建议书裁定。

（5）对被判处管制的罪犯的减刑，由罪犯服刑地的中级人民法院根据当地同级执行机关提出的减刑建议书裁定。

（6）被宣告缓刑的罪犯，在缓刑考验期限内确有重大立功表现，需要予以减刑，并相应缩短缓刑考验期限的，应当由负责考察的派出所会同罪犯原所在单位或者基层组织提出书面意见，由罪犯所在地的中级人民法院根据当地同级执行机关提出的减刑建议书裁定。

（7）对公安机关看守所监管的罪犯的减刑，由罪犯所在看守所提出意见，由当地中级人民法院根据当地同级执行机关提出的减刑建议书裁定。

在实践中应当注意，如果原终审的人民法院的级别高于减刑、假释案件的管辖法院，则由原终审的人民法院管辖；如中级人民法院终审对罪犯判处拘役，对这一被拘役罪犯的减刑就应当由中级人民法院管辖。

（二）假释

假释实质是一种附条件将罪犯提前释放的制度。其特点在于：对被判处有期徒刑或者无期徒刑的罪犯（法律规定不得假释的除外），在执行完一定时间的刑罚后，如果认真遵守监规，接受教育改造，确有悔改表现，不致再危害社会，经过法定程序可将其附条件地提前释放。假释的监督执行机关是社区矫正机构。被假释的罪犯，在假释考验期限内，必须遵守国家法律法规和公安机关制定的具体监督管理的规定，定期向执行机关报告自己的活动情况，迁居或者离开居住区域必须经公安机关批准。被假释的罪犯，若在假释考验期限内未再犯新罪，则认为原判刑罚已执行完毕，执行机关应当向本人宣布并通报原裁定的人民法院和原关押罪犯的刑罚执行机关，无须再办理释放手续。但被假释人在假释期间出现下列情况，人民法院可以撤销假释，根据情况作出处理：

（1）重新犯罪。在假释考验期内被假释人再犯新罪，由审理新罪的人民法院撤销假释，把前罪没有执行完的刑罚和后罪新判处的刑罚，按照数罪并罚原则，决定应当执行的刑期。

（2）违反有关法律法规，但未构成犯罪的。根据《中华人民共和国监狱法》（简称《监狱法》）第 33 条的规定，被假释的罪犯，在假释期间有违反法律、行政法规和国务院、公安部门有关假释的监督管理规定的行为，尚未构成新的犯罪的，公安机关可以向人民法院提出撤销假释的建议，人民法院应当自收到撤销假释建议书之日起一个月内予以审核裁定。人民法院裁定撤销假释的，由公安机关将罪犯送交监狱收监。

除有特殊情况，经假释的罪犯一般不得减刑，其假释考验期也不得缩短。被假释的罪犯由公安机关予以监督。

（三）减刑、假释的审理程序

监狱等刑罚执行机关在报请人民法院审核裁定减刑、假释时，必须做到材料完备、齐全，以保证人民法院审理活动的顺利进行。应申报的材料包括：提请减刑意见书或者提请假释意见书、罪犯评审鉴定表、罪犯奖惩审批表、终审法院判决书、裁定书的复制件、历次减刑裁定书的复制件，以及罪犯悔改或者立功表现具体事实的证明材料。

人民法院对监狱等刑罚执行机关提出的材料和意见，应当自收到减刑建议书或者假释建议书之日起一个月内予以审核裁定；被判处无期徒刑、有期徒刑的罪犯的减刑、假释，如果案情复杂或者情况特殊的，可以延长一个月。裁定由做出裁定的人民法院直接宣告，直接宣告有困难的，也可委托罪犯服刑地的人民法院或者执行机关代为宣告。对于人民法院裁定假释的罪犯，监狱等刑罚执行机关应当按期假释，并发给假释证明书。根据监狱法的规定，减刑裁定书的副本或假释裁定书的副本应当抄送人民检察院。人民检察院认为人民法院减刑、假释的裁定不当，应当在收到裁定书副本后 20 日以内，向人民法院提出书面纠正意见。人民法院应当在收到纠正意见后一个月以内重新组成合议庭进行审理，做出最终裁定。

四、对新罪和漏罪的追诉

新罪，是指罪犯在服刑期间又犯的新罪行。漏罪，是指判决生效后在执行过程中发现的罪犯在判决宣告以前所犯的尚未判决的罪行。《刑事诉讼法》第 262 条第 1 款规定："罪犯在服刑期间又犯罪的，或者发现了判决的时候所没有发现的罪行，由执行机关移送人民检察院处理。"因此，执行过程中发现了被执行人又犯新罪或尚存未经审判的漏罪，都应依法追诉。

在刑罚执行期间，如果发现了罪犯在判决宣告以前所犯的尚未判决的漏罪，或者罪犯实施了脱逃、组织越狱、伤害等新罪，由监狱等有管辖权的机关进行侦查。侦查终结后，写出起诉意见书，连同案卷材料、证据一并移送人民检察院。如果认为需要追究刑事责任，人民检察院应按管辖分工的不同，向有管辖权的基层人民法院或中级人民法院起诉。人民法院应依法进行审判，将罪犯的新罪和漏罪所判处的刑罚与原判决尚未执行完毕的刑期，按数罪并罚的原则，决定应当执行的刑罚。

五、发现错判和对申诉的处理

《刑事诉讼法》第 264 条规定：监狱和其他执行机关在刑罚执行中，如果认为判决有错误，或罪犯提出申诉，应当转请人民检察院或原判人民法院处理。依照该规定，执行机关如认为原判决或裁定确有错误，应提出具体意见并附调查材料，报送主管司法行政机关。经主管司法行政机关审查同意后，转送原起诉的人民检察院、原审人民法院或原起诉的上级人民检察院、原审的上级人民法院，按照审判监督程序处理。人民检察院或人民法院应当自收到监狱或其他执行机关提请处理意见书之日起六个月内将处理结果通知监狱或其他执行机关。

人民法院或人民检察院收到执行机关材料和意见或罪犯的申诉后，应当进行认真审查。如认为原判决或裁定在认定事实或适用法律上确有错误，应按审判监督程序予以纠正。如认为原裁判正确，应及时答复执行机关或申诉人。

第四节　人民检察院对执行的监督

一、人民检察院对各种判决、裁定执行的监督

人民检察院是国家的法律监督机关，有权对各种判决执行情况进行监督。人民检察院对各种判决、裁定执行监督的主要内容有：第一，人民检察院派员临场监督死刑的执行；第二，对监禁刑执行的监督；第三，对非监禁刑执行的法律监督；第四，对刑罚执行变更的法律监督。

其中，刑罚执行变更包括监禁刑执行变更和非监禁刑执行变更，因此，对刑罚执行变更的法律监督也分两类。

（一）对执行监禁刑变更的法律监督

罪犯在刑罚执行过程中会出现各种情况，刑罚执行变更不可避免，检察机关对此必须监督，其主要内容为：

（1）监狱对死缓犯减为无期徒刑或有期徒刑以及执行死刑的意见是否符合法律规定；有无违法延长死缓犯死缓考验期的情况；报请死缓犯减刑或执行死刑有无不当的情况。

（2）监狱提出对罪犯的减刑、假释意见是否合法；对审判机关的减刑、假释裁定是否及时执行；有无违法使用减刑、假释的情况。

（3）监狱决定暂予监外执行是否合法，报批手续是否齐备，是否将暂予监外执行罪犯的狱内改造情况如实通报给负责执行的公安机关；暂予监外执行的情形消失后是否依法及时将罪犯收监执行；等等。

（二）对非监禁刑执行变更的法律监督

检察机关对非监禁刑执行变更的法律监督主要是：

（1）管制犯符合减刑条件的，执行机关是否依法提出减刑意见；经人民法院裁定减刑的，如果附加有剥夺政治权利，剥夺政治权利的期限是否相应减少。

（2）缓刑犯符合减刑条件的，执行机关是否依法提出减刑意见；经人民法院裁定减刑的，其缓刑考验期是否作了相应的减少。

（3）单处剥夺政治权利的罪犯，在刑罚执行期间表现较好，执行机关是否依法提出减刑的意见；减刑后剥夺政治权利刑的执行是否合法等。

二、人民检察院对执行机关执行刑罚的监督

根据《刑事诉讼法》第 265 条的规定，人民检察院对执行机关执行刑罚的活动是否合法实行监督，如果发现有违法情况，有权通知执行机关纠正。对执行机关执行刑罚活动实行监督的内容主要包括如下方面。

（一）对狱政管理活动实行监督

狱政管理是监狱最经常的日常管理活动，涉及罪犯的权益。检察机关对狱政管理的监督主要有：

（1）监狱的各种设施是否配置完备，在押罪犯脱逃的是否及时抓获。

（2）对不同罪犯是否分开关押和管理。

（3）刑具使用是否符合法律规定，有无违法使用刑具行为，武器管理是否合法妥当。

（4）罪犯的通信权和会见权及控告、申诉、检举权是否依法维护。

（5）罪犯的生活是否依法保障。

（6）是否设立必要的医疗机构和生活、卫生设施；罪犯的健康权、人身权、人格权是否受到非法侵害。

（7）监狱是否建立了日常考核制度，对罪犯的奖惩是否符合规定。

（8）监狱对罪犯在监狱内犯罪案件是否及时依法侦查；侦查终结后是否按规定移送；等等。

（二）对监狱人民警察执法守纪的监督

监狱人民警察是监狱中的执法者，他们的形象代表国家形象，检察机关有必要强化对监狱人民警察的监督。其主要内容有：

（1）是否有索要、收受、侵占罪犯及其亲属财物的情况；

（2）是否有释放罪犯或玩忽职守造成罪犯脱逃的情况；

（3）是否有体罚虐待罪犯的情况；

（4）是否有侮辱罪犯人格、侵犯健康权的情况；

（5）是否有因私利用罪犯提供劳务的情况；

（6）是否有违反规定，私自为罪犯传递信件或物品的情况等。

【引例评析】

判决和裁定在发生法律效力后交付执行。判决和裁定一经发生法律效力，必须立即执行，不得拖延裁判的执行，且判决和裁定的执行具有强制性，任何机关、个人都必须无条件地执行。

【练习题】

一、名词解释

执行 执行变更 交付执行 暂予监外执行 减刑 假释

二、思考题

1. 试述停止执行死刑与暂停执行死刑的区别。

2. 试述判处死缓、无期徒刑、有期徒刑或拘役判决的执行。

3. 试述判处拘役缓刑和有期徒刑缓刑判决的执行。

4. 什么情况下可适用暂予监外执行？

■■■三■ 案例分析题

1. 在押犯甲因犯伤害罪被法院判刑三年。甲曾患过肺病，服刑期间肺病复发。经劳改医院医治无效，需要保外就医。

问题：

劳改机关对此应如何处理？若需监外执行，应办理哪些手续？

分析要点提示：

严重疾病是保外就医的法定情形，对符合监外执行条件的罪犯，在交付执行后，监狱或其他执行机关提出书面意见，报省、自治区、直辖市监狱管理机关或设区的市一级以上的公安机关批准。获批准的，应当将批准决定抄送人民检察院。对虽符合监外执行条件，但取得保外就医可能有社会危险性的，不得保外就医。

2. 被告人甲因抢劫罪被判有期徒刑三年。入狱后，在管教人员的教育下，甲检举了一个犯罪集团。经公安机关侦查，该犯罪集团有成员 51 人，是某市破获的最大的犯罪集团案。鉴于甲有重大立功表现，甲所在的监狱提出减刑的材料和意见。中级人民法院作出裁定，对其减刑二年。

问题：

中级人民法院作出的减刑裁定是否正确？

分析要点提示：

根据刑法的有关规定，对被判处管制、拘役、有期徒刑、无期徒刑的罪犯，在执行期间，如果认真遵守监规，接受教育改造，确有悔改表现的，或者有立功表现的，可以依法对其减轻原判的刑罚。

第二十章 特别程序

【本章引例】

王某，1995年10月5日出生。自2010年11月辍学后，经常与陈某（男，22岁，无业）在一起玩耍。两人于2012年9月5日在一路口抢劫一个下班女工时，被过路群众抓获，并将其扭送到公安局。公安机关在进行侦查的过程中，应当遵循哪些特别程序？

【本章学习目标】

通过本章的学习，应当掌握如下内容：

1. 未成年人刑事案件诉讼程序的概念、原则和特别规定；
2. 当事人和解的公诉案件诉讼程序的概念、特征、适用条件和程序；
3. 没收违法所得程序的概念、意义、提起条件和审理；
4. 强制医疗程序的概念、意义、提起和审理。

第一节 未成年人刑事案件诉讼程序

一、未成年人刑事案件诉讼程序的概念和意义

未成年人刑事案件诉讼程序，是指专门适用于对未成年人刑事案件进行侦查、起诉、审判、执行等活动的一种特别刑事诉讼程序。在我国，未成年人刑事案件是指被告人被指控实施犯罪时已满14周岁不满18周岁的案件。"周岁"按照公历的年、月、日计算，从周岁生日的第二天起算。

在刑事诉讼活动中，对未成年人刑事案件适用与成年人不同的特别程序，有着非常重要的意义。具体来说，未成年人刑事案件诉讼程序的意义表现为以下几个方面：

第一，有利于教育、挽救违法犯罪的未成年人。未成年人正处于成长发育的时期，身心尚不成熟，自控能力较差，容易冲动，行为不计后果。与成年人相比，未成年人犯罪时的动机相对简单，带有很大程度的盲目性和随意性。因此，未成年犯罪嫌疑人、被告人的主观恶性一般都不大，而且具有较强的可塑性。如果适用普通的刑事诉讼程序，不仅不能

实现教育改造的目的，而且可能伤害他们的身心健康，使他们今后难以融入社会。因此，在刑事诉讼中，根据未成年犯罪嫌疑人、被告人的特点，制定以"教育为主、惩罚为辅"为原则的相对和缓的程序，有利于教育、挽救年龄尚小、人生道路漫长的未成年人。

第二，有助于解决未成年人刑事案件增多的社会问题。近年来，未成年人犯罪案件日益增多，已经成为突出的社会问题。解决这个问题，需要社会各个方面的人们共同努力。通过制定一个特殊的诉讼程序，把未成年犯罪嫌疑人、被告人的监护人、学校教师、青少年社会工作者吸纳进来参加刑事诉讼，这样不仅有助于公正处理未成年人刑事案件，而且可以借助于公安司法机关以外的社会力量，共同承担教育改造未成年犯罪人的任务，达到减少、预防未成年人犯罪的目的。

第三，有利于我国刑事诉讼程序的发展和完善。我国《刑事诉讼法》以专门的章节规定了"未成年人刑事案件诉讼程序"，该程序中有许多不同于成年人刑事诉讼程序的特别规定。这些规定较之于刑事诉讼的普通程序而言，更符合国际人权保障公约的要求。因此，未成年人刑事案件诉讼程序可为我国刑事诉讼程序的进一步完善提供有益经验。

二、未成年人刑事案件诉讼程序的原则

（一）教育为主、惩罚为辅的原则

教育为主、惩罚为辅的原则在整个未成年人刑事案件诉讼中起着重要的指导作用，是处理未成年人刑事案件的主导思想，未成年人刑事案件的其他诉讼原则基本上都围绕此原则展开。《刑事诉讼法》第 266 条第 1 款规定："对犯罪的未成年人实行教育、感化、挽救的方针，坚持教育为主、惩罚为辅的原则。"

（二）分案处理原则

分案处理原则是进行未成年人刑事诉讼所必须遵循的又一重要原则。分案处理，是指在处理未成年人刑事案件时，应当在时间上和地点上都与成年人犯罪的案件分开进行。《刑事诉讼法》第 269 条第 2 款规定："对被拘留、逮捕和执行刑罚的未成年人与成年人应当分别关押、分别管理、分别教育。"分案处理的原因在于未成年人各方面都不成熟，如果与成年人共同关押、审理、服刑，可能不仅使未成年人得不到正确的教育和挽救，还可能受到成年人的不良影响，甚至更严重的"污染"，不利于未成年人的改造。另外，未成年人与成年人关押在一起，还可能使他们受到成年人的伤害，不利于保护未成年犯罪嫌疑人、被告人的安全。

（三）不公开审理原则

《刑事诉讼法》第 274 条规定："审判的时候被告人不满十八周岁的案件，不公开审理。但是，经未成年被告人及其法定代理人同意，未成年被告人所在学校和未成年人保护组织可以派代表到场。"《中华人民共和国未成年人保护法》和《中华人民共和国预防未成年人犯罪法》也规定，对未成年人犯罪案件，新闻报道、影视节目、公开出版物不得披露该未成年人的姓名、住所、照片及可能推断出该未成年人的资料。未成年人案件不公开审理，有利于保护未成年被告人的名誉、自尊心和人格尊严，防止公开审理给他们造成的不必要的心灵创伤和过大的精神压力，有助于他们接受教育和挽救，重新做人。

（四）及时原则

及时原则是指在诉讼进行的每个阶段，公安司法机关和相关人员都应当及时对案件作

出处理，不拖拉、不延误。诉讼及时本来是任何诉讼都应当遵循的原则，但鉴于未成年人刑事案件的特殊性，强调未成年人刑事案件诉讼程序的及时性显得尤为必要。诉讼及时原则要求刑事诉讼的进行不能过快或太慢。

（五）和缓原则

和缓原则，要求对未成年人涉嫌犯罪的案件，一定要注意结合未成年犯罪嫌疑人、被告人的身心特点，尽量不采用激烈、严厉的诉讼方式。比如，尽量不用或者少用强制措施，在传唤、讯问以及审判的时候，应当尽可能通知其法定代理人到场，必要的时候，可以邀请其老师参加等。在讯问时，应注意以教育式、启发式的方法进行耐心细致的开导，语气尽量温和。在审判时，应当采用少年法庭的形式，注意给法庭创设温馨、和缓的气氛。在实践中，有些地方法院采用"圆桌法庭"的形式审理未成年人刑事案件，收到了较好的效果。

三、未成年人刑事案件诉讼程序的特别规定

（一）必须查明犯罪嫌疑人、被告人的准确出生日期

对于未成年人刑事案件，不论是立案阶段，还是侦查、起诉及审判活动，都必须重点查明犯罪嫌疑人、被告人确切的出生时间，因为年龄因素很可能决定着是否应当追究刑事责任。《最高人民法院关于审理未成年人刑事案件具体应用法律若干问题的解释》第 3 条规定："审理未成年人刑事案件，应当查明被告人实施被指控的犯罪时的年龄。裁判文书中应当写明被告人出生的年、月、日。"第 4 条规定："对于没有充分证据证明被告人实施被指控的犯罪时已经达到法定刑事责任年龄且确实无法查明的，应当推定其没有达到相应法定刑事责任年龄。相关证据足以证明被告人实施被指控的犯罪时已经达到法定刑事责任年龄，但是无法准确查明被告人具体出生日期的，应当认定其达到相应法定刑事责任年龄。"

（二）案件由专门机构或专门人员承办

《刑事诉讼法》第 266 条第 2 款规定："人民法院、人民检察院和公安机关办理未成年人刑事案件，应当保障未成年人行使其诉讼权利，保障未成年人得到法律帮助，并由熟悉未成年人身心特点的审判人员、检察人员、侦查人员承办。"由专门机构或专门人员承办未成年人的案件，可以使未成年人刑事案件诉讼更加专业化，这不仅能保证案件得到公正处理，还有利于更好地教育、感化、挽救这些未成年犯罪嫌疑人、被告人。

（三）诉讼工作应当更加全面和细致

办理未成年人刑事案件，除了要完成与成年人案件同样的查明案情、收集证据和确认犯罪嫌疑人、被告人是否负刑事责任等各项工作外，诉讼活动还应当更加全面和细致，必须更注意案件细节问题的调查取证和确认。《刑事诉讼法》第 268 条规定："公安机关、人民检察院、人民法院办理未成年人刑事案件，根据情况可以对未成年犯罪嫌疑人、被告人的成长经历、犯罪原因、监护教育等情况进行调查。"在制作诉讼文书时，公安司法人员除了应当在文书上载明案件来源、发案时间、地点、犯罪事实、现有的证据材料、法律依据和处理意见外，还应当着重写明犯罪嫌疑人、被告人的确切出生时间即年、月、日，生活居住环境，心理性格特征，走上犯罪道路的原因等情况，这些内容应当尽量详细、全面。

（四）未成年犯罪嫌疑人、被告人享有特别的诉讼权利

对于未成年犯罪嫌疑人、被告人来说，除了享有与成年犯罪嫌疑人、被告人相同的诉讼权利外，还享有一些特殊的权利，办案机关应当依法保障未成年犯罪嫌疑人、被告人的这些特殊权利。《刑事诉讼法》第 266 条第 2 款规定："人民法院、人民检察院和公安机关办理未成年人刑事案件，应当保障未成年人行使其诉讼权利，保障未成年人得到法律帮助……"第 267 条规定："未成年犯罪嫌疑人、被告人没有委托辩护人的，人民法院、人民检察院、公安机关应当通知法律援助机构指派律师为其提供辩护。"根据《刑事诉讼法》第 270 条的规定，在讯问未成年犯罪嫌疑人、审判未成年被告人的时候，应当通知他们的法定代理人到场。无法通知、法定代理人不能到场或者法定代理人是共犯的，也可以通知未成年犯罪嫌疑人、被告人的其他成年亲属，所在学校、单位、居住地基层组织或者未成年人保护组织的代表到场，并将有关情况记录在案。到场的法定代理人可以代为行使未成年犯罪嫌疑人、被告人的诉讼权利。到场的法定代理人或者其他人员认为办案人员在讯问、审判中侵犯未成年人合法权益的，可以提出意见。讯问笔录、法庭笔录应当交给到场的法定代理人或者其他人员阅读或者向他宣读。讯问女性未成年犯罪嫌疑人，应当有女工作人员在场。审判未成年人刑事案件，未成年被告人最后陈述后，其法定代理人可以进行补充陈述。询问未成年被害人、证人，适用第 270 条第 1 款、第 2 款和第 3 款的规定。

（五）严格限制强制措施的适用

《刑事诉讼法》第 269 条第 1 款规定："对未成年犯罪嫌疑人、被告人应当严格限制适用逮捕措施。人民检察院审查批准逮捕和人民法院决定逮捕，应当讯问未成年犯罪嫌疑人、被告人，听取辩护律师的意见。"《最高人民检察院办理未成年人刑事案件的规定》第 12 条规定，人民检察院审查批准逮捕未成年犯罪嫌疑人，应当根据未成年犯罪嫌疑人涉嫌犯罪的事实、主观恶性、有无监护与社会帮教条件等，综合衡量其社会危险性，确定是否有逮捕必要，慎用逮捕措施，可捕可不捕的不捕。

（六）相对和缓的办案方式

在未成年人刑事案件中，除了要严格限制强制措施的适用外，还应当使用相对和缓的侦查方式。比如，原则上不得对未成年人使用械具，对于确有行凶、逃跑、自杀、自残等现实危险而必须使用的，应当掌握必要的限度。另外，公安司法人员在讯问未成年犯罪嫌疑人时，可以选择其较为熟悉的场所，通知其法定代理人到场。办案人员还要注意讯问的语气和方式，应当耐心细致地听取其陈述或者辩解，认真审核、查证与案件有关的证据和线索，并针对其思想顾虑、畏惧心理、抵触情绪进行疏导和教育。

（七）附条件不起诉制度的适用

为充分体现宽严相济、区别对待的刑事政策，《刑事诉讼法》规定了未成年人刑事案件的附条件不起诉制度。《刑事诉讼法》第 271 条第 1 款规定："对于未成年人涉嫌刑法分则第四章、第五章、第六章规定的犯罪，可能判处一年有期徒刑以下刑罚，符合起诉条件，但有悔罪表现的，人民检察院可以作出附条件不起诉的决定。人民检察院在作出附条件不起诉的决定以前，应当听取公安机关、被害人的意见。"对附条件不起诉的决定，公安机关要求复议、提请复核或者被害人申诉的，适用《刑事诉讼法》第 175 条、第 176 条的规定。未成年犯罪嫌疑人及其法定代理人对人民检察院决定附条件不起诉有异议的，人民检察院应当作出起诉的决定。

附条件不起诉的考验期为六个月以上一年以下，从人民检察院作出附条件不起诉的决定之日起计算。在附条件不起诉的考验期内，由人民检察院对被附条件不起诉的未成年犯罪嫌疑人进行监督考察。未成年犯罪嫌疑人的监护人，应当对未成年犯罪嫌疑人加强管教，配合人民检察院做好监督考察工作。依据《刑事诉讼法》第272条第3款的规定，被附条件不起诉的未成年犯罪嫌疑人，应当遵守下列规定：（1）遵守法律法规，服从监督；（2）按照考察机关的规定报告自己的活动情况；（3）离开所居住的市、县或者迁居，应当报经考察机关批准；（4）按照考察机关的要求接受矫治和教育。

被附条件不起诉的未成年犯罪嫌疑人，在考验期内有下列情形之一的，人民检察院应当撤销附条件不起诉的决定，提起公诉：（1）实施新的犯罪或者发现决定附条件不起诉以前还有其他犯罪需要追诉的；（2）违反治安管理规定或者考察机关有关附条件不起诉的监督管理规定，情节严重的。被附条件不起诉的未成年犯罪嫌疑人，在考验期内没有上述情形，考验期满的，人民检察院应当作出不起诉的决定。

（八）实行犯罪记录封存制度

根据《刑事诉讼法》第275条的规定，犯罪的时候不满十八周岁，被判处五年有期徒刑以下刑罚的，公安司法机关应当对相关犯罪记录予以封存。犯罪记录被封存的，不得向任何单位和个人提供，但公安司法机关为办案需要或者有关单位根据国家规定进行查询的除外。依法进行查询的单位，应当对被封存的犯罪记录的情况予以保密。

第二节　当事人和解的公诉案件诉讼程序

一、当事人和解程序的概念和特征

当事人和解的公诉案件诉讼程序，是指在特定的公诉案件中，犯罪嫌疑人、被告人自愿真诚悔罪，通过向被害人赔偿损失、赔礼道歉等方式获得被害人谅解，双方可以自愿达成和解协议，公安司法机关对和解协议确认后，据此对犯罪嫌疑人、被告人进行从宽处理的一种特别程序。

当事人和解的公诉案件诉讼程序有以下主要特征：

（1）当事人和解的公诉案件诉讼程序是一种有特殊构造的诉讼程序。当事人和解的公诉案件诉讼程序，由以下四个环节构成：第一，双方当事人协商，自愿达成和解协议；第二，公安司法机关对当事人达成的和解协议进行审查；第三，公安司法机关依法确认当事人达成的和解协议，主持制作和解协议书；第四，依据当事人达成的和解协议书，对刑事案件进行处理或提出处理意见。

（2）当事人的和解并非是关于刑事责任的和解与处分，而是当事人对民事赔偿问题达成的协议，或者是被害人在犯罪嫌疑人、被告人真诚悔罪、赔礼道歉的情况下，原谅了犯罪嫌疑人、被告人。由于案件是公诉案件，国家刑罚权并不因当事人的和解而消失。因此，刑事和解并非是直接对刑事责任的和解和处分，这是与自诉案件的和解不同的地方。

（3）当事人和解的公诉案件诉讼程序是一种适用于部分公诉案件的特别诉讼程序。首先，当事人和解的公诉案件诉讼程序有明确的适用范围，并非所有的公诉案件都可以适用该程序。其次，属于该特定范围的公诉案件，还需要满足一定的条件。如犯罪嫌疑人、被告人自愿真诚悔过并获得被害人谅解，当事人之间达成和解等。

（4）经过公安司法机关确认的当事人和解协议，才可作为公安司法机关对犯罪嫌疑人、被告人从轻、减轻处罚以及不追究刑事责任的依据。对于达成和解协议的案件，公安机关在移送起诉时可以向人民检察院提出从宽处理的建议；人民检察院在起诉时可以向人民法院提出从宽处罚的建议。对于犯罪情节轻微，不需要判处刑罚的，还可以作出不起诉的决定。人民法院可以依法对被告人从轻、减轻处罚。

二、当事人和解程序的意义

第一，当事人和解有利于刑事纠纷的解决，提高当事人各方对纠纷解决的满意度。一方面，当事人和解有利于被害人心理创伤的平复和物质损失的弥补，最大限度地化解矛盾，平复被害人的情绪；另一方面，犯罪嫌疑人、被告人也可以因赢得被害人谅解而卸下精神负担，获得从宽处理的机会，这有利于他们改过自新、尽快回归社会。

第二，当事人和解有利于实现诉讼效益。当事人和解的案件，公安司法机关对和解协议的自愿性、合法性审查后，可以依据法律规定对案件进行审前分流，如由检察机关决定不起诉等。

第三，当事人和解有利于贯彻宽严相济的刑事政策。《最高人民检察院关于在检察工作中贯彻宽严相济刑事司法政策的若干意见》规定，对加害方和受害方已经和解，或者加害方真诚悔罪、积极赔偿并得到受害方谅解的轻微犯罪案件，要本着冤家宜解不宜结的原则，化解社会矛盾的思想，尽量作出不起诉决定。因此，当事人和解案件在被害人与犯罪嫌疑人、被告人之间和解的基础上会对犯罪作出相对宽缓的处理，有利于实现轻缓的刑事政策。

第四，当事人和解有利于构建社会主义和谐社会。传统办案方式以确定犯罪行为人的刑事责任和适用刑罚为核心，在有效打击犯罪、维护社会秩序的同时，也会出现一些消极的问题。其中，比较突出的就是案件处理后，原有矛盾难以化解，当事人之间的关系难以修复，有些甚至更加激化，酿成更严重的案件。双方当事人通过"赔礼道歉——谅解"的模式达成和解协议，有助于缓和纠纷双方的紧张关系，恢复被犯罪破坏了的社会秩序。这有利于化解社会矛盾，增加和谐因素，减少不和谐因素。

三、当事人和解程序的适用条件

依据《刑事诉讼法》第277条的规定，当事人和解程序的适用条件主要有如下几项。

（一）犯罪嫌疑人、被告人认罪并真诚悔过，获得被害人谅解

这个条件包含三个方面的内容：（1）犯罪嫌疑人、被告人承认犯罪事实，即认罪；（2）犯罪嫌疑人、被告人真诚悔过，即悔罪；（3）获得被害人谅解，被害人及其法定代理人或者近亲属明确表示对犯罪嫌疑人、被告人予以谅解，要求或者同意对犯罪嫌疑人、被告人依法从宽处理。

（二）案件事实清楚，证据确实、充分

这里的"事实"是案件主要事实，即犯罪嫌疑人、被告人有罪或无罪、罪轻或罪重，以及是否应受刑事处罚的事实和情节。至于"证据确实、充分"主要是要求证明犯罪事实、情节的每一个证据的来源都是可靠的，经查证属实、核对无误的，并且证据之间相互印证形成一个完整的证明体系，足以排除其他可能性，确认犯罪嫌疑人、被告人有罪或无罪、罪轻或罪重。

（三）双方自愿达成和解协议

自愿性是当事人和解的前提条件，它包括被害人自愿和犯罪嫌疑人、被告人自愿两个方面。犯罪嫌疑人、被告人或者其亲友、辩护人以暴力、威胁、欺骗或者其他非法方法强迫、引诱被害人和解，或者在协议履行完毕之后威胁、报复被害人等情形，都违背了自愿性原则。这不仅使达成的和解协议归于无效，还应当追究相关责任人员的法律责任，甚至刑事责任。

（四）属于当事人和解程序的案件范围

根据我国刑事诉讼法的规定，对于下列公诉案件，犯罪嫌疑人、被告人自愿真诚悔罪，通过向被害人赔偿损失、赔礼道歉等方式获得被害人谅解的，双方当事人可以达成和解协议：

（1）因民间纠纷引起，涉嫌刑法分则第四章、第五章规定的犯罪案件，可能判处三年有期徒刑以下刑罚的；

（2）除渎职犯罪以外的可能判处七年有期徒刑以下刑罚的过失犯罪案件。

但犯罪嫌疑人、被告人在五年以内曾经故意犯罪的，不适用当事人和解程序。这主要是考虑到犯罪嫌疑人、被告人在五年以内曾经故意犯罪的，属于累犯情形，其主观恶性、社会危害性都较大，不适宜进行和解。

四、当事人和解的程序

当事人和解的程序主要包括如下几项内容。

（一）和解的提出

刑事案件发生之后，当事人双方即可以自行接触，进行和解；公安机关、人民检察院和人民法院受理案件后，认为有和解可能，并符合法律规定的刑事和解案件范围的，也可以建议或促进当事人和解。

（二）达成和解

犯罪嫌疑人、被告人自愿真诚悔罪，通过向被害人赔偿损失、赔礼道歉等方式获得被害人谅解，被害人自愿和解的，双方当事人可以达成和解。

（三）和解协议的审查

对于双方当事人和解的，公安机关、人民检察院、人民法院应当听取当事人和其他有关人员的意见，对和解协议的自愿性、合法性进行审查。对符合和解法定条件的，主持制作和解协议书。公安司法机关审查和解的内容，主要是和解的自愿性和合法性。《最高人民检察院关于办理当事人达成和解的轻微刑事案件的若干意见》第5条规定，人民检察院对当事人双方达成的和解协议，应当重点从以下几个方面进行审查：（1）当事人双方是否自愿。（2）加害方的经济赔偿数额与其所造成的损害是否相适应，是否酌情考虑其赔偿能力。犯罪嫌疑人、被告人是否真诚悔罪并且积极履行和解协议或者是否为协议履行提供有效担保或者调解协议经人民法院确认。（3）被害人及其法定代理人或者近亲属是否明确表示对犯罪嫌疑人、被告人予以谅解。（4）是否符合法律规定。（5）是否损害国家、集体和社会公共利益或者他人的合法权益。（6）是否符合社会公德。

（四）当事人和解的效力

对于达成和解协议的案件，公安机关可以向人民检察院提出从宽处理的建议。人民检察院可以向人民法院提出从宽处罚的建议；对于犯罪情节轻微，不需要判处刑罚的，可以作出不起诉的决定。人民法院可以依法对被告人从轻、减轻、免除处罚。

第三节　犯罪嫌疑人、被告人逃匿、死亡案件违法所得的没收程序

一、没收违法所得程序的概念和意义

犯罪嫌疑人、被告人逃匿、死亡案件违法所得的没收程序，是指在贪污贿赂犯罪、恐怖活动犯罪等重大犯罪案件中，当犯罪嫌疑人、被告人逃匿，且在通缉一年后不能到案，或者犯罪嫌疑人、被告人死亡，依照刑法规定应当追缴其违法所得及其他涉案财产时，人民检察院可以提出没收违法所得的申请，人民法院对人民检察院的申请进行审理并作出是否没收违法所得裁定的一种特别诉讼程序。

犯罪嫌疑人、被告人逃匿、死亡案件违法所得的没收程序作为一项特别程序，具有独特的意义：

第一，犯罪嫌疑人、被告人逃匿、死亡案件违法所得的没收程序有利于违法犯罪所得的追缴，并防止犯罪嫌疑人、被告人的近亲属或其他利害关系人在犯罪嫌疑人、被告人死亡、逃匿后占有违法犯罪所得的财物。

第二，犯罪嫌疑人、被告人逃匿、死亡案件违法所得的没收程序有利于及时保护被害人的财产权。在犯罪嫌疑人、被告人逃匿、死亡案件违法所得的没收程序中，对于人民法院经查证确实属于违法犯罪所得的财产，属于被害人所有的，应当依法返还被害人。这不仅保障了被害人的财产权，而且避免因刑事案件久拖不决而导致的被害人财产权益的损失。

第三，犯罪嫌疑人、被告人逃匿、死亡案件违法所得的没收程序有利于国际刑事司法合作。在贪污贿赂犯罪、恐怖活动犯罪等重大犯罪案件中，犯罪嫌疑人、被告人的违法所得往往被转移到境外。而在跨境追讨犯罪所得时，合法有效的法律文书是追缴财产的必备要件。通过违法所得没收程序，人民法院制作的没收违法所得的裁定，是通过国际合作追讨境外赃款赃物的法律文件。

二、没收违法所得程序的特征

作为一项特别程序，犯罪嫌疑人、被告人逃匿、死亡案件违法所得的没收程序与普通程序相比，具有如下几个特征：

第一，该程序存在特殊的适用条件。在贪污贿赂犯罪、恐怖活动犯罪等重大犯罪案件中，当犯罪嫌疑人、被告人逃匿，且在通缉一年后不能到案，或者犯罪嫌疑人、被告人死亡，依照刑法规定应当追缴其违法所得及其他涉案财产时，才可适用该程序。

第二，该程序只适用于中级人民法院，而且只能通过合议庭审判，不能采用独任制。《刑事诉讼法》第281条第1款规定："没收违法所得的申请，由犯罪地或者犯罪嫌疑人、被告人居住地的中级人民法院组成合议庭进行审理。"

第三，该程序只能依人民检察院的申请启动。对于可能适用犯罪嫌疑人、被告人逃匿、死亡案件违法所得的没收程序的案件，人民检察院可以向人民法院提出没收违法所得的申请。公安机关认为有上述情形时，应当写出没收违法所得意见书，移送人民检察院，由人民检察院提出申请。

第四，该程序独立于针对犯罪嫌疑人、被告人可能触犯的犯罪而提起的刑事诉讼程序而存在。犯罪嫌疑人、被告人逃匿、死亡案件违法所得的没收程序之所以是一项特别程序，就在于该程序可以独立于针对犯罪嫌疑人、被告人涉嫌犯罪而提起的刑事诉讼程序。当出现"犯罪嫌疑人、被告人逃匿，在通缉一年后不能到案"的法定情形时，人民法院可以在针对犯罪嫌疑人、被告人提起的刑事诉讼程序之外，另行启动违法所得的没收程序。

第五，该程序并不完全适用普通刑事诉讼程序的基本要求。例如，普通刑事诉讼程序要求"两造具备"，但在犯罪嫌疑人、被告人逃匿、死亡案件违法所得的没收程序中，作为违法所得直接利害关系人的犯罪嫌疑人、被告人由于死亡或逃匿当然无法出庭，而犯罪嫌疑人、被告人的近亲属和其他利害关系人也并非是当然的诉讼参与人，仅是可能申请参加诉讼的人。司法实践中，有的案件可能没有利害关系人申请参加诉讼，人民法院可以在公告期满后不经开庭审理而直接做出裁定。

三、没收违法所得程序的提起

（一）提起条件

《刑事诉讼法》第280条第1款规定："对于贪污贿赂犯罪、恐怖活动犯罪等重大犯罪案件，犯罪嫌疑人、被告人逃匿，在通缉一年后不能到案，或者犯罪嫌疑人、被告人死亡，依照刑法规定应当追缴其违法所得及其他涉案财产的，人民检察院可以向人民法院提出没收违法所得的申请。"

提起犯罪嫌疑人、被告人逃匿、死亡案件违法所得的没收程序需要满足如下几个条件：

（1）适用案件范围。犯罪嫌疑人、被告人逃匿、死亡案件违法所得的没收程序只能适用于贪污贿赂犯罪、恐怖活动犯罪等重大犯罪案件。

（2）适用对象条件。犯罪嫌疑人、被告人逃匿，在通缉一年后不能到案，或者犯罪嫌疑人、被告人死亡，依照刑法规定应当追缴其违法所得及其他涉案财产的。

（3）没收对象条件。没收对象是依照刑法规定应当追缴的犯罪嫌疑人、被告人的违法所得及其他涉案财产。

（二）提起主体

依据《刑事诉讼法》的规定，犯罪嫌疑人、被告人逃匿、死亡案件违法所得的没收程序只能依据人民检察院的申请才能启动。

（三）提出申请的程序

《刑事诉讼法》第280条规定，对于可能适用犯罪嫌疑人、被告人逃匿、死亡案件违法所得的没收程序的案件，人民检察院可以向人民法院提出没收违法所得的申请。公安机关认为有上述情形时，应当写出没收违法所得意见书，移送人民检察院，由人民检察院提出申请。

此外，没收违法所得的申请应当提供与犯罪事实、违法所得相关的证据材料，并列明财产的种类、数量、所在地及查封、扣押、冻结的情况。

四、没收违法所得程序的审理

（一）管辖法院和审判组织形式

《刑事诉讼法》第281条规定："没收违法所得的申请，由犯罪地或者犯罪嫌疑人、被告人居住地的中级人民法院组成合议庭进行审理。"该条主要包括如下几方面内容：（1）没收违法所得程序必须由中级人民法院审理；（2）没收违法所得程序由犯罪地或者犯罪嫌疑人、被告人居住地的中级人民法院审理；（3）审判案件只能采用合议庭的形式，不能适用独任制。

（二）没收违法所得的审理程序

1. 审查、立案。

对于人民检察院提出的没收违法所得的申请，人民法院应当进行审查。审查内容主要包括是否属于本院管辖、是否满足提起没收违法所得程序的条件、有无证据材料以及是否列明财产相关情况等。对于符合提起违法所得没收程序条件，而且人民检察院提供有与犯罪事实、违法所得相关的证据材料，列明财产的种类、数量、所在地及查封、扣押、冻结的情况，并属于本院管辖的案件，人民法院应当决定受理。

2. 审理前的准备。

为保障法庭审理程序的顺利进行，审理前需要做好必要的准备工作。没收违法所得程序的审理前准备工作主要包括如下几项：

（1）确定合议庭组成人员。没收违法所得程序必须由合议庭进行审理，因此，必须首先确定合议庭的组成人员。

（2）公告。根据《刑事诉讼法》第281条第2款的规定，人民法院受理没收违法所得的申请后，应当发出公告。公告期间为六个月。人民法院的公告应当列明拟没收的违法所得和其他涉案财产的详细情况，以便有关利害关系人决定是否申请参加诉讼。

（3）利害关系人申请参加诉讼。根据刑事诉讼法的规定，犯罪嫌疑人、被告人的近亲属和其他利害关系人有权申请参加诉讼，也可以委托诉讼代理人参加诉讼。

（4）采取保全措施。为防止违法所得出现非法转移或灭失、减损等情况，人民法院在必要的时候，可以查封、扣押、冻结申请没收的财产。

3. 审理。

公告期满后，人民法院对没收违法所得的申请进行审理。审理方式上，没收违法所得程序一般采用不开庭审理，但当利害关系人申请参加诉讼时，人民法院应当开庭审理。

4. 审理后的处理。

依据《刑事诉讼法》第282条、第283条的规定，人民法院依据没收违法所得程序对人民检察院的申请审理后，应当按照下列情形分别处理：

（1）人民法院经审理，对于经查证属于违法所得及其他涉案财产的，除依法返还被害人的以外，应当裁定予以没收；

（2）对于不属于应当追缴的财产的，应当裁定驳回申请，解除查封、扣押、冻结措施；

（3）在审理过程中，在逃的犯罪嫌疑人、被告人自动投案或者被抓获的，人民法院应当终止审理，继续启动针对犯罪嫌疑人、被告人的刑事追诉活动。

5. 救济程序。

对于人民法院依法作出的裁定，犯罪嫌疑人、被告人的近亲属和其他利害关系人或者人民检察院可以提出上诉、抗诉。没收犯罪嫌疑人、被告人财产确有错误的，应当予以返还、赔偿。

第四节　依法不负刑事责任的精神病人的强制医疗程序

一、强制医疗程序的概念和意义

依法不负刑事责任的精神病人的强制医疗程序，是指在危害公共安全或者严重危害公民人身安全的暴力犯罪案件中，如果犯罪嫌疑人、被告人为经法定程序鉴定的依法不负刑事责任的精神病人，且其仍有继续危害社会可能性的，经人民检察院申请，人民法院依法决定对其进行强制医疗的一项特别程序。

强制医疗程序具有如下几点意义：

第一，有利于保障公众安全，维护社会秩序。刑事诉讼法领域中的强制医疗通常被认为是保安处分的一种，是对实施了危害行为的精神疾病患者适用的强制医疗的措施，其目的在于消除精神病患者的人身危险性、防止其再犯，达到防卫社会的目的。这也是刑事诉讼法中增设"依法不负刑事责任的精神病人的强制医疗程序"的主要目的。

第二，防止公权力滥用，保障依法不负刑事责任的精神病人的合法权益。依法不负刑事责任的精神病人的强制医疗程序，不仅规定了严格的适用条件，也规定了规范的程序，如人民检察院申请；人民法院组成合议庭审理、决定；被申请人或者被告人法定代理人到场；人民检察院的监督；强制医疗措施的解除申请和决定等内容。这些规定，可以最大限度防止极个别公安机关将上访者、轻微违法者直接当成精神病人进行强制医疗的情况的发生，对于保障人权、防止公安司法机关滥用权力、维护社会秩序，有重要的意义。

第三，对精神病人及时治疗，促进精神病人回归社会。强制医疗具有医学上的关怀，可以对精神病人及时进行治疗，促进其回归社会。而且，强制医疗期限届满后，有关机关应当对是否具备强制医疗的必要性进行审核，并尽早恢复被强制医疗者的人身自由，这也有利于精神病人尽早回归社会。

二、强制医疗程序的提起

（一）强制医疗程序的适用对象和条件

强制医疗程序主要适用于那些实施了暴力行为却不具有刑事责任能力，但对社会仍具有较大危险性的精神病人。《刑事诉讼法》第284条规定："实施暴力行为，危害公共安全或者严重危害公民人身安全，经法定程序鉴定依法不负刑事责任的精神病人，有继续危害社会可能的，可以予以强制医疗。"

具体来说，该程序的适用对象需要满足如下几个条件：

（1）犯罪嫌疑人、被告人必须是经法定程序鉴定为不具有刑事责任能力的精神病人。实施暴力行为的人无刑事责任能力，是强制医疗的先决条件，否则，将按刑事诉讼的普通程序追究刑事责任。实施暴力行为的精神病人是否具有刑事责任能力，必须经过法定程序鉴定。精神病人刑事责任能力鉴定是司法鉴定的一种类型。我国法律对司法鉴定的主体、程序以及鉴定意见的出具都有明文规定，针对精神病人有无刑事责任能力的鉴定，必须依据法定程序进行。

（2）犯罪嫌疑人、被告人实施的是暴力行为，并且危害公共安全或者严重危害公民人身安全。强制医疗程序需要在保障人权与维护社会公共安全之间寻求平衡。因此，只有实施了危害公共安全或者严重危害公民人身安全的暴力行为的精神病人，才可被强制医疗。

（3）犯罪嫌疑人、被告人有继续危害社会的可能。依据《刑事诉讼法》第15条的规定，无刑事责任能力的人不应当被追究刑事责任，已被追究的，应当撤销案件，或者不起诉，或者终止审理，或者宣告无罪。而剥夺无刑事责任能力的精神病人的人身自由并对其进行强制医疗的主要原因，就在于其有继续危害社会的可能性，体现的是一种社会预防的思路。

（二）启动主体

根据刑事诉讼法的规定，人民检察院和人民法院都可以启动精神病人的强制医疗程序。具体来说有如下内容：

（1）人民检察院向人民法院提起强制医疗的申请。公安机关发现精神病人符合强制医疗条件的，应当写出强制医疗意见书，移送人民检察院。对于公安机关移送的或者在审查起诉过程中发现的精神病人符合强制医疗条件的，人民检察院应当向人民法院提出强制医疗的申请。

（2）人民法院直接作出强制医疗的决定。人民法院在审理案件过程中发现被告人符合强制医疗条件的，可以直接作出强制医疗的决定。

（三）临时的保护性约束措施

《刑事诉讼法》第285条第3款规定："对实施暴力行为的精神病人，在人民法院决定强制医疗前，公安机关可以采取临时的保护性约束措施。"根据《中华人民共和国人民警察法》第14条的规定，公安机关的人民警察对严重危害公共安全或者他人人身安全的精神病人，可以采取保护性约束措施。保护性约束措施既是对精神病人本人的保护约束，也是对社会上不特定多数人的保护。保护性约束措施包括将精神病人送往指定的单位、场所加以监护，也包括使用约束带、警绳、手铐等约束性警械，使有暴力侵害危险的精神病人无法实施自残、伤害他人的行为。

三、强制医疗程序的审理

（一）审判组织形式

人民法院审理精神病人强制医疗程序，应当采用合议庭的形式进行审理，不得采用独任制进行审理。

（二）审理程序

1. 精神病人强制医疗程序的受理。

对于人民检察院提出的对精神病人强制医疗的申请，人民法院应当进行审查。经审查后，对属于本院管辖且符合法定条件的强制医疗的申请，人民法院应当决定受理。

2. 审理前的准备。

人民法院审理精神病人强制医疗申请前，应当确定合议庭的组成人员。合议庭组成人员的确定，应当满足刑事诉讼法中关于合议庭的规定。

人民法院审理强制医疗案件，应当通知被申请人或者被告人的法定代理人到场。根据《刑事诉讼法》第106条第3项的规定，"法定代理人"是指被代理人的父母、养父母、监护人和负有保护责任的机关、团体的代表。

被申请人或者被告人没有委托诉讼代理人的，人民法院应当通知法律援助机构指派律师为其提供法律帮助。

3. 审理期限和裁判。

人民法院经审理，对于被申请人或者被告人符合强制医疗条件的，应当在一个月内作出强制医疗的决定。

4. 对强制医疗决定不服的处理。

被决定强制医疗的人、被害人及其法定代理人、近亲属对强制医疗决定不服的，可以向上一级人民法院申请复议。

四、强制医疗的定期诊断评估与解除

《刑事诉讼法》第288条规定："强制医疗机构应当定期对被强制医疗的人进行诊断评估。对于已不具有人身危险性，不需要继续强制医疗的，应当及时提出解除意见，报决定强制医疗的人民法院批准。被强制医疗的人及其近亲属有权申请解除强制医疗。"该条包含三方面的内容：

第一，解除强制医疗的提出。强制医疗的解除意见应当由强制医疗机构提出。同时，为保障被强制医疗人的合法权益，《刑事诉讼法》还规定了被强制医疗的人及其近亲属有权提出解除强制医疗的申请。

第二，解除强制医疗的批准机关。精神病人强制医疗程序规定了强制医疗解除的司法审查制度，法院是强制医疗的决定机关。因此，解除强制医疗的机关也只能是法院。对于符合解除强制医疗条件的精神病人，强制医疗机构应当及时提出解除意见，并报决定强制医疗的机关批准。

第三，解除强制医疗的条件。解除强制医疗的条件是被强制医疗的人已不具有人身危险性，且不需要继续强制医疗。

五、人民检察院对强制医疗程序的监督

《刑事诉讼法》第289条规定："人民检察院对强制医疗的决定和执行实行监督。"具体来说，有以下几点：

第一，人民检察院不仅有权对强制医疗执行的合法性进行监督，也有权对强制医疗决定的合法性进行监督。因此，人民检察院对强制医疗程序的监督在内容上可分为审判监督和执行监督两类。

第二，人民检察院监督主要是一种合法性监督。人民检察院对强制医疗决定和执行进

行监督的目的是保障强制医疗程序依法进行，避免并纠正强制医疗程序中的违法行为。当然，人民检察院的行为也必须符合合法性的要求，自身不能违法。

第三，人民检察院监督的实现方式。《刑事诉讼法》中并未规定人民检察院强制医疗监督的方式，但人民检察院应当依据《人民检察院刑事诉讼规则》（试行）中有关审判监督和执行监督的规定进行监督，如提出纠正意见等。

【引例评析】

第一，根据《刑事诉讼法》第 270 条第 1 款的规定，对于未成年人犯罪的案件，在讯问和审判的时候，应当通知未成年犯罪嫌疑人、被告人的法定代理人到场。第二，《刑事诉讼法》第 267 条规定，未成年犯罪嫌疑人、被告人没有委托辩护人的，人民法院、人民检察院、公安机关应当通知法律援助机构指派律师为其提供辩护。第三，对被拘留、逮捕和执行刑罚的未成年人与成年人应当分别关押、分别管理、分别教育。

【练习题】

一、名词解释

未成年人刑事案件　附条件不起诉制度　犯罪记录封存制度　当事人和解的公诉案件诉讼程序　犯罪嫌疑人、被告人逃匿、死亡案件违法所得的没收程序　依法不负刑事责任的精神病人的强制医疗程序

二、思考题

1. 未成年人刑事案件诉讼程序的原则有哪些？
2. 未成年人刑事案件诉讼程序的特别规定有哪些？
3. 附条件不起诉制度的具体内容有哪些？
4. 当事人和解程序的条件有哪些？
5. 没收违法所得程序的特征是什么？
6. 试述强制医疗程序的适用对象和条件。
7. 试述强制医疗的定期诊断评估与解除。

三、案例分析题

2010 年 5 月 2 日零时许，互为朋友关系的甲、乙、丙、丁四人相约在某一网吧内上网玩耍。由于所带钱款花完，甲提议去"弄点钱花"，于是四人走上附近大街。这时，恰巧有一年轻女性经过，四人上去将其围住，采用暴力手段将其手包抢走，其中有现金 500 元、手机一部。案发后，公安局于 2010 年 5 月 7 日分别逮捕了甲、乙、丙、丁，将四人共同关押在看守所某房间。在检察院提起公诉后，2010 年 6 月 5 日，法院组成未成年人刑事案件合议庭对案件进行审理，甲、乙都聘请了辩护人，丙、丁没有聘请，法院也没有为他们指定辩护人。2010 年 7 月 2 日，法院一审分别判处甲有期徒刑 7 年，并处罚金 5 000 元，乙有期徒刑 5 年，丙、丁均为有期徒刑 3 年，后丙父对判决不服，提出上诉，二审法院认为丙父无权提起上诉，予以驳回。判决生效后，四人均被押送至某监狱执行。后查明四人年龄如下：甲生于 1989 年 8 月 3 日；乙生于 1990 年 5 月 1 日；丙生于 1993 年 12 月 5 日；丁生于 1994 年 5 月 10 日。

问题：

根据 2012 年修改后的刑事诉讼法，试分析公安司法机关的诉讼行为存在哪些不当之处，并说明理由。

分析要点提示：

（1）公安局将四人共同关押在看守所某房间是错误的。本案中，在 2010 年 5 月 7 日，甲、乙已经成年，而丙、丁都是未成年人，应当分别看管，所以公安机关的做法是错误的。

（2）法院没有为丙、丁指定律师是错误的。未成年犯罪嫌疑人没有委托辩护人的，人民法院、人民检察院、公安机关应当通知法律援助机构指派律师为其提供辩护。

（3）二审法院驳回丙父的上诉是错误的。被告人、自诉人和他们的法定代理人，不服地方各级人民法院第一审的判决、裁定，有权用书状或者口头向上一级人民法院上诉。

（4）在执行过程中，将四人均押送至某监狱执行是错误的。对于四人中的丙、丁应当交由未成年犯管教所执行。对未成年犯应当在未成年犯管教所内执行刑罚。

图书在版编目（CIP）数据

刑事诉讼法/王新清等编著. —5 版. —北京：中国人民大学出版社，2014.1
高职高专法律系列教材
ISBN 978-7-300-18807-2

Ⅰ.①刑… Ⅱ.①王… Ⅲ.①刑事诉讼法-中国-高等职业教育-教材 Ⅳ.①D925.2

中国版本图书馆 CIP 数据核字（2012）第 015610 号

"十二五"职业教育国家规划教材
经全国职业教育教材审定委员会审定
普通高等教育"十一五"国家级规划教材
教育部高职高专规划教材
全国普通高等学校优秀教材
高职高专法律系列教材
刑事诉讼法（第五版）
王新清　甄贞　高通　编著

出版发行	中国人民大学出版社				
社　　址	北京中关村大街 31 号		**邮政编码**	100080	
电　　话	010—62511242（总编室）		010—62511770（质管部）		
	010—82501766（邮购部）		010—62514148（门市部）		
	010—62515195（发行公司）		010—62515275（盗版举报）		
网　　址	http://www.crup.com.cn				
	http://www.ttrnet.com（人大教研网）				
经　　销	新华书店				
印　　刷	中煤涿州制图印刷厂北京分厂		**版　　次**	2000 年 9 月第 1 版	
规　　格	185 mm×260 mm　16 开本			2014 年 7 月第 5 版	
印　　张	17.25		**印　　次**	2014 年 12 月第 2 次印刷	
字　　数	391 000		**定　　价**	36.00 元	

教师信息反馈表

为了更好地为您服务，提高教学质量，中国人民大学出版社愿意为您提供全面的教学支持，期望与您建立更广泛的合作关系。请您填好下表后以电子邮件或信件的形式反馈给我们。

您使用过或正在使用的我社教材名称		版次	
您希望获得哪些相关教学资料			
您对本书的建议（可附页）			
您的姓名			
您所在的学校、院系			
您所讲授课程的名称			
学生人数			
您的联系地址			
邮政编码		联系电话	
电子邮件（必填）			
您是否为人大社教研网会员	□ 是，会员卡号：＿＿＿＿＿＿＿＿＿＿ □ 不是，现在申请		
您在相关专业是否有主编或参编教材意向	□ 是　　　　□ 否 □ 不一定		
您所希望参编或主编的教材的基本情况（包括内容、框架结构、特色等，可附页）			

我们的联系方式：北京市海淀区中关村大街甲 59 号文化大厦 1508 室
中国人民大学出版社教育分社
邮政编码：100872
电话：010-62515910
网址：http://www.crup.com.cn/jiaoyu/
E-mail:neokitty@126.com